此书由暨南大学“211 工程”项目
“传媒产业与新闻传播研究”经费资助出版

暨南新闻传播学术系列
ACADEMIC SERIES ON JOURNALISM AND COMMUNICATION OF JINAN UNIVERSITY

批评与建构

——聚焦中国电视

Criticism and Construction
-Focus on Chinese TV

谭天 著

暨南大学出版社
JINAN UNIVERSITY PRESS
中国·广州

图书在版编目（CIP）数据

批评与建构：聚焦中国电视／谭天著．—广州：暨南大学出版社，2009.6
（暨南新闻传播学术系列）
ISBN 978－7－81135－224－5

Ⅰ．批…　Ⅱ．谭…　Ⅲ．电视事业—研究—中国　Ⅳ．G229.2

中国版本图书馆 CIP 数据核字（2009）第 042779 号

出版发行：暨南大学出版社

地　址：中国广州暨南大学
电　话：总编室（8620）85221601
营销部（8620）85225284　85228291　85220693（邮购）
传　真：（8620）85221583（办公室）　85223774（营销部）
邮　编：510630
网　址：http：／／www.jnupress.com　http：／／press.jnu.edu.cn

排　版：暨南大学出版社排版设计中心
印　刷：佛山市浩文彩色印刷有限公司

开　本：787mm×1092mm　1／16
印　张：18
字　数：360 千
版　次：2009 年 6 月第 1 版
印　次：2009 年 6 月第 1 次
印　数：1—3000 册

定　价：36.00 元

总　序

在中国新闻传播教育发展史上，暨南大学新闻传播教育已走过60多年坎坷不平而又不断奋进的历程。

1946年，暨南大学新闻学系在上海创立。1949年，因暨南大学停办而并入复旦大学新闻系。1958年，暨南大学在广州重建，中文系于1960年开办新闻学专业。1970年，暨南大学在文化大革命中被迫停办，新闻学专业随中文系并入华南师范大学。1978年，复校后的暨南大学重建新闻学系。从此，暨南大学新闻传播教育走上不断发展的道路。

改革开放以来，暨南大学新闻学系逐渐扩大办学规模：1984年开设国际新闻与传播双学位专业（后改为国际新闻本科专业），1994年创办广告学本科专业，2001年创办广播电视新闻学本科专业。2001年，在原新闻学系的基础上组建新闻与传播学院，下设新闻学系、广播电视学系、广告学系。与此同时，暨南大学新闻与传播学院努力提高办学层次：早在1986年即成为我国第三批新闻学硕士点之一，2001年又获准设立传播学硕士点；2003年，新闻学同时成为广东省高校名牌专业和国务院侨务办公室重点学科；2006年成功申报新闻学博士点，成为华南地区首家设立新闻传播学类博士点的院系，建成本—硕—博一体化的完整人才培养体系。

继2006年成功申报新闻学博士点之后，暨南大学新闻与传播学院在2007年又取得了一系列可喜成绩：①获准设立新闻传播学博士后科研流动站；②与中文系联合组建的海外华文文学与华语传媒研究中心获准为广东省重点人文社会科学研究基地；③新闻学获准为广东省重点学科；④新闻学专业获准为教育部首批特色专业建设点；⑤获准增设播音与主持艺术专业。所有这一切，都令人感到气象一新。

之所以能够取得上述各项成绩，一个重要原因是暨南大学新闻与传播学院多年来十分重视学科建设。特别是2006年暨南大学百年华诞、暨南大学新闻传播教育六秩荣庆之后，学院明确提出了要从教学型学院逐渐转变为研究型学院的发展战略，确立了学科建设的核心与龙头地位，完善了学科建设的激励机制，加大了学科建设的支持力度，全院教师以饱满的热情参与到以学科建设为中心的教学与科研工作之中。

在当代中国学术事业蓬勃发展的历史进程中，一个单位的学科建设要有所建树，必须发挥优势，强化特色，开拓创新。为此，凝练学科方向至关重要。经过多次讨论，暨南大学新闻与传播学院已明确了六个重点建设的学科方向，即新闻传播理论与媒介批评、中外新闻传播历史、新媒体与新闻传播业务、传媒产业与传媒经营管理、海外华文传媒与华文传播、广告公关与营销传播。除此之外，学院还将培育新的学科生长点，努力把暨南大学新闻与传播学院建设成为“华南学术重镇，媒体精英摇篮”。

学科建设是一个系统工程，涉及诸多方面的工作。譬如，建设高水平的师资队伍，开展高层次的科学研究，进行高质量的学位点建设，推动深层次的教学改革，都是学科建设的重要内涵。其中，科学研究上层次、上水平尤其重要，因为高水平的师资队伍主要是在科学研究的过程中锻炼成长起来的，高质量的学位点建设必须以高层次、高水平的科研工作与科研成果作为支撑，深层次的教学改革也必然以科学研究的进步作为根基与动力。因此，大力推进上层次、上水平的科学研究，便成为摆在暨南大学新闻与传播学院面前的历史使命。

在推进科学研究的过程中，一方面要加强领导，组织团队，争取项目，协同攻关，力求重大突破；另一方面要充分发挥学者个人的主观能动性，高度重视学者的自主研究。人文社会科学的发展史表明，许多重要的成果不一定出自“规划项目”，而往往出自学者的自主研究。鉴于此，暨南大学新闻与传播学院大力提倡多样化的研究，不仅鼓励积极申报国家级、省部级研究课题，而且支持学院教师进行富有学术价值的自主研究。

为了相对集中地展示暨南大学新闻与传播学院教师的各种研究成果，学院决定推出“暨南新闻传播学术系列”，陆续出版学院教师在新闻传播领域的学术论著。开放、多元、丰富的研究主题，将统一在“暨南新闻传播学术系列”的开拓与创新之中。

2008 年，是暨南大学在广州重建 50 周年与复校 30 周年，也是暨南大学新闻学系重建 30 周年。在这个时刻推出“暨南新闻传播学术系列”，应当说具有令人充满想象与期待的意义与价值。我们相信，“暨南新闻传播学术系列”不仅是暨南大学新闻与传播学院致力于学科建设的重要成果，而且是学院在新的起点上迈向更加辉煌未来的重要见证！

暨南大学新闻与传播学院常务副院长 董天策

2008 年 3 月

前瞻·务实·开放·创新

——我的研究之路（自序）

2008年，是中国改革开放30年，也是中国电视50年。在这个时代背景下，电视研究进入“快车道”，其间笔者“误入”此道，且从业界做到学界。聚焦中国电视，对于这样一个尚未成熟的产业，对于这样一个尚未成型的学科，批评是必要的。我曾在“首届中国电视批评高端论坛”上说，中国电视需要批评，更需要理论的建构。我一直是这样努力的，虽然才疏学浅仍然锲而不舍。

一个美国小学二年级的小孩从图书馆里抱回来一堆关于鲸鱼的图书，煞有介事地告诉他爸爸：“今天我要做研究！”他的论文就是三幅图画配三句话：第一句话：鲸鱼生活在大海里；第二句话：鲸鱼一天吃多少吨虾；第三句话：我们要爱护鲸鱼！这便是他的研究成果。可见研究并不是什么了不起的事情，于小孩是一种游戏，于大人是一项工作，只是研究的层次提高罢了。研究层次提高的一个表征就是学术规范。学术规范是学术研究的基础，但并不是全部，我认为最重要的是研究的旨趣和研究的方法。研究旨趣是指研究的目的和意义，简言之就是你为什么要研究它，选题的价值何在。著名数学家华罗庚说过，要研究有生命力的数学。我认为新闻传播研究也要从新闻传媒的发展中选择有价值的研究选题，同时根据传媒发展的趋势扩大我们的学术版图。

为什么自17世纪以来华夏文明逐渐落后于西方文明？这就是著名的李约瑟难题。解题的一个方向就是从科学哲学方面检讨我们的世界观和思维方式。近年来，我更多的是在思考电视研究之道、学术研究之道。狭义的研究方法是指进行研究所使用的具体操作方法，广义的研究方法是指科学研究中所应用的方法论基础。我更看重后者，经过十多年的探索逐步形成了自己的指导思想和研究特色，即理论与实践相结合、宏观与微观相结合、定量与定性相结合的指导思想；同时，凸显前瞻、务实、开放和创新的研究特色。

研究需要放眼未来、探索前路。1999年夏，我因获全国优秀电视论文一等奖而来到北京，在颁奖会上我作了题为“中国电视需要前瞻性的理论支持”的发言。之后，我先后展开一系列前瞻性研究，涉及数字内容产业与创意产业、电视新闻评论发展趋势、两岸四地广电合作路径、中国电视对外传播等前沿领域。有学者说“电视无学”，但我认为，发展中和转型期的电视研究首先要解决“从无到有”的问题。所谓前瞻性，就是要走在时代的前面，学者要以批判性和颠覆性给茫茫前路亮起一盏明灯。于是，我通过走出误区、拐点辨析、电视批评等方法，率先提出了电视策划理论、电视名记者理论、电视新闻引力场和舆论场、对外传播“走进去理论”、电视媒介融合理论、播音主持教育新模式等一系列新观点、新理论，力求填补中国电视理论研究的空白。

研究需要符合中国国情。2008 年是中国传播学发展 30 年，传播学对新闻学研究和电视学研究的影响甚大，尤其是在电视媒介的批评理论和传播效果的实证研究两个方面。然而，我们要清醒地看到，植根于西方土壤的传播学理论，在引进和吸收过程中，必须把握好普适性与本土化的度。务实是我的治学态度，研究要从问题出发，要建设有中国特色的电视理论，所有的舶来品都必须经过中国国情的实践检测。一方面，我坚持理论结合实践，用系统论和博弈论来解决复杂的现实问题，把田野调查和定量分析广泛运用到电视传播和电视传媒的实证研究中，这些都体现在电视内容产业建设与发展、内地电视在香港传播、澳亚卫视发展战略与频道定位等课题中；另一方面，我把我国电视传媒业迫切需要解决的问题和面临的危机作为研究的首选课题，即使难度很大也敢于挑战，如我国第一部《电视策划学》及有中国特色的电视调查新闻理论、新闻主播理论等。

研究需要一种开放式思维。我国电视学研究先是借助新闻学理论和电影学理论，尔后是传播学的主导，现在是管理学和经济学的介入，形成一个多学科、多领域的学术群。我是国内较早进行传媒经济和新媒体研究的，1995 年开始传媒经济和电视市场的研究，1999 年开始网络媒体的研究。在全球化、产业化、数字化和网络化的背景下，近年来我逐渐把研究重点转移到传媒经济和媒介融合这两个新领域，不以电视论电视，跳出电视看电视，力求从一个全新视角和宏观层面来探讨未来电视发展。例如，对于电视节目，传统的研究更多的是从新闻学或美学的角度来进行文本分析，而我更多是把其看成一种传播行为或者一种媒介产品，如用传播学审视栏目剧播出，用符号学分析媒介界面人物，用经济学来解构电视节目，从影响力经济视角研究电视选秀，以产业经济学透视新媒体。力求在学科的交叉结合部上取得突破，在宏观战略层面上展望传媒发展趋势。

研究需要一种科学创新。著名科学家周光召指出，中国目前最需要的是颠覆性创新。理论创新就是要挑战传统、破旧立新，就是要解放思想、打破权威。那么，理论创新的路径在哪里？“当代学术发展，正面临着两个基本现实：一是没有哪一个学科仅仅依靠自己的力量能够解决任何一个重大社会理论和实践问题；二是实现学科进步，越来越多地需要借鉴其他学科的理论、方法和成果，也就是说，不同学科之间相互依存度在加强。正是这两个现实，使学科之间的对话、交流不但成为可能，而且成为必须。”① 多学科背景和知识结构形成了我的理论创新优势。我把自然科学的一些

① 学科对话：唯物史观与历史评价．编者按．中国社会科学，2008（1）：24

理论移植到新闻传播领域，如在电视新闻评论研究中借用了物理学的电磁场概念，构建电视新闻舆论场理论。他山之石，可以攻玉。科学哲学的范式理论，数学中的拐点理论，经济学的产业链理论，管理学中的“蓝海”战略，都可以为我的研究所用。颠覆离不开实事求是，创新离不开科学态度，我对时下的概念炒作和学术泡沫十分反感。学者若闭门造车、沽名钓誉，终究会害人误己。

转型期的中国社会，转型期的中国电视，任何研究都有其局限，任何问题都有其边界，任何理论都要经过实践的检验。传统电视的时代即将过去，一个全新的视听传播时代正在迅速崛起，一个个新学科分支和研究领域正在悄然诞生，我们的研究也亟待推进、提升和创新，一个真正的研究者应该有所作为，大有作为。但愿读者阅读此书后，能够对中国电视有一个较为全面的认识，并对这些研究领域展开更为活跃的讨论，同时对我的研究给予一些批评，仅此足矣！

谭 天

牛年春节于暨南园

目录

Criticism and Construction—Focus on Chinese TV

第一章

电视新闻传播论

Criticism and Construction—Focus on Chinese TV

电视新闻研究属于新闻业务研究范畴，在采、写、编、播、评各环节中，“采”与“播”分列新闻信息传播的前端和后端，属于最基本和最重要的新闻业务。对于电视新闻业务的研究，首先要从问题出发，从实践出发，从中国电视新闻改革与发展中最迫切需要解决的问题入手，如电视新闻记者的定位问题。然后，运用新闻学理论和传播学理论来分析问题，解析困惑，如运用传播学中的符号理论对电视记者进行深层解构。在全面梳理和深入分析的基础上，提出解决问题的办法或提出新的电视新闻理论。在此，笔者提出了新闻引力场概念、名记者理论和中国特色新闻主播等观点。值得欣慰的是，这些前瞻性的研究成果已经或正在被中国电视新闻实践所验证。

第一节　不可预测：电视新闻的卖点

当今世界已进入注意力经济时代。就拿电视来说，我国约有 3 000 个频道，观众平均每天看电视的时间是 180 分钟，其中更换 100 次频道，这就意味着观众注意力高度分散。电视媒体竞争，新闻无疑是主战场。那么，电视新闻大战如何取胜？有什么东西能把观众的注意力吸引到电视新闻上呢？当然有许多办法，但有一种稀缺的新闻资源值得我们去开发利用，那就是重大新闻事件中的“不可预知性”。

一、以悬念建立“新闻引力场”

2004 年 9 月发生的俄罗斯别斯兰人质事件，凤凰卫视对整个事件的发生过程进行了现场直播。尽管前方记者拍摄的图像并不太理想，但仍然引起观众极大的关注，人们不断猜测：俄罗斯特种部队到底能否顺利解救人质？在营救过程中到底有多少平民被害，是几百人还是一千几百人？因为直接关系到被困孩子们的生命安全，所以，观众一方面会猜测，一方面会更关注事态的发展，关心人质的安全。这充分说明了观众对信息的选择取向。“猜测是直播过程中的卖点”，凤凰卫视中文台副台长刘春如是说。而猜测源自新闻事件发生过程的不可预知性，建立在重大新闻价值上的这种不可预知性大大提高了观众的关注度，使他们的目光紧紧地追随着现场直播，锁定在凤凰卫视的新闻节目上，电视频道形成了一个吸引观众、聚集人气的“新闻引力场”。

我国电视新闻报道的改革，就是变“过去完成时”为“现在进行时”，而要做到这一点，最好的报道方式就是跟踪报道。跟踪报道即连续报道，现场直播实质上也是一种不间断的现场感更强的连续报道。但遗憾的是，在我国电视新闻里此类报道太少了，仅以 2002 年度中国广播电视新闻奖为例，参评的 33 件电视连续（系列）报道作品中，连续报道的只有 3 件，只占 1/11。评委章壮沂指出：“从电视新闻的特性看，跟踪重大事件、突发事件发展变化过程的连续报道应当成为主要报道形式之一，这是媒体竞争的需要，也是观众的迫切需求，现在的连续报道太少，值得引起电视人的重视。"① 即使目前我国的电视现场直播日益增加，笔者认为仍然存在三方面的缺陷：一是有直播没报道，只是简单的影像直播，没有新闻策划和深度报道；二是有直播没卖点，即没有重要的新闻价值；三是有直播没悬念，不能以展现从未知到已知的过程来调动观众的收看兴趣。因此，电视台往往为一项毫无悬念的甚至与普通百姓关系不大的政绩工程，兴师动众地来一场现场直播，观众对此当然兴致索然。再看别斯兰人质事件，它有两大卖点：第一，它是一次震惊世界的恐怖袭击（新闻价值）；第二，事件如何解决是一个悬念（不可预知）。前者各类媒体都可报道，后者则可充分显示电视媒体的优势——目击人质的解救现场与动态过程。

我们的电视新闻何以缺少悬念式的跟踪报道呢？最主要是落后的新闻观念作祟。我国新闻长期以来强调宣传功能，以宣传代替新闻，强化主题性新闻，弱化事件性新闻，强调传者的主观意图，忽略受众的收看需求。能否把这两者统一起来呢？香港《文汇报》社长张云枫认为："内地的新闻强调社会效果，强调集体对国家利益的充分考虑，香港比较强调资讯的丰富，满足读者的需求。这些有所侧重，有所不同，也有共同之处，就是都以事实为依据，都强调发挥舆论监督的作用。这是个新课题，我希望将来把两种制度的长处都吸收过来，那就最理想。"② 连续报道和现场直播中的"不可预知性"正是丰富资讯的最有效手段，也是构建"新闻引力场"的有效方法。

二、不确定的事也可以报道吗

新闻事件发展的"不可预知性"同时也表现在新闻事实的"不确定性"上，这种"不确定"也就是未经证实的新闻信息。未经证实的信息也能够成为新闻吗？未经证实的信息当然不能成为完整的、合格的新闻报道，但它可以成为新闻报道中的一部分。例如，《焦点访谈》的舆论监督不也是用镜头去追寻一个个未知和疑问吗？不也是通过逐一采访查证，最后揭开整个事实真相吗？猜测、分析与查证构成了现场直播的全过程，而且过程比结果更有看头。

当然，对不可预知的新闻事件的报道是需要极大勇气的，记者要冒着报道失实的风险。对于重大新闻的发生，过去我们是像司机开车"一等二慢三回头"，等所有的情况都了解清楚了再去报道。如美国导弹袭击我前南斯拉夫大使馆，以美国主导的西方媒体皆报道是误炸，仍迟迟听不到我国媒体的声音，让我们在新闻大战中处于被动的守势，第一话语权就在等待与核实中失去了。其实，我们完全可以边报道边核实，知道多少报多少，抢先报道就能抢得先机。加大对不可预知事件的报道力度，不但能够赢得新闻大战的主动权，还可以提高新闻舆论监督的透明度，加大新闻媒体国际竞争的开放度。

---

① 江欧利．中国广播电视新闻奖2002年度新闻佳作赏析．北京：新华出版社，2004. 276

② 李扬，胡伟平．话说香港．长春：长春出版社，1997. 498

诚然，我们的电视新闻报道也是要考虑宣传效果的，是不是所有不可预知的事件都值得报道呢？有些新闻事件的报道也许会产生负面作用，这时就要权衡利弊了。大多不可预知的突发性事件属于危机事件，大致可分为天灾和人祸两大类。前者如“非典”，还老百姓以知情权；后者如别斯兰人质事件，俄罗斯政府对境外媒体的报道采取开放的态度。这到底是利大还是弊大呢？弊：人质营救的失败暴露了俄罗斯国家机器的低效与无能，有可能影响反恐士气和普京威信；利：向世界特别是西方展示了恐怖分子的凶残，由此表明他们不是什么民族分裂分子，而是跟“9·11”劫机分子一样的亡命之徒，不但不应该支持，而且应该是全世界人民共同打击的目标。两者相比，从俄罗斯的反恐大局来看，是利大于弊。因此，普京政府采取了对国内外媒体全面开放的政策。在资讯十分发达的今天，不管是“坏消息”还是“好消息”，你都难以封锁。你不报道人家就不知道吗？不报道就能瞒天过海吗？“非典”前期的不报道所造成的被动不是给我们上了一课吗？其实，任何报道都会产生积极的和消极的影响，关键是如何把握正确的舆论导向，这才符合马克思主义新闻观。难道我们报喜不报忧，群众就不会产生抗拒和逆反心理吗？甚至社会上还会因盲目猜测而造成流言不断、谣言四起。

一个新闻事件值不值得报道，首先要看它有没有新闻价值。李良荣教授认为：“新闻价值就是事实本身包含的引起社会各种人共同兴趣的素质。”[①] 不可预知的重大新闻事件无疑会引发社会的广泛关注和受众的极大兴趣，难道我们的新闻记者不该全力以赴去追踪报道吗？

三、“不可预知”也能策划吗

不可预知事件的报道也是可以策划的。不可预知的新闻事件大多属于突发事件、危机事件，现场采访有难度，组织报道要精心策划，报道时机要当机立断。1998 年 2 月，在伊拉克武器核查波谲云诡、一场新的海湾战争一触即发的紧急情势下，一个有着中央电视台 CCTV 台标的话筒出现在巴格达，中国观众为之精神一振。在随后的十几天里，到底是打，还是不打？人们守候在电视机前追着看前方记者发回来的报道。可惜这样充满悬念的报道太少了，尤其是国内新闻。

虽然我们不能预知新闻事件将如何发展，但我们可以预测新闻事件发展的可能走向，从而为新闻报道策划进行定位。例如，湛江电视台的连续报道“救助贫病儿童王振龙”，记者在策划时分析：虽然我们不知道社会各界有多少人捐多少钱，但我们预感到一定会有人资助；虽然不能百分百保证一定会救活这个患先天性心脏病的贫穷人家孩子，但我们知道这类手术风险较小、成功率较高。结果与我们的预见性定位是吻合的，社会各界捐助了足够的款项，医院成功地进行了手术，孩子健康地成长……

---

① 李良荣．新闻学导论．北京：高等教育出版社，1999. 170

观众感受到这一曲爱心交响乐的美好乐章，真善美在猜测中得到了潜移默化的升华。然而，并不是所有的跟踪报道都会有皆大欢喜的大团圆结局。但有时一个开放式的结局或许更能唤起观众的思考和关注，这就为下一个报道设置了新的悬念。这就涉及另一个问题，策划总赶不上变化，除了要有预见性还要有灵活性。

其实，不少主题性的系列报道也可以策划成事件性的连续报道。如黑龙江电视台的“关注农民工讨回打工钱”就是一篇很不错的系列报道。如果做成连续报道更能紧扣观众心弦，农民工王玉兴的命运就是千千万万农民工的遭遇，他到底能否讨回打工钱？政府职能部门的帮助是否有效？这个巨大的悬念就是一个“新闻引力场”，把观众紧紧地吸引在电视机前，且能体现出一种深深的人文关怀。这样的报道是不是正面宣传？当然是正面宣传！记者既站在群众的立场上来报道——诉说农民工的现状，同时也站在政府的立场上来报道——记录政府职能部门的努力。这样的跟踪报道，老百姓更愿意看。

四、从稀缺信息资源中发掘“卖点”

蔡雯教授在她的《新闻报道策划与新闻资源开发》一书中把新闻信息资源定义为：“新闻媒介所拥有的新闻信息渠道及其产品，包括新闻提供者、新闻合作者、新闻线索、新闻稿件、新闻资料等。”① 笔者认为这个划分不太恰当，新闻提供者和新闻合作者应该属于新闻人力资源，新闻稿件和新闻资料则属于新闻信息资源加工出来的新闻产品或半成品。笔者认为新闻信息资源应该是可供新闻报道的信息资源，即新闻事实和新闻事件。由此，我们把新闻信息资源分为三类：第一种是显性新闻信息资源，大多数动态报道属于此类；第二种是隐性新闻信息资源，需要我们去发掘的，也就是深度报道的取材范畴；第三种是稀缺的新闻信息资源，如充满悬念的突发性新闻事件。大千世界充满着种种未知，但有新闻价值的只是一部分，有重大新闻价值且适合电视报道的新闻信息就是稀缺新闻信息资源。那什么是既有新闻价值又适合电视报道的新闻信息呢？那就是“不可预知”的重大新闻事件。第三种与前两种有重叠交叉，有时它是显而易见的，关键是你想不想报道，敢不敢报道；有时它需要你去发掘，没有强烈的社会责任感你就会视而不见，如电视新闻“南丹‘717’初露端倪”。长期以来，我们的电视新闻报道主要依赖前两种新闻信息资源，甚至更多的是显性新闻信息资源。

在竞争日益激烈的电视新闻争夺战中，前两种已成为常规武器，唯有稀缺的新闻信息资源才能成为最具有“杀伤力”的武器。为什么？首先，“不可预知”的重大新闻事件，往往是观众关注的热点；其次，要把这类新闻信息及时连续地进行报道，必须要有足够的投入，如需要前方记者和机器设备到现场，需要租用卫星线路回传现场

---

① 蔡雯．新闻报道策划与新闻资源开发．北京：中国人民大学出版社，2004.7

信号，还需要记者连续作战能力及后方支援，这不是哪家电视媒体轻易就能做得到的。“人无你有”，如果你做到了，那就成为你的独家报道，成为你的最大卖点。

电视新闻改革的方向就是新闻节目的动态化、实时化，新闻直播的常态化，而“不可预知”正是电视新闻报道的有力支撑点，由它构成的连续报道和现场直播必将成为最重要的电视新闻节目形态。电视新闻报道不但需要改革，更需要开放，我们的电视新闻工作者应该及时转变观念，以观众需求为己任，以敏锐的眼光和高度的责任感抢占新闻大战的“制高点”。

在电视新闻报道中，人的因素最为重要。电视记者在新闻报道的角色定位是笔者深入研究的下一个问题。

第二节　电视新闻记者的角色定位

这一节源自笔者10年前的一篇论文《中国电视呼唤名记者——兼论电视新闻记者的角色定位》（《电视研究》1998年第8期），此文被评为首届全国优秀电视论文一等奖。多年后，凤凰卫视的“三名战略”（名记者、名主持、名评论员）给这一名记者理论作了最好的注解。回顾这一前瞻性研究，目的是想让读者在新闻研究的思路上有所启迪：如何发现有价值的问题？如何深入剖析？如何展开论点？

一、电视新闻节目谁来唱主角

自20世纪90年代以来，我国电视新闻节目发展很快，可谓成绩斐然：中央电视台的《新闻联播》采用了直播，对香港回归成功地进行了连续72小时的现场直播；全国许多电视台纷纷成立新闻中心，办起了电视新闻评论节目……有关电视新闻改革的话题及相关的理论也呈现出百家争鸣的新局面，而其中一个热点话题就是电视新闻节目主持人。

有一位美籍华人电视节目主持人曾断言：中国没有真正意义上的节目主持人。此话令中国同行很不服气。此后，许多播音员勇敢地走上了节目主持人的舞台，一时间节目主持人在荧屏上频繁亮相，关于节目主持人的讨论更是热闹非凡。然而，当我们冷静下来环顾四周，却发现我们的主持人大多数还活跃在社教、文艺和综艺等节目专栏里，而在电视台的主干节目——新闻节目（少数新闻专题评论节目除外）里坐着的还是那些中规中矩的播音员。于是有人大喝：所谓“电视新闻节目主持人”纯属子虚乌有！呼吁重新审视这个舶来品的定义，认为这个词准确的翻译应该是“主播”或“新闻报道员”①。一时间电视理论界为之哗然，新一轮的争论又开始了：到底有

① 黄匡宇．电视新闻节目拒绝主持人．现代传播，1996（6）：67～71

没有新闻节目主持人这个词呢？谁是谁非一时难下定论。这里，笔者想先把这个问题搁在一边，换一种思维方式来思考，即从整个电视新闻改革的宏观大局出发，首先反思一下，我们理论探索的方向有无偏差？视点放在哪里才最具现实性？我们的新闻改革当务之急是什么，重点该放在哪里？这样，也许我们能够避开理论研究上的误区和空谈。

当中国的电视新闻节目主持人千呼万唤不出来的时候，人们忽然惊讶地发现：坐在邓小平面前进行采访的竟是一位其貌不扬、满脸沧桑的美国人——美国哥伦比亚广播公司《新闻60分》节目主持人迈克·华莱士。美国同行为什么不选一位年轻貌美、声音甜美的女主持人呢？此事让我们领悟到：我们也许被那娇艳可人的面孔迷住了，被那五光十色的荧屏困扰了。中国电视还很年轻，这种外在的追求是否有点舍本求末？由此，我们提出第一个问题：在电视新闻节目中，到底该由谁来唱主角？是直接采访新闻事实的记者，还是间接播讲新闻事实的播音员或者主持人？很明显，这个主角应该是也只能是站在新闻报道第一线的电视新闻记者。但令我们困惑的是，为什么这个主角在荧屏上总是模糊不清的呢？于是，这里我们又提出第二个问题：电视新闻记者在电视新闻节目中该如何扮演这个重要角色？

二、电视新闻节目改革中的记者

有句行话说：“电台有声，电视有影。”此话道出了各类新闻媒介自身的特点。然而，长期以来人们在电视屏幕上却很少看到电视新闻记者的身影，这到底是怎么回事呢？这要从电视的发展历史说起。自1947年美国NBC（全国广播公司）开始采用16毫米电视摄影机拍摄电视新闻以来，电视记者长期是“采摄合一”。ENG的问世和普及解决了拍摄中的声画同步问题，把电视记者推上屏幕，记者采访与摄影开始分家。从“采摄合一”到“采摄分家”可以说是电视新闻节目制作的第一次革命。而在最近10年，随着摄录技术和传送技术的迅速发展及设备的改进，为增强电视新闻的时效性和现场感，大量采用了现场报道和现场直播这些新的形式，站在镜头前的记者更多地拿起话筒，由“采播分家”逐渐走向“采播合一”，这是电视新闻节目制作的第二次革命。这次革命有一个很鲜明的特点，就是把节目制作和播出更紧密地结合起来，这就要求报道新闻的人既是采访者，又是播讲者。

然而，这样却出现了一种怪现象：站到新闻报道现场镜头前的往往不是一名记者而是一名播音员。那些从演播室匆匆忙忙走到报道现场的播音员一下变成了“主持人”，这合适吗？“由记者担任主持人和由播音员充当客串主持人，从表面上看似无多大区别，其实质却是不同的……播音员的业务技巧侧重于吐字发声、语言调整及播讲时表情神态的掌握上，而主持人的业务技巧则在发现和挖掘有价值的新闻信息，在于采访提问的技巧和对新闻事态进行分析评述的口头表达能力上。”[①] 播音员客串做主持人，往往会在报道时出现两个“话筒”。一个“话筒”是播音员的大脑，它输入记者撰写的新闻报道词，另一个话筒才是真正的话筒——输入主持人的声音。这简直是鹦鹉学舌！这样的制作方式体现出来的播音效果就是“一慢二假”。

那么，电视新闻记者为什么不能勇敢地站到镜头前来呢？这有一个历史原因。一是因为人们的认识和观念问题。为什么我们国家领导人出访总要带着播音员呢？她（他）除了说明某某电视台到此一访之外并无更多的作用；相反，如果出镜的是一名熟悉国际问题的新闻记者一定更棒。二是目前电视记者的素质使然。过去我们挑选电视记者是先看笔头（跟报纸、电台记者无异）后看个头（要的是活动的摄像机脚架），并不考虑外形和语言条件，造成了记者的素质不能适应现代电视新闻节目发展的需要。

三、当代电视新闻记者的角色定位

那么，当今的电视新闻记者该是什么样子的呢？我们先给它下一个明确的定义：“一切从事电视新闻采访、编辑、制作的专业人员，统称电视记者。”[②] 这个说法似乎有些笼统。那么，扛摄像机的算不算记者？拿话筒的算不算记者？在国外，电视记者和摄像师是分开的。是不是电视新闻记者，关键是看其是不是在电视新闻报道中处于主导地位。那么这个主角怎样才能唱好呢？笔者认为其应该具备三种能力：一是一般的新闻业务能力；二是运用电视语言的能力；三是视听表现能力。首先，电视新闻记者跟电台新闻记者或其他媒介（如报纸）的新闻记者一样，应具有捕捉新闻、及时报道的新闻素质和业务能力。其次，与其他媒介不同的是，他（她）应能够充分发挥电视媒介声画双通道的特点和优势，即能够熟悉且迅速地调动摄像机和话筒进行新闻报道，也就是说他（她）具有驾驭和运用电视语言的能力。电视新闻记者不一定非要自己扛摄像机，但他（她）一定要懂得镜头语言。再次，与传统的电视新闻记者不同的是，电视新闻记者应具备视听表现能力，也就是面对镜头用自己的形象和语言（包括声音语言和非声音语言，如形象、神态和手势等）进行现场报道。当然他（她）也许不能像播音员那样字正腔圆、训练有素，但至少要能够流畅自如地进行口头表达。在许多电视新闻理论书籍中，对电视新闻记者的论述很少谈到后两种能力。而这三种素质和能力就是我们对电视新闻记者这个角色的重新定位。

这样的要求是不是太高了？电视新闻记者这个角色确实不好当，要适应电视这一现代大众传播媒介能不高标准严要求吗？否则，电视新闻如何能在与其他新闻媒介的竞争中取胜？电视新闻记者要达到以上三个要求，客观上还需要创造三个条件。第一

---

① 叶子．电视记者的工作．北京：北京广播学院出版社，1989. 124

② 叶子．电视记者的工作．北京：北京广播学院出版社，1989. 9

个条件是观念需要转变，就是我们对电视新闻记者这个角色内涵要重新认识。为什么重大新闻报道一定要上播音员？难道我们的电视新闻记者不能胜任吗？观众更想看到的是来自前方记者的报道。不正确认识什么是电视新闻记者该干的工作，又怎能充分发挥他们的作用呢？第二个条件是电视新闻报道的分工还需要明确。电视新闻报道是一项协作性很强的集体活动，如果没有其他制作人员的配合和支持，电视新闻记者也是一事无成的。如果电视记者采访时还要考虑技术设备等问题，必然不能专心致志地采访新闻事实。第三个条件就是我们对人才的发掘和培养，以及电视新闻记者的自身修养。首先是不再用过去的眼光选择人才，电视新闻报道所需的人才不是简单的“枪杆子”加“笔杆子”，电视新闻记者应该是综合素质很强的“全才”。同时，由于电视媒介具有强大的传播优势和视听冲击力，很容易使电视记者产生优越和浮躁的情绪，如果不能清醒地认识到自己肩负的重任和自身的不足，那么就很容易在竞争中失败。

四、电视记者不但要唱主角，而且要当名角

进入改革开放和信息时代的中国社会，新闻媒介之间的竞争日益激烈，不同媒介之间和同类媒介之间，可以说新招迭出、新人辈出。那么，电视新闻记者该以什么样的面貌出现呢？是默默无闻，还是先声夺人？我们设想，美国的 NBA 如果没有乔丹等大牌球星的出现能如此火暴吗？如果甲 A 联赛没有球星，怎能托起整个球市呢？体育界的“名人效应”和“球星战术”实际上是一种品牌战略。作为新闻界更应该懂得品牌战略所带来的巨大的新闻效应。那么，栏目是品牌，栏目制作人也可以成为品牌，就像电影和电视剧的导演和名演员那样。

当年，我们羡慕法拉奇、华莱士等外国名记者采访邓小平，如今我们高兴地看到中央电视台的水均益对联合国秘书长加利先生进行采访，这说明新闻需要名记者！名记者的名人效应应该是新闻效应的一个重要部分。过去，我们在强调新闻媒介的喉舌作用和公众形象的同时，掩盖了记者的个人创造和个性表现。其实，记者独特的个人魅力也是联系观众的桥梁和纽带，名记者的形象、风度和权威更能吸引观众。个性使新闻节目走近观众，贴近现实。

当然，培养一个名记者是很不容易的，这需要一定的土壤和气候。除了记者自身的努力外，电视台本身更有责任，需要为其创造更多的机会和条件，如对重大采访任务给予优先安排，配备好的设备和助手，提供好的播出时间等。但更重要的还是要在报道题材上进行分工负责，如水均益一出来，观众就知道是关于重大国际问题的报道；而观众一看到广东电视台《社会纵横》的周晓谨，就知道一定会有社会关注的法制问题。记者就时政、经济、文教等方面进行分工，这样便于记者深入采访和研究，成为某一方面的专家，从而使其报道更具权威性。此外，为造就名记者还可以进行适当的包装和宣传，我们要认识到这不是记者个人在出名，而是节目在出名，电视

台在出名。当然，在电视新闻中，名记者的产生还有赖于电视新闻改革这个大气候，如主持人新闻节目的产生和完善等。

电视新闻节目直播是电视新闻改革的必然，因为录播不仅是电视资源的一种浪费，而且是对电视新闻报道的时效性和真实性的一种消解。直播，尤其是现场直播，光靠少数几个播音员或主持人是不能应付大量的现场报道的。中央电视台的三峡大江截流现场直播的成功，就在于有一批记者在各个报道点上进行大量采访，然后作深入浅出的现场报道。那么，是不是记者将取代主持人呢？或者说，主持人将在电视新闻节目中消失？答案是否定的。电视新闻记者并不排斥新闻节目主持人，电视新闻节目主持人仍然是电视新闻节目改革的一个追求，两者是一种不可替代的分工合作关系。记者和主持人将轮番出现在荧屏上，记者侧重现场的报道，主持人侧重串联和评论。名记者和名主持人是荧屏上两颗耀眼的明星。

那么，为什么我们不在呼唤名记者的同时呼唤名主持人的出现呢？不是不想，而是不能，不能一蹴而就！现在我们产生主持人的生产线就这么简单：播音员—主持人—名主持人。其实，培养一个电视新闻节目的名牌节目主持人是一个十分复杂的系统工程。它的生产流程是一个漫长的过程，即记者—名记者—播音或编辑—主持人—名主持人。主持人要兼具播音员、编辑和新闻评论员的素质，要求更高，而更重要的是，电视台还需要完善的“主持人新闻节目”。这样，我们就不难理解为什么外国的大牌主持人大多是年过半百，并在新闻报道第一线摸爬滚打了半辈子的资深记者。因此，要产生新闻节目的名牌主持人首先要培育名牌记者。换句话说，未来的电视明星必将产生于记者之中！所以中国电视新闻改革的当务之急，就是培养和造就大量优秀的电视新闻记者，尤其希望看到更多的名记者！

对于电视记者这一研究对象，以上属于新闻学和电视业务层面上的探讨，我们还可以用传播学和符号学理论来进一步研究它，以揭示更为复杂的新闻传播现象。

第三节　电视记者角色的符号解读

2005 年 7 月 11 日，广东的南方电视台《今日一线》正式改版，增加了“记者跑腿”环节，记者接到群众报料后即前去为他们排忧解难，名曰“鞍前马后、服务到家”，强调电视记者对新闻事实的积极干预，记者角色由“代言”变为“代劳”，甚至有“秀新闻”之嫌。其实，“记者跑腿”的创新不足为奇，我们可以发现，当今荧屏上新闻记者的身影异常活跃：有的在现场直播中滔滔不绝，有的在调查黑幕中乔装打扮，更多的是在舆论监督中“替天行道”。电视记者扮演的这些角色到底意味着什么呢？从符号学角度来看，如果说整个电视新闻是一个符号系统，电视记者就是其中的一个符号。我们试图用符号学来解读，探讨当代电视记者的角色变化与定位，进而正确认识和充分发挥电视记者在新闻报道中的作用。

一、电视记者的角色符号

20 世纪 90 年代以前，电视新闻记者承担的是在屏幕上看不见的幕后工作，很少在镜头前出现，更难得在电视里与观众见面，这是传统电视新闻报道的分工。然而，近 10 年来，随着电视新闻业的蓬勃发展，大量采用的现场报道和现场直播等新形式要求电视新闻记者大胆地从镜头后走出来，勇敢地拿起话筒，不再拘束于肤浅常规的电视新闻报道，而是对新闻事件的背景材料、最新动态和未来走势提供更快捷、更直接、更生动的新闻报道，这就是出镜记者。

电视记者出镜源于西方广播记者在新闻现场直接录音报道。第一次世界大战期间，美国哥伦比亚广播公司记者爱德华·莫罗首创了现场报道《这里是伦敦》，对德军轰炸英国作了生动的描述。电视记者在现场录音基础上增加了图像信息传播，形成了今天电视新闻报道中经常采用的报道形式。1996 年，中央电视台《新闻调查》开播，这一具有历史意义的新闻栏目催生出我国第一批真正意义上的出镜记者。2002 年下半年，北京广播学院筹办第一期“出镜记者”班，它的目标直指 2008 年北京奥运会。在当今电视屏幕上，无论是中央电视台还是地方电视台，电视记者出镜已不再是什么稀罕事，而许多电视台在招聘新的电视新闻记者时，也把是否能够出镜作为甄选标准之一。采摄分离成为当代电视新闻报道的专业分工，电视记者就是要出镜，能出镜。

在激烈的电视新闻竞争中，记者从镜头后走到镜头前，而且在镜头前已不满足于简单的播报，纷纷扮演起各种各样的角色来，从“播新闻”到“说新闻”，甚至于“秀新闻”。正如本节开头所提到的，如果说整个电视新闻画面是一个符号系统，它的界面人物——电视新闻记者——就是其中的一个符号。语言学之父索绪尔将符号的基本构成分为能指和所指，他把符号比作一张白纸，“能指和所指就是纸张的两面”①。能指构成表达面，所指构成内容面，由此可见，出镜记者和其所扮演的角色形成相对应的能指和所指关系。那么，目前活跃在屏幕上的电视记者承担了哪些角色？这些角色又有什么含义呢？

1. 角色一：现场报道的记者——证人

电视新闻报道的精髓在于现场报道，特别是现场直播。对于站在新闻现场的记者来说，他的能指是现场报道记者或叫前方记者，而所指就隐含着证人的角色，他代替观众的眼睛，充当新闻事件的现场目击证人。

2. 角色二：主题性新闻的记者——导游

目前，我们的报道中还有许多主题性新闻。出镜记者引领观众将新闻的各个部

① 李彬．符号透视：传播内容的本体诠释．上海：复旦大学出版社，2003. 53

分串联起来，由现象真实进入本质真实，逐步领会新闻的主题。此时，他的能指是主题性新闻的出镜记者，所指则是“导游”，这个导游的角色使命在于：一方面引导受众在所述事物间建立起内在联系，降低受众接受难度，另一方面适时提供新闻背景信息，为受众释疑解惑。例如，中国广播电视新闻奖2003年度电视专题类获奖作品“云南农村征地调查”，节目可以划分为四个环节：农民土地无偿被征、失地农民生活困难、盲目征地土地荒废、征地矛盾如何解决。记者像一个导游，引导观众从一个环节进入另一个环节，对云南农村地方政府违规征地现象有了一个清晰完整的认识。

3. 角色三：调查性报道的记者——侦探

调查性报道起源于20世纪70年代美国的应用新闻学派，它认为新闻记者应当直面社会黑幕，勇于深入调查，敢于揭露丑闻背景，闻名于世的“水门事件”报道就是其代表作。新闻调查的选题往往涉及黑幕，记者如同警察办案一样，追踪侦查，调查出新闻表层背后的隐情和真相。此时，出镜记者的所指又变成侦探。如2006年6月《焦点访谈》的“王子鞋城税案调查”，记者如同侦探深入王子鞋城，对整个鞋城的纳税情况进行推理、调查、印证。当记者充当侦探这一角色时，他的调查活动也就变成了新闻事实的一部分。

4. 角色四：隐性采访的记者——演员

在隐性采访中，记者常常根据新闻拍摄的需要假扮其他社会身份，以便深入到新闻事实当中，取得大量令人触目惊心的事实信息。在这种隐性采访中，电视记者的所指又变成演员，他像演员一样根据“剧情”需要变换身份。例如，中国广播电视新闻奖2002年度新闻专题类获奖作品“鲜火腿遭遇污染”，两名记者假扮成火腿采购商，深入金华市的一家火腿生产厂，为取得对方信任，两名记者甚至准备好了名片、介绍信等。由于有火腿采购商的身份作掩护，他们顺利地拍到了工人往火腿浸泡池里添加敌敌畏的关键镜头。

5. 角色五：为民跑腿的记者——公仆

在民生新闻栏目中，记者在接到观众投诉后，往往带着投诉人来往于各个职能部门间，帮助其解决一些难题，如消费维权、邻里纠纷等。这时，这一角色的所指又变成公仆。例如，在广东南方电视台的“记者跑腿”里，记者有时像民政部门人员，照顾被遗弃在路边的孤儿；有时像居委会人员，解决邻里纠纷；有时又像卫生部门人员，将堵在小区门口的垃圾处理掉。我们说的公仆有广义和狭义之分：广义的公仆就是为人民服务，记者无论是代言还是代劳都是在为公众服务；狭义的公仆是指国家机关工作人员，如果记者过分介入新闻事件中，行使政府职能部门的职责，那就是越俎代庖了。

在电视新闻报道中，记者扮演的角色可能并不是单一的。在各种新闻报道中，记者常常交叉扮演着多个角色，有时是把观众带到新闻现场的证人，有时又是如数家珍的导游，或演技出色的演员，或破解悬案的神探，当代电视新闻记者已经是一个多元化的角色。那么，在新闻报道中，由记者扮演这些角色合适吗？下面我们进一步解读它。

二、角色符号的深层表意

哲学家拉康认为："依据解构主义的看法，意义却是可望而不可即的'海市蜃楼'，因为能指总是流动不居，漂浮无定，在意指过程中能指与其说指向一个所指，不如说是带出另外一个能指。"[①] 这就是符号的浅层表意和深层表意问题。在对电视记者角色的符号解读中，我们也可以构成两个符号系统，如图 1－1 所示：

<table>
<tr><td>能指 1</td><td>所指 1</td><td></td></tr>
<tr><td colspan="2">符号 1（浅层表意）</td><td rowspan="2">所指 2</td></tr>
<tr><td colspan="2">能指 2</td></tr>
<tr><td colspan="3">符号 2（深层表意）</td></tr>
</table>

图 1－1

在第一层次（浅层表意）的符号系统中，由"能指 1"和"所指 1"共同构成"符号 1"，由"能指 1"指向"所指 1"的意指作用已经建立，它指向一种知识、一段历史、一个事实、一种理念、一个意象。但当它进入第二层次（深层表意）的符号系统时，"符号 1"便变成了"能指 2"，这时它抛弃了自己内里的知识、历史、事实和意象，除了可见的外壳外，一无所有，并且义无反顾地奔向一个新的能指。"这个过程可以无限地进行下去，形成符号在能指和所指方面的延伸和拓展。"[②] 例如，《新闻联播》的片头画面构成两个符号系统：在第一符号系统里，画面中各种人物与景物是符号的能指，所指代表我国各民族、各地区、各社会阶层，其浅层表意是《新闻联播》的广泛性和代表性；在第二符号系统里，这一全国电视新闻信息总汇（能指），加上含有国家和社会主义意味的五星红旗，所指就是对国家各阶层团结和社会主义性质的强调，其深层表意是《新闻联播》的政治性和权威性。

下面我们再用符号学的双层表意理论来解构电视记者这一角色符号。按符号学的理解，浅层表意层次是能指与所指之间，以及符号和它所指涉的外在事物之间的关系，如"玫瑰"的浅层表意指一种"落叶灌木……刺很密……花多为紫红色，也有白色"及"这种植物的花"。浅层表意层次就是符号明显的意义，是大众文化和视觉

① 李彬．符号透视：传播内容的本体诠释．上海：复旦大学出版社，2003. 150

② 曾庆香．新闻叙事学．北京：中国广播电视出版社，2005. 160～161

传播中的一般常识。具体到本节第一部分所讨论的记者角色上来，对于现场报道的记者来说，他的所指是证人，他代替观众来到新闻现场，见证在新闻现场所发生的新闻事件及进展状况，见证重大新闻事件发生的历史时刻，满足受众第一时间见证新闻事件发生的心理，此时其浅层表意就是新闻现场的目击者；而对于主题性新闻的记者来说，他扮演的是导游角色，浅层表意就是新闻故事的讲述者；对于调查性报道的记者来说，他扮演的是侦探角色，浅层表意就是新闻事实的揭示者；而对于隐性采访的记者来说，他像演员一样根据“剧情”需要变换社会身份，虽然他们尽量不出镜，却能把黑幕掀开，取得铁证，此时其浅层表意是新闻内幕的演示者；对于为民跑腿的记者来说，他扮演的是公仆的角色，在这类节目中，记者不再只是记录事实的旁观者，而是要参与到新闻事件中，此时其浅层表意就是新闻事件的参与者。如表 1－1 所示：

表 1－1

	能指 1	所指 1	浅层表意
角色一	现场报道的记者	证人	新闻现场的目击者
角色二	主题性新闻记者	导游	新闻故事的讲述者
角色三	调查性报道记者	侦探	新闻事实的揭示者
角色四	隐性采访的记者	演员	新闻内幕的演示者
角色五	为民跑腿的记者	公仆	新闻事件的参与者

根据符号的双层表意理论，第一层次（即浅层表意系统）又为第二层次（即深层表意系统）提供了新的能指：记者角色符号的浅层表意分别为新闻现场的目击者、新闻故事的讲述者、新闻事实的揭示者、新闻内幕的演示者、新闻事件的参与者，均成为第二符号系统的能指。

那么，在第二个符号系统中，这些新能指和所指及其深层表意又是什么呢？用符号学解释，符号的深层表意是一种文化意义，即符号的意义不再单纯地来自符号本身，有时甚至与符号的第一层意指本身毫无关系，而是源自对符号的一种社会使用与社会评价，即第二次符号化、第二次意指化。如“玫瑰”第二次所意指的爱情就与它所表示的“落叶灌木……刺很密……花多为紫红色，也有白色”及“这种植物的花”这一物体毫无联系。具体到电视记者角色：

对于角色一，新闻现场的目击者来说，他置身于新闻发生的真实场景中，见证在新闻现场所发生的新闻事件及事件的最新进展状况，此时，他意指为一种以现场目击的视角，引领观众了解现场实况。同时，记者出现在新闻现场，本身就证明了新闻的真实性，而记者的现场解说与现场画面相配合，大大提高了电视画面的可视性。这一符号系统的深层表意是充分展示电视特点。

对于角色二，新闻故事的讲述者来说，则通常站在完全知情人的角度、广度上，或纵横天下，或俯仰古今，深入新闻事实本质，甚至巧妙地加入叙述者的主观看法和主观情绪。此时，意指为一种全知视角的叙事，对于一些具有重大意义和深远影响的事件，他从全知视角进行全方位、全景式的扫描，同时根据受众的收视兴趣巧妙地加以编排和发挥，从而激发对新闻主题的关注。同时，还可以通过改变播报语态，变严肃庄重的“播新闻”为娓娓道来的“说新闻”。此时，记者新闻故事讲述者的作用是通过故事性增强受众阅读力。其深层表意是解读电视新闻。

对于角色三，新闻事实的揭示者来说，他与角色二新闻故事的讲述者不同的是，在节目一开始，或记者进行新闻调查前，事实真相和新闻事件的发展走向对他和观众而言都是不可预知的，随着记者采访的深入，事件向前发展，新闻真相层层揭开，观众的好奇心理得到极大的满足，这就是限知视角的叙事。这种限知叙事的方法增强了节目过程的悬念感，利用不可预知性来吸引受众注意力。其深层表意是解密电视新闻。

对于角色四，新闻内幕的演示者来说，记者通过暗访，揭开重重黑幕，体现了媒体的舆论监督功能。此时，他指向舆论监督的焦点。同时，由于记者是借助另一社会身份进入新闻现场的，采访对象、采访环境完全真实，记者起到了提高舆论监督、增强公信力的作用。其深层表意是行使媒体监督权利。

对于角色五，新闻事件的参与者来说，其“跑腿”行为不是一种个人行为，而是代表他所在的媒体和栏目。这里回到前面所说的“秀新闻”，什么是“秀新闻”呢？如果说“播新闻”是对新闻事实的报道，那么“秀新闻”就是对新闻事实报道的报道，它展现的是记者活动和报道过程。对“过程”的报道是符合电视传播特性的，由于有记者的参与，形成了记者、观众、节目的三方互动，记者这一行为具有提高服务性、增强互动性的作用，体现了媒体的人文关怀。其深层表意是树立媒体形象。如表 1 – 2 所示：

表 1 – 2

	能指 2	所指 2	深层表意
角色一	新闻现场的目击者	真实时空的视点	展示电视特点
角色二	新闻故事的讲述者	全知视角的叙事	解读电视新闻
角色三	新闻事实的揭示者	限知视角的叙事	解密电视新闻
角色四	新闻内幕的演示者	舆论监督的焦点	行使媒体监督权利
角色五	新闻事件的参与者	服务受众的亮点	树立媒体形象

三、电视记者的角色错位

通过对电视新闻记者符号学的深层解读，我们可以发现，在记者扮演的角色表层背后，透露出完全不同的信息，电视记者角色不仅仅代表个人，他也是媒体的形象符号。然而，在不少电视新闻报道中，由于对符号意义认识上的误区，往往产生各种错位，由此影响了电视新闻的传播效果，影响了出镜记者作用的发挥，甚至会影响电视新闻的舆论导向。因此，电视新闻记者如何正确把握自己的角色就成了一个重要课题。对于电视记者来说，无论扮演哪种角色，都应该把握以下几个原则：

1. 做报道员不做评论员

在电视记者的角色符号中，不论是新闻现场的目击者，还是新闻故事的讲述者，都是电视新闻的报道员，而非评论员。刘其中教授认为："新闻就是新闻，言论就是言论。记者不宜在新闻里发表个人见解；如果真有个人意见发表，请你写在评论、述评或个人署名文章里。"① 那么，报道员与评论员有什么区别呢？前者主要是传递事实性信息，后者主要是传递意见性信息。在报道中，这两者往往不好区别。问题就出在全知视角与限知视角的运用上。

根据法国结构主义批评家热奈特的三分法，新闻报道的叙事角度可分为如下三类：①零度焦点叙事，又称为全知视角。特点是叙述者并无固定视角，像一个全知全能的上帝，洞察一切。②内焦点叙事，又称限知视角。采用一个人物的角度表现事件，作品叙述要受到叙述者视域的限制。③外焦点叙事。叙述者像摄像机一样只客观记录事情的表象，排除一切人物思想感情的传达。其中，全知视角是目前我国新闻报道常用的叙述方式，但是，全知视角缺乏对新闻来源的交代，会影响读者对新闻材料的判断，模糊事实与评论之间的界限；另一方面，全知视角会越界演变成"合理想象"，从而出现这种情况：看似记者在叙述事实，实际上他是在进行"合理想象"的评论。因此，应慎用全知视角，多用限知视角，这样不仅可以清楚交代新闻来源，而且它以"某个人讲的"角度叙事，从而可以有效地避免记者直接评论。

2. 做监督员不做审判员

在电视记者的角色符号中，不论是新闻事实的揭示者，还是新闻内幕的演示者，都可以行使舆论监督的权利。记者应做一个监督员，但绝非审判员。对传播系统而言，它主要依靠舆论的力量来协调社会关系，传播的"协调"功能的英语原文为communication management，management 有"管理、支配"的意思。可以这样理解："人类社会正是通过传播系统来管理、统一社会成员的不同意见，形成舆论，达成共识，用舆论引导社会成员，以使其行为趋近协调和平衡。"② 在现代社会中，被大众

① 李希光．畸变的媒体．上海：复旦大学出版社，2003. 38

② 刘兢．解读新时期的"新闻审判现象"．五邑大学学报，2004，2（6）

传播放大了的舆论力量无处不在，使传播对社会的协调功能表现得空前强大。在这种背景下，电视记者更加要慎用自己的话语权，防止滥用舆论力量，形成社会对该新闻事件的舆论偏见，甚至出现“新闻审判”。早在1998年“张金柱案”判决之前，传媒界声势浩大的讨伐已形成了“大众审判”，以致张金柱在死前哀叹，他是“死于传媒而不是死于法律”。事实上，“新闻审判”不仅限于法制新闻报道中，在其他新闻类型中，记者如妄下断言，也会造成新闻审判。因此，对于电视记者在新闻报道中扮演的角色，无论是证人、演员、导游、侦探还是公仆，他都可以行使舆论监督权利，但是必须站在中立而无主观价值判断的立场上，因此，电视记者要牢记自己是记者，而不是法官。

3. 做参与者不做制造者

问题又回到本节开头，即如何解读“记者跑腿”？在电视记者角色符号的浅层表意里，记者可以参与到新闻事件中去，扮演公仆角色。但它与政府部门的公务员是不同的，它不是行使行政权利，而是提供资讯服务。在“记者跑腿”里，记者的行为实际上是在“秀新闻”，它隐含着新闻策划。新闻策划与策划新闻是两个完全不同的概念。前者是有中生好，后者是无中生有。近年来，电视记者加强新闻策划，关注民生，参与民事，这是好事。但“秀新闻”要把握好“度”，不可走得太远，为了吸引眼球，追求戏剧效果，而直接和过分地干预新闻事实。1997年元旦，湛江市开设了“110”报警服务，承诺接到报案后，警察可在五分钟赶到现场。为了让市民目击这一快速反应的过程，湛江电视台一名记者在新闻节目里做了一个测试，在现场用手机向“110”谎称发生一起绑架案，由于是重大恶性案件，刹那间来了四批警察，一时间警车呼啸，刀光剑影，观众看了十分过瘾。但这也把记者推到一个两难的境地，要么告诉观众测试是预先征得公安部门同意的，这样的话，观众就会想，这只不过是一场导演好的戏，是假的！要么不告诉观众实情，让观众认为这是真的报警，真的“谎报警情”，那样的话也许就会有人动这样的念头：记者可以骗警察那我也可以骗警察。事实上，该节目播出后出现多起“110”骚扰电话，负面效应出来了。这个新闻的制造显然违背了新闻事实第一性、新闻报道第二性的原则。电视记者可以参与到新闻的策划中来，发挥主观能动性，但是绝不能制造新闻，而应回归到新闻本性上来，依靠新闻自身魅力赢得观众。这样才不会造成电视记者的角色错位。

在电视新闻屏幕上，除了现场报道的记者外，还有一个很重要的角色就是新闻播音员或新闻主播，这也是值得我们研究的对象。

第四节　中国电视呼唤新闻主播

“2005年中国电视主持人论坛暨颁奖盛典”首次设立了“年度最佳新闻主播奖”。中央电视台的康辉、湖南电视台的张丹丹和上海东方卫视的劳春燕获此殊荣。在2007年2月份举行的“第五十届纽约国际电影电视节”上，凤凰卫视的胡一虎获得“最佳新闻主播奖第三名”（第一名空缺，第二名是CNN的一位主播）。目前在网络上搜索到的“新闻主播”词条有二三十万条。这些情况说明新闻主播正日益得到关注，中国电视呼唤新闻主播。然而，到底什么是新闻主播呢？目前人们的认识还相当模糊。因此，理清新闻主播相关概念和建立相关的理论，对我国电视新闻改革与发展显得尤为重要。

一、新闻播报的源流

一般认为新闻主播来自英文“anchorman”，先是港台等地将其翻译成“主播”，之后经大陆引进逐渐形成了我们今天所说的新闻主播。“主播”的引进绝不只是称呼的改变，它的内涵和特征究竟是什么？我们还是从与之相关的播音员和节目主持人入手。

1. 播音员

关于播音员的定义，在张颂主编的《中国播音学》一书中给出了较为详细的解释：“传统播音”是一个广泛的概念，凡是在电台、电视台的专业工作者，在话筒前、屏幕前所从事的活动，都是直接向听众、观众传播信息的有声语言活动。播音员的主要任务是把编辑部门采访编写的各类节目的文字稿转化为有声语言向受众传播。

可见播音员更多的是以“传话筒”的身份出现，在节目的播出中处于第三人称的地位，他们的任务主要是忠实地表达作者在稿件中所反映的主题思想，准确地表达每一个字。美国学者海德在《广播电视概论》一书中曾说：“作为一名播音员，最难对付的工作之一是以有效的方式朗读他人撰写的稿件，在以撰写为起点、听众为重点的传播纽带中，你起的是桥梁的作用，你的职责是把作者的思想忠实地传递给听众、观众。”①

播音员除了作为“话筒”忠实地把稿念好之外，他们一般不参与采访、编稿等工作。播音员一般也不会固定在某个节目中，与具体的节目也没有固定的联系，只负责最后一道工序——播报。基于我国特有的国情，我国的播音员直接代表国家在新闻媒体中的权威形象，如大家所熟悉的中央电视台《新闻联播》的播音员，他们直接

① 陆锡初．节目主持人概论．北京：中国广播电视出版社，1991.89

以第三人称的形象代表国家政府的形象向观众传达新闻信息。

2. 节目主持人

与播音员相比较，节目主持人的发展要曲折一些。1981 年元旦，中央电台从对台宣传的实际情况出发，开办了由徐曼主持的《空中之友》节目。在中国广播史上，徐曼成了第一个正式以主持人名义出现的节目主持人。节目主要策划者兼负责人于礼厚撰文回忆《空中之友》筹办的经过：我们请袁相隆先生（台湾归来的船员）介绍台湾的广播电视节目形式和他在西方各国看到的广播电视节目形式，当他介绍了节目主持人的形式时，我马上意识到这就是改革我们广播电视的一个突破口，之后，我便在中央人民广播电台对台广播中力主开办主持人形式的节目。

如今，我们对电视节目主持人有了更多的理解，但主要还是指在有明确的节目定位、有固定时间的广播电视节目中，较为固定地以第一人称出现的直接面对受众引导节目进程的传播者，他们多以谈话体的状态播出节目。也就是说，主持人更多的是一种以真实的个人身份在节目中使用第一人称的传播者。

本书主要探讨的是有关新闻性节目的播报者，因而将着重于对新闻性节目的分析。学界对于到底该不该称谓电视新闻主持人还存有很大的争议。有些学者认为，主持人与美国的“host”相对应，而“host”在美国主要是指称娱乐类节目的传播者，进而认为主持人就是应该专指娱乐类节目的传播者，而对于新闻类型的节目则不能称为主持人，更多的则应该是“anchorman”，也就是“新闻主播”。

与此相反，更多的业界人士则认可新闻节目主持人这一说法。著名节目主持人白岩松就曾说：“新闻是社会的良知，主持人若不具备认识的高度及健康的良知，就无法传递出对社会及观众有益的信息。”[①] 显然，从这句话中可见他是把主持人归为新闻类节目的。到底何谓电视新闻节目主持人，有很多的学者对此下过定义，总体来看，主要是将新闻节目主持人看作是众多节目主持人中的一类，他们的主要任务是将节目中的各类新闻串联起来，将节目内容顺畅地组合起来，在规定的时间内按顺序播出，他们的工作范畴包括新闻串联、现场采访、即兴评论、现场调度、把握时间等。

二、新闻主播的起源

目前，我国对新闻主播的认识皆源自国外，尤其是美国的电视新闻播报。在国外，与新闻主播相关的主要称谓有：announcer（播音员）、presenter（报道员）、host（节目主持人）、moderator（原意是“仲裁人”、“协调人”，借用到电视节目中，特指游戏、竞赛类型节目的主持人）、anchorman（一般译为新闻主播，它源于美国）。

从 1955 年开始，美国哥伦比亚广播公司（CBS）保持全国电视收视率第一的位置长达 21 年之久。它的成功来自高质量的新闻节目。而这种高品质的新闻节目的风

① 李立．尴尬与超越．北京：北京广播学院出版社，2006. 4

格和特性是由最具有影响力的、最经常同观众见面的记者（或主持人）的个性风格来决定的。CBS 的名记者有第一代的默罗，接下来是克朗凯特，然后是丹·拉瑟。克朗凯特曾说，CBS 的新闻特征是由“对个性的崇拜”为基调组成的。个性风格是主持人或主播的重要特征。

人们最早熟悉默罗是从广播开始，1938 年的“慕尼黑危机”报道和 1940 年的“这里是伦敦”的广播，使他成为一名“那个年代像艾森豪威尔一样的英雄和人物”。直到 1951 年 11 月 18 日，《现在请看》节目第一次播出，默罗才真正开始在电视观众面前展示他独特的个性风格和表达方式。默罗另外一个颇具特色的节目是著名的访谈节目《面对面》，默罗先后邀请了五百多位嘉宾，在他平和的发问下，嘉宾和观众一起去追究并思考生活中被忽略的问题。我们必须看到，此时的默罗还不是真正意义上的新闻主播，他更像是一名新闻节目主持人。主持人的存在首先依靠于与之相对应的节目形态的存在，也就是所谓的主持人节目。陆锡初的《节目主持人概论》一书曾这样定义：所谓主持人节目，是相对于播音员播出的节目而言的，是指有固定的真实的人，以个人的身份与受众直接交流并主持的固定的广播电视节目。在节目中与嘉宾交流是主持人的重要特征。

真正意义上的新闻主播当属 CBS 的第二代当家人克朗凯特。美国传播学者布耶（Boyer）曾经说：“沃尔特·克朗凯特虽然在美国最躁动不安、最是多事之秋的 20 世纪 60 年代和 70 年代担任哥伦比亚广播公司的新闻节目主持人，但他始终保持着沉稳、自信、忍耐、执著、持之以恒和严肃认真的品质。”① 克朗凯特在一系列的重大历史影响事件中——总统选举、越南战争、种族冲突、暗杀事件、水门事件及阿波罗号登月等——扮演着通告消息、揭示事实和解释事实的角色。在 1952 年冬天，他已经不再是一般的 announcer（播音员），而被 CBS 称为“anchor man”。查阅《新英汉词典增补本》，我们发现“anchor”的第一个词义是“锚”，第四个词义便是“团体比赛中位置（或顺序）排在最后的运动员”。休伊特曾明确地告诉中国记者，“anchor man”与船锚没有任何关系。他说“anchor man”是借用词，来自体坛。它借用了某一接力赛运动队最佳选手的名字，进而解释说，在田径接力赛中跑最后一棒的，总是最强最棒的人，这个人就叫“anchor man”。

但是此时的克朗凯特既无内容主控权，又无高薪收入，只是在声名上显得耀眼，在公众心目中像一个权威。所以，20 世纪 50 年代的克朗凯特并不是当今意义上的新闻主播。整整 10 年之后，CBS 打造《克朗凯特晚间新闻》，任命休伊特担任执行制片人，克朗凯特担任主播。这一次，克朗凯特才提出他必须拥有“managing editor”职权，即对新闻报道的选题和新闻制作过程具有决策权。自 1963 年开始，克朗凯特成为主播，同时也是主编。但是，他的薪金并未同时发生变化，因而克朗凯特并不

① 王纬．镜头里的“第四势力”——美国电视新闻节目．北京：北京广播学院出版社，2000. 26

富有。

然而就是这个变化，让“主播”概念从此有了属于自己的更为准确的含义，即不仅在演播室现场负责组织新闻报道的串联，而且从头至尾要在节目制作流程中起内容主导作用，主播即主编，是栏目内容的最高领导。也就是在此时，才产生了真正意义上的新闻主播。之后进一步发展，逐渐进入电视新闻明星制时代，这个时代最大的受益者是丹·拉瑟。

1981 年，克朗凯特退休，丹·拉瑟继任，他继承了克朗凯特拥有的一切，但权力更大。他不仅控制着自己栏目的内容，而且在 CBS 制定新闻制作政策的时候也有发言权。他无须通过制片人，就可以直接给记者部署报道任务。他甚至有权调用一切他所需要的人员——可以列出新闻部所有一流记者、一流摄像师、一流灯光师、一流录音师的名单，这些人必须随时听命于他，而其他制作人如果需要这群人，必须得到拉瑟的首肯。

此外更重要的是，拉瑟得到了克朗凯特从来没有得到过的高薪——年薪 220 万美元！ABC 和 NBC 很快知道了这个消息，觉察到全新的新闻主播时代来临了，必须给自己的主播大幅度提薪。拉瑟很快知道这消息，他觉得自己和其他主播不应该等同，自己是灯塔，所以他要 CBS 追加薪俸。结果，CBS 给拉瑟每年加了 80 万美元，并且签下延续雇佣合同，保证拉瑟担任晚间新闻主播直至 1990 年。事实上，拉瑟一直做到 2004 年，因为小布什案才被最终拉下马来。

可见，到了 80 年代的拉瑟时代，电视新闻主播才开始集内容控制权和高薪于一身，并最终确定了其基本属性，形成了电视新闻主播的三大特点：言论权威、内容大权、高薪收入，准确地说这是超级新闻主播的特点。

三、中国特色的新闻主播

如上所述，新闻主播与播音员有很大的区别，与新闻节目主持人却十分相似，这也是业界常常把两者混为一谈的主要原因。其实，新闻主播有其独特的传播功能和工作职能。他在新闻播报中的作用与地位是播音员和主持人都无法替代的，他将在我国电视新闻改革中扮演重要的角色。我们认为新闻主播有三个主要的特征：

首先，新闻主播是新闻节目的主要播报者。他与新闻节目主持人的区别在于：前者的传播语态是播报，主要是一个人播讲消息类节目或杂志型节目；后者的传播语态是谈论，主要是通过与嘉宾和评论员的交谈，主持谈话类新闻节目。同时，为了形成个人风格和节目品牌，新闻主播与其所在的栏目是相对固定的，并对其进行包装推介，在国外甚至以名主播的名字来命名栏目。

其次，新闻主播与播音员的区别在于：他除了播报之外，还负责新闻内容的选择和编排，实际上行使主编的职能。丹·拉瑟的工作是这样的：每天上午 11 点钟，新闻中心要把采集到的所有重要新闻打印出一个目录。编辑经过初选后，在 12 点钟时，打印出第一张节目单。节目单上画一条曲线，线上面的新闻目录，是《晚间新闻》准备采用的，线下面的新闻目录，是备选的。这张节目单打出之后，丹·拉瑟就和他的三位主要助手开会，讨论并确定《晚间新闻》上哪些新闻、哪条新闻上头条等。由此可见，作为主播的丹·拉瑟拥有新闻内容控制权。"新闻节目竞争在于新闻'含金量'的竞争。未来将是一个信息资源共享的时代，几乎没有什么信息可以独家占有，唯一可以追求的是独家的视角，主播将对共享资源中的独家视角发挥至关重要的作用。"①

再次，为了确保对新闻内容传播的掌控，他还要负责调度和指挥一个工作团队。这里要指出的是，我国的新闻主播与国外的超级主播不同，他主要拥有内容控制权，而不一定拥有行政控制权。因此，他需要制片人和监制给予配合和支持。当然，对于一些名主播，应让其拥有一定的行政控制权，让他掌握更多的节目资源以打造节目品牌。

综上所述，我们可以给新闻主播作一个较为严格的界定：新闻主播就是新闻内容的编播者，他不仅是新闻栏目相对固定的播报者，而且拥有播出内容的控制权，为了确保这一控制，他还享有一定的行政权力。这与目前我国业界习惯称的新闻节目主持人还是有较大区别的，一般来说，所谓的"新闻节目主持人"并不完全具备以上条件，除了播报语态之外与播音员并无差别，且带有一定的表演成分。因此，笔者认为还是叫新闻主播更准确一些，更符合电视新闻的传播规律。

然而，集编播于一身的新闻主播，目前在我国还比较匮乏，优秀的新闻主播更是寥若晨星了。如何培养和造就更多的优秀的新闻主播？笔者认为应从三个方面努力：

1. 转换机制，创造良好的外部环境

郭镇之教授曾经指出：媒体与政府合为一体的体制为世人所诟病。这一体制的确制约着新闻主播的话语空间，然而体制改革不是一件一蹴而就的事。在现行的新闻体制下，我们首先要更新观念，正确认识新闻主播的自身价值。其次要转换机制，为新闻主播提供最多的新闻采访、编辑和播出的权利，变行政中心制为制播中心制，让他们有更大的新闻内容掌控权、制作资源掌控权，为新闻主播创造更大的发展空间。

2. 改革高等院校的专业设置

我国高校的播音主持专业教育有一种畸形现象：一方面报考播音主持专业的学生挤破了门槛；另一方面无法满足业界对这类专业人才的需求。目前，我国大部分高校是将播音员、新闻主播和节目主持人这三种专业人才培养统统放在一个播音主持专业里，这种教育模式的弊端就是除了播音技能和理论外，学生无主专业，根本满足不了电视新闻传播的需要。因而，我们认为应该把该专业一拆为三：一是播音专业，属于应用语言学；二是把节目主持人作为影视艺术专业的一个方向；三是把新闻主播作为广播电视新闻学专业的一个方向。从学科性质和专业分工的角度来看，这样的专业设置更为科学。

---

① 叶璐．透视我国新闻主播的发展及问题．当代电视，2005（7）：31

3. **转变新闻主播的培养模式**

实际上，许多新闻主播或新闻节目主持人并非来自播音主持专业。反观国外，根本就没有播音主持专业。不仅美国没有，世界上所有传媒大国都没有。无论是 CBS 的默罗、克朗凯特、丹·拉瑟，还是 ABC 的约翰·达利、弗兰克·雷纳兹、彼德·詹宁斯，NBC 的约翰·钱塞勒、汤姆·布鲁考等大腕，这些新闻一线的“老记”，无不是经过摸爬滚打半辈子才坐上新闻主播的宝座。新闻主播的产生和培养不是一朝一夕就可以完成的。在我国，正如胡一虎所说“新闻主播路还很长”。如某新闻频道选拔新闻主播，却要参赛者进行才艺表演比赛，无疑将新闻主播等同于娱乐节目主持人，这样能选到优秀的新闻主播吗？优秀的新闻主播不是来自播音员，也不是来自节目主持人，更不是刚刚走出校门的学生，而是来自新闻一线的资深电视记者。

第二章

电视新闻改革论

Criticism and Construction—Focus on Chinese TV

中国电视新闻改革与发展研究，既需要宏观视野的观照，也需要微观层面的扫描，这是一个从宏观到微观，再从微观到宏观的“葫芦式”研究方法。昨天的历史与今天的现实存在着逻辑因果关系上的必然性。在这一章里，首先，我们从纵向维度上展开思考，看看中国电视新闻30年是怎样的一个发展轨迹，而这一轨迹又给了我们什么样的启示和预示，然后，我们从横向截面上进行分析。近年来笔者每年都对中国电视新闻作一个年度综述，从新闻业务的各个环节到电视媒体的竞争态势，从电视新闻的节目形态到电视新闻的传播理念，从电视新闻的观念创新到我国新闻的制度安排，希望给读者展现一个中国电视新闻的立体图景，同时也演示综述性论文写作的视角、结构及研究方法。

第一节　透析中国电视新闻三十年

中国电视已经走过了半个世纪，但中国电视新闻的真正发展还是始于1978年党的十一届三中全会，中国改革开放30年也是中国电视新闻改革发展30年。在这一历史进程中，中国电视新闻取得了哪些改革成就，遇到过哪些问题和障碍？这是值得认真总结和研究的。本章从中国电视新闻30年的发展中，透过影响中国电视新闻发展走向的若干拐点，分析影响中国电视新闻发展的各种因素，以此思考中国电视新闻未来的改革方向与创新路径。

一、聚焦“十大拐点”

中国电视新闻30年的发展显然无法在一篇短文中尽墨，于是笔者选择了能够勾勒出其发展轨迹的若干拐点。“拐点”是一个数学术语，引申开来就是指事物发展过程中运行趋势或运行速率变化。这些拐点就是中国电视新闻30年中具有深刻影响的十件大事：开办《新闻联播》、召开第十一次全国广播电视工作会议、《东方时空》诞生、“香港回归”直播、“凤凰”说新闻、“9·11”失语、《南京零距离》亮相、SARS报道、央视新闻频道改版和汶川地震报道。这些拐点（事件）分布在中国电视新闻发展的三个阶段：起步阶段、发展阶段和转型阶段。十大拐点和三个阶段如表2-1所示。

诚然，拐点的选取是仁者见仁，未必能够涵盖整个30年。但是，聚焦十大拐点确实可以让我们有所感悟。影响我国电视新闻发展的既有外因也有内因。对于电视媒体所处的宏观环境，我们采用PEST分析法，即分析中国电视新闻发展所处的政治环境、社会环境、经济环境和技术环境。中国电视新闻发展30年是与中国的改革开放、社会变迁、经济建设、科技进步乃至国际环境的变化息息相关的。

表 2－1

时间	中国电视新闻发展的三个阶段	十件大事
1978 年	起步阶段（1978—1992 年），党的十一届三中全会拉开中国改革开放的序幕，同时也吹响了中国电视新闻发展的号角。中国电视新闻的起步主要体现在基础建设和规模扩张上，这是一个从无到有的过程	开办《新闻联播》
1983 年		召开第十一次全国广播电视工作会议
1994 年	发展阶段（1992—2000 年），随着电视机的普及，电视超越报纸和广播跃居为第一大媒体。邓小平南行也给中国电视新闻发展带来春天，从《东方时空》到凤凰卫视，观念创新让中国电视新闻发展驶上“快车道”，这是一个“深化改革全面发展的新阶段”	《东方时空》诞生
1997 年		“香港回归”直播
1998 年		“凤凰”说新闻
2001 年	转型阶段（2000 年至今），中国入世预示着在全球化、数字化产业背景下，电视新闻面临更多的挑战，从“9·11”失语到汶川地震报道，显示了中国电视新闻正从观念创新拓展到制度创新，进入了一个传统电视新闻迈向现代电视新闻的转型期	“9·11”失语
2002 年		《南京零距离》亮相
2003 年		SARS 报道
2006 年		央视新闻频道改版
2008 年		汶川地震报道

同时我们也看到，新闻传播理论的研究、国外电视新闻的实践及我国新闻规制的变革，也在影响中国电视新闻的改革与发展。中国电视新闻发展 30 年也是传播学发展 30 年。在传播学理论的推动下，电视新闻界积极探讨视听传播规律。新闻传播理论给中国电视新闻展现了一幅理想图景，然而要实现它并不容易。

当今世界电视新闻发展很快，从美国的三大电视网、CNN 到 BBC、半岛电视台，都在重大新闻事件中展示了电视新闻报道强大的传播力。受其影响，中国电视新闻报道开始回归新闻主体，在电视观念和传播技术上日趋成熟，中国电视新闻改革涉及各个领域，从报道方式、新闻理论直到运作机制、新闻管制。与此同时，全球化数字化的浪潮也加快了中国电视新闻改革的步伐。

二、改革：与时俱进

我们先来点击中国电视新闻发展前两个阶段的五个拐点。

1. 开办《新闻联播》

1978 年 1 月 1 日，中央电视台开办了《全国电视台新闻联播》节目，简称《新闻联播》，标志着以首都为中心的全国电视广播网的初步形成。“作为中国广播电视新闻节目代表的《新闻联播》集中体现了国内新闻的优点和缺点。中国的广播电视新闻倾全力于传达党和政府的方针、政策、指令、号召，反复宣传政治性的内容，参与统一幅员辽阔的中国及其十多亿人民思想的巨大工程。”① 同年，党的十一届三中全会召开，预示着中国电视新闻发展与中国的改革开放息息相关。一方面表明《新闻联播》作为党和政府最重要的舆论工具，全国各级电视台必须无条件转播；另一方面《新闻联播》成为反映中国改革开放政治、生活的一面镜子。时至今天，《新闻联播》几经“变脸”，节目形态与报道风格基本不变，但随着分众时代的到来和网络媒体的出现，其影响力已今非昔比。在2008年6月21日颁布的《中国电视网络影响力报告（2008）》中，一直高居收视率榜首的中央电视台《新闻联播》并没有入围最具网络影响力的央视十大栏目。

2. 召开第十一次全国广播电视工作会议

1983年3月31日至4月10日，广播电视部召开第十一次全国广播电视工作会议。这次会议一是提出以新闻改革为突破口，推动整个广播电视宣传的改革。二是确定“四级办广播，四级办电视，四级混合覆盖”的方针政策。前者为电视新闻事业的大发展奠定了思想基础。后者在四级办广播、电视的方针政策推动下，充分发挥地方办广播电视的积极性，中央、省、市、县四级电视台形成了一个庞大的电视新闻通联网，实现了全国电视新闻资源的共享。“我国电视台确立新闻立台的理念，固然取决于电视人对电视传播规律的认识和探索；同时也有赖于各级政府的高度重视。”② 然而，四级办广播、电视也为后来中国电视的资源整合带来困难，并形成了当今中国电视新闻的基本竞争格局。但是不管怎么样，以新闻为龙头的指导思想和后来的“新闻立台”理念积极推动着中国电视新闻的发展。

3. 《东方时空》诞生

1993年5月1日，中央电视台将一档40分钟的杂志型新闻节目——《东方时空》推到了全国观众面前。《东方时空》不仅改变了中国人的收视习惯，而且成为中国电视改革的“试验田”。中央电视台先后推出《焦点访谈》、《面对面》等优秀电视新闻栏目。尤其是1994年4月开办的《焦点访谈》，“用事实说话”的新闻舆论监督不但深得民心，而且受到三届总理的高度评价。朱镕基总理为《焦点访谈》题词：“舆论监督，群众喉舌，政府镜鉴，改革尖兵。”《焦点访谈》的舆论监督标志着中国的民主法制建设迈上了一个新的台阶。《东方时空》的改革不仅体现在新闻理念和节目创新方面，而且在机制和体制方面有诸多突破，使之成为当时电视新闻改革的中心，尽管这种改革有其局限性，但那种激情澎湃的时代精神仍然感召着电视人。

---

① 郭镇之．中外广播电视史．上海：复旦大学出版社，2005. 273

② 刘习良．中国电视史．北京：中国广播电视出版社，2007. 262

4.“香港回归”直播

1997 年 6 月 30 日至 7 月 2 日，中央电视台进行了连续 72 小时的“香港回归特别报道”，现场直播香港回归的整个过程。同年，中央电视台共进行了八场重大新闻事件的直播，除香港回归直播外，还有“十五大”召开、海尔·波普彗星与日全食、黄河小浪底工程、长江三峡顺利实现大江截流等，这一年因此被称为“中国电视直播年”。之后，现场直播逐渐成为电视新闻报道的重要方式，电视转播车似乎也成了各电视台报道实力的象征。然而，新闻报道在电视传播上的优势还没有充分发挥出来。尽管如今电视新闻直播日趋常态化，但仍然是仪式性现场直播居多，事件性新闻直播报道很少。在确保安全播出的新闻管制下，灾害性新闻的直播更是少之又少。

5.“凤凰”说新闻

1998 年 4 月起，凤凰卫视《凤凰早班车》主持人陈鲁豫在温和与轻松的气氛中，将世界最新消息和财经资讯向观众娓娓道来，变“播新闻”为“说新闻”。凤凰卫视在重大新闻报道中的出色表现及对传统电视新闻理念的颠覆，给内地电视新闻带来了极大的冲击和影响。新锐的“凤凰”说新闻，成为中国电视新闻改革与开放一道亮丽的风景线。中国的对外开放是从沿海到内地，中国电视的对外开放始于毗邻港澳的广东。中国加入 WTO 之后，相继有 9 个境外频道被批准在广东落地，中国电视新闻在竞争与开放中学到不少东西，也增强了深化改革的决心，加大了开放的信心。

在改革开放的前 20 年里，中国电视新闻改革与时俱进，服务经济改革和节目观念创新成为其发展的两大主题。在观念创新方面，先后确定了电视纪实观念、电视栏目化观念、电视直播观念等。然而，当电视新闻改革深入到攻坚阶段的时候，体制的束缚、管制的落后等深层次的矛盾逐渐显露出来。为了确保改革开放和经济建设有一个安定团结的社会环境，对于中国电视新闻来说，围绕党的中心工作做好宣传和坚持正确的舆论导向，始终是电视新闻压倒一切的大政方针。然而，进入新世纪之后，电视新闻改革迎来了前所未有的巨大挑战。

三、开放：直面挑战

“进入 21 世纪以后，世界形势变化加剧，国际新闻秩序重新组合，传播手段花样翻新，一系列突发事件、创新思维不断冲击新闻界。在新事物、新问题、新技术的拷问下，理论界汗流浃背。”[①] 我们再来看看中国电视新闻进入转型阶段的那些拐点。

1.“9·11”失语

2001 年 9 月 11 日，美国遭遇了前所未有的恐怖袭击，中央电视台作为国家级电视台，面对正在发生的震惊全球的事件，却表现出让人难以理解的气定神闲，一直等到 24 时的整点新闻时，才以一则播音员口播简要新闻的方式报道了此次事件。然后

① 刘东华. 当代电视报道理念与技巧——新世纪电子传媒思维与操作. 北京：新华出版社，2004. 4

直到次日早晨，《东方时空》才在早新闻时段第一次作了比较详细的报道。后来学界把国内电视媒体在“9·11”事件中的不作为戏称为集体失语。整个“9·11”期间，中国的民众们选择了把目光投注到境外媒体，投注到其他信息来源。网络、电话、短信，仅仅借以民间传播的方式，“9·11”的消息也瞬间传遍到了各地。政府可以控制媒体却阻隔不了传播，舆论的阵地不会坚贞地等待哪一家媒体，声音的缺失直接伤害的是媒体的权威性。①

2.《南京零距离》亮相

2002 年 1 月 1 日，江苏广播电视总台城市频道《南京零距离》亮相。它以“打造中国电视新闻新模式”为口号，在贴近性方面迈出了一大步，中国电视新闻由此出现了“民生新闻”这一新概念。随后，雨后春笋般涌现的民生新闻栏目，拉开了地方电视台与中央电视台新闻竞争的序幕。这是一种策略的选择。当时政新闻改革遭遇瓶颈的时候，民生新闻的兴起让平民百姓有了更多的出声渠道。面对中央电视台的重压，民生新闻不失为地方电视台突出重围之路。然而，随之而来的琐碎化、娱乐化和低俗化也让人们思考：民生新闻到底能走多远？

3. SARS 报道

2003 年 2 至 4 月，中国遭遇 SARS 疫情。由于开始时媒体的失声导致各地政府和群众疏于防范，给 SARS 肆虐打开绿灯。4 月中旬，中共中央不惜断然撤掉一批玩忽职守的高官并公开宣布北京“非典”发展的实际情况。4 月 26 日，央视《新闻调查》播出新闻专题“北京：‘非典’阻击战”。就此，以中央电视台为代表的电视媒体迅速找准了媒体应有的角色定位，为满足人民知情权而战，成为抗“非典”斗争中的中坚力量。

2007 年，中国电视观众总数为 12 亿人，比 20 年前增加了一倍多。由于电视的巨大影响，政府在电视新闻管制方面仍然十分谨慎，面对自然灾害和社会弊端，往往平面媒体可以报道，电视媒体却被严格限制。

4. 央视新闻频道改版

2006 年 6 月 5 日，中央电视台新闻频道进行了自 2003 年 5 月 1 日开播以来的第四次改版。一批新栏目从传统的新闻播报到新媒体的链接解读，从深入的新闻评论到实时的记者连线报道，大大丰富了报道手段和传播方式。《朝闻天下》整合了早间时段资源，长达 3 个小时的直播决定了丰富的信息量，使新闻的滚动优势得到很好的发挥。面对地方电视台民生新闻的兴起，中央电视台也以加大电视新闻改革力度来应对；而随着央视新闻频道舆论引导能力的提高，地方电视新闻也注重栏目品牌和频道建设，中国电视新闻竞争进入了良性互动。

---

① 孙玉胜．十年——从改变电视的语态开始．北京：三联书店，2003

5. 汶川地震报道

2008年5月12日，我国发生汶川大地震，中国各大媒体均以不同形式及时、透明、全面、深入地报道了地震所造成的巨大灾难及救灾工作。5月24日，温家宝总理在映秀镇地震废墟上主持记者招待会时强调："我们在处理这些突发事件以及国内其他问题上，坚持以人为本的原则不会改变，坚持对外开放的方针，永远不会改变。"① 从"9·11"事件中国媒体的集体失语到SARS公开报道的先抑后扬，再到汶川地震的及时、全面、公开报道，世人终于可以看到中国电视新闻真正承担起大众传媒的社会责任，而这正是建立在对外开放的基础上。

中国电视新闻转型期的变革来自社会变迁与科技进步。改革开放以来，党的"十六大"确定全面建设小康社会的奋斗目标（2002年），之后又作出构建社会主义和谐社会的重大决定（2006年）。"我国社会发展的目标已经从过去的以解决'吃饭'问题为第一要义转变为今天的以解决'说话'问题为第一要义的基点上，如何通过传播话语的多元参与表达，增进社会成员之间的沟通理解，以最大限度地消除隔阂、减少偏见，进而降解社会冲突发生的可能性。因此，改变既往'舆论一律'的单极化倾向，建立多元和谐、彼此尊重、畅所欲言的舆论氛围就成为新的媒介'语法'规则应当致力于实现的情境和目标之一。"②

数字技术和网络技术的迅速发展不仅给电视新闻带来业务层面的变革，而且给新闻理论带来颠覆性的革命。网络、手机等新媒体的出现，使管制者意识到掌握传统的舆论工具并不能确保控制新闻舆论。今天，更多的热点话题发自互联网，更多的社情民意传递于新媒体，电视新闻如何在当今激烈的媒介竞争中取得主导地位，议程设置能力和舆论场构建对其至关重要。内外有别，报喜不报忧，在新媒介技术环境下已经无法做到。

四、明天为公众开放

今天，"中国电视从本质上说已经开始走向一个大众做主的时代了"。③ 但中国电视新闻改革与发展仍面临诸多问题和困难，如何在新世纪新形势下前行？笔者认为，必须进一步解放思想，以开放思维和制度创新来推动电视新闻的深化改革和持续发展。如何进行制度创新？李良荣教授认为："传媒业的制度创新必须确立一个原则：公共利益至上。"④ 那么，在电视新闻业务层面该如何做呢？胡锦涛总书记视察人民日报社时指出："要认真研究新闻传播的现状和趋势，深入研究各类受众群体的心理

---

① 《南方周末》编辑部．将开放透明进行到底．南方周末，2008-05-29

② 喻国明．中国传媒业30年：发展逻辑与现实走势．青年记者，2008（2月下）：21

③ 夏骏．十字路口的中国电视．北京：清华大学出版社，2006. 229

④ 李良荣．论中国新闻改革的优先目标——写在新闻改革30周年前夕．现代传播，2007（4）：3

特点和接受习惯，加强舆情分析，主动设置议题，善于因势利导。要完善新闻发布制度，健全突发公共事件新闻报道机制，第一时间发布权威信息，提高时效性，增加透明度，牢牢掌握新闻宣传工作的主动权。”① 显然，以人为本的科学发展观和开放透明的公众立场正成为中国电视新闻服务大众和走向世界的基石。

第二节 2005：八大看点

2005 年是相对平静的一年，虽然没有像“9·11”和“非典”那样“惊世骇闻”的事件发生，但是中国电视新闻改革的步伐并没有停止，无论是在实践方面还是在理论方面都有不少新的探索。下面我们截取若干剖面，从竞争态势、民生新闻、公共新闻、凤凰现象、栏目改版、现场直播、数字媒体及与境外新闻竞争等方面，回顾和审视 2005 年的中国电视新闻。

一、中央地方两强竞争，愈演愈烈

2005 年，中国电视新闻市场竞争格局是中央台和省市地方台两强相争。中央电视台作为国家级电视台，依然发挥其主流媒体和覆盖资源的优势，在“神六飞天”、“连宋访问”等重大新闻事件报道中尽显大家风范，新闻、国际、综合等多个频道全线出击，体现了其重大事件报道的实力和影响力。2005 年 10 月，神舟六号飞船成功飞天，举国同庆。由于央视独家享有“神六”的直播权，在市场竞争中占尽了先机，赚了个盆盈钵满。“广告招商方案分三个阶段：9 月 12 日至‘神舟六号’发射的前一天为‘为神州腾飞喝彩’主题宣传阶段；发射当天、太空飞行及返回当天为直播阶段；‘神舟六号’回收成功次日起的 10 天内为成功庆贺阶段。这些广告将被安排在 CCTV－1、CCTV－3、CCTV－4 及新闻频道播出。广告价格如下：广告规格为 5 秒、15 秒、30 秒，套播广告价格为 146 万元、266 万元、532 万元。”② 央视广告部主任夏洪波表示：客户很踊跃，我们的广告方案他们非常感兴趣，很多企业提前一个月就买了广告时间。其中，发射后的企业庆祝广告投入非常踊跃。一位熟悉央视广告部的人士透露，此次央视直播广告的收入已有 5 个多亿。

在重大事件报道中，“避开焦点，另眼看新闻”是地方台的基本策略。在“神六飞天”的直播中，虽然地方台无论从技术上还是从政府支持角度上，都无法与央视相比，但是它们并没有一味转播中央台的内容，而是通过视角转换，引入新闻以外的

---

① 胡锦涛．在人民日报社考察工作时的讲话．人民网（http://politics.people.com.cn/GB/1024/7408514.html），2008－06－20

② 陆军．借势“神六”眼球盛宴媒体“收银”不手软．中国经营报/博客网

新闻，有效地消除了直播报道难点，相对于央视的官方色彩来说，地方卫视的平民化取向清晰可见。东方新闻娱乐频道的直播重点放在费俊龙的家乡，上视新闻频道的重点放在上海航天局的集体大厅，而东方卫视则在内蒙古派驻自己的前线记者。“神六”返回时，东方卫视首先捕捉到飞船通过黑暗区与大气层摩擦时发出耀眼光芒的一瞬间。

面对中央台的“谁在说”，凤凰卫视的“说什么”，东方卫视提出“怎么说”的策略。地方台的竞争策略就是要以己之长攻央视之短，本土化、平民化和娱乐化成为它们制胜的法宝。地方台的代表栏目重庆电视台的《雾都夜话》和杭州电视台的《阿六头说新闻》，获得了“全国百家栏目”的称号，这些栏目都是使用方言的。AC尼尔森的调查数据显示，由安峰主持的《阿六头说新闻》平均收视率达到12.6%，比一般新闻高出3~5倍。社科院研究员时统宇认为，民生新闻的火爆是由于使用了方言，主播使用方言说新闻就是一种在表达方式上的贴近，而这正是民生新闻所追求的。

2005年湖南卫视《超级女声》所掀起的娱乐风暴，不仅加剧了电视新闻的娱乐化，而且给地方台新闻打了一支“强心剂”。然而，广电总局颁发的《中国广播电视播音员主持人自律公约》规定，省级以上主持人必须拿到一级甲等普通话证书才能上岗。在公约中，还要求主持人抵制“低俗化”，“不模仿港台话及其表达方式”，要“大方得体，拒绝媚俗”，违规者可能被取消“岗位资格”。这无疑给本土化节目一个打击，同时也遭到了地方台很大的抗争。

【点评】方言之争的背后是媒体竞争的利益冲突。展望未来，这种媒介竞争和利益冲突仍将有增无减。

二、民生新闻大行其道，褒贬不一

民生新闻经历了三年的发展后，依然在中国电视荧屏上方兴未艾。各级省市电视台纷纷打造民生新闻栏目，栏目时间也不断拉长，甚至出现了长达一个半小时的民生新闻栏目。有的电视台甚至提出“民生新闻立台”，筹建民生新闻频道。然而，就在业界趋之若鹜的时候，学界却对民生新闻持更多的批判态度。“休闲文化和娱乐时尚实现对电视资讯的整合后，电视资讯借助视听觉冲击的快乐制造，或多或少取代了文学生产的古典形式，满足于对琐碎、具体事实的情绪化讲述，理智批判的锋芒和监督社会的睿智开始隐遁乃至消失。”① 另外，由于民生新闻对收视率的拉动作用，引得各家电视台争相办起民生新闻节目。如在广州地区，省市电视台民生新闻栏目多达5个。毕竟一个区域内的新闻资源是有限的，如此情形必然导致民生新闻栏目严重的同质化。因此有学者指出：“‘民生新闻’绝不是中国电视新闻改革的终点，因为它虽

① 谢建华．媒介批判视野中的电视咨询娱乐化现象．北京电影学院学报，2004（2）：23

然极大地拓展了电视的信息属性，但是其中受众仍旧还只是‘百姓’而并非‘公民’，仍旧置身‘弱者’（弱势群体）以及‘被救济’的地位；它所关注的也往往是‘power’（权力）而并非‘rights’（权利）。因此，在全国电视台民生新闻栏目的蜂拥而上以后随之出现的一些此类知名电视新闻品牌栏目收视率的回落证明了、无疑也预示了进一步变革的必要性与迫切性。”①

【点评】民生新闻盛行的现实，一方面显示了电视新闻分众传播趋势，另一方面也呼唤时政新闻尽快改革。

三、公共新闻应运而生，是理想主义吗

民生新闻的下一个台阶是什么？学界众说纷纭之际，“公共新闻”这个名词进入了人们的视野，“公共新闻理论的主要观点是要在信息传播的过程中培养和引导受众认识社会现实、参与公共事务，提高公众获得和处理信息的能力。”② 公共新闻具体的实践工作是媒介从业人员积极参与公共事务，把公众和民主政治紧密联系起来。其特点是在新闻报道的同时媒介进行活动，新闻传播者在报道新闻事实的同时以组织者的身份介入公众事务中，发起公民讨论公共问题，寻求解决问题的对策，使公共问题最终得到解决。在沟通社会信息、化解社会矛盾、维护社会稳定发展等方面，公共新闻理论及其实践的确起到了一定的作用。

江苏电视台的《1860 新闻眼》、《南京零距离》等栏目虽然都标榜公共新闻，但并没有得到认同。对于这些中国特色的“公共新闻”，有学者认为：第一，实施“公共新闻”立项的经济、技术和公民素质等各方面的条件是我国目前不具备的。第二，媒体收集到的信息是否代表民意，也是一个值得商榷的问题。第三，公共新闻还有一个致命的问题，就是与新闻报道的客观性原则相矛盾。第四，应考虑到中国的特殊背景，美国提出的公共新闻理念与中国的实际情况有很大出入。在美国背景下产生的公共新闻理论要在中国实现本土化还有一定的难度。

【点评】尽管公共新闻只是电视新闻一个理想的憧憬，但是它仍然给中国电视新闻拓宽了话语空间。

四、凤凰卫视明星范本，东施效颦

2005 年，凤凰卫视已走过 8 年风雨历程，逐步确立了它在全球华语平台的强势地位。凤凰卫视走的是明星路线，推行的是“三名战略”，即注重塑造“名主持人、名评论员、名记者”，着力突出一种有魅力的个人形象，与极具个性化的言论相辅相成，从而打造出诸多知名的谈话节目。说“凤凰”学“凤凰”，内地媒体纷纷把凤凰

① 潘知常，邓天颖，彭海涛．公共新闻：中国电视新闻的第二次革命．中国新闻研究中心

② 卞清．哈贝马斯的“公共领域”思想与中国电视新闻改革．人民网

卫视奉为范本。

自凤凰卫视《有报天天读》成功开播之后，如今是“有报到处读”。读报节目的吸引力主要看它所选择的内容，它所选择的内容取决于它所拥有的话语空间。《有报天天读》能让内地观众耳目一新，是在于它所选择的报刊能涵盖港台、东南亚华文报刊及西方主要媒体，这些报纸在内地不容易看到。如果要做读报类节目，应先问一下自己：我有什么话语空间?[①] 凤凰卫视谈话节目的低投入、高收视率的高“性价比”被国内其他电视媒体竞相称颂，在全国卫视改版浪潮中，凤凰卫视的谈话节目形式被各家电视台争相效仿，一时间谈话节目遍及全国。然而“我们的媒体更多地是盯着那些浮光掠影的节目主持人，而没有认真地坐下来研究主持人节目，研究谈话节目的节目形态、视听构成、传播特性、主持人角色定位，以及节目的包装与推介”[②]，没有充分考虑凤凰卫视具有国内媒体无法比拟的独特的地理环境、政治空间和人文资源。而“谈话节目属于低成本制作”也是一个认识上的误区。电视谈话节目最大的投入其实在于主持人的包装或主持人的身价。而培养和造就一个名牌节目主持人需要电视媒体的很大投入。“不顾自己实际情况滥开谈话节目，那么就是‘东施效颦’，学了皮毛而丢掉精髓。”[③]

【点评】凤凰卫视的创新给内地电视新闻竖起一面镜子，让我们更清楚地认识到体制的弊端。

五、新闻栏目频繁改版，眼球至上

2005 年是电视新闻栏目的改版年。为了在新闻大战中提高收视率和竞争力，各台新闻节目不惜调整定位，调兵遣将，重新包装，隆重推出新面孔，故事性、娱乐性、互动性，说新闻、聊新闻，甚至演新闻、秀新闻。广州电视台的评论节目《时事查笃撑》就采取了情景短剧的形式。借用充满浓郁广州特色的茶吧，三位评论员分别扮演茶吧的老板和茶客，选择市民关心的热点话题进行评说、议论。在时评节目中引进了表演、诙谐、搞笑等娱乐元素。节目中还加入了一定比例的动画、漫画、MTV 等特技，丰富了节目的表现形式，给人耳目一新的感觉。[④]

付立认为，在市场经济的驱动下，新闻娱乐化成为当今大众传播活动中的普遍现象。一些新闻娱乐化现象以趣味盎然的内容、灵活多样的形式、强烈的视觉冲击等构成的娱乐效应，为受众提供了轻松愉悦的接受氛围。然而从另一方面看，新闻娱乐化又使得新闻与娱乐之间的界限变得日益模糊。然而，为了争夺眼球，有的栏目甚至提

---

① 谭天．冷眼看凤凰．声屏世界，2005（2）

② 王又锋．浅谈如何认识国内电视读报节目的兴起．中国新闻研究中心

③ 谭天．冷眼看凤凰．声屏世界，2005（2）

④ 付立．新闻娱乐化浅析．智维网

出去新闻化的口号。这样的话，新闻节目就变异为娱乐节目了。“新闻报道娱乐功能的过分彰显必然会影响到其他功能的发挥，传媒庸俗化、媚俗化的不良倾向最终将使媒介的权威下降，公信力丧失，甚至危害社会风气，这样的新闻娱乐化就是传媒之祸。”①

【点评】新闻栏目改头换面为哪般？电视新闻工作者要看清楚他们面对的到底是观众、受众，还是公众。

六、现场直播卫星转播，价值何在

2005 年，中央电视台的“神六飞天”和东方卫视的“连宋大陆行”无疑是电视新闻现场直播的两大代表作。但我们关注的是电视直播的常态化。

2005 年，有一种新兴起的电视新闻技术，就是 SNG 的应用。SNG 是英文字母 Satellite News Gathering 的缩写，意为卫星新闻转播，特指装有 SNG 全套设备的采访车。国内电视新闻最早应用该技术的是湖南经济电视台，2005 年 1 月 1 日的“直播都市”频道正式开播。在小型现场直播中，对突发事件的播报，最能体现 SNG 的灵活性和快捷性等优势。然而，对于可预见性事件和非事件性，由于没有情节，缺少悬念，就算有强烈的现场气氛，现场直播报道也会带来可视性不强的弊病。“中国电视日常新闻的现场直播要达到较高标准的常态化播出，还有很长一段路要走。因为目前的情形是：在实物层面，我们才刚达到现场而已，至于直播，还没有开始；在观念层面，我们显然没有意识到一个最基本的事实——现场并非直播。”②

在国外，SNG 的滥用也会带来系列负面效果：新闻报道失却深度，提供粗糙和冗长的垃圾新闻，一切交给观众判断，等于否定了记者对信息进行综合处理与消化的过程，因此有人把 SNG 笑称为“Super No Good”。对于“Super No Good”，专家指出，如果一个新闻没有让民众知道的意义，就算有再昂贵的通信设备，电视台充分利用到极致，也是科技害人的一个案例。

【点评】目前，我国电视新闻现场直播的通病是：有现场没直播，有直播没报道，有报道没悬念，缺少吸引眼球的过程。

七、数字媒体呼之欲出，喜忧参半

2005 年，依托数字技术的互联网、网络电视、手机电视、手机报纸、移动电视等新媒体呼之欲出。一方面，网络电视、手机电视和移动电视所形成的新型电视正向传统电视发起挑战，不断推出新的视听内容产品。上海移动通信股份有限公司与上海文广集团于2005 年2 月4 日联手推出中国第一部短剧《新年星事》，每集3 分钟，共

① 王勇．新闻娱乐化评析．山东视听，2004（7）

② 崔林．现场并非直播．现代传播，2005（5）

13 集。根据信息产业部公布的数据，截至 2005 年上半年，我国移动电话用户总量达到 3.63 亿户，约占我国总人口的 28%。假设我国全部移动电话用户的 10% 成为手机电视用户，以 10 元/月的资费标准计算，我国手机电视业务每年的收入将达到 43.56 亿元，还不包括商业广告提升的赢利空间。另一方面，在传统媒体中，电视最大的竞争对手报纸也积极进军新媒体，整合其新闻资源优势，欲推出手机报纸，在数字领域与电视一拼高低。

有关电信与广电的未来关系问题一直是业界关注的焦点。不过，《十一五规划建议》中对此作了最终的明确："加强宽带通信网、数字电视网和下一代互联网等信息基础设施建设，推进'三网融合'。"这种融合把读报节目推进到了读网节目。2005 年 11 月亮相于湖南卫视的午间新闻栏目《播报多看点》中的"网络评道"板块，专读网络评论。另据信息产业部透露，国内 IPTV（网络电视）商用试验正在加速进行。在中国电信与上海文广共同进行的第三轮测试中，IPTV 试点范围已经从原先的 17 个城市扩至 23 个城市；同时，中国网通与上海文广合作的试点城市也扩至 20 个。

【点评】机遇只青睐有准备的头脑。展望 2006 年，在传统电视与新媒体的融合与竞争中，电视新闻是做奴隶还是做将军？

八、应对境外电视新闻，粤军告捷

广东是我国唯一有境外电视频道公开落地的省份，因此成为我国电视传媒的开放试验区。在开放的天空下，粤港两地电视媒体短兵相接、颉颃相竞，尤其在南国都市——广州，竞争更趋白热化。十几年前，境外媒体裹挟雄厚的资金实力和成熟的节目理念迅速虏获了珠江三角洲大半收视份额。十几年后，开放天空下的广东电视并没有被境外媒体击垮，而是在"与狼共舞"的日子里不断地"强身健体"。他们坚持以平民视角做好新闻，以本土化实现"三贴近"，以改革创新来实施绝地反击，并已逐步收复失地。2004 年 9 月到 2005 年 3 月期间 AC 尼尔森的收视数据显示：在广州地区境内频道取得了历史性突破，境内频道的市场份额持续超过境外频道。其中，广州电视台已击败以新闻见长的香港亚视，其新闻栏目《广州电视新闻》、《新闻日日睇》深受广州地区观众的欢迎。其名牌栏目《广州电视新闻》收视率稳定在 10% 以上，2005 年的收视率曾高达 15.78%，成为广州地区同类节目的收视冠军。

【点评】解读与境外媒体较量的广州电视新闻，无疑给走向开放走向世界的中国新闻传媒业增强了信心和决心："开放始于自信，竞争带来繁荣，这是一种必然。"[1]

2005 年 12 月 8 日，广东南方广播影视传媒集团新闻频道正式开播，CNN 也发来了祝贺信。这是否说明告别 2005 新闻栏目改版年后，将迎来 2006 新闻频道建设年？

① 陆地．2005：中国电视产业大解码．南方电视学刊，2005（1）

这是否说明在市场化、数字化、全球化的驱动下，2006 年中国电视新闻的竞争与发展将会跃上集约化、规模化、国际化的新台阶？时间会告诉我们答案。

第三节 2006：三大视域

在构建和谐社会的框架里，2006 年中国电视新闻改革稳步前进。笔者通过扫描 2006 年中国电视新闻在频道、内容、形式三个方面留下的足印，试图为 2007 年的中国电视新闻发展引发一些思考和启迪。

一、频道之争，做强新闻

中国电视从来没有像今天这样对新闻表现出极大的热情，各台纷纷增加新闻栏目时长和播出次数，开办新闻频道或准新闻频道。

1. 央视新闻频道锐意创新，不断巩固收视份额

2006 年，央视新闻频道改版，从形式到内容都有很大的突破，内容偏向明快轻松的风格，增加了《朝闻天下》、《360°》等栏目。《朝闻天下》每天早上 6 点推出，时长 150 分钟，由综合新闻、媒体广场、民生社会新闻和国际新闻、体育新闻等板块组成。它一改早间节目仅仅梳理前一天新闻的旧习，第一时间关注当天焦点事件，提示当天生活服务信息，增加了社会民生新闻、天气出行资讯、文化体育资讯、时尚生活资讯等内容。《朝闻天下》在新闻资讯方面有一个很重要的特点，就是对重点新闻进行回顾，其目的是考虑到早间观众的收视时间比较分散和不完整，有必要对重要内容分不同时间段加以重复。每周一至周五晚上 8 点增加的直播类综合新闻节目《360°》，力图对新闻进行深入报道，对资讯进行集纳，对突发事件作出快速反应。这个栏目选择晚上 8 点这样一个电视剧和娱乐节目的黄金时段来做新闻，意欲在黄金时间与文娱节目一争高下。这一大胆的尝试基于分众传播的理念，电视剧和娱乐类节目位居收视榜前茅的同时，必然会给新闻节目留有足够的空间。只要节目本身做出自己的特色，做到真正的深度报道，一定能够吸引到预期数量的观众。

2. 地方电视台新闻竞争白热化

与央视稳中求变、进一步做强新闻频道相呼应的是，各省市级地方台也在全力抢占当地新闻市场。新闻栏目尤其是民生新闻栏目，为争夺黄金时段不断扩容，50 分钟成为时长的基本起点。大板块、长时段的新闻节目形成一种稳定的聚焦效应，与相邻时段播出的新闻节目一气呵成，形成当日新闻收视的高峰。

在一些经济发达、媒体资源丰富，且制作观念更为先进的地区，区域性的新闻竞争在经过前几年的预热之后，进入白热化状态。以最先产生电视民生新闻的南京地区和经济总量位居全国第三的广州地区为例，全天各时段、各省内频道资源的新闻栏目总数分别达到25和26个，涵盖时政、经济、民生、娱乐、体育等各个类型。其中，晚6点至8点是各频道新闻栏目竞争最为激烈的时段。

展望2007年的中国电视新闻，省级和主要城市地面频道及央视新闻频道的收视份额会有所增加，省级上星频道和部分市县频道因新闻管制、经济实力等因素的影响，收视份额仍会有所减少。展江教授认为，不应该过多地关注收视率。因为按照国际惯例，平时新闻频道的收视率不会出现大规模的起伏，只有在出现突发事件的时候，收视率才会上升得比较快。[①] 笔者认为，盲目追求收视率和注意力，必定会造成公信力的减弱和娱乐化的倾向。新闻频道和新闻栏目的改版，应在节目内容的夯实和节目形式上的创新上多下工夫。

二、整合资源，内容为王

1. 整合频道内外资源，构建电视新闻信息总汇

在竞争与利益的驱动下，各电视台为了谋求持续的发展，逐渐跳出故步自封的苑囿，向外寻求合作伙伴，开辟新的“源头活水”。这种资源的交流与共享，既有建立在同类媒介之间的，也有实行跨媒介合作的。2006年3月11日，下辖东方卫视、上视新闻频道、东视新闻综合频道的上海文广新闻传媒集团电视新闻中心全面启用，统一协调制作各类日播新闻栏目21个、周播新闻专题专栏24个，供给东方卫视、上视新闻频道、东视新闻综合频道、真实频道播出。这样一方面降低了新闻的重复率，减少了人力消耗、设备消耗、费用消耗和协调成本；另一方面，通过事前对采编的清晰规划和集中部署，使做出来的新闻更有深度，视角更为全面。

随着网络技术的不断发展，电视读网节目应运而生。2006年，这种节目形态被运用到两会报道上：央视新闻频道联合央视国际网络开设了《网民看两会》专栏，摘要播发网民的观点；湖南卫视与腾讯网联手，让网友通过视频在线交流与登录论坛留言跟帖等方式参政议政，《湖南新闻联播》每天对部分精辟见解予以播发。通过与网络等互动性强的新媒体联动，电视媒体大大弥补了自身在这方面的相对劣势，强化了新闻报道的互动性。

博客作为一种新兴的个人媒体，其广泛普及给电视新闻资源的开发开创了新的路径。2006年“两会”期间，中央电视台的王小丫、柴静等著名主持人纷纷建立自己的博客。网民可以通过博客更便捷地向传播者反映问题并迅速得到反馈。两会博客深化了老百姓与代表委员、传播者的互动，因而备受老百姓的欢迎。“两会”期间，王小丫的博客每天平均点击率达到90万次。[②]

---

① 唐磊．新闻频道改版　扬帆能否出海．中国新闻周刊，2006（6）：72

② 朱矩蓉．新鲜事：央视两会报道掀起博客热．中国博客网（http：//column. bokee. com/126833. html），2006－03－11

然而，众多电视新闻栏目对网络媒体的跟进有利也有弊，一来网络新闻并非都适合电视传播，某些网络新闻的真实性还有待证实；二来“电视节目如果过分倚仗读网，必然会造成原创内容和独家新闻的缺失，从而丧失电视媒体自身特有的传播优势和竞争能力”①。

2. 从信息传播到观点输出，深度报道任重道远

电视媒体如果仅仅停留在传播一个新闻事实或描述事物的表面现象上，显然难以赢得受众。所以，电视新闻应该努力向“深水区”迈进。央视的《360°》，就是通过白岩松、水均益等重量级主播对当天新闻进行全景式、多方位的深入报道和解析，成为晚间新闻节目的亮点。

对重大新闻事件大手笔的连续报道也成为2006年新闻实践的一个突出特点。中央电视台联合港澳台三地电视台，以“两岸四地华人媒体聚焦青藏之路”为主题，对青藏铁路的开通进行连续的专题报道，并通过联合播出的方式，使“两岸四地看青藏”特别报道借台湾、香港、澳门等电视播出平台，向台湾、香港、澳门和全球华人介绍举世瞩目的青藏铁路。上海文广新闻传媒集团电视新闻中心也制作了“联通青藏巅峰之旅”大型主题报道，从2006年6月16日到6月30日，在SMG旗下主要频道的黄金时段推出每天15分钟的专题新闻节目。在纪念长征胜利70周年的报道中，浙江卫视新闻中心启动了长达6个月的大型新闻行动——“新长征路上的浙江人”，重走长征路，寻访浙江人，全面反映浙江在中西部地区的发展合作新战略、新举措和以浙商为代表的新时期浙江人在“走出浙江、发展浙江”过程中的新做法、新动作、新思路。这些大篇幅的连续报道，充分显示出电视新闻在深度方面的拓展和进步。

评论历来是媒体必争之地，因为它不仅是媒体的灵魂和旗帜，更代表着受众的态度与声音。我国的电视新闻从追求资讯丰富迈向“观点输出”时代。与单纯接受资讯相比，接受观点可以满足受众思想参与的需求，在进行二次传播时更为能动，同时对媒体产生依赖和信任的情感。所以，从这个意义上说，电视依托资讯输出观点，是提高自身竞争力的有效手段之一。不管是专门的谈话类评论节目、新闻事件后单独的短评，还是亦述亦评的深度报道、主持人在直播现场的即兴点评，都是电视新闻输出观点、表明立场、深化影响的渠道。中非合作论坛北京峰会结束后，关于胡锦涛提出八项措施援非，免除百亿美元债务的决定，民众提出了一些质疑，认为我们国家现在并不富裕，需要用钱的地方很多，而且我国还有一些贫困人口，政府这样大手笔地花钱，是不是太过于大方了？这时，央视的《决策者说》请来商务部部长薄熙来解读对非政策，深入分析决策的前因后果，指出对非措施实际上是双向互惠、共同得益的。这就为民众解答了疑惑，同时也表明了媒体的立场，深化了传播效果。

---

① 谭天，易钟林．读报读网增添电视新魅力．传媒观察，2006（9）：46

三、形式为先，有效传播

2006 年，许多新技术在电视新闻的采集、制作、传送等诸多环节中得到更多的实践。同时，在播报语态和节目形态方面也作出各种尝试，力求通过形式创新达到更有效的传播效果。

1. 新媒介技术八仙过海，各显神通

2006 年 5 月底到 6 月初，福建省遭遇连续暴雨袭击。福建新闻频道在此期间开办了晚间档的直播节目，直播暴雨，并在直播中开通了短信、彩信与观众互动，每晚有一万多条短信反馈。有的居民把自己家受灾的照片发来，有人发短信问哪条路能通，这些通过福建新闻频道播出后，每每都有观众回应。

2006 年，监控录像在电视新闻中的使用越来越频繁。由于监控设备具有隐秘性，它能够拍摄到最真实的画面，且能够提供许多突发事件新闻的影像资料，从而保障了电视新闻的实证性。监控设备正作为一种无所不在的“新闻眼”发挥着独到的作用。但是，在具体操作中，电视新闻中播出监控录像可能会涉及个人隐私，也有人质疑在法庭审判之前播出嫌犯的资料是否会妨碍司法公正。看来，如何合情、合理、合法地使用监控录像是一个值得继续探索的问题。

在 2006 年世界杯足球赛报道中，北京电视台体育频道采用各种最新的网络技术，精心打造全新节目《足球客》，将电视台派出的记者在世界杯期间写的博客读给受众听。栏目融入博客、播客、闪客等时尚形式，借网络博客的板块，展开电视博客点击功能，串联方式新颖新潮。

FLASH 能够展现过去和未来的时空，表达抽象的信息，从而让电视新闻有了更大的直观性。这种技术手段在 2006 年夏季的台风报道中运用得十分广泛，十分生动、直观地向受众解释了台风成因、运动轨迹、影响范围等关键信息。湖南经济电视台《经视新闻》在“初战碧利斯”和“鏖战格美”的连续报道中，均多次采用 FLASH 的表现手法。笔者认为，FLASH 在新闻节目中可作为一种辅助性电视语言适当地使用，但如果完全代替摄像机拍摄新闻，就会有“制造新闻”之嫌，从而影响电视新闻的真实性和实证性。

2. 新闻平民化传播，谋求传媒受众双赢

在激烈的市场竞争中，各电视台为了最大限度地赢得观众，在其新闻的制作和传递中往往注重考虑所传递的信息内容对于观众的易受性，越来越偏向于选择更为平民化的传播方式和新闻内容。但由此带来的娱乐化和低俗化也颇受争议。事实上，电视新闻的“平民化”并不等同于“娱乐化”，关键是把握好尺度，找准切入点。山东齐鲁电视台的《拉呱》和广州电视台的《时事查笃撑》就在这方面作了有益的探索。《拉呱》创造性地采用曲艺式新闻的形式，用百姓喜闻乐见的曲艺形式进行民生新闻的播报，具有很强的贴近性和娱乐性。尹鸿教授认为，“曲艺新闻开创了中国电视新闻的新形式，极大丰富了电视新闻的语言表达方式”[①]。广州电视台的《时事查笃撑》则一改电视新闻主持人高高在上的单调感觉，在极具广州地方风味的“TV 茶吧”中“嬉笑怒骂论时事”，将时事评论内容和新闻短剧形式集于一身。这两个节目的创新都获得了观众的认可。

党的十六届五中全会通过的《中共中央关于制定“十一五”规划的建议》指出：“（要）加大政府对文化事业的投入，逐步形成覆盖全社会的比较完备的公共文化服务体系。”在构建这个体系的过程中，具有公益性与公众性的电视新闻应起到重要的作用，电视新闻自身的节目形态和节目内容都应朝着“公共化”的方向发展，搭建公众与政府之间交流对话的平台，增强电视新闻舆论监督的力量和力度，并努力打造更加开放、权威、有竞争力的电视媒体形象。[②] 这将是今后的中国电视新闻改革努力的大方向。

第四节　2007：在狙击中穿越

2007 年，中国电视新闻充满着喧闹纷扰和不懈探索。一方面，对于“十七大”、“两会报道”、“嫦娥飞天”、香港回归十周年等重大新闻事件，电视媒体一如既往奏响主旋律；另一方面，从“杨丽娟事件”到“纸馅包子事件”，新闻媒体却遭遇了前所未有的狙击。在电视市场化、数字化的拷问下，我们不得不思考这样的问题：电视新闻将如何在媒体竞争中前行？如何在市场经济中坚守媒体的社会责任？

一、竞争促进发展

2007 年的中国电视新闻，仍然是中央电视台系列频道与各省市地面频道的天地之争和两强博弈。以 CCTV－1 和 CCTV 新闻频道为主干的央视新闻仍然发挥主流新闻的威力，在一系列重大新闻事件中传播国家话语，在播报语态上也大有改进。尤其是央视新闻频道日趋成熟，《朝闻天下》、《共同关注》、《媒体广场》、《360°》、《新闻会客厅》、《社会记录》等一批名牌栏目八仙过海，各显神通。但现在面临的问题是：①如要将 CCTV 新闻频道打造成中国的 CNN，还要增加硬新闻的数量和提高时效，要建立和健全面广点多、快速反应的新闻采集网络。②如何协调 CCTV－1 和 CCTV 新闻频道的关系。在美国，虽然 CNN 和 FOX 以全天候报道大出风头，但主导美国主流社会的仍然是三大电视网。电视新闻的快与深、广与专，央视诸频道应以明

---

① 齐讯．《拉呱》嫁接两极　获得广泛肯定．齐鲁电视台网站

② 任金州，卞清．增强公共性和服务性　进一步开放“公共话语空间”——中国电视新闻改革的“公共领域”建设构想．现代传播，2006（1）：47

确分工来彰显其特色个性。央视新闻频道做得最为出色的是“嫦娥一号”的连续报道，它把新闻传播与科学普及结合起来，让《百家讲坛》缺失的科学传播在“嫦娥一号”的全方位报道中得到彰显。这里不得不提到我国最早的新闻频道——福建电视台新闻频道，它经过多年历练，已日显成熟。相对央视新闻频道名牌栏目战略，它淡化栏目品牌，以全天24小时滚动播出新闻的节目架构，以“更多、更快的资讯和服务”和“资讯改变生活”的新闻理念而引人注目。

面对央视新闻的泰山压顶，各省市频道仍以民生新闻来抗衡。南京和广州可谓内地电视新闻竞争最为激烈的地方，南京地区黄金时段有8档新闻栏目，广州地区境内外新闻栏目超过10个。竞争白热化提高了新闻的质量，催生了如《江苏新时空》、《新闻日日睇》、《今日关注》、《广州电视新闻》、《南京零距离》、《直播南京》等一批品牌栏目。这些地区的电视新闻收视比重大大高于播出比重，先进的新闻理念和操作经验值得我们学习。然而从总体上来看，民生新闻琐碎化、低俗化、同质化、都市化的倾向仍未能摆脱，在收视率的驱使下，民生新闻栏目越做越长，越做越滥。“更多的播放时间并不等于更多的观众。”亚利桑那州立大学新闻广播系的克里格·艾伦教授说：“仅靠增加新闻节目数量是无法赢得忠实观众的，劣质新闻只会让人们拿起遥控器换台。”[①] 而有的地方台甚至在收视率走高的民生新闻节目中插播大量医疗广告，以出卖公信力来换取收视率，这是对新闻资源的破坏性开采！

民生新闻经过多年的实践与探讨，已走到了一个十字路口：向右转，以强化服务性、贴近性而与时政新闻“划江而治”，如广州电视台的《新闻日日睇》及主持人陈杨已成为市民须臾不可缺的老“街坊”，关键问题是民生新闻如何保证它的品质。央视也在走分众传播之路，《社区新闻》、《全球资讯榜》等都有各自的目标受众。向左转，不贴民生标签，追求做大新闻，用民生的视角做所有的新闻，如广州电视台的《广州电视新闻》、中央电视台的《共同关注》等都把时政新闻纳入自己的新闻版图。不管向左向右都只能往前走，都要追求新闻传播的最大值和最优化。香港无线（TVB）对新闻价值的判断值得我们借鉴，他们的公式为：新闻价值＝人数/距离，即受到影响的人数越多，新闻价值越大；距离香港越近，越有可能被TVB选择。

二、新闻娱乐至死

民生新闻大行其道，收视率剧增，广告大长，令许多电视台尝到了甜头，都想把收视市场这块蛋糕做大一些，分多一些。但目前这种高收视率已开始回落，回到了符合新闻传播规律的正常收视点数上，但不少电视台心有不甘。在收视市场的利诱和驱使下，一些电视新闻栏目调动诸多娱乐元素，种种娱乐手段无所不用其极：网络传闻、手机短信、音乐曲艺、搬演暗访、动漫影像、新闻炒作……有的新闻栏目为了吸

① 王简．新媒体来势太凶猛　美电视新闻失去铁杆观众．世界新闻报，2007－11－20

引眼球，片面追求新闻故事化、娱乐化，甚至提出“去新闻化”的口号。从媒介自然属性来看，电视确实具备娱乐媒体的许多特征。著名美国传播学者尼尔·波兹曼在《娱乐至死》一书中指出：“我们的问题不在于电视为我们展示具有娱乐性的内容，而在于所有的内容都以娱乐的方式表现出来，这就完全是另一回事了。”① 然而，从“杨丽娟事件”到“纸馅包子事件”，新闻娱乐化和竞争无序化在2007年达到登峰造极的地步。“杨丽娟追星13年，正是中国传媒的娱乐浪潮狂飙突进的13年。”② 北京电视台播出的假新闻“纸馅包子”，使电视新闻从新闻策划走到了策划新闻，走到了娱乐至死的悬崖边上，正如尼尔·波兹曼所说，结果是我们成了一个娱乐至死的物种。表面上看，假新闻“纸馅包子”是一个新闻真实性问题，实质上它反映了在市场化、娱乐化旋风中，电视人由于心浮气躁导致方寸大乱，新闻价值观和专业主义精神再次严峻地摆在中国电视新闻工作者面前。

一方面，事实让电视人不能再对媒介批评置若罔闻，须认真检讨自己的新闻价值观和媒体的社会责任。其实这种情况在国外也屡见不鲜，近年来新闻集团旗下的FOX以其大胆出位拷问电视新闻的传统价值观，也让美国三大电视网面临前所未有的挑战。

另一方面，我们开始认真审视电视新闻的规范管理。无论从“把关人”的角度，还是从节目质量控制来看，光靠宣传纪律和新闻管制是远远不够的，电视新闻工作者的自律和电视媒体的规范管理显得尤为重要，中国电视新闻要走出粗放型管理的初级阶段。在这方面，BBC的经验对于我们来说尤为可贵。BBC自诩拥有世界上最严谨的新闻价值观和新闻专业规范。但在吉利根事件的刺激和赫顿调查报告的谴责下，BBC决定重建受创的新闻专业形象，并在其原有的《BBC编辑记者手册》基础上修订成《BBC编辑方针》。《BBC编辑方针》全文分为十八章共七万余字，内容包括编辑价值观及编辑方针说明、准确性、公正与观点的多样化、被访者许可与隐私权、政治与公共政策、编辑的诚信与独立性、外部关系与观众互动、法律与社会责任等。与旧版相比，新版的主要修订之处有：第一，首次明确提出“正确比速度更重要”的新闻价值观，BBC认为准确性是他们的核心价值和声誉基础。第二，强化编辑咨询制度，这套制度是将关口前移，要求编辑政策总监、首席法律顾问和首席政治顾问提前介入报道工作。第三，谨慎播出重大新闻事件和民意调查。此外，《BBC编辑方针》还对解决秘密录制和隐私权之间的冲突、限制对恐怖主义和紧急状态报道的方式和用语、BBC员工离播行为等作出了严格的规范。“BBC新闻专业规范给我们的启示是：为杜绝播出事故，尤其是政治事故，我们要在制定并遵守政治纪律和宣传纪律之外，还要结合自身情况完善业务流程体系、编印操作性强的规范手册和管理手册，

---

① ［美］尼尔·波兹曼．娱乐至死．章艳译．桂林：广西师范大学出版社，2004. 114

② 张立勤．泛娱乐化浪潮与主流价值观传播——从“追星女”悲剧谈起．中国记者，2007（5）：60

把新闻方针政策、经验教训纳入日常的从选题、策划、采访、撰写、编辑、校对、出版、发行到播音、制作、传输等各道工序，使宣传报道工作有规可依，有章可循。”①

三、新媒体新挑战

当今电视新闻是前有狙击，后有追兵，“追兵”就是咄咄逼人的新媒体。在网络媒体和移动媒体的挤压下，电视新闻观众的流失已是不争的事实。二十多年前，美国电视新闻观众有5 000多万，如今减到了2 500万，特别是观众年龄的中间值为60岁，年轻人不关心新闻达到了严重的程度。2007年，只有42%的美国人收看固定的电视新闻节目。不但铁杆观众在流失，不看电视新闻的人也越来越多，30岁以下的年轻观众流失得最严重。被调查者中，说自己“不依靠电视渠道获取新闻”的人比1994年多了两倍。美国WUSA电视台（下属CBS）主席艾伦·霍林克说：“今天的观众们有很多选择：有线电视、网络、手机短信……高科技为媒体提供了更多的平台，但同时媒体间的竞争也比10年前激烈得多。”② 截至2007年底，中国已是手机用户第一大国、网络用户第二大国。手机报纸借助平面媒体的内容优势，把广播变为点播，提供更快捷的服务；以新浪为首的门户网站，在没有新闻采编权的情况下创造了一种“新闻超市”。

新媒体成为2007年“两会”报道的生力军，新华网手机报、人民日报手机报、中国移动手机报、中国广播网手机广播电视等纷纷加入“两会”新闻大战。央视国际奋起应战，一方面将央视各频道约20个节目放到网上，并针对不同频道不同节目分别推出专题，满足网民多元化视听需求。推出以“小丫博客”领衔的经济频道“两会”报道博客群，在各大网站的点击量都突破了200万次，仅“小丫在大学食堂和贫困生共餐”一条视频点击率就超过了2 000人次。另一方面试播手机电视，据统计，2007年3月5日当天，通过手机电视观看央视经济频道“两会”报道节目的中国移动用户有3 000多人，中国联通用户有2 300多人。

然而，这仅仅是一个开始。面对新媒体新技术的变局，采、写、编、播、评等电视新闻业务将面临一系列颠覆和重构：

（1）采。新闻素材的采集，专业记者与业余记者的界限变得模糊了，无处不在的DV、无孔不入的摄像头，都可以成为电视新闻的信源。2007年3月4日，我国东北地区遭遇了数十年不遇的暴风雪，地方电视台无法正常传输电视画面，我们的新闻报道不得不依靠口播和电话连接，而在土豆网等视频网站上，由普通市民拍摄的暴风雪画面已经出现。有的新闻栏目还开设了DV板块，此类新闻面临的问题是如何实现

---

① 赵明．BBC新闻价值观的新构成．广播电视参考，2007（9）：7

② 王简．新媒体来势太凶猛　美电视新闻失去铁杆观众．世界新闻报，2007－11－20

资源共享和甄别真伪。

（2）写。电视新闻写作将进入无纸作业，视频、音频摄录设备成为电视新闻写作的一枝“笔”，问题是平面媒体的新闻写作思维根深蒂固。

（3）编。非线性编辑系统和节目素材视频工作站为我们建立了电视新闻编辑数据库，三维动画和仿真影像也日益广泛运用。如 CCTV 新闻频道就用虚拟影像给观众展示了“嫦娥探月”的整个壮丽征途。

（4）播。借助新的媒介技术和新的商业模式，电视新闻一方面要利用网络视频平台实现信息共享，另一方面要改进新闻播报语态，进行播出的科学编排和节目的形态组合，实现传播效能的最大化。

（5）评。在新媒介生态环境下，面对受众的互动参与，面对诸多的声音渠道和舆论场，电视如何夺取新闻舆论的话语权和主导权？

今天，电视人要清醒地认识到，传统电视新闻已进入转型期，不在媒介大融合之中涅槃，就在媒介大融合之中湮没。

四、观念更新制胜

当前，我国电视新闻改革中仍然存在着一些死角。一是不少市县台电视新闻仍以宣传取代新闻，收视比重低于播出比重，处于主流新闻边缘化的状态。二是卫视新闻和联播类新闻的改革仍然举步维艰，它更多是体现在认识上。时政新闻难有作为主要有两大误区：一是把时政新闻狭义化，把它等同于党政领导公务活动报道，简单应付了事；二是错误地认为时政新闻老百姓不喜欢不需要，其依据就是收视率不高。这里面有话语方式亟待改善的问题，即如何用民生的视角来做时政新闻，更有正确看待收视率的问题，收视率绝对不是衡量影响力的唯一指标。时政新闻绝对不是新闻的禁区，而是新闻的富矿！《江苏新时空》把重大主题性报道作为突破口，努力创新主流新闻的表达方式，更值得我们期待。

媒介新技术新形态为电视新闻传播提供了更便捷更有效的物质条件，问题是我们相应的传播观念却显得滞后。现场直播是最能发挥电视新闻传播优势的一种手段。如今，拥有电视转播车的电视台已为数不少，无论是中央电视台还是地方电视台都日渐广泛而频繁地使用现场直播。从《直播南京》到“嫦娥一号”，直播的运用已成了家常便饭。问题是目前我国电视新闻现场直播往往存在这样的通病：有直播没报道，有报道没内容，有内容没悬念。大量的电视新闻现场直播都成为预先编程的新闻报道“现场秀”和媒体炫耀自己技术实力的“直播秀”。为直播而直播，现场直播对于电视新闻传播的效用还没有发挥到一半。“对突发性事件、灾难性事件的报道，却一直是我们电视新闻直播的弱项，是广大观众对现场直播最不满意的方面。”① 其实，现

① 盖晨光．电视新闻现场直播中的“媒体本位”意识．现代传播，2007（2）：141

场直播的魅力不仅仅在于现场，而重在直播，直播的本质就是对新闻事件不间断的追踪报道，新闻事件的不可预见性是它最大的卖点。2007 年 6 月 24 日，全国人大常委会审议修改了《突发事件应对法草案》，删除了先前有关新闻媒体不得“违规擅自发布”突发性事件信息的规定，实为改善媒体生态环境明智之举。因此，我们应该在把好关的前提下，抛弃“媒体本位”观念，强化“以民为本”意识，遵循电视新闻传播规律，大胆地抓好突发性新闻事件的现场直播。

人们在抨击民生新闻浅层化的时候，无不对深度报道寄予厚望，但从平面媒体搬来的救兵——新闻评论却在电视上失去其威力。原因就在于我们对电视新闻评论存在认识误区。《焦点访谈》是电视新闻评论吗？不！从节目形态上看它是新闻专题，只是由于它出生在新闻评论部，所以被冠以“新闻评论”的名号。目前，我们新闻评奖中电视新闻奖项主要是《焦点访谈》式的评论节目，这种单一节目形态严重制约了电视新闻评论的发展。正如孙玉胜所说：“评论应该是一种内容，而不应该是一种形态。”① 电视评论应该存在于所有的新闻节目之中。江苏电视台的《江苏新时空》、深圳电视台的《第一现场》，纷纷把原来的评论节目打包进栏目，实现评论与报道无缝链接，大大提高了电视新闻评论的传播效果。中央电视台的《社会记录》名主持阿丘和广州电视台的《新闻日日睇》名主持陈杨，都以他们的睿智与魅力在新闻报道中找到各自的评论天地，他们的点评言简意赅，幽默风趣，在精英与草根之间创造了深受老百姓欢迎的话语空间。电视新闻评论不应拘泥于单一的节目形态，从新闻栏目中的互动板块到现场直播中的时空连线，评论无处不在。电视新闻评论要在人际传播与大众传播相结合中传递意见性信息，在评论要素与视听元素相结合中发挥其政论性，并在这两个结合点上构建起一个电视新闻舆论场。

显然，电视新闻舆论场受到其他舆论场的影响，最直接地体现在众多的读报读网节目中。从“最牛钉子户”到“华南虎照”，形形色色的网络事件爆炒，传统媒体无不趋之若鹜，都想在这场视觉盛宴中分一杯羹。问题是，电视新闻甘心扮演报纸新闻和网络新闻的“二道贩子”吗？电视新闻如何由跟风变为引导，关键在于有无独家新闻和权威评论，笔者曾在《电视研究》撰文《中国电视呼唤名记者》，现在我们要在这里为中国电视呼唤名主播和名评论员。只有让更多的资深记者坐在新闻主播台上，充当或引导意见领袖，电视新闻才能在传媒竞争和新闻大战中争得第一话语权。然而，一系列问题也摆在我们面前：如何提高电视新闻从业人员的整体素质？如何吸纳优秀的新闻传播人才？如何建立科学的评估体系和用人机制？

胡锦涛同志在“十七大”报告中指出：“积极探索用社会主义核心价值体系引领社会思潮的有效途径，主动做好意识形态工作，既尊重差异、包容多样，又有力抵制各种错误和腐朽思想的影响。”电视新闻工作者要牢记“有效”和“主动”这两个关键词。

---

① 孙玉胜．十年——从改变电视的语态开始．北京：三联书店，2003. 490

第五节　2008：直播中国

2008年，是中国电视新闻的大年。从汶川地震到北京奥运，大悲大喜；从地面直播到太空直播，大开大合，这些中国新闻热点均为世界所瞩目。2008年，无论对于电视新闻还是大众传播，“直播”和“现场直播”都成为出现频率极高的年度关键词。现场直播是指在现场随着事件的发生、发展进程同时制作和播出电视节目的一种制播方式。然而，这不仅仅是一个技术层面的制播方式问题，围绕重大新闻和突发事件的现场直播，从传播观念到新闻改革，从信息公开到新闻法规，对中国电视新闻的改革与发展都产生了巨大而深远的影响。

一、媒介技术与传播观念

2008年，是我国改革开放30年，也是中国电视50年。20世纪90年代，随着电视机进入千家万户，电视成为第一大媒体，而电视新闻也成为报道我国改革开放和经济建设最重要的载体。近十几年来，随着卫星通信技术和电子数字设备的迅速发展，媒介技术对电视新闻的发展起到推波助澜的作用，电视直播逐渐常态化，现场直播也日益频繁，大大加强了电视报道的新闻时效性和传播效果。电视新闻报道实现了三个同步：制作与播出同步，声音与画面同步，新闻报道与事件发生同步。然而，传播观念与媒介技术的发展并没有完全实现同步，中国电视新闻还没有完全进入“现在进行时”。

我国的新闻报道大致可以分为两大类：主题性新闻和事件性新闻。对于电视新闻直播，事件性新闻又可以分为两类：一是可以预见的重大新闻事件的直播报道；二是不可预见的突发新闻事件的直播报道。我国电视新闻现场直播的兴起始于1997年的香港回归直播，这一年中央电视台先后直播了日全食——彗星天象奇观，中、俄、哈、吉、塔五国裁军协议签字仪式，香港回归，第八届全运会、黄河小浪底水利枢纽工程截流合龙，三峡工程大江截流等重大新闻和体育赛事活动。从中可以看到，这些直播基本上属于可以预见的新闻事件的直播报道，而不可预见的突发新闻事件的直播报道为数很少。

当今中国恐怕是世界上拥有电视转播车最多的国家之一，稍有实力的地方电视台都拥有电视转播车。电视转播车的性能也在不断提高，不仅有了全数字电视转播车、电视转播卫星车，而且高清电视转播车也投入使用。北京奥运会开幕式直播，更是把一个文明大国的形象最直观地展现在世人的面前。从技术层面上来看，我国电视直播已经具有很高的水准。2008年9月27日16时43分，“神舟七号”载人航天飞船实现了航天员的太空行走，飞船上两部摄像机拍摄了航天员的出舱活动过程，这是令中国人最为自豪的历史画面。

然而，目前我国电视新闻现场直播（包括电视转播车和卫星新闻采集 SNG）的威力远远没有充分发挥出来。许多现场直播仍然沉迷于政绩工程的宣传和媒介技术的炫耀上，国内现场直播普遍存在着三大通病：有直播没报道，缺少现场报道，对"现场"的随意选择使有效信息衰减；有报道没内容，缺乏新闻价值，对接近性的过度追求使新闻价值衰减；有现场没悬念，不能吸引眼球，记者现场评析的缺失使理性深度衰减。因此，我们看到国内电视转播车大多用于仪式性事件直播和体育赛事的转播。在严格的宣传纪律约束下，在求稳怕乱的心态主导下，电视人在突发性重大新闻事件面前反应迟钝。2001 年 9 月 11 日，美国遭遇了前所未有的恐怖袭击，国内电视媒体迟迟不作报道，学界将其不作为戏称为集体失语。一位业内人士戏称，SNG 卫星车在中国的主要作用一是转播体育比赛，二是在电视台拍宣传片的时候作为背景。因为，面对突发性新闻事件，播还是不播，现场直播的导播并不能决定，甚至电视台的台长也不能决定。这是新闻改革的难点，也是制度安排的问题。

二、突发事件与信息公开

世纪之交，中国电视卷起一股娱乐化旋风。近年来，从电视选秀到民生新闻，从"第一心动"到"纸馅包子"，中国电视似乎走到了"娱乐至死"的边缘。社科院时统宇研究员反思道："我们在追问：用没完没了的打架了、撞车了、第三者插足了、精神病人跳楼了等'八卦'新闻不厌其烦地去争夺收视率，媒体的社会良知与社会责任何在?"[①] 就在这个时候，从年初的抗击冰雪灾害到"3·14"拉萨打砸抢事件，几乎在一夜之间严肃新闻又回来了。"然而，在新闻报道中，究竟是传播事实，还是传播愿望?"[②] 在这些重大新闻的报道中，人们还发现一个重要角色——"现场直播"缺席了。这不仅让我们的救灾报道缺失人文关怀，而且给西方国家妖魔化中国提供了口实。所幸的是，这一教训及时地对后来遭遇的突发新闻报道和危机事件传播起到了预警作用。

2008 年 5 月 12 日，我国发生了震惊中外的汶川特大地震。在巨大的自然灾难和公共危机面前，中央电视台及各大媒体迅速进入新闻报道阵地，中国媒体以前所未有的公开、透明、及时、全面的报道使得挑剔的西方媒体无话可说，从而赢得了世界舆论的高度评价和国外同行的交口赞誉。在整个抗震救灾中，电视新闻现场直播功不可没，发挥了巨大的传播力和影响力。在直播的镜头面前，张泉灵的泪水，赵普的哽咽，许许多多电视记者的现场身影，亿万电视观众无不为之动容。"抗震救灾直播，

---

① 时统宇．中央电视台抗震救灾直播的历史意义和传播价值．视听界，2008（4）：29

② 高峰，周维维．传播事实，还是传播愿望——解读有关拉萨事件的中西话语权之争．吉林师范大学学报，2008（3）：100

彻底扭转了西方媒体自‘3·14’以来对中国的妖魔化，在世人面前树立了中国以人为本的良好国家形象。”①

2007年11月1日，国务院颁布实施《突发事件应对法》；继之，《政府信息公开条例》又于2008年5月1日颁布生效。这为“信息公开化”提供了政策和法律依据。2008年5月24日，温家宝总理在映秀镇地震废墟上主持记者招待会时强调："我们在处理这些突发事件以及国内其他问题上，坚持以人为本的原则不会改变，坚持对外开放的方针，永远不会改变。”② 中国领导人开始认识到：“把坚持正确导向和通达社情民意统一起来，尊重人民主体地位，发挥人民首创精神，保证人民的知情权、参与权、表达权、监督权。”③ 从“9·11”中国媒体的集体失语到SARS公开报道的先抑后扬，再到汶川地震的及时、全面、公开报道，世人终于可以看到中国电视新闻真正承担起大众传媒的社会责任，而这正是建立在对外开放的基础上。

什么是现场直播？现场直播实际上是一种信息的无障碍传播，它建立在公众知情权和信息公开化的基础上。问题是在这种口无遮拦的传播中如何把握正确的舆论导向？长期以来，我国的传播架构是“行政本位”，在这种架构的问责下，传媒人多一事不如少一事，电视人面对现场直播既痛又爱，爱的是现场确实是电视本性和理想的追求，痛的是害怕承担安全播出的把关责任。“不可预知事件的报道也是可以策划的。不少的不可预知的新闻事件大多属于突发事件、危机事件，现场采访有相当难度，组织报道要精心策划，报道时机要当机立断。”④ 面对汶川地震这场大考，电视人没有回避难题，虽然某些直播仍有瑕疵，但总体上给全社会、全世界交出了一份满意的答卷。用现场直播来主导新闻舆论话语权，中国电视人在北京奥运会上做得更好。我们的现场直播不仅要“走出去”，还要“请进来”。汶川地震和北京奥运会让国外媒体趋之若鹜，NBC、BBC如此卖力地转播北京奥运会开幕式，无形中给中国做了最好的宣传，树立了我国对外开放和国力强盛的正面形象。

面对突发事件和信息公开，中国电视新闻工作者日益清晰且清醒地看到自己的两大竞争对手：一是国外同行，二是网络媒体。因为，我们进入了一个跨媒介全球化的传播时代。

三、台网竞争与全球传播

在国外，当突发事件发生的时候，人们会立刻打开电视机了解最新情况，而在中国，最普遍的选择是上互联网。由于媒体普遍禁声，人们一般是从其他网民而非官方

① 时统宇．中央电视台抗震救灾直播的历史意义和传播价值．视听界，2008（4）：28

② 《南方周末》编辑部．将开放透明进行到底．南方周末，2008－05－29

③ 胡锦涛．在人民日报社考察工作时的讲话．人民网（http：//politics. people. com. cn/GB/1024/7408514. html），2008－06－20

④ 谭天．“不可预知”：电视新闻的最大卖点．新闻爱好者，2005（9）：52

媒体那里得到消息，这使得谣言和不理智的情绪都容易进一步扩散。网络媒体开放互动的优势形成对电视媒体的巨大冲击。与此同时，媒介技术的发展使内宣和外宣物理界线变得模糊，做好电视新闻现场直播成为中国电视主导国内舆论和争夺国际视频话语权双重任务。

2008 年，除中央电视台外有两家地方电视台声名大振，一个是位于地震灾区的四川电视台，一个是山东的齐鲁电视台。前者就不多说了，后者的“breaking news”实验，值得一提。2008 年，从董明霞事件开始，齐鲁电视台至少五次中断电视节目报道突发事件：10 月 29 日，位于潍坊滨海开发区的海化集团发生次氯酸钠罐体泄漏，几十名工人和附近村民出现中毒症状，齐鲁电视台中断了正在播出的电视剧，插播了这条突发性新闻，晚上 18 点 17 分在《每日新闻》时段，第二次插播最新消息，相比第一次，这次插播的社会反响极为正面，让当时已经开始流传的“几十名工人中毒死亡”的流言不攻自破；11 月 11 日上午 11 点 38 分左右，2009 年第十一届全运会场馆——济南奥体中心正在施工的一个体育馆顶部发生大火，齐鲁电视台“森骥小组”（SNG 汉译音）又在中午和下午连续三次紧急插播了火灾救援情况和济南市的新闻发布会；11 月 29 日，8 个月大的女婴李开心急需血小板，而她与董明霞是同一血型，齐鲁电视台再次打断正在播放的电视节目，对此作出报道，由于有上次经验，李开心被即时救治，脱离生命危险；12 月 4 日，齐鲁电视台又打断正在播放的本地新闻栏目，报道了发生在青岛佳元迈克食品有限公司职工宿舍的火灾事件。

即时插播的突发新闻在国外被称为“breaking news”。电视台对重大新闻即刻播报，已经是一种国际惯例。例如，“9·11”事件和伦敦地铁爆炸案等重大事件发生后，当地主要电视网都抢在第一时间打断原有节目进行报道。而这种现场直播正是 SNG 卫星车的主要职能。齐鲁电视台在突发性事件上频频发声，也源于中央高层对舆论管理的思路转变。胡锦涛同志在人民日报社考察工作时强调，要完善新闻发布制度，健全突发公共事件新闻报道机制，第一时间发布权威信息，提高时效性，增加透明度，牢牢掌握新闻宣传工作的主动权。齐鲁电视台的突出表现也赢得了国外同行的尊敬，被誉为世界第一新闻学府的美国密苏里大学在百年庆典之时，特邀齐鲁台台长闫爱华参加庆典并作主题演讲。

2008 年 12 月 21 日，中国 50 家电视机构负责人在北京签署协议，成立中国电视直播联盟（CSNG）。联盟成员遍布全国，最低可以延伸到县级电视机构，大大缩短了电视媒体抵达新闻现场的距离和时间。同时，实现信息平台的资源共享。联盟强调“信息首发”和“电视速报”，利用现代电视技术打造一个反应最快速、覆盖最广泛的全国电视新闻直播体系，强调新闻的原创率、首发率和落地率，实现全国电视新闻直播常态化。

其实，这种联盟性质此前已现雏形。2008 年 11 月初，由中央电视台和全国 27 家电视台联合推出大型电视公益节目《温暖灾区行》，成为直播联盟的试水之作。全国28家电视台实现了同一时段、同一主题、同一包装下的同步播出，取得了良好的规模传播效应。联盟成立前夕，央视再次联合全国33家电视台共同推出改革开放30周年大型直播特别节目《我们的30年》，所有参与电视台均获得了不带任何电视台标志的公用直播信号。对此，笔者注意到这些直播仍然属于可以预见的重大新闻事件的直播。能否在突发性重大新闻事件面前，通过电视现场直播实现无障碍信息传递，最大限度地满足受众的知情权、参与权、表达权和监督权，我们拭目以待。

当然，现场直播除了新闻管制和技术层面的支持外，运作机制的改进和操作系统的完善也十分重要。为提高新闻采编效率，充分利用资源，中央电视台新闻中心于2008年1月实施了一系列改革措施，对新闻中心下设的9个部门进行调整，并新增《新闻联播》编辑部。这一举措的成效在汶川地震直播报道中充分显现出来。数字技术和信息技术也充分运用于现场直播系统，如采访信息数据库、咨询专家数据库、三维模拟图像处理系统等。2008年5月，地理信息系统首次用于中央电视台抗震救灾直播，中国测绘科学研究院为中央电视台《抗震救灾　众志成城》大型直播节目提供了大量灾区三维模拟地图，为观众了解灾区地理位置、地形地貌等信息增添了更加形象直观的途径。我国电视新闻现场直播还须从制度、观念、机制和技术四个方面实现突破和创新。展望未来，我们期待中国电视新闻报道能够真正地全面进入“现在进行时”。

第三章

电视新闻影响论

电视新闻要产生影响力，一要靠新闻评论，二要靠深度报道。2004 年底，笔者承担中国广播电视学会课题“电视评论节目基本特征分析及多样化发展研究”，目的就是要搞清楚什么是电视评论节目。然而，经研究发现：作为节目形态的电视新闻评论其实并不存在。电视新闻评论除了作为内容存在之外，还有一种存在方式就是“电视新闻舆论场”。同时，随着我国改革开放的深入和社会进步，中国电视必将进入评论时代。笔者还采用比较研究的方法探讨调查性报道的本土化问题，并进而提出中国特色的电视调查新闻理论。电视新闻的深度和广度是建立在新闻信息资源整合的基础上的，在媒介融合的大趋势下，电视读报读网应运而生，电视新闻的影响必定遵循现代视听的传播规律而得到增强。

第一节　构建电视新闻舆论场

我国电视评论的迅速发展使它的理论研究总是显得滞后。问题首先出现在评奖分类的争论上：到底什么是电视评论节目？这是令历届新闻奖评委都感到头疼的问题：“对象的界定：无法定义的电视新闻评论。”[①] 例如，在 2002 年度的中国广播电视新闻奖评选中，由湖北十堰电视台送评的节目《“造林”还是“造字”》获得电视评论一等奖；而湖北电视台送评的节目《“造林”还是“造字”》却被评为广播专题一等奖。仔细比较，两者并无大的区别，就连评委也认为：“湖北十堰电视台摄制的《‘造林’还是‘造字’》就是这样一个比较典型的调查性报道。”[②] 须知，报道与评论是两回事。这就让我们糊涂了：《“造林”还是“造字”》到底是新闻评论节目还是新闻专题节目？也就是说，该如何界定电视评论节目呢？笔者在此引用一个新的概念——新闻舆论场来对电视评论进行全新的剖析。

一、节目分类的困惑

首先我们要明确这样一个前提，即电视评论是不是新闻评论？中国传媒大学王振业教授认为：“电视评论是新闻评论。它不论以什么具体形式出现，都必须坚持新闻评论的体裁特征，特别是政论性特征；不论论述的是新近发生的新闻事件还是客观存在的社会现象、社会问题，以口播评论还是图像评论形式出现，以媒介还是个人的名义播发，都代表着本台对于有关事物的看法，体现着本台的基本立场、观点和评论宗旨。”[③] 大多数学者也把电视评论看作新闻评论。

---

① 蔡照波，肖枞．中国电视新闻评论类节目发生和发展探微．北京：中国广播电视出版社，2003. 30

② 江欧利．中国广播电视新闻奖 2002 年度新闻佳作赏析．北京：新华出版社，2004. 335

③ 王振亚，李舒．新闻评论与电子媒介．北京：中国广播电视出版社，2004. 109

中国人民大学涂光晋教授在其《广播电视评论学》一书中把电视评论的个性特征归纳为：一是视听结合的评论，二是形象化的政论。① 这仍然是一个很模糊的概念，首先你要解释什么才是视听结合的评论；其次，引自列宁的“形象化的政论”很容易把新闻类的评论节目与社教类的政论片混淆起来。但无论是涂光晋还是王振业，都只是讨论电视评论，而没有对电视评论节目进行划分和界定。

2004 年底，笔者主持中国广播电视学会课题“电视评论节目的基本特征及多样化发展研究”，试图对电视评论节目进行划分和界定。研究首先划分了评论与专题这两种节目形态：新闻专题是对事件性新闻作直截了当的全程报道或调查性报道，传递的是事实性信息，不加意见和评说；新闻评论则是在事实性和调查性报道的基础上发表言论，阐述观点，传递意见性信息。然后划分了评论节目和谈话节目：新闻性与政论性是区分谈话节目是不是新闻评论节目的一个重要标准。最后，对电视评论节目作一个新闻学上的界定：无论是属于深度报道的新闻述评，还是属于新闻评论的谈话节目，凡是电视评论节目都应具有新闻性与政论性这两个新闻评论的重要特点。② 至此，我们似乎完成了对评论节目的划分，然而实际情况并非如此。我们发现在一些所谓的评论节目里，述多评少，评论的内容很少；而在其他新闻节目形态中却存在着大量的评论内容。与此同时，涂光晋教授在国外考察时发现，国外并没有电视评论这一节目形态。这令我们怀疑并反思作为节目形态来研究电视评论的路径。

其实，我们对电视评论的研究并没有跳出报刊评论的框框。上海电视台的刘敬东在《电视新闻评论，还在路上》一文中指出，报刊这种“社论”模式在电视传播中产生了介质错位、文化逆差和策略乏术等困惑。他认为：“评论必须观点清晰、透彻，旗帜鲜明；必须要非常理性，要字斟句酌，有严密的逻辑。这对完全文字化的报纸而言是最为适合的，它可以将报道和评论泾渭分明地划开，读者可以反复推敲其中的道理。而在广播和电视中，尤其是在电视中，信息可以说是转眼即逝，观众留意更多的是绚丽多彩的画面、推拉摇移的镜头，以及一个个充满视觉冲击力的细节和故事。少了这些，只听主持人或评论员大发议论，效果可想而知。”③ 《焦点访谈》创始人孙玉胜的看法极有见地：“评论应该是一种内容，而不应该是一种形态。”④ 笔者认为，我们应该彻底摆脱对节目形态的纠缠，从传播学视角来重新审视整个电视评论。

---

① 涂光晋．广播电视评论学．北京：新华出版社，1998. 70 ~ 83

② 谭天．电视评论节目的划分．电视研究，2005（9）：28

③ 刘敬东．电视新闻评论，还在路上．现代传播，2002（3）：37

④ 孙玉胜．十年——从改变电视的语态开始．北京：三联书店，2003

二、评论的视听传播

“新闻评论是专门传播意见性信息的一种重要文体，它首先发端于报刊。”① 那么，在电视评论中意见性信息是如何传播的呢？20 世纪大众传播学传播效果研究中的一个重要进展“即从传播对大众或受众集合体具有的直接的普遍的影响之理论，转向承认人际交往在传递和证实由媒介产生的信息和观念中扮演了中介角色”②。这就肯定了人际传播在大众传播中所发挥的作用。电视谈话节目中主持人、嘉宾和现场观众之间的信息交流就是人际传播，而通过电视这一大众传媒传递给非现场观众是大众传播。所以说，电视访谈就是一个将人际传播进行大众传播的过程，即人际传播的大众化过程。那么，在这个过程中，两者的关系是怎么样的呢？

首先，在电视访谈中，大众传播是人际传播的目的，为人际传播确定方向。电视访谈的人际传播不同于一般的人际传播。一般的人际传播止于小众，而电视访谈融合了人际传播与大众传播。虽然电视谈话节目紧紧围绕人际传播做文章，但其最终目的是在广大观众中产生反响与共鸣。因此，是否适于大众传播，是决定如何进行人际传播的关键，必须根据大众传播的要求来决定人际传播的内容。

其次，在电视访谈中，人际传播是大众传播的前提和基础，人际传播的效果直接影响并决定大众传播的效果。如电视谈话节目中的大众传播，可以看成是人际传播的延伸和拓展，只有现场的嘉宾谈得高兴，电视机前的受众才能看得尽兴。因此，现场人际传播的信息交流顺畅与否决定了大众传播的互动性如何；信息交流的深浅程度决定了大众传播的影响力大小；信息交流方式是否多样决定了大众传播是否具有亲和力。因此，只有将人际关系传播和大众传播的效果统一起来，才能增强电视谈话节目的传播效果。

印刷媒体只能以书面语言记录谈话内容，抽象而单向；广播虽然创造了谈话节目形态，但只能满足人的听觉感官，反映不了人际传播的本真状态；唯有电视能够以直播或直播形态的录播，声形俱备、比较完整地还原日常人际传播中的谈话状态。也许，电视天生就是为谈话服务的。英国学者尼古拉斯·阿伯克龙比认为：“电视的一个重要特征似乎是它引起交谈、鼓励谈话的功能。实际上，电视似乎常常是关于谈话的。作为一种媒体，它确实是由可视的谈话构成的。”③ 电视访谈或谈话节目是以面对面人际传播的方式，通过电视媒介再现或还原日常谈话状态的一种节目形态，通常由主持人、记者与嘉宾，有时还有现场观众，围绕话题或事实展开即兴、双向、平等

---

① 曾建雄．中国新闻评论发展史．桂林：广西师范大学出版社，1996

② ［英］丹尼斯·麦奎尔，［瑞典］斯文·温德尔．大众传播模式论．祝建华，武伟译．上海：上海译文出版社，1997.11

③ ［英］尼古拉斯·阿伯克龙比．电视与社会．张永喜，鲍贵，陈光明译．南京：南京大学出版社，2001.174

的交流，它本质上属于大众传播活动。在日常生活中，谈话是人际传播的最有效方式，它调动涵盖语言、表情、动作、姿势、心态、氛围的整体感知，使人们获得超越语言之上的亲密感。当然，这种人际传播要转变为媒体的大众传播，还要加以选择和控制。

在《央视论坛》2004 年 3 月 23 日播出的“迷乱的星空：媚捧洋星”这一期节目中，主持人在介绍完相关新闻背景后，与两位专家就媚捧洋星这一现象展开讨论。两位嘉宾分别从文化与商业的角度提出各自的观点，交谈的欲望在谈话者互相激发下不断升温，这种激发有信息的传递与反馈，有情感的刺激，有观点的对抗和附和，这些因素综合形成一个“谈话场”。主持人借助信息反馈，敏捷地抓取有价值的观点，顺势推动谈话，给参与者更大的展示空间，使现场有观点的碰撞。我们来看看这一传播过程中信息的传递：

主持人与嘉宾之间的人际传播形成一个吸引观众视线的“谈话场”，“谈话场”在受众中传播便形成了大众传播。由此可见，人际传播与大众传播相结合形成了电视评论的一个重要特点。这里需要指出的是，人际传播与大众传播的结合并不只存在于谈话节目中，而是存在于一切有谈话或访谈形式的节目形态之中，如《焦点访谈》（新闻述评）、《伊拉克战争特别报道》（现场直播）。了解了电视评论的传播机理之后，下面我们再看看它所采用的传播特点。至此，我们可以看到，人际传播与大众传播相结合的意见性信息传播是电子媒介评论的共性特征，是包括广播评论、电视评论甚至网络评论在内的电子媒介评论的共性特征。那么，电视评论的个性特征又是什么呢？

三、寓思辨于形象

谈话节目源自广播。到了电视，变听觉单通道为视听双通道，增加了视觉传播。作为电视评论，在整个视听传播过程中还要承载更多的抽象理性。在电视评论中，首先它是属于电视新闻的，具有电视新闻的三种基本元素：解说、画面和同期声；其次它是属于评论的，要有评论的三要素：论点、论据和论证。一个优秀的电视评论节目，要把这两类要素或元素有机地结合起来，统一起来。而要做到这一点，就要找到它们的契合点。新闻评论的论证方法有许多种，哪些最适合电视表现呢？笔者认为，最利于视听表现的论证方法主要有两种：一是例证法，二是比较法。

例证法，即事例论证法。这是运用归纳推理进行论证的一种方法，是由个别到一般的方法。它往往通过揭示某些典型事例，并以此作为依据展开论证，从而证明自己论点的正确性。中央电视台的《焦点访谈》大多采用这种方法——“用事实来说话”。眼见为实，用记者的镜头和话筒采访到的新闻事实极具视听冲击力，它提供了确凿的证据和有力的论据。这种论证方法就形成了新闻述评这一节目形态。有人说这种新闻述评述多评少，不像评论节目。如《焦点访谈》中许多舆论监督的节目，往往只摆事实不置评语，把评论的空间甩给观众。其实视听传播的实证性已足以形成很大的舆论空间，这就是电视评论所特有的论证方式。

比较法，即比较论证法。它又分类比和对比。其中，反差巨大的对比法是最具视听震撼力的。湛江电视台的新闻评论《两个“100亿”引起的思考》，首先讲述了一年里发生的两件大事：一年前，当地政府发展思路不对，酿成轰动全国的湛江“9898”特大走私受贿案，案值高达100亿元；事隔一年，通过拨乱反正，经济发展走上正路，湛江市在经贸博览会上与海内外客商签订了超过100亿元的项目合同。“对比”是将两种性质截然相反或者有差异的事物进行比较，分为“纵比”和“横比”。上面这个例子就是利用两个100亿这一巧合进行纵向述评。

评论三要素——论点、论据和论证，这些都是抽象的、理性的。在电视评论中，这些要素都要通过各种形象的感性的元素来表现，大致来分就是画面与声音，具体可细分为现场画面、演播室画面、特技画面、字幕、解说词、同期声等视听元素。一个好的电视评论必须将评论要素与电视元素有机地结合起来，和谐地统一起来，才能做到既有严密的政论逻辑性又有强烈的视听冲击力。那么，如何做到一点呢？笔者在《寓思辨于形象之中》一文中归纳出一些规律，即访谈出观点、专家做点评、镜头抓视点、语言找亮点、字幕来点睛。①

在《“造林”还是“造字”》里，通过各种视听元素，我们看到了观点的碰撞、思想的交流和舆论的导向：

[同期声] 记者：你感觉花这么大的代价值不值得呢？

[同期声] 郧西县店子镇党委副书记吴在斌：花这个代价我们认为还是值得的。因为我们做这几个字不仅仅是为了我们这一座山，而是为了整个镇的农民，为了增强他们的造林意识。

[解说词] 那么村民们是如何看待这种造字运动的呢？

[同期声] 村民：从（河）对岸可以看到这边一排字好看，它只能说在对面过车时，当干部的看了好看。

村民：要依老百姓说都不值得，那山上啥东西都不长，搞了没意思。

[同期声] 郧西县景阳乡林业站干部余秀武：我认为造林应该是实打实地造林，不应该把这个造林运动变成一种造字运动。当时以为将来会有一个很好的宣传效果，可是四年过去了，山上荒山还是荒山，这么一看就是一个劳民伤财的工程，属于一种形式主义做法。

近年来，中国广播电视新闻奖中获奖的电视评论节目大多是新闻述评。其中不少精品能够很好地将评论要素与视听元素结合起来，从而产生了强大的视听冲击力和舆论影响力。由此可见，评论要素与视听元素的有机结合是电视评论另一个重要的特

① 谭天，吴显德．寓思辨于形象之中——电视新闻评论节目创优谈．岭南新闻探索，2003（3）：36

点。这也是电视评论的个性特征。思维抽象与视听形象的结合是为了增强视听传播效果，是为了制造舆论和引导舆论，舆论导向才是电视评论的终极目的！

四、舆论场的构建

如果说电视评论是节目内容而不是节目形态，换言之就是电视评论有可能存在于一切节目形态之中。那么，如何判断它的存在及其影响呢？同时，由于难以用传递意见性信息与否来简单地区分电视评论，那么我们可否用意见性信息的集合——公共意见来判断它的存在呢？在此，笔者引入一个概念——舆论场。

麦克斯韦提出了电磁场理论，物理学由此创立了“场”的概念。在社会学范畴内，人们也从中得到了许多有益的启示：物质运动总是受制于一种无形的相互作用的力，只要找出这种力及其作用规律，就可以对物质现象作出合理的解释。而它们的相互作用总是局限在一定范围之内的，这样就形成了“场”的概念。德国心理学家勒温（K. Lewin）是社会场论的创始人，考夫卡进一步发展了他的心理场理论，提出了“环境场”、“行为场”的概念。用“场”的范式研究社会传播，能认识讯息产生的环境机制。“场”不仅是意见形成的条件、空间，而且是推动舆论发展的契机，甚至制约着它的方向。“场”便成为意见产生的社会共振圈。① 电视评论的谈话环境和交流特点营造出的正是这种典型场合。在这种场合下，激烈的观点碰撞，恰似一种此发彼应的公众论坛。在众意交错的情况下，主持人应该如何应对？发挥什么样的作用？从“社会场论”中我们可以找到判别电视评论特征的理论依据。

“所谓舆论场，正是指包括若干相互刺激的因素，使许多人形成共同意见的时空环境。”② 清华大学刘建明教授还论证了构成舆论场的三要素——“同一空间的人群密度与交往频率”、“舆论场的开放度”和“舆论场的渲染物和渲染气氛”。他指出，同一空间的人们的相邻密度与交往频率较高、空间的开放度较大、空间的感染力或程度较强，便可能在这一空间形成舆论场。无数个人的意见在“场”的作用下，经过多方面的交流、协调、组合、扬弃，会以比在一般环境下快得多的速度形成舆论场，并有加速蔓延的趋势。这一研究成果很好地描述了电视评论的运行机理，而谈话类电视评论则呈现给人们一种更为典型的舆论环境。事实上，我们对评论类谈话节目的评论主体——主持人、嘉宾和评论员的所有要求都会归结到这样的认识上：如何运用自己的话语方式，营造一个充满民主、平等、和谐氛围的舆论环境？三方如何调控并保持这种环境氛围，发挥出引发众意、循循善诱、促成共识的作用，这就形成了场效应。所谓“场效应”，正是电视评论最终所期望的那种舆论导向。

相对于文字符号的静态和预设的逻辑性，电视评论的叙述逻辑是一种动态的逻

---

① 刘建明．社会舆论原理．北京：华夏出版社，2002. 35

② 刘建明．社会舆论原理．北京：华夏出版社，2002. 53

辑，主持人与嘉宾、记者和采访对象相互沟通、相互补充形成一种合力，构建了一个流动的、开放的信息场。访问者循序渐进，用观众的视点不断地向嘉宾和采访对象发问，谈话者的回答就是一个个论点和对一个个论点的论证，观点不是事先确定的，而是在相互碰撞、交锋中迸发出的，意见性信息也就在这个“场”中源源不断释放出来，传达给观众。一切都是动态的、随机的。在对话过程中，评说者保持解释、更正、退让甚至反驳的种种可能，使评论更加灵活、全面，评论过程是开放的，而不是封闭的。主持人和记者的问题决定着论点的推进和评述的节奏，问题的不断提出就是论证逐渐深入的过程。二者结合完成论据的展示和论证的逻辑。观众在观看过程中逐渐觉得豁然开朗。由此可见，这个舆论场形成于人际传播与大众传播的整个感应过程中，是一个由小到大、由里向外延伸的不断拓展的空间。

现在，我们可以清楚地看到在电视新闻节目中，舆论场的形成及运行机理：

演播室或新闻现场里主持人与嘉宾、记者与访谈对象之间形成人际传播——在媒体构筑的这个特定话语空间里形成一个“谈话场”，这个“谈话场”透过荧屏传递给观众。它通过视听传播得到强化，通过大众传播得到放大，“谈话场”由此升级为“舆论场”。

五、公共话语空间

我们知道，在电视评论中由人际传播形成的话语空间影响着整个大众传播。这个话语空间由节目主持人和访谈嘉宾、记者和访谈对象组成。而这个话语空间往往由意见领袖来主导。按照舆论学原理，公众议论演化为社会舆论依靠舆论领袖的引导。舆论领袖也被称为“意见领袖”，在英文中它们使用同一个语词概念“opinion leaders”。[①] 这个概念指的是群体中热衷于传播消息和表达意见的人，他们或是比同伴更多地接触媒介或消息源，并热衷于传播消息和表达意见的人，或是某一方面的专家，他们的意见往往影响周围的人。意见领袖对于舆论的形成起着至关重要的作用。那么，在电视评论节目中意见领袖是哪些人呢？在这个话语空间里，每个人都有话语权，但话语权是有级别的。这种级别不仅仅简单表现为行政级别，还在于其权威性，如谈话人的经历、谈话人的身份与谈话内容的贴近性等。对象不同便形成不同的话语级别。

长期以来，在我国的电视评论节目中，意见领袖都是有较高话语级别的精英人物，换言之，电视评论的话语空间都是由这些社会精英所主宰的。因此，这种传播是俯视的、单向的、说教式的，带有强烈的官方色彩。然而，现在媒体的情况已有所变化。钱蔚博士认为，我国的电视制度已从一个政治权力领域走向“具有政治功能的

① ［美］威尔伯·施拉姆，波特．传播学概论．陈亮等译．北京：新华出版社，1984. 134

公共领域”。[①] 这让我们对电视评论的研究再回到新闻学的框架里。近年来，西方公共新闻理论开始引入我国，并影响着电视评论的话语空间和电视新闻的舆论场。

2004 年，江苏卫视的《1860 新闻眼》栏目率先打出“公共新闻”的旗号。“绝对关注”是该节目中体现媒体与观众互动性的一个主要板块。它曾选取了公共生活中这样一件小事情：每个人去看病，医院都会给你做一个例行的传染病检查，有的检查项目甚至包括艾滋病，费用却由患者买单。医院这么做的目的是对患者负责，同时也是为自己降低医疗风险，可为什么这样一笔开支要转嫁到患者身上呢？在“检查传染病该由谁买单”节目中，“绝对关注”不仅抓取这种人们习以为常却并不公平的现象予以报道，而且用短信参与的方式，就费用由谁负担的问题，在节目中征询各方的意见，并展开医患之间的公开讨论。节目播出后，引起了社会的高度重视，目前这一现象已被政协委员写入提案列入议事日程。通过这个例子可以看出，显然，《1860 新闻眼》为普通老百姓提供了一个公共论坛，并起到了舆论引导者的作用。媒体通过组织观众讨论，形成舆论，自下而上地构建了有关医疗检查费用这个“公共话题”的议程，从而影响到有关政府机构。节目发挥双向互动的传播功能，同时建立在公共新闻理念上的大众话语比之精英话语，更大地拓展了它的评论空间和舆论影响，从而在公众与媒体之间产生“共振”现象。如果这个场效应是正向的话，那么这种共振就会促进社会主义和谐社会建设，与和谐社会形成更大的相互作用，形成更大的社会共振圈。反之，如果出现负效应的话，就会削弱这个共振，在和谐社会建设中产生不和谐的声音。

在物理学里，有一个测定电磁场强弱的单位叫“场强”。在电视新闻里有这样一个相互递进关系：公共话语空间决定舆论场的开放度，而舆论场的开放度决定新闻舆论场的场强。“场强”是电视评论的深度、力度和传播效果的测量单位，是电视评论的影响力表现，具体由收视率、互动性和认知度等参数所决定。需要指出的是，电视舆论场的形成不是孤立的，口头舆论场和网络舆论场也会与它产生交叉重叠的相互影响。手机短信、网络传播等多媒体的出现，一方面大大拓宽了意见性信息传播的渠道，从而促进电视评论的多样化发展；另一方面其他舆论场的出现也会影响或者干扰电视舆论场。

以上对电视新闻舆论场的多维解析，从电视评论出发，沿着新闻学—传播学—舆论学—新闻学这样一个否定之否定的思辨过程，重新阐述了电视新闻中无处不在的评论内容：在人际传播与大众传播相结合中传递意见性信息，以此为“经”；在评论要素与视听元素相结合中体现其政论性，以此作“纬”；电视新闻节目就在这经纬交织中构筑起一个舆论场，而其强度由它的话语空间所决定。舆论场应是电视新闻评论的表征。由此我们还可以推论出：

① 钱蔚．政治、市场与电视制度——中国电视制度变迁研究．郑州：河南人民出版社，2002. 193

(1) 电视评论存在于各种电视节目形态之中，新闻舆论场的广泛出现标志着中国电视新闻由报道时代走向评论时代。

(2) 电视评论的强弱取决于舆论场的开放度，公共新闻拓展了电视评论的话语空间，增加了电视评论的深度和广度。

(3) 电视舆论场的形成可以产生一个和谐社会共振圈，它是媒体影响力的重要体现，同时也促进电视评论的多样化发展。

第二节　电视新闻评论的涅槃之路

人们在批评电视新闻浅层化、简单化的时候，无不对深度报道和新闻评论寄予厚望。然而，从平面媒体搬来的救兵——新闻评论却没有在电视上展示出足够的威力。迄今为止，新闻评论在电视新闻大家族中仍然是一个弱项，电视新闻评论节目的界定仍然是一个扯不清楚的问题。评论是一个媒体的旗帜和灵魂，评论在引导新闻舆论中举足轻重，难道中国电视能够缺失或弱化自己的新闻评论吗？显然不能！电视新闻评论要在社会发展和新闻改革中发出时代的强音！如何才能发出这一强音？这是下面所要探讨的。

一、化整为零，走出误区

新闻报道以传播事实性信息为主，新闻评论以传播意见性信息为主，这在报纸上是泾渭分明，但在电视节目上却难以区分清楚。长期以来，我国的电视新闻评论基本上是《焦点访谈》式的，由于《焦点访谈》的舆论监督所产生的巨大影响力，人们早已习惯以这种节目形态来界定电视新闻评论，其实这是一个误区。从节目形态上来看，《焦点访谈》其实属于新闻专题，只是由于它的出生地在中央电视台新闻评论部，因此被贴上新闻评论性栏目的标签。然而，这种单一的述多评少的节目形态严重地制约了电视新闻评论的发展。

近年来，电视上有影响的新闻评论节目屈指可数，有时甚至淹没在网络舆论的喧闹之中。事实上，单独设立的新闻评论性栏目收视率并不高，传播效果也不好。近年来，我们发现此类评论节目悄悄地“关停并转”，化整为零是电视新闻评论走出误区的开始。一些电视台果断的撤并和周密的策划让新闻评论重新焕发出青春。江苏电视台的《江苏新时空》和深圳电视台的《第一现场》都把原来单独设立的评论节目打包进栏目，实现新闻评论与新闻报道的无缝链接，大大提高了电视新闻评论的传播效果。正如孙玉胜所说：“评论应该是一种内容，而不应该是一种形态。”[①] 电视新闻评

① 孙玉胜．十年——从改变电视的语态开始．北京：三联书店，2003. 490

论不应拘泥于单一节目形态，从新闻栏目中的互动板块到现场直播中的时空连线，评论无处不在，而且从荧屏内延伸到荧屏外。广西电视台的《新闻在线》在60分钟的直播过程中，辟出四个时段供观众发表见解，名曰“新闻即时评”，观众在收看节目的过程中，通过短信平台即时对播出的某则新闻发表看法、点评事件。最高峰时，一则新闻有800余人参与评论。直播时评最典型的特征就是新闻报道与新闻评论的共生状态，受众在同一时间内接受现场报道与新闻评论，达到感性形象与理性思维的综合调动，加深理解正在发生的新闻事件。

近年来，民生新闻中的电视新闻评论开始大展拳脚，新闻主播也敢于“指点江山，激扬文字”。中央电视台《社会记录》的阿丘和广州电视台《新闻日日睇》的陈杨，都以他们的睿智与魅力在新闻报道中找到各自的评论天地，他们的点评言简意赅，幽默风趣，受到观众的喜爱。虽然时下大多数电视新闻评论还是浅尝辄止，一时难以满足观众解读新闻评析事实的需求，但从长远来看，从敢于评论到善于评论是中国电视新闻评论发展的必然过程。

要加快这一进程，我们要重新审视电视新闻评论的传播功能，由于《焦点访谈》强大的舆论监督及影响力，加上它贴上新闻评论节目的标签，所以长期以来人们误认为舆论监督就是电视新闻评论的主要功能，其实这也是一个误区。对社会弊端和不良现象进行的批评报道主要是传播事实性信息，应该说，新闻舆论监督是电视新闻报道的主要传播功能。如果在事实性信息的基础上加上意见性信息的传播，对新闻事实加以评论亮出观点表明立场，就会强化舆论导向。加强舆论导向才是电视新闻评论的主要传播功能。或许有人会问，对新闻事实的选择和对批评报道的把握难道不是一种舆论导向吗？当然是。但在事实的基础上，意见性信息的传播对舆论导向的影响更大。因此，笔者认为舆论导向才是电视新闻评论的主要传播功能。

那么，如何发挥电视新闻评论的舆论导向作用呢？笔者认为：一要正确地把握舆论导向，二要遵循电视新闻评论的传播规律。电视新闻评论的传播机理是：主持人与嘉宾、记者与采访对象之间的人际传播形成一个吸引受众注意力的“谈话场”，这个“谈话场”在观众中的传播便形成了大众传播。英国学者尼古拉斯·阿伯克龙比认为：“电视的一个重要特征似乎是它引起交谈、鼓励谈话的功能。实际上，电视似乎常常是关于谈话的。作为一种媒体，它确实是由可视的谈话构成的。”[①] 谈话节目其实是一种很好的评论节目形态，它以平等对话的双向交流代替宣传教化的单向传播。国外并没有电视新闻评论这一节目形态，但无论是CBS的《60分钟》还是半岛电视台的《针锋相对》，难道会有人说这里面没有评论吗？电视新闻评论的传播特点之一，就是在人际传播与大众传播相结合中传播意见性信息。

---

① ［英］尼古拉斯·阿伯克龙比．电视与社会．张永喜，鲍贵，陈光明译．南京：南京大学出版社，2001. 174

二、大众话语，多元表达

当今电视，新闻报道与新闻评论、新闻评论与电视评论的界线日趋模糊。在这个模糊中产生了两个显著的变化：一个是话语方式的改变，一个是表现手段的丰富。长期以来，我国电视新闻评论更多的是传递一种居高临下的国家话语和曲高和寡的精英话语。然而，我们高兴地看到，在2007年的“两会”报道期间，更具平民色彩的崔永元又来到了中央电视台《新闻会客厅》。《小崔会客》让政府官员和平民百姓相聚一堂，时任江西省省委书记的孟建柱与江西资溪面包经营户王信文一家共话全民创业，电视评论就在这一对话中实现了精英话语向大众话语的转换。

作为软新闻的评论，它在表现形式上更能推陈出新。山东齐鲁电视台的《拉呱》和广州电视台的《时事查笃撑》就在这方面作了积极的探索。《拉呱》创造性地采用老百姓喜闻乐见的曲艺形式进行民生新闻的播报和评说，具有很强的贴近性和娱乐性。或许《拉呱》不是地道的新闻评论，主持人小么哥说的一些事的新闻价值也不大，但这是在山东省的许多村子里一个收视率很高的节目。广州电视台的《时事查笃撑》是一档以情景短剧形式播出的时评节目，在极具广州地方风味的“TV茶吧”中“嬉笑怒骂论时事”，节目中还加入了动画、漫画、MTV等特技。《时事查笃撑》选取的题材多为与市民生活息息相关的社会热点，如“公交车乱改道，市民好难受”、“如何睇的士拒载”等，这些大众话题反映了市民的社会诉求。但由于节目表演大于评论，收视率并不理想，这也说明了电视新闻评论还是有自己的边界的。

电视新闻评论的叙事方式也有不少创新。扬州电视台的《时评新语》是一档以社会新闻评论为主的栏目。这个栏目有两大特点，即叙述方式的改变和多媒体的应用。《时评新语》的叙述方式受到了扬州评话的启发，其评论语态的改变是从人称开始的。传统的新闻叙事一般多用第三人称，但在《时评新语》中第一人称和第二人称的使用频率很高。如在“‘圣诞’究竟是个啥？”中，主持人在描述了圣诞这一天的热闹之后说：“快乐归快乐，我倒想刨根问底地问一句，在咱们扬州人心目中，‘圣诞’究竟是个啥？要我说呀，圣诞就是‘贺卡节’。”“评论不仅要亮出矛盾双方的观点，更要旗帜鲜明地亮出媒体的观点，否则，就不能叫做评论，充其量只是深度报道。”① 或许有人担心，以“我”为主会不会带来主观和偏见。其实只要掌握分寸、不偏不倚，“我”的存在就不会影响新闻的客观公正。

如何让电视评论过程化？戏剧冲突和悬念设置是实现过程化的重要手段。辩论就是一种充满强烈冲突的话语方式。美国电视观念认为：“争论”是电视新闻的一种方式、一种语言。电视新闻的话语应该是多元的、形式应该是多样的，观点应该要相互

① 周明涛．叙述方式的改变与多媒体的应用——《时评新语》对电视新闻评论节目的创新．视听界，2007（4）：59

不断地撞击。凤凰卫视的《一虎一席谈》便切合了这样一种电视新闻传播观，以辩论的形式评论时事，以思辨的色彩引导观众，其创新之处就在于主持人和现场嘉宾之间那一场唇枪舌剑、火花四溅的争论。辩题多为时下的社会热点，如“全国高考分省录取到底公不公平”、“孔子究竟是圣人还是丧家犬”、“房价只能由行政手段调控吗”、“现在进入股市是风险大还是收益大”等。然而，评论尺度难以把握，辩论似乎风险更大，如何拿捏？这是许多电视人所担心并为此裹足不前的原因。前中央电视台台长杨伟光在接受《南方周末》采访时指出：“很多问题不在于能不能讲，而在于你怎样讲。”① 怎样讲？这取决于电视新闻评论的准确表达。

电视新闻评论要在评论要素与视听元素相结合中发挥其政论性，寓思辨于形象之中是电视新闻评论的另一个传播特点。视觉化、过程化、多元化和碎片化是当今中国电视新闻评论呈现的基本走势。

三、迎接挑战，主导舆论

在急剧变革的转型社会和激烈竞争的媒介环境中，电视新闻评论如何才能发挥其强大的舆论引导作用呢？零敲碎打是不行的，要打“组合拳”，要形成电视新闻舆论场。在电视观众和电视媒体之间存在着一个相互作用的空间。电视新闻评论在人际传播与大众传播相结合中传递意见性信息，在评论要素与视听元素相结合中发挥其政论性，并在这两个结合点上构建起电视新闻舆论场。然而，电视新闻舆论场并不是孤立存在的，在现实社会中还存在着人际传播的口头舆论场和网络传播的网络舆论场。

当今世界，中国已是手机用户第一大国、网络用户第一大国。手机短信借助传统媒体的平台，点播变广播，个人媒体聚合成大众媒体；以新浪为首的门户网站，在没有新闻采编权的情况下创造了一个“新闻超市”，这为网络舆论场的形成提供了庞大的参与者。中国互联网的舆论平台已经十分发达，几乎每个门户网站都设有 BBS 论坛，目前中国拥有约 130 万个 BBS 论坛，数量为全球第一。博客虽然是少数网络媒介，但越来越多的博客已经从心绪记录转变为时事评论，经常阅读博客的活跃读者已经超过5 000万。日益强大的网络新闻舆论场正冲击着电视新闻舆论场。

从“最牛钉子户”到“华南虎照”，形形色色的网络事件爆炒，传统媒体无不趋之若鹜，都想在这场视觉盛宴中分得一杯羹。问题是，电视新闻甘心做报纸新闻和网络新闻的“二道贩子”吗？电视新闻如何由跟风变为引导，关键在于有无独家新闻和权威评论。只有让更多的资深记者坐在新闻主播台上，让更多的意见领袖走到镜头前面，电视新闻才能在传媒新闻大战中争得第一话语权。凤凰卫视的影响力就在于它拥有一支人数不多但素质很高的评论员队伍。其实，近年来中央电视台和地方电视台也出现了一些名牌主播和资深记者，完全可以也应该组成一支有影响力的评论员队

① 赵华．前台长杨伟光解密央视幕后“新闻”．南方周末，2007－11－01

伍。当然，电视评论员队伍还包括话语级别较高的社会精英。作为网络舆论的制造者与传播者，一些资深网友充当了“意见领袖”的角色，在一些复杂的辩论中，他们的观点往往能够左右网民的判断并最终引导网络舆论的走向。电视媒体只有汇集、引导和影响众多意见领袖，才能加大主流新闻的传播力，才能保持对舆论导向的影响力。

在新媒介生态环境下，面对更多的传播渠道，面对更开放的受众参与，一个严峻的形势和重大课题摆在了电视人面前：电视新闻如何主导新闻舆论的话语权？电视新闻评论如何有效地掌控正确的舆论导向？从电视读报到电视读网，从网络链接到短信互动，电视新闻评论吸纳各方言论，搭建一个数字化多媒体视听传播平台。但是，我们也应该看到电视新闻节目如果过分倚仗读报和读网，必然会造成独家新闻和评论内容的缺失，从而丧失电视媒体自身的传播优势及对新闻舆论的影响力。面对网络这一最大的民意表达平台，电视新闻评论是随波逐流，还是主动出击？

我们高兴地看到，中央电视台在媒介融合方面的步伐加快了。2007 年“两会”期间，央视国际开创“名嘴两会博客”，囊括了央视主持人、记者和央视国际网络记者关于“两会”的博文。这一平台既充当了新闻传播渠道，又是影响广泛的意见互动空间，包括征集、评论、预告等。他们以网民留言为素材共推出 10 期特别策划，涵盖了网友对房价、教育、医疗等热点的建议和意见。王小丫在记者招待会结束后，将“网民建言册”递到总理手中。这一传递实现了新闻言论与公共事业的成功对接。

孙玉胜在《十年——从改变电视的语态开始》一书中写道：“还是在《焦点访谈》创办的初期，我就提出要‘多报道、少评论’，其实这就是一种选择中的平衡。我一直坚持一个观点：中国电视新闻还只是处于报道阶段。分析与评论的时代还没有完全到来。”[①] 时至今天，中国电视新闻的评论时代还是遥不可及吗？处于转型期的中国社会面临着诸多问题和挑战，胡锦涛总书记在党的“十七大”报告中指出：“积极探索用社会主义核心价值体系引领社会思潮的有效途径，主动做好意识形态工作，既尊重差异、包容多样，又有力抵制各种错误和腐朽思想的影响。”我们的电视宣传工作如何做到“有效”和“主动”？在新旧媒体竞争与融合的今天，电视人要清醒地认识到传统电视新闻已进入转型期，中国电视必须走出认识的误区，充分发挥舆论导向的作用，必须构建一个强大的电视新闻舆论场，电视新闻评论不在媒介大融合之中涅槃，就在媒介大融合之中湮没！

---

① 孙玉胜．十年——从改变电视的语态开始．北京：三联书店，2003. 156

第三节 中美电视调查性报道比较

调查性报道起源于20世纪六七十年代的美国，如《华盛顿邮报》对“水门事件”的揭露，这是一种以调查、揭丑、批判为主要特征的深度新闻报道。它首先产生于平面媒体，美国哥伦比亚广播公司（CBS）的名牌栏目《60分钟》第一次将调查性报道运用在电视媒体上。《60分钟》不仅成为美国同类电视节目的佼佼者，而且其开创的报道风格、节目样式乃至新闻理念，对其他国家的电视调查性报道都产生了重大的影响。中央电视台的《新闻调查》无疑是电视调查性报道在中国特有的社会背景和政治制度下的一种勇敢探索。10年来，其制作播出的调查性节目无论是数量还是质量都堪称我国电视之最，并带动了一批地方电视台同类节目的出现。

本节将运用比较研究的两种主要方法——平行比较法和影响比较法，对《60分钟》和《新闻调查》这两个中美电视调查性报道的代表栏目进行比较，进而提出适合我国国情的电视调查新闻理论。

一、《60分钟》与《新闻调查》的对比

平行比较研究包括两方面的内容：一是探讨节目形态、栏目运作、节目理念上表现出来的类同现象；二是进行《60分钟》和《新闻调查》之间的对比，找出异同点。

1. 节目形态与内容取材

《60分钟》由片头、具体报道和评论员评论这几个板块组成，每个板块都有相对固定的主持人。第一则报道是当晚的重头戏，一般是较有时效性的硬新闻故事，仅为20分钟左右；第二则报道略短，但仍然较为严肃；第三则报道的风格往往较轻松，多半是影视或体育明星的访谈；最后还有几分钟的新闻评论。多年来，《60分钟》的核心内容集中在对那些犯罪指控，企业财团、政治人物及其他公共机构高层人士的贿赂犯罪行为的调查上。

《新闻调查》节目时长每期45分钟，每期一个故事。首先，演播室中主持人用一分钟的导语或交代播出由来，或简单勾勒背景，或关注人物命运，或预先提出问题但不作评论；紧接着是出镜记者的现场调查，以悬念重重的结构引人入胜；结尾时，一般在现场调查内容结束后，主持人作一分钟的总结，或报告事态最新进展，或表明媒体立场，或提醒继续关注但不下结论。它以记者的调查行为为表现手段，以探寻事实真相为基本内容。

“《新闻调查》节目形态定位上借鉴《60分钟》‘调查性纪录片’的形态，用纪实的方式拍摄，展现对新闻事件的调查和采访过程，把新闻当成故事来讲，事件中应

有悬念和冲突，情节应当跌宕起伏。”① 但与《60 分钟》每个故事十几分钟不同，《新闻调查》每期节目时长 45 分钟，要在一个相当于单本电视剧长度的时间里把一个非虚构的新闻故事讲得有声有色，不但是对记者编导能力的考验，也给选题带来很大的困难和限制。

但《新闻调查》与《60 分钟》同样以做真正的调查性报道为追求目标，崇尚理性、平衡和深入的精神气质。

2. 调查记者与节目运作

《60 分钟》并不称呼那些出镜主持的记者为 anchorman（主播）或 host（主持人），而是直接叫记者（correspondent）。《60 分钟》没有专门的主持人，每个人讲自己找来的故事并将自己的个人特性表现出来。他们在节目中既是记者又是节目主持人，即中国新闻界所说的“记者型主持人”。《60 分钟》的主持人都是资深记者出身，如莫利·塞弗在进入《60 分钟》前因为对越战击中要害、激发情绪的出色报道而闻名，丹·拉瑟则是因为当时报道肯尼迪总统被杀，以及在对尼克松采访中言辞锋利而全国知名。他们每一位都功勋卓著，是美国新闻界的“大腕”。做过 16 年记者的已故著名 NBC 新闻主播彼得·詹宁斯说：“我是主播还是主编都不重要。一旦做过记者，就永远是一名记者。一旦做过记者，你就永远明白新闻时间的最佳途径是告诉人们你碰见的人的生活和态度。”②

中国调查记者吃的是“青春饭”，很难看到 40 岁以上还在从事调查性报道的一线记者。绝大多数调查记者因种种原因，在从业约三年后便逐渐淡出。在中国电视台的体制中，多年来节目运作推行的是编导中心制，以编导为中心来配置资源。编导拥有本节目的人、财、物等支配权利。以央视的《新闻调查》为例，长期以来，以编导为节目创作的核心，记者围绕着编导转，编导把什么都安排好。编导找到感兴趣的选题后，看看哪个记者合适，被指定的记者到时候采访就行了。每个编导可以轮换使用记者，记者的主动性、创造性及品牌效应被抑制了。

要真正做成中国的《60 分钟》，还要拥有一批像迈克·华莱士、丹·拉瑟那样的记者，否则，最多只能成为培养出镜记者的摇篮，而不可能积蓄持续发展的力量，故也难以打造名牌栏目。在美国，优秀的出镜记者就是节目运作的核心，从而形成记者中心制或新闻明星制。一旦出镜记者或主播形成了自己的特点并有突出的表现，电视台就会给予他们充分发挥的空间，整个节目根据出镜记者来配置班子及其他资源。以《60 分钟》为例，5 位出镜记者都有自己的制作队伍，他们自己找选题，然后向执行制片人申报。

对于《新闻调查》与《60 分钟》来说，没有名记者就没有名牌栏目，问题是如

---

① 央视国际.《新闻调查》栏目解析 . http：//www. cctv. com/program/xwdc/20050520/102483. shtml

② 钟新 . 彼得·詹宁斯与美国电视新闻 . 国际新闻界，2005（5）：34

何造就这些名记者。

3. 新闻理念的差异

中美电视调查性报道最根本的差别还是新闻理念。所谓新闻理念，是指对新闻的基本认识和价值取向。这种差异从中美学界对调查性报道的不同定义中可以看出。

密苏里新闻学院编写的《新闻写作教程》对“调查性报道”所下的定义是：“调查性报道指的是一种更为详尽、更带有分析性、更要花费时间的报道”，“调查性报道的目的在于揭露被隐藏起来的情况”①。

《美国新闻史》对“调查性报道”的解释是：“挖掘五角大楼、中央情报局、联邦调查局、卡车司机工会、犯罪集团和腐败活动的，是1960年代和1970年代所谓的调查性新闻记者。调查性报道（investigative reporting）是指利用长时间内积累起来的足够的消息来源和文件，向公众提供对某一事件的强有力解释。”②

在美国，调查性报道是黑幕揭发报道的延续。1902—1912年的黑幕揭发报道，集中揭发美国社会腐败现象，被时任美国总统的西奥多·罗斯福称为“扒粪者”。调查性报道的最大成就是20世纪70年代《华盛顿邮报》对“水门事件”的揭露。其后，普利策新闻奖自1985年设立调查性报道奖。《60分钟》认为调查性报道是“对某人或某集团力图保密的问题的报道”，“报道的事实必须是你自己发掘出来的”。③

以上所述西方新闻界对调查性报道比较典型的定义，虽然表述方式各有不同，但归纳起来不外乎三条：①它是揭丑质疑性的，一些人或集团企图掩盖真相，调查记者就要将其内幕揭示出来，告知公众并解释事件发生的前因后果；②它是由记者通过自己的努力和主动挖掘而独立进行的调查，具有原创性和相对独立性；③它所调查的一定是势力集团对公众利益构成了损害的事件，题材是重要的和公众所关心的，调查内容涉及政治、经济等多个领域。

我国电视调查性新闻节目起步较晚，在这些众多的调查性节目中，央视的《新闻调查》被公认为是影响力最大、节目水准最高的调查性电视新闻栏目。因此，我国新闻界在如何定义电视调查性报道时，无一例外地建立在对该栏目的研究基础上。《新闻调查》的选题主要分为以下几类：主题性调查、舆情性调查、事件性调查和内幕性调查。在这四种选题中，只有内幕性调查才符合西方对调查性报道的定义。其他三种选题的大量存在，让我们质疑《新闻调查》是否属于“调查性报道”，如播出少女怀孕题材的“长大未成人”、反映农村医疗状况的“农民看病现状调查”都是非揭

---

① ［美］密苏里新闻学院编写组．新闻写作教程．褚高德译．北京：新华出版社，1986. 384

② ［美］迈克尔·埃默里，埃德温·埃默里．美国新闻史——大众传播媒介解释史．展江，殷文主译．北京：新华出版社，2001. 493

③ ［美］特德·怀特．广播电视新闻报道写作与制作．温国华，于恒申译．北京：中国广播电视出版社，1987. 294

露性报道。于是，有人提出了“中性调查性报道”、“非揭露性调查报道”等概念。而针对在《新闻调查》中出现的“宏志班”、“生命的救助”等节目，有人甚至提出了“正面性调查性报道”的概念，认为“西方的调查性报道定义过于严格，限制了调查性报道在题材上的广泛性”①，中国的调查性报道本身“在题材上有更大的包容力和内涵”②。

对这些定义，《新闻调查》制片人张洁并不认同：“国内对调查性报道和调查性节目经常混为一谈，我们叫新闻调查，并不意味着我们做的节目都是调查性报道。”③他不认为存在正面调查性报道这样一个概念，为了厘清这个概念，他提出了“调查式节目”的概念，《新闻调查》中有大量选题使用了调查求证手法。他进一步指出：“正面报道如果用调查的手法来做的话，它可能是调查节目，但它不是调查性报道。而调查性报道，只是调查节目中的一个部分，它就是揭露黑幕和内幕，就是一个独立调查，并且这个调查有一个完整的过程。”④

孙玉胜则强调揭秘性：“调查性报道以展示为主，选题注重事件性、趣味性、揭秘性，主要采用记者亲身调查的方式来完成对新闻事件的叙述。调查性报道更强调记者的主动参与。”⑤ 由此可见，目前国内新闻界对于调查性报道更多的是从报道方式上去界定的，与西方新闻界的调查性报道定义并不相同。

由于传媒制度和新闻理念的差异，《60 分钟》与《新闻调查》的话语空间和传播效果也大不一样。

二、《60 分钟》对《新闻调查》的影响

影响比较研究就是考察事物之间的相互联系，影响的对象是影响者和被影响者。对于一个电视节目来说，它可以是影响者也可以是被影响者。

1.《60 分钟》和《新闻调查》的影响

《60 分钟》是美国新闻史上第一个进入尼尔森收视率排行榜前十位的电视新闻节目，并创下了至今无人打破的连续 23 个年度进入尼尔森收视率前十位的记录，被称为尼尔森收视率排行榜的宠儿。《60 分钟》不仅是黄金时间节目网络播出次数最多的电视节目，而且是美国新闻史上最赚钱的新闻节目。《60 分钟》在过去的三十多年里，大约为 CBS 赚了 20 亿美元。

《60 分钟》是美国电视史上存活下来的最长寿、最成功的调查类新闻节目，其影响力主要体现在三个方面：一是《60 分钟》代表精品节目，它是历年美国获艾美奖

---

① 穆冰．试论中国特色的调查性报道．军事记者，2003（10）：12
② 曹培鑫等．电视新闻调查性报道探析．现代传播，2000（6）：33
③《新闻调查》制片人张洁访谈．http：//news. sohu. com/2004/06/26/79/news220767905. shtml
④ 张洁．从调查节目到调查性报道．新闻记者，2005（10）：38
⑤ 陈作平．新闻报道新思路——新闻报道认识论原理及应用．北京：中国广播电视出版社，2002. 148

最多的电视节目，到2009年1月止，《60分钟》已获时事类艾美奖78次。二是对行业的影响，《60分钟》成为不同电视网类似节目的模仿对象，世界各国电视台纷纷开办了自己的《60分钟》。三是对社会的影响，在收视率巅峰时期，《60分钟》甚至主导了社交议题。周一上班后，同事之间往往以昨晚的《60分钟》为话题，没有看过节目的观众根本无法与同事交流，因此，下个周日务必看了节目才敢上班。马里兰州立法机关把周一上午收集到的提案叫做"《60分钟》提案"，因为其中一些提案是某些人看了周日晚间的《60分钟》后，想到了某些问题，因而在周一上午提出。

虽然《新闻调查》在节目形态和新闻理念上都借鉴了《60分钟》，但其影响力还是无法与《60分钟》相比，甚至无法与同台的另一档新闻节目《焦点访谈》相比。《新闻调查》收视率在1998年有显著提高，平均收视率一直在中央电视台9点时段前茅，80%的节目进入当年全台收视率排名的前15位。但随着新闻传播渠道的剧增和民生新闻的出现，《新闻调查》的收视率每况愈下。2003年5月8日，中央电视台第一套节目改版，由于《新闻调查》并不擅长在黄金时段拉动收视率，央视出于经济压力的因素，《新闻调查》的播出时间从周六晚21：15改为周一晚22：35，由于播出时间的改变，收视率立刻由3%下滑到1%，造成《新闻调查》两千多万观众流失。即使现在它的播出时间依然被放在CCTV－1的22：30，新闻频道的23：10，它的收视率依然不理想。作为一档高品质的新闻栏目，《新闻调查》在坚守品位和抓住观众之间挣扎。据2004年统计，《新闻调查》正常的收视率为0.5%～1%，这样的收视率相对于节目的投入来说，显然是不理想的。

2.《60分钟》对《新闻调查》的影响

《60分钟》对《新闻调查》的影响首先表现在节目运作方面。20世纪90年代末，央视就开始在编导中心制的框架内培养了一批优秀记者和主持人，如王志、柴静、白岩松、水均益等。但是有了明星，却并没有明星制。以央视为例，目前的机制有能力迅速培养一个"名嘴"，却没有能力让他们转化为节目的品牌。从央视到地方台，有一个不成文的规矩，但凡优秀的记者或主持人成名了，马上升官，摇身成为编导或制片人，尤其是地方台的主持人在成名或得奖后被提拔为领导而退居幕后，之前在专业上的积累突然间丧失了意义。如央视的白岩松在成名后曾经同时担任《央视论坛》、《中国周刊》、《时空连线》和《新闻会客厅》四个栏目的制片人，他常抱怨自己忙碌到只有进了演播室才有时间看稿子并考虑节目的录制问题。主持人中心制变成了"主持人行政中心制"。看来，《新闻调查》要像《60分钟》那样有力量，恐怕需要改变其节目运作机制。

《60分钟》最有影响的还是它的独立调查和批判精神。多年来，《60分钟》因一直通过独立的调查来挖掘故事，致力于报道负面、揭露丑行、伸张正义而闻名遐迩。节目的前制片人唐·休伊特说："我们做得最好的事情是用探照灯照亮黑暗的角落。

如果躲在黑暗中的人正在做着他们不应该做的事情，我们能做的即将探照灯照过去。”① 多年来，《60 分钟》大胆坚定的节目立场及敢于碰硬的对抗精神使得该节目一度成为正义的化身，赢得了“美国检控官”的称誉。这一点可以从莱内尔·格特（Lenell Geter）的案子得到印证。在《60 分钟》中播出了记者莫利·塞弗的分析和调查后，这个被错判终身监禁的黑人工程师即获自由。在《60 分钟》的历史上，最具揭露性的节目还包括对抗美国伊利诺电力公司、奥迪汽车、烟草公司、联合化工公司、美国陆军、收养机构及土地开发公司等。

所有的商业电视机构无一例外都会面对经济利益和独立新闻立场的二元冲突，按理说，《60 分钟》在吸引了大量有实力的广告商后，节目的独立性和言论自由相对也会受到限制。让《60 分钟》新闻人最为自豪的恰恰是他们对自己节目广告赞助商的揭露报道和向自己高层开火的勇气。用休伊特的话来说，“《60 分钟》不怕威胁、不受诱惑；无论这些威胁和诱惑来自报道对象，还是来自我们的雇主”②。为了维护节目的独立的价值立场，《60 分钟》甚至不惜向 CBS 高层开火。

《新闻调查》从 1996 年创办到定位做“真正的电视调查性报道节目”用了 8 年，中间的艰辛和曲折可以想象。“‘探寻事实真相’的道路并不好走，从节目播出的现实情况来看，只能达到 50% 的播出率；尤其在 2002 年，‘有真相被隐藏的地方就应该有新闻调查’变得更为艰难，有十多期节目被毙……竭尽全力调查真相的《新闻调查》发现‘一期一个真相’在当时的环境下几乎是一个不可能完成的任务。”③“《新闻调查》每期节目的‘内容数量’问题在栏目开播前就已经解决，而选题的方向问题却始终缠绕着《新闻调查》的创作者们，给他们带来了许多烦恼和痛苦，成为这个栏目长期难以突破的一个难解的‘死扣’。”④

《新闻调查》有着严格的选题标准和报题程序，选题申报所要走的路很漫长，必须到达央视行政最高层的主管副台长。《新闻调查》严格的审片制度更是导致节目的“腰斩率”和“枪毙率”提高，在客观上再一次缩窄和限制了栏目的话语空间。《60 分钟》的选题申报程序相对要简单得多，只需要到达 CBS 新闻部，目的只是为了确定选题是否与新闻部其他节目冲突。

① ［美］唐·休伊特. 60 分钟：黄金档电视栏目的 50 年历程（序言）. 马诗远，林洲英译. 北京：清华大学出版社，2004. VIII

② ［美］唐·休伊特. 60 分钟：黄金档电视栏目的 50 年历程. 马诗远，林洲英译. 北京：清华大学出版社，2004

③ 央视国际.《新闻调查》栏目解析. http：//www. cctv. com/program/xwdc/20050520/102483. shtml

④ 孙玉胜. 十年——从改变电视的语态开始. 北京：三联书店，2003. 226

三、电视调查新闻理论

1. 比较的结论

媒介制度的不同导致话语空间的不同。中国媒介的“事业性质，企业管理”的双重属性决定了新闻媒介在政治上不具有相对的独立性，而是党政权力的延伸和补充。媒体对政府的依附关系还决定了它在对权力实施舆论监督方面处于天然的劣势地位。郭镇之教授对此指出：“媒体与政府合为一体的体制为世人所诟病，媒体对政府的依附，降低了媒体的公正性和可信度，影响了新闻传播和舆论监督的效果。中国新闻舆论监督的‘只打苍蝇，不打老虎’的问题就是由此而生。中国的新闻媒介从来没有独立揭发出真正重大的政治经济问题，披露严重的社会问题常常受到压制，面对铺天盖地的腐败现象少有作为。同时，由于监督对象及其上级部门越来越老练的抵制与干预，新闻媒介的舆论监督处于十分困难的境地。”①

媒体的功能不同导致新闻理念的不同。调查性报道从它产生的那天起，就决定了它具有针对势力集团的监督功能，寻找真相以唤起社会的注意。“社会守望”本应为大众传播媒介的首要功能。由于以揭露性题材为核心，调查报道的记者被称为“扒粪者”，相对于中国现时的“喜鹊”型记者而言，他们是一群“乌鸦”。但正是这些“乌鸦”守望者可以成就调查性报道，从而“让无力者有力，让悲伤者前行”。但是，我国新闻报道是作为党和政府的喉舌而存在的，向来奉行“以正面宣传为主”的方针，这种方针决定了揭露性报道的数量相对偏低的现实。据统计，即使是以舆论监督为己任的栏目如《焦点访谈》，批评报道的比例也不到两成，其监督性报道从非常态走向常态举步维艰。

一个开放、独立的公共领域并未真正建立。哈贝马斯的“公共领域”概念本质上是一个对话性的概念（a dialogical concept），即公共话语空间。公共空间里的三个角色——政府、媒体、公众形成了话语权的三权分立。在中国媒体中，“话语权”主要掌握在媒介资源的控制者手中，传媒表达得更多的是经过筛选后的“公共意见”，或者说是与官方一致的主流意见。媒体拥有绝对的话语权，作为媒体所有者的政府也通过媒体间接获得了话语权。媒体与政府在很大程度上是处于利益和话语一致的状态。两者联手传递居高临下的精英话语和主流新闻。因此，在《新闻调查》这样一个平台上，许多声音被淹没在精英和主流们的话语中，公共领域的缺失导致传媒监测社会的功能不可能实现。

2. 中国特色的电视调查新闻理论

对比是为了构建，那么，我们能否构建一个适合中国国情并与国际对接的电视调查新闻理论呢？张洁将调查性报道分为三种：狭义的调查性报道、广义的调查报道、

---

① 郭镇之．关于当前舆论监督的结论和建议．传媒学术网

高级形态的调查报道。他认为狭义的调查性报道就是西方定义的揭黑式调查性报道；广义的调查性报道，就是对复杂问题的深层次探究、对尘封历史的揭秘和未知世界的探寻，如《新闻调查》2003 年制作的“双城的创伤”，是关于青少年自杀原因的心理问题调查节目。

在西方，调查性报道已经有一百多年历史，从它的定义、理念到实践、经验，再到职业道德和法律规范，都已经有了一套比较完整的体系。我们应该接受这一定义，调查性报道就是调查性报道，不应该有广义和狭义之分。但是如何涵盖目前我国各种调查类新闻节目呢？在此，我们提出电视调查性新闻这一概念。

电视调查性新闻包括三个层面：①调查性报道；②调查性节目或栏目；③使用了调查方法的各类电视新闻节目。在这三个层面里，调查性报道是核心。

第一个层面就是调查性报道。中国社会处于转型期，问题和“黑幕”不少，正好给调查性报道提供了源源不断的题材，国外同行认为，中国是一个调查性报道的资源大国。中共“十六大”提出的三个文明协调发展的科学发展观，不仅提升了人们对政治文明建设重要意义的认识，而且提高了人们对传媒业在政治文明建设中地位与作用的认识，也提高了人们对新闻舆论监督和调查性报道重要性的认识。当今中国的“电视制度变迁是一个从政治权力领域走向‘具有政治功能的公共领域’的过程”[①]。我们在构建和谐社会的时候，难道不能对一些不和谐的甚至是丑恶的现象进行曝光吗？难道不能对这些文明社会的毒瘤实施“外科手术”吗？

尽管做“真正的调查性报道”之路艰难而漫长，《新闻调查》毕竟开始向梦想一点点靠拢。他们认为“我们的使命就是，既要超前，还要保险，既要往前推进，又不能冒进”[②]。2002 年，《新闻调查》一整年只播出了“与神话较量的人”、“‘东突’揭秘”这两期真正意义上的调查性报道节目，但是 2003 年，舆论监督报道达到了 16 期，超过了 1/5。随着中国政治文明建设的发展，权利意识和社会公正显得越来越重要，而这意味着调查性报道有更大的生存空间。

第二个层面是调查性节目或栏目。在我国，调查性报道在节目中需要有合适的比例，虽然这类报道的数量不多，但传播能力极强，同时它也是电视新闻人的理想追求。新闻的理想主义和传媒的现实主义总是结伴同行的。揭黑式调查性报道和揭秘式调查性报道依然会共生并存。调查性节目，就是指所有使用了调查求证方法的深度报道。这类节目往往是主题先行，再找素材印证，它包括《新闻调查》等调查性节目中的所有非调查性报道，如主题调查、舆情调查、事件调查、揭秘调查等。目前，调查性节目依然占《新闻调查》中的绝大部分。

---

① 钱蔚．政治、市场与电视制度——中国电视制度变迁研究．郑州：河南人民出版社，2002. 5

② 张志安，张洁．调查性报道是奢侈品、易碎品．http：//www. oursee. com/html/renwuft/2006_ 03_ 12_ 14_ 56_ 164_ 8. html

第三个层面则是使用了调查方法的各类电视新闻节目，如央视的《焦点访谈》、《每周质量报告》，武汉电视台的《都市写真》、成都电视台的《今晚 8：00》等。这些节目往往将调查方法和新闻评论结合起来使用，以短、平、快的方式实现即时的舆论监督功能。在这些节目中，调查是为评论服务的。调查只是采访取证的方法，也许有揭黑性和曝光性，但不一定有完整的调查过程，大多数时候，只选取调查结果作为评论的依据。实际上，调查方法可以广泛应用在各种电视新闻报道里，充分发挥电视传播的实证优势。

当今新闻传播已进入数字时代，仅靠单一频道或单一媒介，无论是新闻资源还是传播影响都是十分有限的。下面我们从以读报读网节目切入，从信息整合和媒介融合的视角展开讨论。

第四节 读报读网与媒体互动

自 2003 年 1 月 23 日凤凰卫视《有报天天读》开播，并取得成功之后，如今是“有报到处读”，国内各台竞相重操旧业，办起了久违的电视读报节目。

同年 7 月 1 日，中央电视台新闻频道正式推出早间读报节目“媒体广场”。

10 月 20 日，中央电视台经济频道开播《第一时间·读报》。

3 天后，东方卫视《早报早知道》开播。

接下来，电视读报节目如雨后春笋般出现在全国各地。与此同时，电视读网节目也悄然出现在荧屏上。一时间，似有一种从“看电视”变成“读电视”的趋势。这到底是预示电视节目发展方向的一种现象，还是说明电视媒介竞争乏力的一种表现？这很值得我们进行解读和深入探究。

一、电视读报——重出江湖借力而行

其实，读报节目是早期电子媒介的一种节目形态。早在 1950 年 4 月 10 日，中央人民广播电台开办的《新闻和报纸摘要》节目，可视为广播电视读报节目形态的雏形。那时候广播利用报纸的内容主要是因为新闻媒介发展不够，可供利用的新闻资源极少。而广播是当时唯一的电子媒体，具有传播迅捷、覆盖面广、感染力强的绝对优势，读报节目在充实了广播信息源的同时也扩大了报纸的影响力。但《新闻和报纸摘要》只是简单摘播报纸新闻信息，播音员照着报纸“播”新闻。

在报摘类电视新闻节目中，真正开始造成影响的是凤凰卫视的《凤凰早班车》。把这档早间新闻节目办成读报节目，转述当天报章最新新闻，主持人陈鲁豫掀起了“说新闻”的潮流，影响了整个中国电视新闻播音界。在“说新闻”中，主持人以个人身份出现，变书面语言为口头语言，与呆板的“播”新闻相比，多了一份生活原

生态的自然和随意。轻松的“说新闻”方式打破了传者和受众之间的心理屏障，大大增加了传者与受众之间的交流。新闻之间由主持人不着痕迹地过渡，使节目更具整体感。可以说《凤凰早班车》改变了中国电视新闻的播报语态。然而，这还不是读报节目盛行的最主要原因。

真正对电视读报节目发展推波助澜的是凤凰卫视的《有报天天读》，可以说它开创了个性化电视读报节目的先河。在《有报天天读》整个电视画面中，左边2/3的荧屏是电脑显示出的报纸剪报内容，右边1/3是杨锦麟读报的情形。主持人还可在屏幕上圈圈点点，引导观众有选择、有重点地阅读。而杨锦麟先生质朴有力的读报语言、幽默尖锐的评述论说再加上丰富感性的肢体动作，更让观众感觉到新闻诙谐有趣的一面。节目演播室被布置成一个古典书房，主持人杨锦麟则一杯清茶，一身唐装，颇具古代说书人的意味。字幕也以传统的毛笔书写，配上古典扇面卷进卷出，穿插优雅的古典音乐，极具中国人文特色。在不改变报纸文字化特点的同时，该节目运用了电视媒体自身的一些声音、画面的手段，如在六个板块衔接处，或一段音乐行云流水，或一缕茶香若隐若现，营造出读书看报的悠闲氛围。这样的节目形式让人耳目一新。

中国电视经过几十年的迅速发展已经跃居为第一大传媒，但它为什么还要借助传统纸质媒体的力量呢？电视读报重出江湖，必然有它的理由，可以说它来自两大需求：一是低成本运营的需要；二是它独特的话语空间。上海东方卫视节目创意总监兼《早报早知道》主持人骆新一语道出他负责的读报节目是“最节约的节目”。国内外出版的报纸可以随手拈来，稍加整理编辑便可播出，不必投入大量的采编人员，自然降低了节目的制作和播出成本。在电视产业化和市场竞争的挤压下，节目运营要讲求实效和成本核算，在经营上追求投入小产出大。

“电视读报节目，是近年来电视新闻资讯类节目涌现的新样式，是指电视媒介选取、整理报纸媒介的新闻信息（报道或评论），以电视化传播形态进行导读、点评，将纸质媒介的深度性、抽象化与电视媒介的形象化传播紧密结合。”① 应该说《有报天天读》是电视读报节目发展为成熟形态的一个典型范本，仅短短半年时间，该栏目收视率就挺进凤凰卫视收视率排行榜前三名，并夺得“2003中国年度新锐榜”的“年度电视节目奖”。这类“四两拨千斤”的节目令许多内地电视人称羡不已，于是各台纷纷仿效。有些台长甚至理直气壮地对下属说：你们不要老是说节目经费不足！你们该学学人家凤凰卫视是怎样“空手套白狼”的！于是，各台纷纷开办起低成本的读报节目，卷起了新一轮的“克隆风”。但我们应冷静地分析一下：《有报天天读》能让内地观众耳目一新，在于它所选择的报刊能涵盖港台、东南亚华文报刊及西方主

---

① 刘唯．电视读报的魅力看点——凤凰卫视《有报天天读》个案解读．http：//www. ahtv. com. cn/public/2005－03/25/cms42269article. shtml

要媒体，这些报纸在内地不容易看到。反观有些媒体，如果要做读报类节目，就应先问一下自己：我有什么样的话语空间？

此读报已非彼读报，电视读报节目已从过去的照读、播报发展到今天的解读、评说。电视读报通过整合纸质媒体的信息资源，对信息进行深加工和二次传播，是传统电视节目的一种补充和丰富。

二、电视读网——互动电视崭露头角

与读报节目的信息性和深度性相比，读网节目具有多样性和互动性的特点。它可以互联网中的网友评论为主要内容，以此适应观众多元化的特点。互动性也是读网节目的一大特点，可以追溯到早期电视的“观众信箱”和“热线电话”，观众通过写信的方式将意见反馈给电视台，这样才能完成一个完整的互动过程，但这种互动往往受到各方面的限制。

进入网络时代，“第四媒体”的互联网技术不仅为电视提供了一个广阔的即时互动平台，更给受众带来了前所未有的诉求空间，其双向交互性是吸引大量受众的重要原因之一。网络媒体把传播者和受众之间的互动提升为体现媒体运行高下的一个重要指标。“1999 年 1 月，尼尔森与美国在线联合进行了第三次因特网家庭电视收视习惯的研究，调查了 5 000 个家庭的全国性个人样本群。报告显示，因特网家庭比不联机的家庭平均少看 13% 的电视，也就是每天少看差不多一个小时的电视。”[①] 网络带走了部分电视观众，对作为传统媒体的电视形成了巨大的挑战。

现实情形使电视人清醒地认识到，电视节目只有在保持自身原有优势的前提下，吸收网络的优势特点，实现与受众双向互动程度的最大化，才能保持持久的竞争力。电视读网节目正是电视节目在这一认识指导下发展的必然产物。由于互联网是非线性传播，突破了时空的限制，整合文字、图片、视频、声音等多种传播手段，信息资源极大丰富，并且交互性强，实现了一对一、一对多、多对多的交流，又具有高速的通信效果和低廉的价格。融合了其优势的电视读网节目，才是真正的互动电视节目，其视野更为广阔，与受众的互动更快速、更便捷，双向性更强。

2005 年 11 月，湖南卫视的午间新闻栏目《播报多看点》新开“网络评道”板块：“专门读网，只读评论。所读内容包括所有纸质媒体的当日时评、读者来信、大家谈、互联网论坛里的网友评论甚至杂文报刊里的非时评文字，通过论坛自身的多样化，让观众得到很多观点，而不像通常的读报节目以信息、趣闻为主，偶尔有评论，让观众得到很多综合资讯。这样，不仅能承载更多信息量，而且能树立我们这个读网

① 吕岩梅，韩丽楠．电视节目的互动意识和互动尝试. http：//ytv. blog. hexun. com/2709928/rss/viewarticle. html

文摘节目的品牌——‘知道更要评道’。”① 这个读网节目的信息渠道有两个，一是报纸网络版——实际上还是报纸，另一个才是真正的网络——网民言论。

而凤凰卫视中文台的《网罗天下》栏目就是一个网络新闻信息的大杂烩，包括新浪在内的很多国内门户网站参与其中。BBS（电子布告栏）、Blog（网络日志）最先透过电视告知大众。这个读网节目实际上是网络信息的电视版。

广州电视台新闻频道《新闻日日睇》中的“网友论坛”板块则只走客观路线，只是选择网友对所报新闻的评论，不加评说，从而真正让网论者在电视上也有一个畅所欲言的园地，各种观点在这里相互碰撞，各有精彩。“网友论坛”是观众对电视节目内容的反馈，是传者与受众的互动板块。

现在不少电视节目主持人面前都摆着一台笔记本电脑，这不仅仅是一种时尚，而是意欲将天下大小事一网打尽的象征。电视网络化和网络电视化这两大走向，表明了传统电视正向网络媒体和新型电视转型。但是网络信息浩如烟海，如何选取具有价值的新闻信息，如何选取具有代表性和恰当的网民评论，对于读网节目的制作者们是一个考验。无论是读报者还是读网者，除了独具个性的风格魅力外，更需要很高的整合能力和解读水平。

三、读看融合——建构现代视听传播

电视读报到底是进步还是退步？电视读网到底意味着什么？让我们从利、弊、制、播四个视角进行深入解读。

1. 利：充分整合节目资源

借力而行的好处是不言而喻的。电视采用其他媒体的信息资源，一方面，电视台无须投入大量的采编人员和昂贵的摄像设备，大大降低了节目制作和播出成本。读报节目和读网节目以众多报纸和互联网为选择对象，无疑填补了电视新闻信息量不够丰富的缺陷。同时电视媒体借鉴报纸和网络新闻评论分析独到、犀利的长处，弥补了自身深度和理性不足的缺陷，增加了报道的深度。另一方面，纸质媒体和网络媒体的内容通过电视化包装，变得更加直观、生动，便于观众接受。大量信息经过电视媒体的筛选，取其精华，节省了受众的时间。读报读网对于电视的最大价值就是整合了节目资源和信息资源，丰富了电视节目的信息和内容。

2. 弊：消解电视原创内容

读报节目和读网节目引入诸多报纸、网络等新元素，却使电视媒介自身的优势没有得到充分的发挥。电视由于兼备声音、图像等视听元素，可以营造出很强的现场感、形象感和过程感，使电视传播更具真实性和感染力。因为图像的加入，现场报道、现场直播等才成为赋予电视更直观视觉冲击力的表现手段。而在读报和读网节目

① 崔晶炜．从形式到内容——浅谈网络对电视传播的影响．电视研究，2002（2）

中，大量转述网络报章内容，无疑大大削弱了新闻用电视来表现的视觉效果。作为电视新闻特有的表现方式，现场直播、现场报道、同期声等在读报和读网节目中难觅踪影。此类节目版面（或网页）+主持人形象+配音的模式，久而久之难免使节目形式流于单调和重复。“电视读报节目和读网节目的出现和兴起，只代表了媒体融合互动的趋势，它也只能作为电视传播的一种补充式节目，而不能对其抱有更大的期待。”① 电视节目如果过分倚仗读报和读网，必然会造成原创内容和独家新闻的缺失，从而丧失电视媒体自身的传播优势和竞争能力。

3. 制：节目形态推陈出新

实际上，近年来读报节目和读网节目都在升级换代，它们风格各异，特色鲜明，其中有自成独立栏目的，如中央电视台综合频道的《媒体广场》、湖南经视综合频道的《T2 区》、北京电视台的《现在读报》等，也有在新闻栏目中以板块形式出现的，如中央电视台经济频道《第一时间》中的“马斌读报”、江苏电视台城市频道《南京零距离》中的“孟非读报”、上海卫视《看东方》中的“早报早知道”和“读家新闻”、浙江电视台经济生活频道《经视新闻》中的“峰言蜂语”、广州电视台新闻频道《新闻日日睇》中的“读报”，等等。我们发现有两个趋势：一是大多数读报节目实际上是读网节目，节目主持人通过网络去读报，说明传统报纸不敌强大的网络媒体；二是电视人更多的是把读报读网揉进传统的电视栏目中，向着电视新闻杂志节目方向发展。电视新闻杂志节目拥有数个固定的子栏目，在形成自身风格、加大信息容量的同时，满足了不同层次观众的需要，赢得了尽可能多的受众。例如，广州电视台新闻频道《新闻日日睇》就是“一档集读报言论点评、现场直击报道、音乐电视影像、百姓话题讨论、爱心档案记录为一体的综合性电视民生新闻杂志”②。它设有若干板块：读报、G4 出动、DV 特工报道、广州影像、有乜讲乜（有啥说啥）等。这说明“读”促进了“看”的丰富多彩，促进了节目形态的创新和电视节目的发展。

4. 播：建构现代视听传播

电视节目的制作是为了播出，要取得好的传播效果就要遵循电视的传播特性。那么，当今电视的传播特性是什么呢？有人提出了后电视时代的概念：“后电视时代，指的是当下我国传媒业正在经历的一种以高速发展的数字技术和网络信息技术为基础，以电信、电脑、电视的融合及电子媒体和纸质媒体的整合为主体，随着数字电视、IP 电视、高清电视和移动电视、手机电视等新兴媒介的兴起而形成的崭新媒介格局。”③ 笔者认为应该从现代视听传播来理解当今电视。那么，什么是现代视听传

---

① 宋玉芹，张胜昔．电视读报节目，到底能走多远．浙江广播电视报，2004（52）

② 叶青．观点就是旗帜，结构就是力量——电视新闻杂志《新闻日日睇》栏目理念阐述．南方电视学刊，2005（2）

③ 李新民．后电视时代，电视何去何从．当代电视，2005（11）

播呢？它有什么特点呢？相对于广播、电影、电视这些传统视听传媒，在数字化、网络化的今天，无论是传播手段还是传播方式它都有了质的变化。任何一台电视机、电脑或手机都可以发展成为视听兼备的信息传播终端设备。这种运用现代技术手段和设备，通过形象的视听符号进行的多媒体信息传播，就是现代视听传播。它具有传播方式双向交互、传播功能多元化、传播区域全球化、传播技术数字化等特点。因此从现代视听传播的角度来看，电视是“看”还是“读”并不是一个非此即彼的选择。

我们知道媒体都是由两大部分构成的：一是内容；一是渠道（或播出平台）。电视读报和电视读网的兴起和加入，一方面搭建了一个多渠道、多元化的信息播出平台；另一方面也将促进电视的数字化内容建设，推动电视从传统内容产业向数字内容产业转变。而在这一转变过程中，从早期的读报到当今的读网，可以看到电视节目从制作到传播都在发生巨大的变化，正逐步建构跨媒体数字化、网络化的现代视听传播。媒介融合无疑是新闻传播影响力和舆论场的倍增器。

第四章

电视节目研发论

Criticism and Construction—Focus on Chinese TV

进入新世纪，在市场化和新媒体的双重挤压下，电视媒体面临的竞争压力剧增，电视研发的重要地位和作用由此日益显露。近年来，笔者广泛参与境内外电视媒体的研发工作，从节目研讨到栏目改版，从频道定位到发展战略，发现许多很有挑战性的课题。我们面对的首要问题是电视研发该如何去做？如何提高我国电视研发的水平？其次，如何结合电视实务，综合运用传播学、经济学、管理学理论探讨电视节目的生产、播出和运营等各个方面的课题。本书大部分研究都属于电视研发的范畴，这一章的内容只是涵盖电视研发的一小部分，主要涉及节目理念创新、节目发展走向和节目运作管理等方面。需要指出的是研发工作不同于学术研究，成果形式更多的是以研究报告（见本书附录）和工作方案呈现。

第一节 电视研发的节点与向度

一、从电视策划到电视研发

2001 年，笔者出版了《电视策划学》，在思维科学和电视实务的研究基础上，全面系统地构建了电视策划理论。其实，主要内容还是电视节目策划，基本上是在技术与战术层面上解决电视节目的策略问题和创意问题。对于电视媒体更为宏观、更加普遍、更具战略性的重要课题，电视策划就显得乏力了。首先，电视策划往往是一种短期行为，主要解决电视媒体竞争的技术与战术层面问题；其次，电视策划的理论支撑不足，对于一些需要从理论层面解决的问题，只能通过学界与业界的联合研发来解决；再次，电视研发与电视策划互为补充，不可替代，电视研发是电视策划的引擎和基石。

于是，近年来随着媒体竞争的日趋激烈和电视市场的日渐细分，电视媒体越来越意识到电视研发的重要性和必要性，不少电视台逐步从机构设置、制度保障、人力财力投入等方面加大电视研发的力度。为了应对竞争和挑战，许多电视媒体相继建立和健全电视研发机构，并取得了不少研发成果。2007 年，中广协会电视学研委会举办了首届电视研发项目评析活动，评出全国电视媒体在经营、管理和节目创新等各方面一大批优秀电视研发项目。CCTV 制片人管理现状分析及优化方案、山东电视台节目评价体系及实施办法、云南电视台无线数字电视项目中的关键技术、湖南广播影视集团的“超级女声”等 8 个项目被评为一等奖。然而，我们应该清醒地看到，我国电视研发仍然存在不少值得研究的问题。

二、我国电视研发的发展轨迹

首先，我们回顾一下我国电视研发的发展历程。它大致经历了三个发展阶段：业务研讨—学术研究—项目研发。第一个阶段为20世纪80年代，成果主要是各种业务研讨会和各类业务文章。这些文章类似电视从业人员为了评职称而发表的论文，大多是经验总结和个案分析，实用性较强而理论性不足。第二阶段为20世纪90年代，这一时期学者们纷纷“触电”，学界从各个学科进入电视研究领域，成果主要是通过举办学术会议和出版学术期刊，发表了大量的学术论文，尽管著述颇丰，但总体来看理论研究仍然滞后于电视实践。第三阶段是21世纪以来，电视研发转入以电视媒体和课题研究为主体，媒体往往集中各类专家学者，针对电视发展中亟待解决的重要问题，以项目管理的形式进行集体攻关，同时注重成果的开发应用。中央电视台及上海、湖南、陕西、河南、重庆、江苏、广州等有影响力的电视媒体研发力量相对较强。

当前，我国电视研发出现了令人可喜的发展态势。就研发内容来看，宏观的、长期的有：媒体发展战略研究、品牌建设与开发、节目评估体系研究、节目质量管理研究、受众研究、信息与情报分析、新媒体开发研究等；微观的、短期的有：节目形态创新、频道定位与改版、衍生产品开发等。就研发机构来看，目前全国几乎所有的省级电视媒体和大部分的城市电视台设立了研发部门。不少电视台的研发部门已从过去安置老干部的“养老院”转向专业化、知识化、年轻化的“智囊团”。就研发形式来看，也从过去的以务虚为主的“神仙会”转向现在“解渴管用”的项目研发。让科研成果尽快转化为生产力，以求真务实的科学态度应对面临的机遇和挑战，已成为中国电视的共识。总的来看，电视研发的层次不断地提高、范畴不断地扩大、职能不断地增加，研发的科学性和实用性都有不同程度的提升。但是，各地电视媒体研发能力和水平差异较大。如河南电视台拥有50多人的研发队伍，而江苏、天津等电视台的研发队伍仅有5人。当然，人多不等于水平高，有的集团的研发力量分散在频道里。我国电视研发总体形势仍不容乐观，不少电视媒体对研发重视不足、投入不足，有些欠发达地区的电视台甚至不知研发为何物。

三、制约我国电视研发的瓶颈

当今制约我国电视研发的瓶颈主要是观念意识、理论支撑和体制机制。首先，观念意识落后，由于某些电视媒体领导缺少科学观念和竞争意识，致使不少电视台的研发并未发挥其功能和作用。其次，电视的高速发展需要许多新学科新理论的支持，转型期的中国电视急需各类既有理论知识又有电视实践的高层次研究人才，需要建立一支高素质的研发队伍。研发是相对产业和企业而言的，作为事业体制的我国电视台能形成一个高效的研发机制吗？有人把电视研发比作电脑的芯片，问题是我们能否认识并用好这个芯片。

目前我国电视研发工作存在的主要问题有三：第一，“我们所面对的最大的困惑是，如何使研发工作从一种偶发、散乱、随意的个人化行为状态过渡到一种必然、系统、专业化的制度性组织行为。在实践中我们感到，研发工作的制度化、专业化、组织化的发展，从目前中国电视发展的现实看，尚缺乏必然性基础”①。电视研发如何成为电视产业链中重要的一环？如何从产业链的后端、边缘走向前沿、核心，这是电视研发亟待突破的瓶颈之一。第二，当前理论研究相对滞后，缺乏前瞻性和系统性。“由于过分强调研发的实际应用性，目前的研发工作大多注重眼前效益，缺乏对电视发展规律的探寻，更谈不上在机制和体制高度对未来趋势作前瞻性研发。”② 目前不少媒体的电视研发多停留在操作层面和短期计划，研发缺乏高度、深度和广度。第三，电视研发的定位有问题。如何处理好电视研发与决策服务两者之间的关系，如何解决电视研发部门与电视台各部门之间的资源整合问题，这是电视研发部门能否充分发挥其作用的关键。电视研发部门的工作范围很广，包括发展规划、项目论证、市场调研、播出监管、节目评估、收视分析、出版刊物，以及新媒体、新节目的研发，等等。成果转换过程中必然要与电视台其他部门发生关系，而如何在整个系统内进行协调，也是目前电视研发工作中面临的一个重要问题。

如何才能突破这些“瓶颈”呢？笔者认为，关键在于把握电视研发的向度，做好研发节点的对接。

四、做好研发节点的对接

怎样才能充分发挥电视研发的效能和作用呢？当前中国电视研发要关注四个节点，做好四个对接，即学界与业界的对接、研发与生产的对接、国内与国外的对接、传统电视与新型电视的对接。学界与业界要有长期的、稳定的深度合作。石长顺教授认为我国电视研发工作的任务有三个：在宏观层面，研发工作要为电视事业发展“导航”；在中观层面，研发工作主要为领导决策和管理提供智力支持；在微观层面，主要为一线服务，进行节目研发。笔者认为有实力的电视媒体基本可以完成后两个任务，但前一个就勉为其难了，这应该是国家广电总局研究部门和高等院校的事。具体到某个电视媒体的战略发展仍然需要学界的强力支持。当前，学界、业界双方都有一些片面的看法：媒体觉得学院派是纸上谈兵，高校认为电视业急功近利。看来双方都要努力改变：业界要懂得借助外脑，学界要关注前沿现实。

电视研发是电视产业链中重要的一环，电视媒体的研发部门要与生产部门完美对接才能产生效益和能量。电视研发赢在执行，成果转换赢在对接。例如，研发部门搞出一个很好的栏目改版方案，但由于资源配置不足，这个栏目需要 10 个人来办，却只有 5 个人，自然是“巧妇难为无米之炊”。再如，广东卫视定位“财富”，但由于缺少实操层面的研发，致使运营状态不甚理想。

---

① 邹定宾．转型期电视研发工作的探索与困惑．南方电视学刊，2005（4）

② 石长顺，罗金辉．研发制胜：我国电视产业发展的源动力．南方电视学刊，2005（4）

国内的电视研发要与国外的电视研发实行对接。我们要努力学习国外先进的东西，但不能照搬照抄。近年来，虽然我国积极引进国外的电视节目模式，但由于媒体的节目研发力量不足、本土化移植做得不好，因而出现引进节目“水土不服”的也不在少数。

当前，中国电视已进入转型期，由传统电视转向新型电视。一方面，未经充分调研的决策往往要付出很大的代价，数字电视整体平移的一相情愿已是一个教训。另一方面，电视要进军新媒体，研发要有新思维，新媒体研发一定要找到其新的核心价值和赢利模式，才能进入电视产业发展的“蓝海”。

当然，要让这些节点不发生断裂，要让电视研发发挥作用，需要领导层的高度重视，需要研发部门的不懈努力，需要各个方面的大力支持，更需要电视研发部门有一个合适的定位。各台由于实力和投入的差异，研发部门的规模和任务也大相径庭。但笔者认为过大过小都不合适，有的过大，研发部门承担一些本该由科研院校承担的科学任务，那会加大媒体运营成本，且不一定实用。有的过小，研发部门只做些科研信息收集处理工作，缺乏组织重大攻关项目的能力。目前，我国电视研发部门主要起到一个转换器的作用，即对科研成果和信息情报进行收集、处理、导入和应用。同时，还需要建立一支高水平、年轻化、多专业的研发队伍。他们不是专家学者，但必须既了解学科前沿又懂得媒体运作。

五、把握电视研发的向度

我国电视研发要立足创新的向度，向度是指创新的取向和维度。创新的取向主要有四个，即内容创新、传播创新、融合创新、制度创新。“内容为王”就是内容创新，过去我们把节目看作宣传品和作品，现在要把它看作内容产品，电视节目研发就是电视内容产品研发。相对于电影的类型化生产，电视是模式化生产。当今世界，许多新的电视模式往往由英国研发出来，之后引进到美国投入市场并获得成功。英国研发的电视节目《百万富翁》卖给谁，谁赚钱，都有很好的收视率。它有一整套非常完美的节目模式，具体细化到每一个环节每一个元素都充分考虑了受众的喜好和市场的需求。

相对于内容创新，传播创新更重要。《超级女声》、《雾都夜话》等节目并非精品，但传播理念的创新却让它们取得不俗的收视率。面对新媒体的咄咄逼人，对新的媒介技术、新的商业模式的研发迫在眉睫。其实最根本的也是最难的创新是制度创新，制度创新必然触及体制改革。当然，在现行体制下传媒业的自选动作有限，但媒体内的体制改革还是可以有所作为的，电视研发就是要在体制内外的变革和对接中找到平衡点。电视媒体如何取得“两个效益”的双赢，如何在这个“二元市场”上“玩得转”，需要学界和业界共同的智慧，更需要我们对电视研发有一个正确的基本认识。

胡锦涛总书记在党的“十七大”上指出：“科学发展观，第一要义是发展，核心是以人为本，基本要求是全面协调可持续，根本方法是统筹兼顾。”这就是我们电视研发应有的基本认识和指导原则。具体来说，就是电视研发工作必须遵循的三个维度，即科学发展观、公共利益至上和颠覆性创新。

在电视研发中，需要正确处理长期战略与短期策略的关系、全局利益与局部利益的关系，要以科学的发展观来指导电视研发工作，促进中国电视全面、协调、健康和可持续发展。目前，有些电视媒体为了抢占市场份额，不惜以牺牲特征媒体品质为代价。例如，某电视台研发出一收视率不俗的民生新闻栏目，却在栏目中插播了大量的医疗广告，这是对媒体资源的破坏性开采。

电视在政府、媒体和公众三方利益的博弈中生存和发展，制度创新必然触动各方利益。李良荣教授指出：“传媒业的制度创新必须确立一个原则：公共利益至上。”①

当今世界正掀起创意产业的热潮，电视产业属于创意产业，而电视研发是这一产业链中的核心环节。如何发挥这一核心的强大功能？著名科学家周光召指出：“现在大家都在提创新，一般来说，创新分为两种，一种是渐进性创新，一种是颠覆性创新。中国目前最需要的是颠覆性创新。”② 颠覆传统的自主创新应该成为我国电视研发的不懈追求。

总的来看，目前我国的电视研发仍然处于起步的初级阶段，当今电视发展正处于“传播全球化、经营产业化、技术数字化、服务专业化”的转型期。在这一时代背景下，深入贯彻落实科学发展观，大力开展电视研发工作，从而促进中国电视全面、协调、健康、可持续发展势在必行。我们的目标是：建构完整的电视研发体系，打造中国电视的创意产业，为自主研发的中国电视产品走向世界而努力。

电视研发至少包括三个层面：电视节目（栏目）研发、电视媒介研发和产业发展研发。近年来，笔者先后承担这三个层面的课题，节目研发方面有：“电视评论节目基本特征分析及多样化发展研究”、“电视节目形态研究”；媒介研发方面有：“澳亚卫视发展战略与频道定位研究”、“中国（广州）国际纪录片大会发展研究”、“内地电视在香港传播研究”；产业发展研发方面有：“广东电视内容产业建设与发展研究”、“广东民营影视发展研究”、“传媒产业运营研究”等。而更大量的研发还是针对某类节目或某个栏目，这里面也分成两个方面，一方面是为电视媒体提供具体的科研服务，另一方面是通过具体节目研究得出更具普遍性的规律和理论。

对于电视节目研发，业者更关注节目样式，学者更擅长文本分析。而笔者更关注电视节目的观念创新和发展趋势。下面从《雾都夜话》和《故宫》切入进行深入讨论和前瞻性研究。

① 李良荣．论中国新闻改革的优先目标——写在新闻改革30周年前夕．现代传播，2007（4）

② 陈宗周．周光召：今天的科技界民主氛围太少．南方周末，2007－12－06

第二节 电视制播理念的颠覆

1993年11月8日早上，中央电视台《东方时空·生活空间》播出“牡丹江畔的老人”，在节目结束时第一次打出这样的标版：“讲述老百姓自己的故事”，从而诞生了一个贴近观众、走近百姓的短纪录片栏目。近年来，重庆卫视的电视剧栏目《雾都夜话》悄然崛起，同样以“讲述老百姓自己的故事”获得不俗的收视率，在西部11个省会城市中拔得头筹。在数十个卫星频道争奇斗妍的中国荧屏，既缺少大制作，又讲着四川方言的《雾都夜话》是以什么来吸引观众的眼球呢？在以电视剧主宰黄金时段的中国电视，既缺少大明星，又是业余演员出演的《雾都夜话》是靠什么突破重围的呢？这一现象让我们感到困惑，原有的影视理论无法解释。或许，我们需要重新审视传统的电视节目制作和传播理念，看看它于中国电视，到底改变了什么，甚至颠覆了什么。

一、电视剧的本性

电视剧的本性是什么？我们先简单回顾它的发展，电视剧是从电影（故事片）发展过来的，因此它们统称为影视剧。它的本质是戏剧，是以虚构的故事情节和戏剧冲突来服务于观众的一种艺术形式。搬上荧屏后，为了适应收视心理和广告播出，它更多地以连续剧的形式播出。所以传统的电视剧，戏剧是第一性，电视是第二性。于是，众多电视剧制作都在编剧上挖空心思，欲以精彩故事、曲折情节和明星大腕来打动观众、争夺收视。

第一个挑战这一“铁律”的是一群美国大兵，即前几年中央电视台热播的美国电视连续剧《兄弟连》，它既没有完整的故事情节，也没有爱情和美女，它只是采用纪录片的手法将战争与人性演绎得淋漓尽致，这一电视剧的异类竟然取得了意想不到的收视效果。在《兄弟连》里，我们看到：电视跃居第一性，戏剧沦为第二性。

既然说到电视是电视剧的第一本性，那么我们就要问：电视的本性是什么？笔者认为至少有两点是很重要的：一是它的真实性；二是它的平民性。这是由电视作为视听兼备的大众媒体所决定的，相对于电影，真实性是电视传播之所长，相对于电影，电视的受众更加平民化。我们来看看《雾都夜话》的栏目定位：“这不是电视剧，这是真人真事，是我们老百姓自己演自己的故事。”过去，我们在谈到艺术与生活的关系时，往往用一句话来概括：源于生活，高于生活。于是创作者是专业的，评论者是专家，它的社会认同取决于社会精英，因此出现不少叫好不叫座的所谓“艺术精品”。对于时下的电视剧，作为最大的受众群体——普通老百姓要看什么，他们并没有发言权。于是，大量逃避社会现实生活的历史剧，大量以人性之恶来刺激感官的涉案剧充斥着我国荧屏。“老百姓自己演自己的故事”的《雾都夜话》告诉我们，要从传播效果上重新认识影视艺术，即源于生活，立足现实，服务观众。《兄弟连》在表现手法上，以纪实风格模糊了真实与虚构的界线。而《雾都夜话》走得更远，它在内容创作上模糊了真实与虚构的界线。

张奎志在《光明日报》上撰文指出，影视剧作为受众最广泛、关注程度最高的文艺形式要实现三个方面的转变：①从帝王题材转到百姓生活；②从表面浮华转向内心深层；③从宏大叙述转为细琐叙述。[①] 笔者认为，我们还可以从传播学的角度重新认识电视剧的本性，将电视传播置于戏剧艺术之上，同时模糊真实与虚构的界线。《雾都夜话》就是在遵循电视传播规律的基础上颠覆了传统电视剧创作理念。

二、电视制作一定要大投资吗

当上亿美元打造的《泰坦尼克号》驶进中国的时候，也把好莱坞大投入大制作的理念带到了中国影视界，于是一部部在制作投资上相互攀比的影视鸿篇巨作纷纷投入摄制，人们都相信：优秀的影视作品一定是要用钱堆起来的。然而，大投资大制作是否能获得满意的市场回报呢？又有多少电视台扛得起这样的大投资大制作呢？对于经济并不富裕的西部电视媒体而言，这是不可能的事情。《雾都夜话》的总导演马及人回忆道：“当时做这个栏目的时候，上面只给我两千块钱，什么都没有，我要是请所谓的腕、演员出场，这两千块钱给谁啊，给谁都嫌少，一个演员出来三万四万一集，不行。所以，没办法，我黔驴技穷，我只有用业余演员，到了北京嫌官小，到了深圳嫌钱少，到了重庆嫌结婚太早，重庆有的是女孩，漂亮，男孩也多，当然没有女孩多，女孩都做演员梦，我就利用这个，有很多有天赋的演员，卧虎藏龙，喜欢做这个梦，钱给得很少，两百，四百，最多五百就行了，《雾都夜话》一个戏三四个演员，加上其他，廉价劳动，十年之后加了一千块钱，三千块钱。群众演员当中，有很多很好的，演出来比专业演员还真实。”[②]

其实，起用业余演员拍摄影视剧并非始于《雾都夜话》，早在改革开放之初，当时珠江电影厂的张良导演就起用业余演员为主角拍摄了反映改革开放广东现实生活的电影《雅马哈鱼档》，其鲜明的岭南特色和浓郁的时代气息让人眼前为之一亮，由此深受观众喜爱。业余演员即本色演员，虽然没有明星效应，但往往能体现一种最接近生活原生态的表演风格。从传播学的角度来看，《雾都夜话》受者平民化，传者也平民化，使用业余演员，采用本土语言，置传受双方于一个更加平等和畅通的传播过程中。对于影视艺术，这种创作方式可能不易出精品，但它符合电视媒体运营的经济规

---

① 张奎志．影视剧的创作观念应当转变．光明日报，2005－04－29

② 马及人在“2004 中国国际广播电视博览会”上的演讲．http：//ent. sina. com. cn/v/2004 －07 －27/1810456381. html

律。以生活本色取代明星效应，或许预示着我国电视剧制播的一种新走向。

马及人是被逼上梁山的，却出现了意想不到的效果，这说明了什么？我们不说电影，就说电视，一方面高投入不一定有高产出，要研究市场和观众的需求，要用尽量少的投入获得尽量多的产出；另一方面高投入不等于高投资，而应是电视资源的充分开发和优化配置。《雾都夜话》充分开发了山城丰富的人文资源，重庆多美女，这也是一种电视资源。多年前，作家张贤亮建造的西部影城，以"出卖荒凉"来获取影视产业的收益，这也是充分利用资源的一个体现。

目前，我国的电视剧主要有两种类型：一种是以满足市场销售为需求的长剧，一般是投资较大的鸿篇巨作，它可以通过多种销售渠道来赢利。另一种是以满足频道播出为需求的短剧，因为赢利渠道单一，所以一般是低成本制作的系列剧。以资源优化整合和低成本制作来打造品牌，以"短、平、快"来获取市场份额，《雾都夜话》又颠覆了另一个电视制作理念，从而打破了影视制作高投资高产出的神话。

三、省级卫视一定要讲"普通话"吗

我国是一个卫星电视大国，几乎每个省级电视台都拥有卫星频道。激烈的天空竞争迫使各省卫视都在思考自己的频道定位和传播策略。这些省台在刚刚上星的时候，都为获得广阔的覆盖面而欣喜若狂，因此无一例外选择了具有普适性的节目，选择了天南地北都听得懂的"普通话"。这里的"普通话"不仅仅指语种，而且指节目定位。由于体制的原因，大多省级卫视都定位为新闻综合频道，都强调综合性，目标是把卫星电视信号覆盖所至的观众"一网打尽"。但这样造成了除新闻本省化（不是本土化）之外，卫视节目严重同质化。如今，这些卫星频道终于认识到：上天不等于落地，用户数不等于收视率，综合频道是吃力不讨好的选择。于是，我国电视出现了第一个专业频道——旅游卫视。但对于绝大多数省级卫视而言，因各种原因不可能做到，于是出现了一个新名词——特色频道。这是一个很模糊的概念，任何频道都要有特色才能个性化生存，特色频道其实并不是一个频道定位。

那么，省级卫视的出路何在？暂且让我们离开西部各省，来到上海的 BBS 上看看网友对《雾都夜话》的讨论吧。

有人不喜欢：

看那个太没有品位了，四川人！！

从来不看……还是数字电视好看……

我觉得《生活时尚》比较好看，土不拉几的《雾都夜话》！没有品位！

也有人喜欢：

我就很喜欢看！《雾都夜话》是个不错的节目，平实、朴素，用的都是群众演员，有句话说得好，无论什么电视剧，只要老百姓爱看，就是最好的！

我是上海人，但我就是喜欢看！倒不说品位不品位的，你们所谓的品位就是附庸风雅，弄一些虚构的港台句无病呻吟。《雾都夜话》虽然是四川话，既没有俊男靓女，也没有一波三折的故事情节，但它就是真实！对我们年轻人来说，可以从中看到社会的各个阶层，可以从别人的真实故事中吸取经验教训，增长自己的阅历，就像看一本社会学的书，比看那些言情剧、武打片有意义多了！

这些不全面的网络反馈信息至少可以说明两点：一是《雾都夜话》的社会价值大于它的艺术价值，它不是影视艺术精品，它是生活的通俗读本；二是《雾都夜话》有一定的地域性，西部收视率远远高于东部地区。植根于巴渝文化、本色本土的《雾都夜话》有它特定的观众群，而且是不可替代的。不讲普通话的《雾都夜话》在西部广受欢迎，值得让我们重新审视省级卫视的定位。区域性频道，是省级卫视的另一种选择。为此，我们提出“区域电视”这一定位，这个区域不是行政区域，而是在历史、经济、文化上有相当联系或接近的地域，这些区域具有相同的或相近的传统文化和价值观念。整合本土电视资源，是打造区域电视的重要途径。如广东珠江频道摄制的粤语短剧《外来媳妇本地郎》，就以浓厚的岭南文化和地方特色击败长期雄踞珠三角地区收视榜首的香港电视剧。据了解，世界现有2 000多种语言，每年消失70多种，为了拯救方言以保持文化的多样性，联合国把每年的2月21日定为“母语日”。

如同赵本山用东北味的小品“忽悠”了全国观众一把，《雾都夜话》用重庆方言“麻辣”了一回中国电视，重庆卫视以本土化的传播策略来争夺收视市场，而抢占收视份额是省级卫视发展的硬道理。那么，是不是说省级卫视要用地方话来“颠覆”普通话呢？据了解，已经有一些电视频道在“克隆”《雾都夜话》了。笔者认为，对于区域电视，方言与普通话，不是颠覆，而是兼容。《雾都夜话》不应成为一种节目范式，而应把它看作省级卫视节目定位的一种策略，作为追求节目本土化、个性化的一种选择。省级卫视，到底是全国性频道，还是区域性频道？《雾都夜话》的回答是，只能是区域性频道！只能是本土化定位！

第三节　中国纪录片的转机与前景

1997年夏，在二十一世纪饭店举行的首届北京国际纪录片学术会议上，数百名中国纪录片人聚精会神地观看国际纪录片大师的作品，并与他们对话。

会上我们看到：一片漆黑，脚步声，一束电筒光在搜寻着，一扇大门，“咣”的一声大门打开，飞出三个大字——卢浮城。这是法国纪录片《卢浮城》的片头，影片通过卢浮宫一次内部装修，拍摄了这座伟大的博物馆，首次向世人揭开了这座西方艺术宫殿神秘的面纱。

“太美了，相比之下我们的（纪录片）拍摄落后了。”中国传媒大学的朱羽君教授感叹道。

“这是少数能在电影院上映的纪录片之一。”法国真实电影节主席苏塞特·格莱娜黛尔告诉我们。

什么时候我们也能把故宫拍成纪录片，让世人见识这一东方文化与艺术瑰宝呢?让它和中国的纪录片一起名扬天下?笔者思忖着。

2005年12月26日，笔者在家中把遥控器调到CCTV-1。荧屏里一组三维动画让人惊诧不已：夜空中两颗流星划过，急速俯冲东亚大陆、华北平原，画面中古地图先后叠现出各朝代京城轮廓图像，镜头随之俯冲到北京城，掠过天坛、正阳门箭楼、穿过天安门飞入故宫……这是大型纪录片《故宫》第一集“肇建紫禁城”的开头。

这部摄制了三年的大型历史文献纪录片，第一次全面揭示了故宫这个世界上最大的皇宫，历经明、清、民国和中华人民共和国长达600年的历史风云。《故宫》是我国迄今为止投资最大、制作最精细的一部“国家级”纪录片。这次播出的是精华版，每集50分钟，共12集，制作组还将制作出一套百集系列。

面对故宫的博大精深和无与伦比，任何人把它拍成纪录片，都会让人品头评足。人们对于《故宫》大量使用动画制作的态度各有不同，有赞同，有反对。笔者不想从文化传承和艺术创作方面加以讨论，这自有名家大师见仁见智，笔者把它放在中国纪录片发展的时空中加以考察。笔者认为，《故宫》至少在纪录片的传播理念和市场开发上取得了突破。

一、再造真实的时空

中国纪录片的大发展源于20世纪90年代，1991年中央电视台摄制的大型纪录片《望长城》是一个里程碑。1993年中央电视台《生活空间》开始“讲述老百姓自己的故事”之后，电视纪录片栏目如雨后春笋般在全国各地电视台出现，有人把这称为“新纪录运动”。复旦大学吕新雨教授认为，“中国的‘纪录片’不应该简单等同于西方的‘documentary’，纪录片在中国语境下是作为‘专题片’的对立面出现的，它以反叛旧有的习惯方式而获得意义，并以专题片为参照达成共识，便在另一个意义上结成同盟，‘运动’得以形成”[1]。出于对说教味很浓的专题片的反叛，中国纪录片很自然地亲近并接受直接电影理论，长镜头和同期声成为特有的表现手法，个人化和独立性成为纪录片理念。然而，这种片面单一的执著也使中国纪录片前进的路子越走越窄。对原生态的机械记录使影片变得拖沓冗长，对人文价值的刻意追求使影片忽视可视性和叙事技巧，对边缘题材的热衷使影片远离主流社会和大众视线。所谓的“新纪录运动”稍纵即逝，成为过眼云烟。特别是在中国电视日趋市场化、产业化的新世纪，中国纪录片更是面临着生存危机，大部分纪录片栏目被放到深夜或白天非黄

① 吕新雨．在乌托邦的废墟上：新纪录运动在中国．传媒学术网

金时段，全国只剩下上海和深圳有两个纪录片频道。

低迷的原因是什么？就在我们对真实性的理解上，把摄像机镜头等同于我们的眼睛，只能记录我们所能看到的东西，在表现历史时苍白无力，只能凭借档案文献和人物追述。“故事重演”和“情景再现”被认为有损真实性。面对历史，纪录片到底应选择“再现真实的时空”还是“再造真实的时空”？理论界对此争论不休。其实，早在1916年，在弗拉哈迪拍摄的《北方的纳努克》里已有答案，在这部被国际影视界公认为第一部完整意义上的纪录片里，弗拉哈迪就让爱斯基摩人重演了他们父辈的生存方式，导演了造冰屋、凿冰钓鱼、用原始方式猎杀海象等生活情景。在历史和现实题材的纪录片中，不少纪录片大师都采用了搬演、扮演、模拟演示等多种虚构节目里的表现手法，在遵循真实性的前提下，丰富了纪录片的表现力。当代国外不少纪录片也大量采用搬演这一表现手法，有的甚至占到一半的篇幅。搬演也并非始于《故宫》，早在《望长城》里就采用了“烽火传警”这一模拟演示，在《复活的军团》里甚至借用解放军的骑兵扮演秦帝国的威武之师。

《故宫》还有一大特色，就是运用电脑特技和三维动画显示强大的时空再造能力。《故宫》的动画制作长达50分钟，制作成本高达数百万元。这是以往拍摄的展现历史建筑的纪录片中绝少出现的大手笔。国内顶尖的两家动画制作公司承担了动画的后期制作。

故宫上空是禁飞区，任何飞行物都得经过*N*个部门批准。然而在动画师眼里，这*N*种期待都能变成可能。你在空中观看故宫建筑（三维动画）的时候，忽然间建筑就可能变成二维平面图，让你清晰地知道自己所看到的这座宏伟建筑在故宫中所处的位置。反之亦可，在第二集“盛世的屋脊”中，你可看到这一另类的艺术。

当今纪录片都非常注重叙事学研究，力图把故事讲好。要讲文物故事最好把它放在当年所在的位置上，但这又与文物的安全相矛盾，应如何解决？动画师有办法，先通过实景拍摄文物，然后用三维动画再造当年的环境，最后进行合成。就这样，一件件稀世珍宝很快回到了它当年的位置，故事讲得非常顺利。

从《骇客帝国》到《指环王》，大量电脑特技已成为电影的一大亮点，这在《故宫》里也有展示。为了营造闯王起义军声势浩大的场面，导演想拍摄一组大军压境，战马奔驰，士兵摇旗呐喊的大场面镜头。如此兴师动众得需要多少演员、服装和道具啊！但这到了动画导演那里，事情就变得简单多了，他只用十名装扮成闯王起义军的士兵就搞定。一个月后在动画公司的电脑显示屏上，我们就能看到草原上，狼烟四起，战马回旋，数以万计的士兵在摇旗呐喊，声震云霄。同样，在北京故宫太和殿广场上，拍摄第四集“礼仪天下”时只有几十名演员的登基大典场景，摇身一变成了上千人的盛大场面。像这样的镜头还有很多。

这些动画制作都是在历史学家的指导下完成的，在遵循历史真实的前提下充分运用现代科技手段和电影表现手法。从传播效果上看，《故宫》决不逊色于《卢浮城》。

长期以来，我国对纪录片的研究多停留在艺术创作的层面，很少研究它的传播规律。纪录片从电影转向电视和网络时，它的传播功能、传播方式及受众欣赏习惯都有了很大的变化。应该把传播理念放在与艺术创作同等重要的地位，对于历史研究来说，应该是再现真实的时空，复原历史的真实；对于视听传播来说，应该是再造真实的时空，在现代传播中再造一个真实的时空。使用历史学家提供的各种“真实参数”，《故宫》编导用数字技术虚拟了这个世界上最大的皇宫，是一种多视角、全方位的最为形象的历史再现，它不仅满足了观众的认知需求，而且满足了观众的审美需求和娱乐需求，它让纪录片最终走出象牙塔，真正实现了大众传播。

二、成功的文化商旅

“《故宫》的拍摄是一次文化行动，也是一次商业行为。我们希望能够为中国纪录片的商业化运作摸索一种经验。”《故宫》的编导王冲霄在央视网站上回答网友的问题时说，“以往中国纪录片往往口碑很好，但是市场反映不佳，与国外纪录片的创作形成了比较鲜明的对比。像美国的国家地理、Discovery，英国的 BBC，他们往往会以非常大的投资去拍一部非常高质量的纪录片，形成良好的商业循环。不考虑商业动机的纪录片最终只能走到死胡同。”① 在首届北京国际纪录片学术会议上，有人问日本纪录片评论家渡部实先生：纪录片如何收回投资？渡部实的一句话堵死了纪录片市场化的路子，他认为纪录片的投资是不可能收回的。长期以来，我国纪录片理论界也陷入了文化与商业两难选择的泥淖。过于强调个人化和独立性，使中国纪录片远离大众，在电视市场中日趋边缘化。进入 21 世纪，在国外纪录片大投入大产出，成功进行商业运作的影响下，中国纪录片开始转变观念，进行艰难的市场化探索，并把目光投向海外市场。

北京科教电影制片厂摄制的纪录片《宇宙与人》、《史前部落的最后瞬间》、《复活的军团》、《消失的大河桥》等，不仅收视率、获奖率高，而且被海外媒体高价购买，成为被纪录片界称道的“科影现象”。

新疆电视台与全球第二大纪录片制作公司——新西兰自然历史公司合作，在纪录片《山玉》、《回家的路有多远》成功地进行国际市场运作后，新疆纪录片开始进入国际纪录片的销售渠道。

民营电视公司北京零频道是中国第一家专业纪录片公司，专门从事纪录片制作、发行与传播，目前已与 30 多位中国顶尖的纪录片导演签约，为他们找市场找资金，提供制作、发行、传播等全方位的服务。

而作为国家级电视台，中央电视台、中国教育电视台近年来在纪录片运营上有了长足进步。但是，他们绝不满足于中国纪录片的国内热播。长期以来，我们把纪录片

---

① 谢岚．纪录片《故宫》里还缺了什么．新闻晨报，2006－10－14

看作一件艺术品，而不是一种内容产品。其实，纪录片是一种可以进入市场流通的特殊的文化商品。

《故宫》的市场营销标志着中国纪录片的市场开发跃上了一个新台阶。它的市场开发分为国内和海外两个市场。国内市场包括三大部分，第一部分的收入主要来自央视播出前后的贴片广告。《故宫》总导演周兵透露，《故宫》的收视率已经超过了一般电视剧的收视率，甚至超过了《京华烟云》。第二部分是播映权的销售。据了解，不少地方台都有意购买《故宫》的播映权，还有公司表示愿意购买整个播映权。至于价格，中国国际电视总公司表示涉及商业机密不便透露，但应该比另外两部央视纪录片《复活的军团》和《郑和》高。第三部分是音像制品的销售。据了解，已订出10万张DVD。《故宫》的海外销售包括电视播映和音像制品两大类。中国国际电视公司海外发行部经理张琳说："我们不是简单地把片子卖给美国国家地理频道，而是有一揽子的合作计划。此外，我们还会去欧美和东南亚主要的电视节做推广。"为了得到海外观众的认可并推广到国际市场，来自美国国家地理频道的制作人员加入了《故宫》的制作队伍。考虑到海外观众的欣赏需求，特将12集每集50分钟的版本改编成两集每集60分钟的国际版特辑，向海外发行和播映。美国国家地理频道拥有国际版特辑的海外独家发行代理权。专家评论道："这的确是近几年来拍摄的最能与国际接轨的一部纪录片。"

至于《故宫》的整体市场营销，虽然没有具体的数字透露，但许多人认为《故宫》作为一个"长销"产品，赢利应该没有问题。《故宫》能挣多少钱现在还说不清，但《故宫》的市场开发是值得称道的，它告诉我们：纪录片不仅可以收回投资，而且可以赢利。据《故宫》总导演周兵透露：目前美国国家地理频道已经将《故宫》的播放权卖给了140多个国家的电视台。这说明纪录片《故宫》真正走向了世界。

如果说《望长城》是中国纪录片创作的一个里程碑的话，那么，《故宫》就是中国纪录片运营的一个里程碑。它创造了我国纪录片市场开发的新模式——与国际电视机构联合制作，共同经营，它让中华民族的优秀文化在海内外电视市场中得到增值，并且得到更广泛更有效的传播。诚然，光凭一部《故宫》来判断中国纪录片是否出现转机是不足以为取的，还要考察整个中国纪录片的现状才能作出准确的判断。

三、"中国纪录片年"来了吗

纪录片是世界了解中国的一个重要窗口，而过去的纪录片大多是外国纪录片大师的作品，如被誉为"飞翔的荷兰人"尤里斯·伊文思拍摄的《四万万人民》（1938年）、《愚公移山》（1976年），意大利人米开朗琪罗·安东尼奥尼拍摄的《中国》（1972年）。这种情况到20世纪90年代有了改变，1996年段锦川拍摄的《八廓南街16号》荣获1997年第19届巴黎真实电影节长纪录片大奖。之后，不少中国人自己拍摄的纪录片被送到国外的纪录片电影节上，并频频获奖。

然而，在墙内开花墙外香的同时，是国内纪录片的生存危机时期，中国纪录片的发展陷入了低潮。上海电视台纪实频道的资深编导李晓认为这种低潮是一种理性的回归，“20世纪90年代初的那种繁荣，实际是一种泡沫，现在是把泡沫压下来。以前的片子，编导们很多都是在研究国外国内评委，拍片是为了获奖，是‘面子工程’，脱离了老百姓的审美趣味，中国纪录片是自己淘汰了自己”①。

当今走出国门的中国纪录片毕竟是凤毛麟角，进入西方主流频道的就更少。“世界在关注中国，世界想了解中国。在过去的三年中，我们制作的纪录片25%与中国有关”，美国探索频道亚洲公司制作部总监维克兰·夏纳的话传递了一个信息，世界对中国纪录片有极大的需求量，因为纪录片是世界关注中国最好的渠道和方式。美国国家地理频道中国区高级经理郑也夫在感慨找不到适合他们播出的中国纪录片时说：“我们只好选用外国人制作的中国题材纪录片。”海外大量需求中国题材纪录片，而国内每年的纪录片产量也不少，可为什么这些中国纪录片无法进入海外播出系统，而海外买家又苦苦寻找而无所得呢？这有中国纪录片制作水准的问题，也有生产方在市场意识上薄弱的问题，更有中国纪录片编导在创作理念上滞后的问题。可喜的是，近年来中国纪录片界通过不断的探索、不断的创新、不懈的努力取得了很大的进步。

凤凰卫视摄制的系列纪录片《唐人街》、纪录片栏目《口述历史》都获得了不俗的收视率，说明中国纪录片在叙事能力方面有所提高。而DV更让纪录片制作平民化，李京红历时三年用DV拍摄的18集纪录片《姐妹》，以“讲述老百姓的故事”热播大江南北。

广州国际纪录片大会首创纪录片交易平台，引入与国际接轨的纪录片“DOCUMART”交易形式，让制片人和买家面对面直销。2005中国（广州）国际纪录片大会共收到14个国家的106部纪录片和拍摄方案，大会还赞助了50名中国导演和制片人。有26个纪录片买家报名参加本次大会，其中21个买家来自国外，包括美国国家地理频道、探索频道、日本广播协会（NHK）、英国广播公司（BBC）、澳大利亚广播公司（ABC）、美国公共广播服务公司（PBS）等国际顶尖媒体。

目前，从国外反馈回来的信息来看，中国纪录片市场是十分乐观的。中国纪录片学会会长刘效礼等认为：今后5年将进入“中国纪录片年”。纪录片《阿八姑》导演姚国发说：“国外的纪录片，这几年最热门的是战争题材，可是这类型的片子拍得差不多了，大家都在寻找新的兴奋点。”随着中国的日益发展，许多国外片商和制作人越来越关注中国纪录片。曾在中国工作过的加拿大“4SQUERE”电视制作公司制片人比尔·杰金斯的话更有说服力，“中国的变化给我的印象太深刻了，我后悔没有早点回来。一些外国人也许不够了解中国，他们很好奇，我们把中国的实际情况拍出来，这会很有市场”。

---

① 陈明辉，陈诗慧．近300位外国代表广州寻求合作．羊城晚报，2005-12-10

不少迹象表明，中国纪录片正在复苏，但专家们仍持谨慎态度。刘效礼认为，“中国纪录片走向市场的路还很长”。他认为，首先是各家电视台支持不够，“大部分节目上不了黄金时段”，“希望能开设更多的纪录片频道”。然后是政府的支持力度要增加。若在加拿大拍一部纪录片，大约80%资金来自政府，制片人只需要寻找剩下的20%的资金就可以了。

李晓则认为政府的支持已足够了，“各地电视台都在投资拍纪录片，这就是一种政府支持”，现在关键是走“市场化”之路的探索。他认为：“《超级女声》证明了只有真正贴近群众口味的电视节目才会受欢迎。拍纪录片时就得好好想想，拍什么样的题材才能抓住老百姓的心。”

中国视协纪录片学会的吴木坤认为，发行是纪录片市场链条中最关键的环节，“在近几年内，先是依附于生产或播出方的发行机构会越来越专业化，有些会从母体中脱离出来，开辟更广阔的客户空间。市场上也会有一批专门从事纪录片发行的公司逐渐成熟起来，共同引导中国纪录片的生产和创作，将中国纪录片源源不断地推向国内外各播出端口，共同推动中国纪录片走上市场化道路”①。

综上所述，笔者认为：中国纪录片出现转机是必然的，但这是一个较长的过程。问题是如何加快这一进程，或者说如何才能迎来一个真正的“中国纪录片年”，这需要我们创造以下条件：

（1）中国纪录片的崛起要建立在电视内容产业的建设与发展上。要培育和完善纪录片市场，要形成完整的内容产业价值链。

（2）要塑造纪录片新的投资主体，即政府、民间和外资，中国纪录片的可持续发展要解决造血功能，要体制内外双翼齐飞。

（3）政府要给予高度重视和大力支持，一方面要制定扶持纪录片发展的文化产业政策，另一方面要采取建立纪录片专项文化基金等有力措施。

（4）充分利用网络媒体、数字电视专业频道等多种播出平台及多种营销渠道，纪录片的复活要融入数字内容产业。

（5）中国纪录片只有大量打入国际市场，才能拥有广泛的国际影响和广阔的赢利空间，才能算真正走向世界，才能迎来真正的繁荣。

中国纪录片的转机和繁荣是一项浩大的系统工程：从题材的选择到理念的创新，从政府的支持到市场的运作，还需要纪录片观众群的培育和国家文化战略的规划。我们希望并相信：“中国纪录片年”不应该是一个运动，而是一个时代！

① 吴木坤．中国纪录片市场发行症结与解．纪录手册，2005.5

第四节　从栏目运作到项目管理

始于1999年10月的长假制度，在改变人们的生活方式的同时形成了独特的“假日经济”现象，商家出尽花招以吸引消费者。对于电视来说，长假同时是争抢观众眼球的“黄金周”，它不仅催生了中国电视经济新的增长空间，而且大大提升了中国电视的经营管理水平。而我国假日电视则经历了从打造品牌栏目到整合频道资源，再到实施项目管理的飞跃。

一、打造品牌栏目，让假日电视可持续发展

假日里，大量的观众同时拥有大量的闲暇时间，他们是多媒介、多频道时代越来越稀缺的资源。据调查，长假期间，电视的总收视率有较明显的增长，并且从2000年开始，有逐年增加的趋势。事实证明，长假的到来，观众的作息时间变化，假期的开机率要高出平时很多，收视时间也明显增多，各个频道的收视率较之平日也会有所升高。电视业要生存，要发展，就需要珍惜和重视观众资源，要有计划地开发和合理利用受众资源。特别是黄金周等较之平时观众密集的时间区间，电视媒体要倍加珍惜受众资源，在非常时段以非常的内容塑造媒体自身的形象，抢占收视市场份额。

作为电视节目特殊播出形态之一的假日电视，它的发展历程同样如此。从早期的央视“春节联欢晚会”，到后来兴起的卫视“周末版”都是针对节假日的节目所作的特殊安排。20世纪80年代，央视春节晚会无疑是栏目化运作时期创造的名牌节目。可以说，那时的“央视春晚”是一年中人们对电视的盼头，华丽的歌舞、精彩的相声、喜庆的场面，这些特殊的编排无不烘托了鲜明的节日主题，与平日相比，这是中国老百姓大年三十阖家共享的精神盛宴。而创造过90%以上收视率的央视春晚，不仅凝聚了庞大的受众资源，也引起了电视业界的关注。随着长假制度的实施，“十一”七天假期成为除春节之外人们闲暇时间最多的时段。在种种利好的条件下，中国的假日电视开始步入快速发展的阶段。

品牌是媒介最重要的无形资产，它是一个全优的概念，它要求电视频道、栏目或节目在质量、形式、服务、信誉、市场占有率等方面均有优异的表现。因此要让假日节目成为一个品牌，保持生命力及在观众心中的影响力。20世纪80年代的央视春晚可以说是当时央视的一个重要品牌，它给央视了带来收视率的巅峰，也为央视带来了无形的美誉度和吸引力。

纵观国内假日电视，品牌节目往往具有旺盛的生命力，且可以积累大量的资源，既包括节目制作的人力和物力资源，也包括受众资源，更可以在未来挖掘这些资源，创造新的节目形式。中央电视台经济频道的《欢乐英雄》就是以“长假收视”为目

标诞生的特殊节目。作为一档为黄金假日特别打造的节目品牌，《欢乐英雄》于2002年“十一”黄金周首次播出，几年里，这个节目不仅被打造为一个国内知名的黄金假日品牌，也是国内最有持久力的真人秀节目。品牌的潜力是无穷的，品牌也不是不可作任何改变的，品牌节目要持久就要“以变应变”，以品牌栏目为基础进行假日电视的整合、编排，依靠品牌栏目，搭配出假日电视的黄金组合，是假日电视赢得观众青睐的法宝之一。拿央视经济频道的品牌栏目《开心辞典》、《幸运52》、《非常6+1》来说，虽然它们不是只为长假打造的节目，但是将它们进行精编或特编之后，在2004年国庆假期播出一样达到了震撼的效果。在国庆七天长假期间，CCTV-2整体收视率达到1.82%，比平时增加64%，比上一年度同期增加73%。两大节目《欢乐英雄》、《超市大赢家》在广告上也赚得盆盈钵满，精编节目《共度好时光》更是以极小的投入获得了很好的回报。作为品牌栏目，它们本身就有一定数量的观众群，假日品牌节目的合力出击，远远胜于栏目的单个出击。栏目的集群效应，获得的不仅仅是收视规模，更是影响力；频道的统筹规划，获得的也不仅仅是频道质量的总体上升，更是栏目品牌的强化。

二、整合频道资源，把假日电视做大做强

在当前的电视业界，“一个节目，一档栏目已很难撑起一个电视频道。唯有一个个的板块、一个个相关联或相同主题的节目、栏目，才能让‘这一个’频道在众多频道中凸现出来”[①]。品牌栏目是不可多得的频道资源，但是“栏目先行”在当前的电视中已经不被看好，唯有“自上而下”的频道统筹运作才能做到各栏目在频道全局上的和谐共处，做到栏目资源的合理配置与优化安排。

最初的假日电视类似于电视节目制作的初期阶段，是以单一的节目播出展现给观众的，央视最早的做法就是将电视剧《西游记》的播出时间延长，让观众能在较长的时间跨度内看到喜爱的电视剧。随后，假日电视开始涉及栏目的编排领域，开始对假日进行全天的整体的编排。但是这种编排方式依然没有打破栏目割据的局面。当电视开始以频道为单位，展开收视攻势的时候，势必要打破这种分裂的局面，于是，整体性、频道化的假日节目应运而生了。

因此，要吸引住观众的眼球，形成自己的收视规模与影响力，需要做的不仅仅是让每一个节目都发挥其本身最大的传播效果，更需要通过对节目的有机组合，让其可以互为依存、相互支持，形成频道整体的传播优势。从单个节目的特别制作到频道整体节目的特别编排，电视逐渐突破了原来栏目的编排限制，开始了全新的整体策划、编播阶段。每个频道都各显神通，力求在长假突破收视极限。以2005年的春节长假为例，有些频道利用频道原有的节目资源，对频道的品牌节目进行全新的编排。例

① 紫金网（http://www.zijin.net/blog/more.asp?name=lzb&id=3956）

如，中央电视台的经济频道运用了“特别节目 + 精编节目 + 品牌栏目”的主体节目框架和“大时段、大板块”的整体编排手段；科教频道则把《交流》、《家庭》、《当代教育》、《走近科学》等主打品牌栏目通过特别制作分别在不同时间传递给观众。而有些频道则动用频道整体力量自制假日电视节目产品，为频道或栏目的扩张造势。央视在假日连续推出了《梦想剧场：国庆七天乐》和《梦想剧场：过年七天乐》等假日产品，牢牢地吸引了观众的视线；中国教育电视台在2005年春节期间连续24小时播出《非常24小时》，创造了中国电视剧的一个全新播出形式，并在之后的假期集中推出了《非常24小时》社会纪录片《我的太阳》，以统一的主题通过形式不一的栏目组合，迅速提升了频道的品牌知名度。在运用了该种编排方式后，中国教育台取得了一系列“战果”。2004年“五一”、“十一”黄金周期间，中国教育台的收视率与平时同期相比迅速提升，频道的平均收视率提高了130%，中国教育台3套的收视率提高了120%，而中国教育台1套某些品牌栏目在2005年1月的收视率提高了400% ~500%。[①]

三、实施项目管理，以全新思路运作假日电视

项目管理就是以项目为对象的系统管理，一般指通过一个临时性的专门的组织，对项目进行高效率的计划、组织、指导和控制，以实现项目全过程的动态管理和项目目标的综合协调与优化。所谓实施项目全过程的动态管理，是指在项目的生命周期内，不断进行资源的配置和协调，不断作出科学决策，从而使项目执行的全过程处于最佳的运行状态，产生最佳的效果。既定的资金额度，既定的时间周期，既定的成品质量标准，只要有这三个方面的约束条件存在，就成为一个项目，就可以用项目管理方法进行管理。管理学者也指出，按项目进行管理是一种意识形态的重大突破，并认为这种方法可以应用于任何商业活动。虽然假日电视栏目的制作与播出不是一项纯粹的商业活动，但是对于市场化运作的电视来说，也是在既定的范围内实施的一项传播和经营活动，因此项目管理的理念同样可以用于电视资源的优化配置，以达到更佳的传播效果。一般来说，一个项目的生命周期大致可分成概念形成、开发和实施、收尾三个阶段。以项目管理理念运营假日节目，也必须考虑到这三个阶段。概念形成阶段主要是对成本进行分析，对项目的可行性进行研究，根据自身资源优势和精准的频道定位进行可行性研究。在开发和实施阶段，要对项目进行全方位的调控，包括质量控制、成本控制、沟通管理，以及项目实施中人员的管理和协调、控制。收尾阶段则是对项目的进一步完善。2005年春节，中国教育电视台推出的自制的科幻贺岁电视剧《非常24小时》，以及之后在“五一”长假集中推出的《非常24小时》社会纪录片《我的太阳》，都获得了不俗的收视率，在观众和业界引起了不小的反响，而贯穿节

---

① 王炯．春节，争夺收视闹荧屏．人民网．中国广播影视报

目运作全过程的项目管理方式在幕后发挥了强大的功能作用。

1. **项目概念的形成：选题创意围绕自身资源和频道定位**

以中国教育电视台的长假节目《非常 24 小时》为例，在项目开发阶段就进行可行性研究，分析风险和收益，首先考虑的便是频道的资源基础。较之央视其他频道，教育台认识到自身处于相对弱势的地位，资本积累能力较弱。显然，以单一的娱乐节目或者依靠电视连环战术都不适合教育台的资源基础和频道定位。教育台必须注重社会效应，由此策划出的关于城市公共危机处理的科幻剧《非常 24 小时》便十分符合频道的实际。

2. **实施中的成本控制和人员协调**

《我的太阳》是电视媒体遵循项目管理原则，对电视进行全程控制的一次成功尝试。它以每分钟仅 1 000 元的制作成本，在短短的 46 天里组织了 162 人，调用了 8 个主题摄制组、32 个摄制小组，跟踪拍摄了 64 个人物，制作出了总时长达 1 440 分钟的电视节目。在项目的实施过程中，如何在较短的时间内密集地投入大量的人力、物力和财力，并且对之进行行之有效的管理和协调，成为项目运作成功与否的关键。在成本的控制上，教育电视台利用置换广告的方式得到了商家的设备赞助，降低了成本。在实施的过程中，《我的太阳》项目组采取固定成本的方式限定项目的使用金额。同时，设立奖金制度，把固定成本的一部分作为奖金，以成片之后的专家评估结果决定摄制组奖金额度的高低，这样既节省了成本，又保证了节目的质量。在人力上，教育台利用以往节目中积累的人力资源，协调节目的需要及保证创作者内容的供应。在《我的太阳》中，教育台的制作任务全部由外包人员承担，8 个主题摄制组人数占到整个项目组总人数的 90%，每个摄制组的总编导对项目组负责，这样就克服了教育台本身人力资源不足的问题，同时也缩短了节目制作的周期。在进度的控制上，教育台使用的方法是，通过合同的形式固定摄制进度，并且将制作经费的领取与摄制组的拍摄进度直接挂钩，合同和财务便成了保证拍摄进度的有效手段。

3. **实现节目播出的全过程管理**

如前所述，节目的运作是一个不断优化配置、不断作出科学决策的过程，使项目执行的全过程处于最佳的运行状态，产生最佳的效果。项目组还注重做好前期造势，在节目播出前期，通过新闻发布会、前期配套宣传和预热等方式对节目进行包装和宣传。在节目播出时，互动与宣传营造了良好的收视氛围，项目组在北京 5 个繁华路段用转播车进行现场采访和开奖，剧中主要演员与观众的互动也被录制成 5 个 10 分钟的现场节目，穿插在《非常 24 小时》节目中播出。项目组还通过插播宣传广告、飞插字幕和插播、短信互动、网络宣传和互动评选等方式，全面挖掘节目资源，刺激观众的眼耳神经。在节目播出后，继续通过研讨会、后续宣传、评选揭晓及颁奖等活动完善节目的包装和宣传。这一系列媒体动作，完成了一个长假品牌栏目的成功运作。

播出前的前期造势，播出中的氛围营造，播出后的后期完善，为节目的后续发展奠定基础。显然，这已经不仅仅是一个电视节目制作播出过程，而是一个管理项目的过程，它包括了一个项目周期中概念形成、开发和实施、收尾的全过程。以项目管理方式运作的假日电视栏目，不仅关注选题创意，更加注重节目的经营管理，是由一系列动作构成的系统化的节目工程。对于走向市场化的电视来说，这种节目的运作方式充分地渗透到了节目运作的各个环节，使电视媒体的资源得到了最大的利用。

比起国外，中国的假日电视还处于初级形态，中国对项目管理方法的引入也比较晚，中国媒体接触项目管理也还处于起步阶段。从单个栏目的精编细作到全频道的整体编排，再到节目运营的项目管理，我国假日电视已经吸纳了越来越多的频道资源，成了频道的战略谋划。假日电视不仅仅是供人们在闲暇时消遣娱乐的“作品”，还突破了旨在向观众“兜售”内容的“产品”范畴，作为一个“项目”涵盖了整个电视节目制作的前前后后。可以说，在电视市场化、产业化的进程中，通过全面而科学的项目管理方式来达到社会效益和经济效益的双赢，是频道作为市场主体的一种自觉行为，它不仅为影视制作提供了全新的管理思路和运作模式，还是我国假日电视运营方式的一个重要突破。

第五节　如何向境外电视媒体学习

中国内地电视的发展离不开借鉴境外电视的先进经验和做法。问题是我们学习、引进和移植境外电视媒体的节目形态、制作经验和经营管理的时候，应该采取怎样的学习方法和学习态度。笔者写了一篇随笔《冷眼看凤凰》，暨南大学申启武教授看了为之叫好，他认为这是一种正确的学习方法。在此，笔者把这篇短文抄录下来与大家分享。

时下中国电视，凤凰卫视最火，“凤凰现象”、“明星机制”、“打造品牌”等赞美之词充斥各种报道和评论，甚至在我们的学术讨论中也不乏滥美之辞，其中对凤凰卫视的低成本谈话节目更是推崇备至。笔者认为凤凰卫视的成功是毋庸置疑的，但问题是不少人对其成功的原因却不能作出正确的判断和分析，不知道我们应该向凤凰卫视学什么？就如凤凰卫视的直接投资几乎为零的谈话节目，就如它的电视评论节目《时事开讲》竟然在午夜时分创下广告新高，令许多内地电视人称羡不已。许多电视台纷纷仿效，有些电视台台长甚至理直气壮地对下属说：你们不要老是说节目经费不足！你们该学学人家凤凰卫视是怎样“空手套白狼”的！于是各台纷纷开办起低成本的谈话节目，卷起新一轮的“克隆风”。

凤凰卫视果真是“空手套白狼”吗？不错，凤凰卫视的《时事开讲》、《有报天天读》等谈话节目的直接投资几乎为零，从表面上来看，最多是给演播室里的主播和时事评论员添置了两把椅子，这似乎就是栏目唯一的投资了。问题并没有这么简单，我们有没有算过它的间接投资呢？有没有算过它高薪聘用的名主播、名评论员呢？（凤凰一个名主播的年薪往往高于内地电视台一个栏目全年的经费）有没有算过它为这些明星包装和大力推介的投入呢？（内地电视台是不能太突出个人的）有没有评估过凤凰打造品牌而积累的无形资产价值？反观不少内地电视台，侧重节目财力物力上的直接投资，而忽略电视资源上的优化配置与开发利用，尤其是人力资源及无形资产上的投入，往往导致节目发展空间有限、后劲不足。香港乃一弹丸之地，电视资源并不丰富，在香港能说普通话且能做节目的人没几个，但是凤凰却能做到人尽其才。凤凰卫视人气指数极高的时事评论员阮次山叹道："这个台用人太狠！"连凤凰卫视高层也不得不承认这实属无奈之举，但这恰恰是他们审时度势的一种明智选择。而我们的媒体更多的是盯着那些浮光掠影的节目主持人，而没有认真地坐下来研究节目，研究谈话节目的节目形态、视听构成、传播特性、主持人角色定位，以及节目的包装与推介。

而在另一方面，地处香港的凤凰卫视其新闻资源却十分丰富。蔡雯教授认为：新闻资源包括新闻环境资源、新闻信息资源、新闻受众资源和新闻媒介资源四大部分。其中新闻环境资源包括政策资源、经济环境和文化环境。凤凰卫视拥有内地所没有的政治空间、经济发达地区的开放意识和两岸三地的人文资源。首先是政策资源，一个电视新闻评论节目居然可以直播，不用审片！这在内地电视台简直不敢想象！对此，东方卫视有着比较清醒的认识，他们认为中央台是"谁在说"，凤凰台是"说什么"，他们根据自身的实际情况把节目定位为"怎么说"。"各地区的经济环境和文化环境也是有差异的，比如我国东南沿海地区的经济比较发达，人们的思想观念也相对开放一些，生活消费水平较高，文化生活更加丰富，这种经济和文化环境为新闻媒介提供了比其他地区更丰富的经济、财经、文化报道的素材，也促使新闻媒介更加重视新闻报道的开放性和现代性。"① 香港作为一个东西方文化交汇的国际大都市，为凤凰卫视提供了一种全球化视野和多元化的文化资源，给他们的谈话节目以丰富的话题和广阔的空间，这也是许多内地媒体不可比拟的，这些就是他们谈话节目制胜的法宝！如果我们不认识到这些，只盯着节目表面上的直接投资，不顾自己的实际情况滥开谈话节目，那么就是"东施效颦"，学了皮毛而丢掉精髓。

那么，我们应该向凤凰卫视学什么呢？凤凰是不可复制的。凤凰的新闻理念、凤凰的创新求变、凤凰的人文关怀、凤凰的灵活机制和整合能力……这些才是值得我们关注和学习的。凤凰卫视对中国电视深层次改革的触动，更是值得我们去反思和研究。

① 蔡雯．新闻报道策划与新闻资源开发．北京：中国人民大学出版社，2004

第五章

电视节目形态论

Criticism and Construction—Focus on Chinese TV

当今电视的竞争是"内容为主，形式是先"，电视节目的发展已从内容竞争拓展到形式创新，电视节目形态研究也成为我国电视界一个重要的研究课题。然而，笔者发现无论是业界的研发还是学界的研究，大多仍停留在案例分析和类型研究的层面，未能从学理层面深入、系统和科学地研究电视节目形态理论，从而给予我国电视节目研发与生产有力的理论支持。对此，笔者结合自己长期的电视节目创作实践，通过相对剥离节目形式与节目内容的方法，构建了节目模式—模块与环节—元素符号三个层次的电视节目形态理论框架，供电视研发工作者和电视理论研究者参考。

第一节　节目形态研究的进程

最近10年，通过学习和借鉴境外电视模式，我国电视节目形态有了很大变化，从《实话实说》到《超级女声》的火爆，脱口秀、栏目剧、真人秀等各种电视节目新形态让荧屏五彩缤纷，让观众耳目一新。然而，随着文化生活的多元化和媒体竞争格局的变化，中国电视的迅速发展对节目模式的需求很大，由于国内电视节目原创能力不足，国外电视节目模式引进费用昂贵，导致电视节目克隆现象十分普遍，电视节目同质化日趋严重，不能满足电视节目创新和电视媒体竞争的需要。

电视研究的一个重要内容就是研究电视节目（TV program）。"研究节目实际上主要就是研究节目形态。我们现在回忆以往的节目，在脑子里留下的更多的是形态，而不是内容。对形态有感觉是一种职业素质，因为这种感觉对怎么做电视节目特别灵。"[①] 尽管近年来，无论是业界还是学界都对电视节目形态十分关注并进行了广泛的探讨，然而迄今为止，电视节目形态的研究还没有真正深入到学理性的层面，还没有建立起能够指导电视节目研发和创新的整个电视节目形态理论体系。"充斥屏幕的仿制节目一旦与境外媒体正面交锋，强则遭遇知识产权诉讼，弱则兵败如山倒，中国电视媒体必将遭受重大损失。未雨绸缪的关键在于掌握电视节目形态的内部规律和创制原则，学会形态创制的基本方法并逐渐运用自如，做到既知'鱼'又知'渔'。"[②] 那么，什么叫做电视节目形态呢？

一、电视节目形态的定义

关于电视节目形态的定义，以下几种说法比较有代表性：

"电视节目形态指的就是与电视节目内容相对应的电视节目表现形式，它是电视

① 李幸．电视节目形态之我见．电影艺术，2004（1）：38

② 张小琴，王彩平．电视节目新形态．北京：中国广播电视出版社，2007.4

节目制作方式的核心，提供着适用于不同内容的电视处理方法。”[①] 这一概括比较简明扼要，但也比较宽泛，它指出这是一种与电视节目内容相对应的处理方法。

“简单地说，电视节目形态就是电视节目的存在样式和运动状态。从传统意义上讲，节目形态，是指广播电视媒体组织传播活动的基本形式和播出方式。具体到电视节目的完整形态，包括节目名称、内容、主题、形式和一定的时间长度。但电视节目形态在当代还被赋予了新的意涵——所谓电视节目形态，就是电视节目设计的基本模式，或者说‘节目形态是电视栏目的程序软件，提供着不同内容的电视处理方法。’”[②] 这里说得比较详细也比较含糊，它把内容与形式、节目与栏目的界线模糊了，不清楚问题研究的边界在哪里。

“电视节目形态是电视节目形式的自然延伸和个性化拓展，也即由电视节目的形式、内容、气质和神韵构成的电视节目设计模板。”[③] 这里强调的是一种设计模板，但依然存在形式与内容不分的缺陷。

这几种说法都不同程度地描述了电视节目形态的定义，但都比较模糊，不够准确、具体和科学。关键是对“形态”一词的辨析上，“形态”与“形式”和“模式”有一定的相似性。《现代汉语词典》是这样解释的：

形式：事物的形态、结构等；

形态：事物的形态或表现；

模式：某种事件的标准形式或使人可以照着做的标准样式。

李幸教授这样描述三者之间的关系：“形态应该是属于形式里的一个小元素，它比形式小，但它又比一个具体的样式大。是这样一个从大到小的关系：形式—形态—样式。”[④]

由此可见，电视节目形态有两个主要特点：①电视节目形态还是属于形式的范畴，它强调对电视节目内容的承载和传达，因此它与内容既相对独立又有关联性；②形态是一种介于抽象的形式和具体的样式之间的中间状态，它与具体的节目样式和结构方式关系密切，可以说它是节目模式的基本构成。由此，笔者给电视节目形态下的定义是：电视节目形态是电视节目内容的形式载体和结构方式。它既是具体的节目形式，又是节目模式的基本构成。

二、国内外研究现状

目前国内关于电视节目形态研究的论著已有不少，如朱羽君和殷乐在《现代传

---

① 王彩平．电视节目形态创新方式探究．声屏世界，2005（8）

② 李立．认识当代电视节目形态．新闻界，2006（1）

③ 孙宝国．中国电视节目形态研究．北京：新华出版社，2007.2

④ 李幸．电视节目形态之我见．电影艺术，2004（1）：40

播》上发表的系列论文，专著有：张小琴和王彩平的《电视节目新形态》、陈国钦和夏光富的《电视节目形态论》、孙宝国的《中国电视节目形态研究》等。这些论述虽然较为全面，但都存在两大缺陷：

（1）基本上还是属于电视节目类型研究，或者是电视节目类型的形态特征分析；

（2）基本上还是以经验性描述为主，还没有形成完整的电视节目形态理论体系。

当然，仍有一些探讨值得称道，如李幸关于节目形态研究路径的认识，张小琴和王彩平关于电视节目形态限定性，以及孙宝国提出的“元素为王”的观点。但这些研究总的来看还十分零碎，没有形成完整的电视节目形态理论体系。从目前我国电视创新发展和节目模式研发来看，远远不能满足其需要。

国外电视节目形态的研究主要来自两个方面：一方面是电视传播研究的学术层面，如美国的《视觉传播形象载动信息》（保罗·M. 莱斯特）、英国的《电视受众研究：文化理论与方法》（约翰·塔洛克）、《理解电视：电视节目类型的概念与变迁》（大卫·麦克奎恩）等，分别从视觉传播、受众研究、节目类型变迁等方面进行论述，为电视节目形态研究提供了理论基础；另一方面是拥有知识产权的节目模式研发的应用层面，尤其近年来大量介绍的各种国外电视节目模式，如《60 分钟》、《拉里·金直播》、《美国偶像》、《生存者》等。随之而来的是不少相关的译著，主要介绍各类电视节目模式，这些案例只是为电视节目模式移植提供参考，当然也可以作为电视节目形态研究的素材。

三、研究思路与方法

那么，电视节目形态该如何研究呢？先来看看现在国内的研究思路，最先系统研究电视节目形态的是中国传媒大学的朱羽君和殷乐，其研究成果在 2001 年的《现代传播》分六期连载。他们把电视节目形态分成六大类：电视娱乐节目、电视谈话节目、电视新闻节目、新闻现场直播、电视评论节目、电视纪录片。

2006 年出版了陈国钦和夏光富合著的《电视节目形态论》，他们把电视节目形态分为：电视新闻类节目、电视文艺类节目、电视剧、电视娱乐类节目、电视纪录片、电视广告，甚至还有电视节目主持，共七类。

2006 年出版了徐舫州、徐帆的《电视节目类型学》，书中把电视节目分为：电视新闻资讯节目、电视谈话节目、电视文艺节目、电视娱乐节目、电视纪录片、电视剧、电视电影、电视特别节目，共八类。

2007 年出版了孙宝国的《中国电视节目形态研究》，他的分类是：电视新闻节目、电视新闻现场直播节目、电视谈话节目、电视纪录片、电视服务节目、电视广告节目、电视娱乐节目、电视真人秀节目、电视体育节目、电视剧、电视电影、电视动画片，共十二类。

2007 年出版了张小琴、王彩平的《电视节目新形态》，他们把电视节目形态划归到七大节目类型：真人秀节目、科教节目、游戏节目、服务节目、法律节目、新闻节目、儿童节目。

笔者发现，这些研究都有这样的特点：都沿着节目类型—节目形态—节目元素这样的路径进行。首先按节目类型进行分门别类的研究，即主要以电视节目的传播功能和内容来分类，然后对各种电视节目类型进行文本分析。这种类型研究和文本分析的方法往往让节目越分越细，而节目的界定和分类一直是电视界长期纠缠不清的一个问题。“近些年，电视节目数量呈现爆炸式增长，裂变、交叉、融合并存，分类开始采用多种标准，分别使用或综合使用，但是依然无法把众多的电视节目纳入分类框架之中。”① 况且，沿着节目类型的思路研究的话，或许有利于电视批评和节目分析，但无助于节目形态的探讨和节目模式的创造。

实质上，这是一种电视节目类型的研究。类型，是指具有共同特征的事物所形成的种类。电视节目类型是指节目的类别、种类，对于电视制作者而言，节目类型是电视产业组织和结构的中心词，而对于研究者而言，类型批评是一个主要方法。2001年，在谭天、王甫所著的《电视策划学》中，作者摈弃传统的节目分类，从电视节目的制作形态和播出形态两个方面来切入节目研究。这在电视节目形态研究上是一个突破。

电视与电影虽然同属影视艺术，但在生产方式和传播规律上还是有较大区别的。笔者认为，电影是一种类型化生产，电视是一种模式化生产。从传播功能上来分，电影通常以虚构和非虚构来划分为两大类别：故事片和纪录片。同时，电影根据生产方式和欣赏习惯，逐步形成较为稳定的若干类型：剧情片、科幻片、西部片、鬼怪灵异片、反类型电影等。然而，处于分众时代的电视承载着更多的传播功能，同时受众需求更加多元化。过去，我国电视节目类型划分主要有“三分法”和“四分法”，但随着电视的发展，电视节目由过去的宣传品、作品演变成电视内容产品，并不断地创造出丰富多彩的节目样式，开发出各种具有知识产权的电视节目模式，以满足更加多元化的电视观众和更具差异性的市场需求。

那么，研究的切入点在哪里呢？这就涉及一个研究动机和价值取向问题。从电视业的角度来看，电视节目形态的研究必须为内容生产和节目研发服务，为电视节目创新和电视实务服务应该放在第一位，而为电视批评和批评家服务应放在第二位。要让中国的电视节目百花齐放，而不是克隆成风，其应用价值和现实指导意义应该摆在电视研究的首位。基于这种指导思想，我们的研究始终要以一个电视编导或节目制作的角度来审视。因此，对于电视节目形态的研究应该撇开传统的节目类型分析法，另辟蹊径，采取一种新的思路来进行研究。

笔者借用物理学中的物质层级细分的原理，沿着宏观—中观—微观三个层次来建

---

① 张小琴，王彩平．电视节目新形态．北京：中国广播电视出版社，2007. 54

立理论模型，即沿着基本形态—模块结构—元素符号三个层级来构建电视节目形态理论。只要我们弄清楚这三个层面的构成及相互之间的关系，那么就可以用它来解构和建构各类电视节目模式，从而创造出新的电视节目形态或对旧的电视节目形态加以更好的改造。电视节目形态理论体系如图5－1所示：

所有的电视节目模式都是由若干基本节目形态组合而成。(宏观层面)

所有的电视节目模式都是由若干模块或环节构成。(中观层面)

电视节目构成的最小单位是各种元素和符号。(微观层面)

图5－1

在我们构建这一理论体系之前，先来认识电视节目的构成。

第二节　电视节目的构成要素

一、电视与电视节目

电视作为一种电子媒介，主要是一种以电子技术为支撑、以电子信息为载体的视听传播。我们先从物质层面来考察，看看它的基本构成。这可以从三个层面来考察：第一个是技术层面，即电视节目的物理构成：视频和音频。无论是它的存储载体（磁带、光盘、硬盘等）还是它的传输方式（有线光缆、卫星直播、宽带网络等），都是利用电磁波对视频信号和音频信号进行传播。其实，视听传播源远流长。如视觉传播，最早最有名的恐怕是我国古代长城的烽火传警，在纪录片《望长城》里，人们做了一个模拟实验，证明当匈奴进犯时，在烽火台点燃烟火以传递信息确实比骑马报信要快得多，因为电波的传递速度与光波是一样的。再如听觉传播，最负盛名的是非洲战鼓，在茂密的热带雨林，部落在狩猎和打仗的时候，节奏不同的鼓声可以迅速地传递用于协调作战的讯息。古代的视听传播主要解决传播的时效问题，传播的内容相对比较简单。后来出现了戏剧和有声电影，把视觉传播和听觉传播结合在一起并赋予丰富的内容，形象的直观传播成为视听传播的第一次革命。第二次革命应该是电视，摄像机相对摄影机不同的是它长了“耳朵”，磁带可以同步记录声画，从而形成了视听同步传播，以其质和量的剧增大大地吸引了眼球。第三次革命则是视听传播的数字化、网络化，音视频信号实现了由模拟信号向数字信号的转换，传输途径实现了由单向传播的有线电视网向双向传播的互联网、移动网的转换，数字信号可以跨越各种电子媒介穿越更大的时空实现全球传播，从而形成服务功能更为强大的现代视听传播。

孙玉胜对电视有许多宝贵的体验和透彻的感悟。他认为："从'television'一词中，我至少可以解读出这样几个原来属于电视本质的要素：一是同步，二是现场，三是真实，四是过程。"① 尽管这是一种经验性的直觉，但它也可以引发我们对电视媒介本质的思考。孙玉胜还从社会、技术、传播和经济等视角来审视电视媒体，把它看作家用媒体、技术媒体、主持人媒体和制片人媒体。在传统电视的转型中，电视媒体还兼具网络媒体与移动媒体、大众媒体与个人媒体等多种属性功能。

学界对电视的研究更为理性、深刻和广泛，大致可以分为三类：批判学派、实证学派和文化研究。法兰克福学派的阿多尔诺从理论上论述了电视的制度性机制及其话语权之间的关系，他认为电视是在制度权力影响下的标准化媒体图像世界。"与媒体理论家的著述不同的是，社会科学研究人员应用归纳方法，用以关于'问题'的研究为基础的科学语言，来代替宏观的历史变迁和社会权力问题。"② 实证学派强调用定量分析的方法对传播效果进行研究，一方面，"最值得注意的一种转向是使用和满意研究，这种研究放弃了传播者的特权地位"。另一方面，由于片面追求传播效果给电视带来许多负面的影响，尤其是媒体社会责任的缺失，中国电视界由此发出"收视率是万恶之源"的呼声。那么，作为电视媒体核心内容的电视节目又该如何认识呢？

电视节目是电视传播内容的基本单位和信息载体。这一定义包含三层意思：第一，电视节目是由视觉和听觉相结合构成的一种内容传播、一种现代视听传播；第二，电视节目又是一种具有文化属性的精神产品，因此这种视听传播含有文化的符号意义；第三，电视节目还是一种内容产品和信息产品，因此具有产业属性，它的生产和传播需要技术和资金的支持。

这些似乎还不是电视节目制作人（记者、编辑、导演、节目主持人等）、制片人和频道总监要考虑的实际问题，他们更多地是考虑电视节目在制作和播出实务中所要处理的各种操作问题。例如，他们在确定做某个节目时，首先要弄清楚要做一个什么样的节目，是纪实类的还是虚构类的？要不要使用节目主持人或演员？在什么地方拍摄，是在现场实景还是在演播室里录制？什么时候播出？在哪个频道和栏目播出？目标受众是什么人群？所以，电视节目的构成主要从节目制作和播出两个层面来讨论。

二、电视节目的制作

要研究电视节目，首先要了解电视节目的制作。约翰·菲斯克认为电视节目"是电视所输出的有明确界定与标识的部分，它是由电视业生产、发行和界定的。我

① 孙玉胜．十年——从改变电视语态开始．北京：三联书店，2003.132

② ［美］隆·莱博．思考电视．葛忠明译．北京：中华书局，2005.37

们有必要把电视及其节目看成是意义的潜在体”①。这里所说的电视节目有两层意思：第一，它是由电视业产出、界定的物质产品；第二，它是“意义的潜在体”，即一种承载文化意义的内容产品。

我们先来看看电视节目的制作构成，它包括三个最基本的因素：人物（人包括媒介人物与非媒介人物，物包括电视节目中所展现的各种物件，如道具、服装、头饰等视觉元素）、事实（事件、剧情、故事、游戏）、场景（拍摄的地点、展示的空间）。电视节目制作的构成主要有两种表现方式：纪实与虚构。对于节目创作和制作来说，这是两种完全不同的思维和理念。然而在今天，这两者的界线也在逐渐模糊。在纪实性节目里，“人物”是指被报道或记录的人（非媒介人物），以及媒介人物（演员、出镜记者、节目主持人、播音员、评论员等）；“事情”在非戏剧类节目里，是指新闻事件和真实故事；“场景”则是指发生真人真事的地方和环境。在戏剧类节目里，“人物”主要是演员；“事件”就是虚构出来的剧情或故事；“场景”就是指真人真事发生的地点、演员与剧情所在的表现的空间。对于影像来说，不同的表现方式对应不同的编码方式，电视节目的制作实际上就是一个影像信息的编码过程。

三、电视节目的传播

从影像传播的角度来看，电视节目的构成有三要素：声音、画面、时间。先说画面，画面又叫影像。电视影像具有这样一些基本特性：再现性的本质特性、时空一体的动态存在、声像同步的信息形式、限定性的接收显示、感性的符号形式和孤立影像含义的不确定性。

盛希贵在其《影像传播论》中对影像是这样定义的：“影像是对被摄对象之突出视觉特征的选择记录和形象再现。”②

林少雄在研究视觉人类学时主张把视像与影像区分开来，他指出：“坊间流行的相关书籍，大都冠以‘影视’二字，‘影视艺术学概论’、‘影视美学’、‘影视文化学’、‘影视人类学’……在学校的课程设置、教科书或许多文章中，也常常是影视并称。这看起来是将两者并重的指称，注重了影视的同一性，却常常忽略了两者之间的差异性，且在实际操作中，往往会厚此薄彼，即重电影而轻电视。”③ 他把视像分为广义和狭义两种，并从研究范畴作了分类，如表5－1所示：

① ［美］约翰·菲斯克．电视文化．祁阿红，张鲲译．北京：商务印书馆，2005

② 盛希贵．影像传播论．北京：中国人民大学出版社，2005.65

③ 林少雄．视像与人——视像人类学论纲．上海：学林出版社，2005.34

表 5－1

<table>
<tr><th>学科分类</th><th>学科命名</th><th>研究对象</th><th>门类研究范畴</th><th>总体研究范畴</th></tr>
<tr><td rowspan="5">视像学</td><td>摄影学</td><td>摄影</td><td>图像</td><td rowspan="5">视像</td></tr>
<tr><td>动画学</td><td>动画</td><td>仿像</td></tr>
<tr><td>电影学</td><td>电影</td><td>影像</td></tr>
<tr><td>电视学</td><td>电视</td><td>视像（狭义）</td></tr>
<tr><td>网络学</td><td>网络</td><td>拟像</td></tr>
</table>

再说电视节目中的声音，国外的电视受广播的影响较大，而中国的电视受电影的影响更大，重画面轻声音，重艺术轻传播，接受的更多的是艺术的理念而非传播的理念。当代电视节目的声音观包括声音意识、创作意识和纪实意识。笔者经常在各种场合向电视人发出呼吁，在声音表现方面，电视要向广播学习。电视节目里的声音可以分为客观性声音和主观性声音两大类。客观性声音主要是在录制现场采集的，它包括现场报道、现场实况的拾音，在电视新闻和纪实风格电视节目中被广泛采用；主观性声音主要是在后期制作中录制的，它包括播音员的出镜播报和配音、音乐和各种模拟音响效果。

一直以来，人们对传播过程中视觉和听觉两种形态的研究都是在相互分离的状态下进行的，视觉方面有影视、电视、广告等方面的研究，而在听觉方面，广播、音乐等方面也有了大量的研究成果。可是，把视觉与听觉紧密结合起来，进行视听传播学的研究还比较少。说到画面与声音的关系，中国电视界曾有过“主画说”和“主声说”的争论。暨南大学的黄匡宇在电视新闻研究中提出了声画双主体理论。笔者认为应该把电视节目中的画面和声音称为有机结合、同步传播的电视语言，它包括各种视觉和听觉的表现元素。从节目制作的角度来划分，可以分为前期制作和后期制作两大类，如表 5－2 所示：

表 5－2

	画　面	声　音
前期	实景拍摄、现场录像	同期声（现场报道和实况音响）
后期	图像资料、字幕、图表、三维动画	播音、配音、音乐、音响效果

前后期不是截然割裂的，电视现场直播就是把前后期合在一起，从而在电视节目制作与播出中实现制播合一，同步完成。

由此可看出视听传播有三大特点：同步、现场和过程。电视是在广播和电影的基础上发展起来的，受其影响曾存在过“主声说”和“主画说”的争论。其实在传播过程中，声音和画面是不可分割的，声画同步是视听传播的一大特点，并由此产生更为直观的传播效果。电子科技的发展和现场直播的出现，使视听传播更为直接，受众可以获得第一时间的真实效果。过去，我们对电视节目的认识还停留在声音和画面上，其实它还有一个很重要的要素——时间。这个“时”包括时长和时序。电视节目要有一定的时长，这是对节目制作和播出的一种规范要求；电视节目又有一定的时序，播出有时段和时机的安排，收看时序是连续的、线性的。这种电视节目播出的时序性形成视听传播的过程化。过程，是收看电视节目的魅力所在。

然而，在电视节目的播出构成中，时间这个重要角色却被长期忽视。中国传媒大学胡智锋教授较为关注时间在电视传播中的作用，他指出：“电视传媒不仅仅是一个影像空间概念，也是一个时间的概念。”[①] 他认为，在电视节目编排中可以体现这种特质，它体现为“时效性”或“及时性”，具体表现为时代性、时尚性、时下性、时机性、时段性。笔者认为“时间”不仅仅体现在节目编排和制作上，而且体现在节目生产与传播的整个过程和各个方面，是与画面和声音具有同等重要地位的三大构成之一。时间在节目构成中至少包含五个要素：时长、时序、时速、时机、时段。制作一个节目或播出一个节目，首先要限定它的节目长度，以便于栏目化播出的要求，时长是电视节目标准化生产的要求。时序包括两个层面：微观和宏观，微观层面是指一个节目中电视语言的编码，镜头剪辑的不同顺序赋予画面句子不同的意义（即蒙太奇），它主要体现在电视画面中；宏观层面就是指电视节目的叙事方式，根据叙事学原理安排内容叙述的顺序。时速是指时间的快慢和节奏，我们运用各种表现手段来延缓时间（慢镜头）、加快时间（快镜头）和凝固时间（定格），从而丰富电视节目的艺术表现效果。时速还包括节目的节奏，老年人节目的节奏要慢一些，青年人节目的节奏要快一些，不同内容的节目、不同文化的受众对节奏的要求也不一样。仅从电视节目制作角度来看时间（一度空间）与画面（三度空间）、声音（一度空间）共同构成一个大众传播的五度影像空间。时间是画面和声音的函数，节目（G）与画面（P）和声音（S）的关系如下：

$$G = P(t) + S(t)$$

时机是指电视节目的传播策略，电视台的编播部门通常把电视节目播出置于“政府——媒体——观众”这个社会大系统中来全盘考虑，根据此时此地的政治、经济、文化等社会环境来选择最佳播出时机。时段，主要指节目播出编排，根据频

① 胡智锋，周建新．电视节目编排三论．现代传播，2006（5）：82

道定位和收视市场来确定节目播出时间和内容。经营时段既是经营时间也是经营观众。这已是电视节目运营层面的问题了，在后面作为播出产品我们再讨论。

林少雄在论述电影与电视在时空营构上的差异时指出：“电影由于致力于对假定性的艺术空间的营构，且其跳跃式的网状形态，决定了其主要以空间性的特质来满足人们的审美需求；而电视由于致力于还原化的生活状态的表现，且其叙事性的线性结构模式，决定了其主要以时间性的特质来满足人们的认知需要。”① 综上所述，我们将电视节目的基本构成进行归纳，如表5－3所示：

表5－3

节目构成	构成要件	构成方式
物理构成	视频、音频	数字化、网络化
制作构成	人物、事件（剧情）、场景	纪实、虚构
播出构成	画面、声音、时间	录播、直播

我们分析这些基本构成是为下面电视节目形态研究做一些理论准备，因为对于解构电视节目和建构节目形态，这些了解是基本的和必需的。

第三节　电视节目的基本形态

一、研究问题的边界

要研究电视节目形态先要搞清研究问题的边界，先来厘清几对相互关系：节目形式与节目内容、节目类型与节目形态、节目形态与节目模式。先说节目形式与节目内容之间的关系：内容决定形式，形式服务内容。“形态只是提供节目的可能性，而节目能否让观众在3分钟的新鲜感之后持续地被吸引，还要看它是否具有所有文化产品都需要的独特的精神价值，正如道家所谓‘形者生之具，神者生之本’。”② 内容与形式（形态）似乎密不可分，但在电视节目形态研究过程中，在理论建构阶段，我们要把二者剥离，通过简化和抽象达到事物的本质。而在理论应用阶段，我们要考虑二者的关联，考虑在复杂系统中的各种应用条件和因果关系。

① 林少雄．视像与人——视像人类学论纲．上海：学林出版社，2005. 45

② 张小琴，王彩平．电视节目新形态．北京：中国广播电视出版社，2007. 3

电视节目类型是指节目的类别、种类，对于电视制作者而言，节目类型是电视产业组织和结构的中心词，而对于研究者而言，类型批评是一种研究方法。目前，绝大多数的电视节目形态研究都是从节目类型入手的，这是一种电影类型研究的思维习惯。我们看看朱羽君教授的节目形态研究：

电视节目形态研究之一《减压阀：电视娱乐节目》

电视节目形态研究之二《大众话语空间：电视谈话节目》

电视节目形态研究之三《信息社会的活跃时空：电视新闻节目》

电视节目形态研究之四《寰球同此凉热：新闻现场直播》

电视节目形态研究之五《声音的汇聚：电视评论节目》

电视节目形态研究之六《文化品质：电视纪录片》

从这一系列论文可见，她主要是从节目内容和传播功能上作研究。笔者认为类型研究和形态研究基本上是平行的，只是在理论应用阶段，要考虑内容与形式的结合、类型与形态的关联。如谈话节目形态，既可以用于新闻节目，也可以用于娱乐节目。

电视节目形态是指与电视节目内容相对应的电视节目表现形式，它是电视节目制作方式的核心，提供适用于不同内容的电视处理方法。这种表现形式和处理方法体现在具体的节目样式或模式上。节目样式是具体的节目形态，而电视节目模式是指电视节目的创意、规则和规范，以及制作的技巧方法等。它比节目样式具有更为丰富的内涵，它是电视节目形态的具体应用实体。

二、基本形态

根据以上传播理论和节目构成的考虑，考察了各种类型节目样式后，笔者把所有的电视节目归纳为六大基本节目形态：纪录片、谈话节目、现场直播、电视剧、真人秀、动画。所有的电视节目样式都可以由这六大基本形态组合、融合或变异而成。我们把这六大基本形态抽象为理论模型，它们更纯粹更单一，与现实中复杂的电视节目形态略有不同。

1. 纪录片

这里所说的纪录片不是指一般学术意义上的纪录片（documentary），而是指采用纪录编码和电子新闻采集（Electronic News Gathering，ENG）方式制作的一种节目形态。纪录编码是对被传播对象真实状态的建立在音像纪录基础上的编码再现。而这种编码再现一般采用制播方式。ENG 是指前期摄录，后期编辑，尔后播出的一种制作播出方式。纪录片节目形态涵盖新闻、社教、文艺各类节目，它包括纪录片、专题片、电视消息、连续（系列）报道在内的各种纪实性节目样式。在本研究中，我们把纪录片看成一种单一形态存在的电视节目。

纪录片和新闻短片实际上采用的是一种电影生产方式，一种纪录电影的节目形态。这是一种简便易行的低成本制作方式，因此也被电视制作者广泛使用。纪录片节目形态的特点就是在现场采集的音像素材基础上，按被传播对象的真实状态进行编码再现，因此它是非虚构的。由于拍摄对象具有很大的便利性和机动性，因此真实再现的自由度也很大。“现在，典型的纪录片已经失去统治地位，让位给了比它新的节目形态，但是记录的表现方式却如同电视的基因一样，在所有电视节目中携带着。”① 实际上现在的纪录片节目形态往往不是单一存在的，如纪录片性质的 VCR（视频片断）已广泛穿插在谈话节目、现场直播等各种节目形态之中。

2. **谈话节目**

笔者定义的谈话节目是由节目主持人和嘉宾围绕特定话题在特定时空中形成的谈话场，从而实现由人际传播向大众传播转换的一种节目形态。这个特定时空可以是在演播室里，也可以在户外选定的一个演播区间里。电视谈话节目通常采用演播室制作 ESP（Electronic Studio Production）。ESP 是指在演播室里采用多机拍摄、现场切换的即摄即编制作方式，它既可直播也可录播。本研究的谈话节目是指单一形态存在的电视节目，不包含纪录片、动画等节目模块或片断的电视谈话节目。

如果说纪录片节目形态源于电影，那么，谈话节目形态则源于广播。广播谈话节目移植在电视上，它就转化成视听传播，实际上它可以成为任何一种电子媒介（包括网络媒体和移动媒体）的节目形态。谈话节目与其他节目相比，最大特点就是把人际传播引入大众传播中。英国学者尼古拉斯·阿伯克龙比认为：“电视的一个重要特征似乎是它引起交谈、鼓励谈话的功能。实际上，电视似乎常常是关于谈话的。作为一种媒体，它确实是由可视的谈话构成的。”② 电视谈话节目可以在演播室或室外设定的演播区间里录制，一般采用多机拍摄、现场切换。谈话节目既可录播也可直播，这也是一种低成本的节目制作方式。

3. **现场直播**

电视现场直播是与被传播对象现场实况信息的出现并同步传播该信息的电视节目制播方式，它也是最能发挥电视特有的传播特性和优势的一种节目形态。我们这里研究的现场直播不是指一种制作方式，而是一种节目形态、一种单一形态存在的电视节目，它不包括直播过程中插播的录播内容。

电视现场直播通常采用 EFP 或 SNG 方式制作。电视现场节目制作（EFP），即电视转播车开赴现场录制节目并同步播出的一种方式，通常使用微波或有线光缆传送信号。卫星新闻采集（SNG）则是采用移动式数字卫星传送系统（DSNG）来进行现场直播信号的传送。孙玉胜对直播有三层解读：零时差、零损耗、零误差。现场直播时

① 张小琴，王彩平. 电视节目新形态. 北京：中国广播电视出版社，2007. 92

② ［英］尼古拉斯·阿伯克龙比. 电视与社会. 张永喜，鲍贵，陈光明译. 南京：南京大学出版社，2001. 174

采编播合一，事件的发生、记录和传播同步进行，因此是零时差。信息的零损耗也就是真实。在传播过程中，传者与受众之间阅读事件的零误差，也就是权威。其实，现场直播对信息的录制还是有选择的，通过机位和镜头的调度，选择拍摄的对象和记录的角度。现场直播与其他节目形态的区别就在于它可以不受各种编码规则的制约。由于现场发生事件的不确定性且不受编码规则的制约，多机拍摄的现场感和不可预知的过程给观众带来更多的悬念和期待。

4. **电视剧**

电视剧作为一种节目形态，在制作方式上与电影并无多大区别，但在播出方式上则根据电视观众的收视习惯和承载广告的要求更多是以连续剧的形式播出。因此，电视剧采用的是组合编码，这是传播者为传播其观念与想象的需要而自由组合影像的编码方式。演员、剧情和场景是电视剧制作的三大构成，这些构成要素都要预先在剧本里编写好程序，然后按照电影工业生产流程来进行制作。我们这里研究的电视剧是指一种单一形态存在的电视节目，不包括近年来出现的剧情纪录片和故事化纪实节目。

电视作为娱乐媒体，电视剧的播出举足轻重，同时它也更适合社会化生产。电视剧与上述三种节目形态最大的不同就是其虚构性。“虚构类作品最花心思的事情就是创造出令人信服的符合生活逻辑的类生活，千方百计使剧中的生活具有真实感，令人信服。”① 需要指出的是，虚构性不同于戏剧性，虚构是一种影像表意、一种编码方式，而戏剧是一种叙事方式、一种结构方式。因此，我们要把故事情节虚构的节目形态与含有戏剧元素的纪实节目区分开来。

5. **真人秀**

真人秀是一种最新的电视节目形态。“电视真人秀作为一种节目，是对自愿参与者在规定情境中，为了预先给定的目的，按照特定的规则所进行的竞争行为的真实记录和艺术加工。”② 这里面有七个基本元素：自愿参与者、竞争行为、真实记录、规定情境、目的、规则、艺术加工。与其他节目形态最为不同的是规则，即游戏规则。从制播方式来看，真人秀更接近纪录编码。然而，在游戏规则的作用下，真人秀产生了组合编码的戏剧效果。

随着电视竞争的加剧，电视人认为纪实类节目再也不能等待故事的发生，也不能平平淡淡地记录生活，电视人应该主动地设置悬念和制造冲突，故创造出一种全新的电视节目形态——真人秀。真人秀融合了纪录片的真实、谈话节目的参与、电视剧的想象和通过精心设计的一套游戏规则，让自愿参与者达到甚至超越专业演员的精彩表演。这种介于虚构与纪实之间的电视节目形态显示出独特的表现空间和传

---

① 张小琴，王彩平．电视节目新形态．北京：中国广播电视出版社，2007. 30

② 尹鸿，冉儒学，陆虹．娱乐旋风——认识电视真人秀．北京：中国广播电视出版社，2006. 6

播效果。

6. 动画

如今高科技已广泛应用于电视节目制播中，计算机图像技术介入影像制作从而形成了数字影像。数字影像的技术分类有三种：①在实拍画面基础上进行较简单效果处理的数字影像；②合成数字影像，包括两路视频之间的各种切换特技、两层以上画面的合成等；③完全虚拟、由电脑生成的数字影像，包括三维动画、用激光扫描和动作传感器处理后的数字仿真人物、虚拟背景等。作为电视节目形态的动画主要是指后两种组成的多信息混合编码系统。

这里有两种编码方式，一种是模拟影像编码，以假乱真，仍然按真实影像规则进行编码，如在纪录片《故宫》里，只需拍摄 10 个演员扮演的士兵（真实影像），就可以虚拟出浩浩荡荡的闯王起义军（虚拟影像）。另一种是虚拟影像编码，即全部是动画制作，完全可以采用一种与真实影像不同的“语法”，如《变形金刚》，就是用计算机技术虚拟出现实世界中不存在的影像，充分发挥无所不能的想象力。作为单一形态存在的电视节目基本形态的动画，我们主要是指后一种编码方式。

或许读者会认为以上基本节目形态仍不足以涵盖所有的电视节目，实际上现实中存在着更为复杂多样的电视节目形态。但是笔者认为，所有的电视节目形态都可以由以上六大基本形态组合而成。其实，在不断涌现的各类节目形态中，很少有单一形态的节目存在。例如，获 2002 年度中国电视新闻奖现场直播一等奖的“三峡工程导流明渠截流特别报道”，里面就根据不同的内容需要采用多种节目形态：大江截流实况（现场直播）、专家访谈（谈话节目）和介绍导流明渠作用（三维动画）。以上我们构建的六种基本节目形态是为了研究需要而建立的理论模型。在电视节目生产与研发实践中，往往是这几种基本电视节目形态的组合和融合。

但是这些基本形态构成的电视节目样式只是节目的基本框架，基本形态及组合决定电视节目形式的整体构成，而局部构成取决于节目模块（环节）及其结构方式。

第四节　节目模块与结构方式

我们通常把一个具体的节目形态叫做节目模式，模式的外部形态又叫版式。电视节目模式（formats）包括脚本、制作流程、板块格局、游戏环节、场景设置、植入式广告、观众参与、多媒体联动等设计内容。电视节目模式有三个特征：一是独特的创意，使其能在市场立足；二是专业化的规则设计，使其不能被轻易模仿，便于版权维护，同时提高效率、保证质量；三是对人性共同点的把握，使其实现可持续发展。这也是其全球售卖得以成立的基础。

全球电视节目模式产业链条中，以英国、荷兰为代表的欧洲国家扮演了上游的“原创大户”的角色，每年为全球输出大量的节目模式。美国的节目市场很大，每年都从欧洲引进大量节目模式以满足市场需要。美国每年出口到欧洲的电视成品数量高于欧洲出口到美国的数量，与之相反，欧洲出口到美国的电视节目模式远远大于美国出口到欧洲的。全球节目模式流动链可以这样描述：在欧洲进行原创，在美国投入市场，然后推广到全球。我国的电视节目模式引进的路径为：欧洲—美国—日韩—港台—中国内地。中国内地电视界出现了一种对新节目形态的盲目崇拜，产生了不少认识上的误区：“一是盲目迷信创新的力量，不计成本地大动干戈，导致大量优质的品牌节目无疾而终；二是把形态仿制为形态创新，导致新一轮的同质化；三是无视电视节目形态发展的趋势，为创新而创新，只求与自己既往的节目不同，而不看创制的节目是否符合电视传播的规律。”① 那么，如何创新节目形态才能符合电视传播规律呢？那就需要深入到电视节目形态的内部结构中去进行研究。

“在结构主义看来，事物的本质不在于事物本身，而在于事物之间的关系，这些关系构成了一个有机的系统，这就是结构。”② 节目模式是由节目模块（板块）或节目环节结构而成的。任何节目模块都会承载一种传播功能或多种传播功能。“电视作为一个传播工具，兼有信息传播、观念传播、情感传播三大功能。”③ 这是节目类型与节目形态的结合，不同的节目模块适合承载不同的传播功能。如同火箭，有的用来发射洲际导弹，有的用来发射巡航导弹，还有的用来运载卫星和宇宙飞船。显然，不同类型的火箭具有不同的运载功能。但在承载多种传播功能的节目模块中，总有一种是主要的或主导的，这样有助于特定受众群的形成和收视习惯的培养。如新闻类谈话节目，既有新闻信息的传播，也有思想观念的碰撞。显然，后者最适合谈话节目。电视节目的模块可以分为制作和播出两大类来考察。按制作方式来看有：纪实模块、虚构模块（电视剧）和虚拟模块（动画）；按播出方式来看有：录播模块、直播模块、互动模块、包装模块等，其中互动模块包括主持人、嘉宾组成的谈话和访谈节目。

模块（module；block），又称构件，是指能够单独命名并独立地完成一定功能的程序语句的集合（即程序代码和数据结构的集合体）。它具有两个基本的特征：外部特征和内部特征。外部特征是指模块跟外部环境联系的接口和模块的功能，如一个纪录片模块接一个谈话节目模块，中间就要用转场或片花链接在一起。内部特征是指模块的内部环境具有的特点（即该模块的局部数据和程序代码）。电视节目的创意、规则和规范，以及制作的技巧方法等就是节目模块的内部特征。以美国 CBS《60 分钟》

① 张小琴，王彩平．电视节目新形态．北京：中国广播电视出版社，2007. 105

② 李彬．符号透视：传播内容的本体诠释．上海．复旦大学出版社，2003. 101

③ 张振华．中国广播电视新论．北京：中国广播电视出版社，2004. 249

为例，它是由三个模块构成的新闻杂志型节目模式，如表5－4所示。

表5－4

序号	内　容	时间	形　式
杂志封面：一块滴答行走的时钟			
1	片头：各板块主持人介绍	2～3分钟	主持人现场、配音
2	第一则报道，当晚的重头戏，一般都是较有时效性的硬新闻故事	约13分钟	VCR、配音
杂志封面：一块滴答行走的时钟			
3	第二则报道，略短，但仍然较为严肃	约13分钟	VCR、配音
4	第三则报道，风格轻松，多半是影视或体育明星的访谈	13分钟	VCR、配音
杂志封面：一块滴答行走的时钟			
5	新闻评论	4分钟	主持人现场、VCR
杂志封面：一块滴答行走的时钟，预告精彩片段			

模块的组合总是以某种方式结合而成。除了单一模块的节目（栏目）外，模块的结构方式有：链接式、嵌入式和混合式。对于板块式或杂志型节目，模块之间的界限比较明显，时空衔接的跳跃性比较大，往往采用片头、片花、特技画面等来转场、过渡和链接。然而，有一些模块之间的边界并非清晰可见，乍一看似乎是单一模块，实际已悄然嵌入不同的模块。如虚幻纪录片《总统之死》，布什总统的演讲和会见市民都是采用纪实模块，但布什遭遇枪击的情景是使用演员表演的虚拟模块，由于这个虚拟模块天衣无缝地嵌入到纪实模块中，让观众真假难辨。

对于某些“节目模块”，笔者认为把它叫做环节更为恰当。环节（link; sector）是指相互关联的许多事物中的一个，环节实际上是一些外部特征不明显的模块。与节目模块不同的是，节目环节之间前后并无表现时空上的明显跳跃，彼此之间只存在着内在的逻辑递进关系，按游戏规则把整个节目设计为几个环节。在每一个大的环节里又套着若干小的环节，每个小环节都会根据游戏规则变换场景和内容，因此在每集里都会有微调。以《学徒》第二季第11集为例，可以划分为如下大小环节（见表5－5）。

表 5－5

序号	大环节	小环节	链接	场景	内容
		上集回顾	切换		背景提要
	片花　主题曲				
1	赛前准备	队员讨论		公寓	队员预测比赛结果
		个人采访		户外	珍妮花谈比赛
		队员回归		公寓内	队员聚餐讨论
		接到任务		公寓内	队员接到新任务
		个人采访	切换	户外	基谈队伍重组
		任务布置		Levi' 工作室	布置任务和规则
2	完成任务	尖端到达工作室		工作室	队员互相欢迎
		个人采访	切换	户外	凯文谈新队伍
		尖端讨论		工作室	讨论轮盘创意
		个人采访		户外	依云娜谈轮盘创意
		尖端讨论	切换	工作室	队员认知不一致
		个人采访		户外	依云娜抨击珍妮花
		镶嵌画讨论		工作室 2	
		个人采访	切换	户外	珊迪谈新团队
		镶嵌画讨论		工作室 2	
		个人采访	切换	户外	玛利亚谈设想
		镶嵌画讨论		工作室 2	
		个人采访	切换	户外	珊迪谈设想与期望

（续上表）

序号	大环节	小环节	链接	场景	内容
	片花　当奴谈成功经验				
2	完成任务	尖端前往影棚		的士内	讨论产品设计
		个人采访	切换	户外	凯文谈设计理念
		尖端影棚摄影		影棚	尖端人员为 Levi' 拍产品照
		个人采访（现场）	切换	影棚	依云娜谈拍照感受
		个人采访（场后）		户外	基谈感受
		个人采访（现场）	切换	影棚	依云娜赞珍妮花
		镶嵌画影棚拍照		影棚 2	玛利亚现场指挥唱大戏
		个人采访		户外	玛利亚谈设想
		拍照现场		影棚 2	矛盾产生
		个人采访	切换	户外	安迪抱怨玛利亚与伟
		个人采访	切换	户外	珊迪发牢骚
		镶嵌画矛盾激化			珍妮花与伟激烈冲撞
		个人采访	切换	户外	珍妮花谈自己在队伍中的定位
		镶嵌画拍照后期		工作室	因珍妮花独断，与队员矛盾爆发
		个人采访	切换	户外	珊迪剖析矛盾原因
		镶嵌画拍照后期		工作室	珍妮花与安迪爆发口角
		个人采访	切换	工作室	珍妮花谈矛盾，委屈
		尖端任务后期		工作室	依云娜看成品
		个人采访	切换	户外	依云娜谈自己创意兴奋
		尖端队员交流		工作室	
		个人采访	切换	户外	凯文不满珍妮花不作为
		尖端队员交流			基和依云娜抨击珍妮花
		个人采访	切换	户外	珍妮花发泄不满
		镶嵌画最后准备		工作室	做最后准备，牛仔裤的取舍
		个人采访		户外	伟谈比赛前心情与准备
		Levi' 与镶嵌画互动		PK 工作室	向镶嵌画提问
		镶嵌画介绍成品		PK 工作室	展示成品，与 Levi' 互动
		个人采访		公寓	抨击玛利亚独揽大局
		尖端介绍成品		PK 工作室	展示成品
		个人采访	切换	PK 工作室外	珍妮花批评凯文
		Levi' 与尖端互动		PK 工作室	向尖端提问
		个人采访	切换	户外	凯文批评珍妮花邀功
		个人采访	切换	户外	依云娜批评珍妮花邀功

（续上表）

序号	大环节	小环节	链接	场景	内容
3	决出胜负	当奴到场		PK 工作室	当奴与 Levi’ 交流
		结果宣传		PK 工作室	尖端获胜，当奴宣布奖励
		个人采访	切换	户外	依云娜不满珍妮花邀功
		尖端组收获奖励		剧院	会见比利祖
		个人采访	切换	户外	基讨论此次荣誉
		个人采访	切换	户外	依云娜谈比赛胜利感想
		个人采访	切换	公寓	玛利亚抱怨伟领导无方，煽动其他二人干掉伟
		镶嵌画队员讨论		公寓	伟和安迪交谈
		个人采访	切换	户外	伟谈应对淘汰策略
4	淘汰裁定	第一轮淘汰面试		会议室	评审提问，镶嵌画队员激烈辩论
		评审私下商讨	切换	会议室	三评委商讨评定各人表现，达成一致意见
		第二轮淘汰面试		会议室	伟和玛利亚激烈对辩
		宣布淘汰结果		会议室	当奴宣布淘汰结果，伟和玛利亚同时出局
		评审私下总结	切换	会议室	当奴和两副手对结果发表看法
		淘汰者感言	切换	的士内	伟和玛利亚依然对辩，并发表参赛感想

电视节目形态的结构方式主要有三种类型：拼盘式的模块组合、层递式的环节链接及前两种结构方式的混合型。如“神舟六号载人航天飞行特别报道”（见表5－6）。

表 5－6

序号	模块	环节	链接	场景	内容
1	背景信息模块	主持人		演播室	开场白
		现场直播	切换	航天中心现场	航天员出征
		图示	切换	虚拟	背景介绍
2	现场报道模块	连线报道	双视窗	演播室—发射现场	发射现场报道
		现场报道	切换	飞行控制中心	控制中心现场报道
		现场报道	切换	远洋测控船	测控船现场报道
片花					
3	相关信息模块	谈话环节		演播室	介绍飞船情况
		现场直播	多次切换	控制中心与飞船舱内	介绍党和国家领导人，以及航天员准备情况
4	飞船发射信息模块	现场直播		发射现场	飞船起升
			双视窗	飞船内外	飞行状况
		连线报道		飞行控制中心	航天员情况
			切换	远洋测控船	
		现场直播	切换	飞行控制中心	温家宝宣布发射成功
片花					
5	太空活动信息模块	现场报道	双视窗	演播室—喀什	接收航天员信号
		录像报道	切换	演播室—飞船	航天员就餐
		现场直播		飞船	航天员穿舱
片花					
6	情感传播模块	连线直播	双视窗	控制中心—飞船	航天员与家人通话
7	太空活动信息模块	现场直播		飞船	航天员舱内活动
		DV 连线	切换	飞船	航天员用 DV 拍摄太空
		现场直播		飞船	航天员前滚翻
片花					
8	情感传播模块	连线直播	切换	控制中心—飞船	胡锦涛与航天员通话

（续上表）

序号	模块	环节	链接	场景	内容
片花					
9	飞船返回信息模块	连线报道	双视窗	演播室—控制中心	前方记者介绍飞船返回情况
		现场直播		夜空（红外拍摄）	飞船返回
10	飞船着陆信息模块	现场报道	多视窗	控制中心	报道着陆情况
		现场直播		着陆场	航天员出舱
		现场采访	切换	着陆场	采访航天员
		现场直播		着陆场	航天员登上直升飞机
		电话采访		控制中心	主持人与航天员通话
片花					
11	英雄凯旋信息模块	现场直播		首都机场	欢迎航天员凯旋
片花					
12	事件评论模块	主持人评说		演播室	点评“神六”飞天意义
13	情感传播模块	MTV		艺术空间	歌颂航天事业
片尾字幕					

模块的组合和环节的链接都必须遵循电视节目形态的限定性。“限定性是电视节目形态的基本要义，没有限定性就谈不上节目形态，有什么样的限定，才会形成什么样的形态，所谓形态创新，其实也就是对限定方式的创新。”[①] 电视节目形态的限定性作用有两个：一是节目工业化生产的需要，有利于节目的标准化和大规模生产。在电视栏目化的今天，节目模块都是在特定的电视栏目内构成的，因此都有时长、制播的限定。而且，为了满足栏目的常态播出需要和适应流水线生产方式，对于节目模块都有某种规范性要求，如叙事方式、主持风格、播报语态，以至包装标识等。二是利于观众的辨识和记忆，对节目品牌的塑造有积累作用，如 CCTV《东方时空》里的眼睛，CBS《60 分钟》里的时钟。

电视节目形态的创新和电视节目模式的研发在很大程度上是节目模块的设计，如

① 张小琴，王彩平．论电视节目形态的限定性．现代传播，2006（6）：78

同产品设计，其设计方法无非三种：原创、移植和改造。无论使用哪一种，都会创造出新的电视节目模式，而这些模块设计都是在新节目形态的基本框架里完成的。但电视节目形态的差异性更多的还是体现在微观层面的元素符号上。

第五节　元素符号与创造技法

孙宝国在《中国电视节目形态研究》一书中提出“元素为王”的观点，可见他对元素在电视节目形态中的重要地位的推崇。但他把内容元素和形式元素混为一谈，就很难对作为一种形式的电视节目形态进行解构与建构。笔者认为在电视节目创新和发展中，应该是“内容为王，形式为先”，作为形式创新或形态创新，节目元素固然重要，但其符号意义更为重要。我们把这些有符号意义的元素叫做视听元素符号。

一、元素符号

元素，或者叫做要素，是构成物质的最小单位，准确地说是物质可以析出的最小单位。“从理论上说，只要能够析出的元素，都可以成为变量，带来簇群与簇群的不同，带来个体与个体的差异。”① 电视节目元素是构成电视节目形态的最小单位。构成节目的主要是内容和形式两大类元素，内容元素主要有经济、政治、文化、社会、情感、故事等，形式元素主要有视觉、听觉、时间、空间、刺激、技术等。构成电视节目形态的主要是形式元素。

如果说基本形态是电视节目形态的宏观构成，节目模块是电视节目形态的中观构成，那么节目元素就是电视节目形态的微观构成。基本形态的不同组合可创造出新的节目形态，节目模块（环节）的不同排列也会创造出新的节目形态，如果是节目元素之间的不同排列组合，那就会创造出千变万化的节目形态。当今，电视节目的竞争就是一种差异化的竞争。“差异化的关键在于节目元素的运用。”② 如何更好地认识和运用节目元素，对于电视节目形态创新至关重要。“新形态节目以个体为基点，以趋异为诉求，以节目元素为聚合点形成松散的节目簇群，又以节目元素的更新来推动节目的演化和变异，就是新形态节目不断创新的内在动力。”③ 然而，并不是所有的节目元素都可以推动节目形态的演化和变异，只有那些特殊的节目元素才能做到这一点。

在我们对电视节目形态进行微观细分的时候，英国文化学者斯图亚特·霍尔

① 张小琴，王彩平．电视节目新形态．北京：中国广播电视出版社，2007. 67

② 张小琴，王彩平．电视节目新形态．北京：中国广播电视出版社，2007. 66

③ 张小琴，王彩平．电视节目新形态．北京：中国广播电视出版社，2007. 74

（Stuart Hall）提出的编码与译码理论给我们提供了很好的分析工具。他认为："电视的播放机构必须生产出以有意义的话语形式出现的、经过编码的讯息。"① 电视节目制作就是一个编码过程，观看电视节目就是一个译码过程。以什么样的编码规则来对电视讯息（视听传播符号）进行编码，就能够形成什么样的节目形态。1971 年，佩维奥（Paivio）提出了双通道编码理论，这是一种研究视觉信息如何被加工、存储成为记忆的理论。佩维奥认为记忆由两个既相互分离又相互联系的处理视觉信息编码系统组成，一个用于处理语言信息，另一个用于处理视觉信息。黄匡宇把电视新闻的符号系统分为两大部分："非语言符号（具象性语言）与语言符号（抽象性语言）一起，组成视听兼备的完美传播样式。"②

如上所述，电视节目的最小构成单元是元素，包括各种内容元素和形式元素。根据不同的理论和视角，对节目元素有不同的划分，如童宁把电视节目分为六大元素：人、声、词、画、音、字，即主持人、同期声、解说词、画面、音乐（音响）、字幕（图表、图形）。这显然只是一种经验性描述，只能用于一般性的节目创作，不足以构建电视节目形态。如果我们讨论电视节目形态构成的基本元素，那些在视听传播中起重要作用的东西，只能是那些有符号意义的元素。"这个信息传播过程是一个把信息符号象征化的过程，正是通过这个象征化过程才完成了传播行为。"③ 如果电视节目构成是一个系统，电视节目的形态构成就是一个符号系统。作为符号意义的元素，其内涵可大可小，我们是根据它在电视节目形态中的传播功能和造型作用来选定其为研究对象的。

语言学之父索绪尔将符号的基本构成分为能指和所指，他把符号比作一张白纸，"能指和所指就是纸张的两面"。能指一般可以理解为符号形式。所指表示语言符号和非语言符号所表述的概念，即符号的意义，一般可以理解为符号的内容。在电视节目形态构成中，就是借助视听元素特有的能指，利用其所指的符号意义，发挥元素符号在节目形态构成中的作用。形式元素与内容元素结合，就形成其符号意义。

先说视觉元素符号，在北京奥运会开幕式上，汉字、画卷、击缶等视觉元素都成为表现中国文化的符号。服饰、道具、色彩等也可以成为元素符号，张艺谋导演善用的大红也成为中国传统文化表征的一种色彩元素。

再说听觉元素符号，电视节目里的主题词、片头音乐、特效音响等声音元素同样具有符号意义。如电视栏目《生活空间》的主题词"讲述老百姓自己的故事"，已成为民生新闻节目的标志。

无论是视觉元素还是听觉元素，单一运用时效果都不好，只有结合起来才能产生

---

① 张国良．20 世纪传播学经典文本．上海．复旦大学出版社，2006. 426

② 黄匡宇．理论电视新闻学．广州．中山大学出版社，2000. 74

③ 陈卫星．传播的观念．北京：人民出版社，2004. 19

足够的传播力和影响力。如央视《感动中国》中的颁奖词诵读，主持人庄重地手捧一本打开的获奖证书（起表意作用的视觉符号），抑扬顿挫地宣读对感动中国年度人物的颁奖词（起叙事作用的听觉符号），由此体现了一种道德精神的弘扬，传递了感动中国的视听冲击力。

视听元素符号不仅表征内容，而且对形式有很强的结构能力。如纪录片《幼儿园》中的主题歌“茉莉花”，有两层符号意义，一是体现节目风格，二是环节衔接。各类电视栏目中的片花和电视剧里的插曲都具有这种强化结构形式和记忆的功能。

二、创造技法

创造或置换一些能够成为符号的节目元素就可以创造出一种新的电视节目形态。这如何做到？谭天、王甫在《电视策划学》中提出了电视策划的9种方法，谢耘耕和戴晔在《电视节目创新技法及应用》中也提出了多种节目形态创新技法。我们可以采用各种创造技法来把元素符号进行不同的排列组合，从而在微观层面上设计出新的电视节目模式。这些创造技法主要有组合法、列举法、类比法、设问法等。

1. 组合法

组合法是指按照一定的原理或功能、目的，将两个或两个以上独立的因素通过巧妙的结合或重组，去获得具有统一整体功能的新创意的思维方法。主要有以下几种组合类型：

（1）捆绑式组合。它是将两个或两个以上的节目类型和模块捆绑在一起的方法。如谈话节目与现场直播捆绑在一起，实现事实性信息传播与意见性信息传播的结合。

（2）内插式组合。它是以某一特定对象为主体，通过置换某些模块或插入其他元素，达到创新的方法。如在纪实节目形态中插入动画片断，在真实中增添虚拟，在严肃中增添娱乐。

（3）辐射组合。它是以一新元素或令人感兴趣的内容为中心，与其他因素结合起来，形成元素辐射的创造技法。如围绕北京奥运会可以开发出各种新的节目元素。

（4）焦点组合，又叫焦点法或强制联想法。它是以一个特定对象为焦点，然后与其他乍看起来无关的事物强行结合在一起，从而达到创新的方法。如金融海啸，就是把两个不相关领域中颇受关注的术语组合成更能形容新事物的词组。

2. 列举法

列举法又叫因素排列法、检核表法，是最基本的思维活动之一，被称为“创造技法之母”。列举法是以列举的方式把问题展开，即用一览表的方式进行分析，寻找创造发明的思路。由于它是以分析为基础的，所以又叫分析创造法。它有下列几种：

（1）特性列举法。根据电视节目的特性进行创新，可以从电视节目的元素入手，如主题、规则、参与者、情境、舞美等。从内容元素来看，有节目题材创新和表现内容创新。从形式元素来看，有规则创新，如《超级女声》；有参与者创新，如《舞林大会》；有情境创新，如《幸存者》；有舞美创新，如《我型我秀》。

（2）缺点列举法。主要用于电视节目改版，先找出一些不好的元素符号，然后通过删减或改造再创新节目。

（3）希望点列举法。主要通过受众反馈、市场调查来作预见性定位，从而达到电视节目升级换代的目的。

3. 类比法

类比法是通过两个事物进行比较而获得创造性设想的方法。主要包括直接类比法、特征类比法、象征类比法、因果类比法、综合类比法等，其中特征类比法又分为功能模拟和移植创新两种。

电视节目创新中的移植是很重要的一种创造技法，它是指将某一领域中已经发展相对成熟的原理、结构、材料等移植到新的载体中，用以变革和创造新事物，使其脱颖而出。那么，在电视节目创新中，如何应用移植创新法呢？

（1）结构移植。结构移植是指将某种事物的结构形式和结构特征向另一个事物移植，以产生新的事物。如招聘类节目《绝对挑战》，就是把社会现实移植到节目时空中。

（2）原理移植。原理移植是指把某种事物的原理应用于不同的领域。1999 年，《财富》全球论坛首次在中国上海举办。中央电视台和上海电视台合作进行特别报道，先后有 17 位国内外著名企业家参加了 12 场《财富对话》节目的制作。从这个活动获得了灵感，中央电视台经济部的《对话》栏目于 2000 年 7 月开播，这就是把经济论坛活动移植到经济类谈话节目中。

4. 设问法

设问法又叫奥斯本检核表法，又叫 5W1H（why，what，who，when，where，how）法，都是以提问的方式，发现解决问题的线索，寻找创新的思路的方法。我国研究者许立言、张福奎对此法加以改造和发展，提出了“十二个聪明的办法”：①加一加；②减一减；③扩一扩；④缩一缩；⑤改一改；⑥变一变；⑦联一联；⑧学一学；⑨代一代；⑩搬一搬；⑪反一反；⑫定一定。比如一个新研发出来的电视节目，根据观众对栏目的反馈意见，增加或删减某些板块和元素；播出一段时间后，可以根据市场反应，扩大或缩短栏目播出时长；当栏目进入衰落期时，可以通过某些改变来消除审美疲劳，也可以通过内联外学借鉴经验；可以搬来好的节目模块或环节取代不好的节目模块或环节；面对节目同质化，有时需要反其道而行之，面对频繁的改版风，有些好东西需要保持。

此法在元素置换和节目创新中显得通俗易懂、简明扼要。中央电视台《话说长江》中首次加入主持人，一改专题片声画分离的呆板样式，给人耳目一新的感觉。“十二个聪明的办法”实际是十二个创新路径，在此不一一描述。

三、限定与置换

限定性不仅仅是对模块和结构，更多的时候还体现在对元素符号的限定上。以《学徒》为例，限定性元素有大都会、特朗普、两队对抗、胜方、败方等；而相对应的是非限定性元素，有比赛任务、奖励方法、比赛规则、新场景等。与限定性对应的是节目的多样性和丰富性，而非限定性元素就是体现这种多样性和丰富性。“电视节目形态就是在节目生产的标准化与节目需求的多样化之间形成的，既带有规定性又带有灵活性的节目范式。”① 由此可见，限定某些元素，可以保持真人秀节目的统一性和延续性。置换某些非限定性元素可以创造出新颖性和多样性。二者的对立统一，就会使电视节目模式既有定力又充满活力。

第六节　形式产品与媒介产品

以上讨论的都是与电视节目内容剥离后的电视节目形态构成，但在实际的电视节目模式设计和电视节目研发中，一定是形式为内容服务，一定是节目内容与节目形式紧密结合。在当前对电视节目形态创新的狂热追求下，出现了一个误区，以为一旦有了新的节目形态，电视节目创新就会突出重围，取得成功。其实这是一种盲目的节目形态崇拜。当今电视的竞争，一定是“内容为王”，没有好的内容、新的内容，仅仅依靠形式的创新还是不够的。同样是聊天式谈话节目（Chat Show），且节目模式也十分相似，《鲁豫有约》与《奥普拉·温弗瑞秀》（The Oprah Winfrey Show）还是有较大的差距。奥普拉独具魅力的人物访谈、心理分析、专题讨论和生活指导使之成为美国最有影响力的主持人。

前面我们把形式与内容分离开来是为了研究的需要。我们把电视节目形态由宏观到微观分成三个层面：模式—模块（环节）—元素（符号）。我们发现，节目内容与节目类别、节目题材等内容范畴相关，模块环节与传播功能紧密相关，元素则可以分为内容元素与形式元素两大类。此外，还有一些用于链接模块和环节的结构元素。这些结构元素形成了电视节目形态的限定与置换。

如果我们了解各个基本节目形态的编码规则和传播特点，那么就能更好地承载相关的节目内容。如谈话节目比较适合观念传播，而现场直播能更好地进行信息传播。如果我们了解各类模块的传播功能，那么就能在节目模式结构中运用自如。如果我们知道每一个元素的符号意义，那么就能创造出千差万别的节目新形态。同样，我们都懂得“旧瓶装新酒”的道理，《百家讲坛》的节目形态变化不大，但节目内容变化

① 张小琴，王彩平．电视节目新形态．北京：中国广播电视出版社，2007.3

了，传播策略改变了，因而也会产生巨大的变化和影响。可能出现三种创新情况：一是新形态新内容，二是新形态旧内容，三是旧形态新内容。任何一种情况都是电视节目创新，虽然新的不一定是好的，但好的一定需要创新。所以，首先要有好的节目内容，然后才是选择合适的新颖的节目形态。

节目内容与节目形态有三对互动关系：基本形态与基本定位；模块环节与传播功能；内容元素与形式元素。而这些结合与互动又可采用不同的结构方式，形式结构包括板块与层递两种逻辑关系；内容结构主要指叙事结构，如真人秀里的游戏规则，它构成节目模式的内容环节。它与电视文本中的叙事结构相似，但又不完全相同，前者侧重形式结构，后者侧重内容结构。

研发是对产品而言的，如果我们把电视节目看成产品，那么它是怎样的产品呢？过去，我们更多的是把电视节目看成文化产品、信息产品，而随着制播分离和电视产业化，我们开始把电视看作内容产品和内容产业。喻国明教授认为，媒介产品是一个远大于媒介内容的概念。他指出："媒介产业是内容产业，它的核心产品是做内容。但是，这个内容产业在发展过程中的关注重心一直是按照'核心产品—形式产品—延伸产品'这样一种发展逻辑循序渐进的。前一种产品为下一种产品提供丰富的基础，下一种产品的发展又为前一种产品的下一轮发展积聚创新的条件。"[①] 电视节目就是沿着"内容产品—形式产品—播出产品"的逻辑发展。节目形态就是形式产品吗？人们往往把节目形态看成静态的平面的节目样式。目前在许多电视台，一个新的节目样式要投放，首先要做出样片来看，样片经审查后新节目就可以投产。这是一种传统的节目研发和产品生产。

前面谈到电视节目的三大构成：声音、画面和时间。电视节目形态也是时间的函数，节目形态既是形式产品，又是播出产品、时间产品。作为播出产品的电视节目还有两种形态，一是单一传播渠道的时间产品，如电视栏目，栏目就是典型的时间产品；二是多个传播渠道的空间产品，如大型活动的多媒体传播，多频道并机直播的特别节目。

一、作为时间产品的节目形态

作为频道的播出产品，如节目编排、栏目化播出。节目形态不仅是节目的制作形式，还是节目的播出形式。一个完整的节目模式应该包括节目的内容、版式和播出形态。它要根据观众的收视习惯、收视行为及受众构成来确定节目编排和节目模式，美国 NBC 的早间新闻谈话类节目《今天》（The Today Show），播出时间是每天上午 7 点到 11 点，时长四小时。在节目的前半段，内容通常以各种信息为主，如国内外新闻，气象预报，交通、财经信息等，因为这个时候大部分上班族还在家中。后半段主

① 喻国明 . 2007 年：中国传媒产业的三种转型 . 传媒观察，2007（9）：8

要以软性题材为主，因为这个时段上班族已经离开了家，收视群以家庭主妇为主，内容也主打生活休闲类。

除了日播、周播及插播的电视节目外，近年来我们还引进了美国的一种电视节目编排方式——“播出季”。这里的“季”并非自然界的季节，“电视里‘季’有两层含义：一是指电视行业中统一的节目编排周期，比如说‘NBC 上一季的收视’；另一个是指电视剧或者电视栏目的制作、售和播出单位，比如说《疯狂主妇第 2 季》”①。这里的电视节目显示出两大形态特点：①电视节目形态是一个立体的动态的时间产品；②电视节目形态与电视节目运营相关，它不仅要经营时间，还要经营观众。

二、作为空间产品的节目形态

当今电视节目还是多个传播渠道、多种传播媒介立体互动的空间产品，如跨媒体传播的各种选秀活动。自湖南卫视《超级女声》起，林林总总的选秀活动得到电视媒体的青睐充分说明它所具有的巨大的传播潜能。一方面，手机短信、网络传闻都是选秀节目的延伸产品，它会增加节目的附加值。另一方面，电视节目也可以提供给网络视频和移动电视。当传统的电视节目放到网络上和手机上播出时，还会沿用原来的电视节目形态吗？答案是否定的。无论是传播特性还是受众行为，新媒体都与传统电视大相径庭。对此，笔者认为新媒体需要内容定制，需要新的内容产品和形式产品。这种形式产品既是一种节目形态也是一种媒介形态。笔者在“电视新闻影响论”和“电视媒介融合论”两章中另有讨论，在此不赘述。

当今电视内容产业，不仅仅要做内容产品，而且要做延伸产品，也就是说要做产业链。在一个跨媒介、跨行业、跨区域的产业价值链中，电视内容产品能够实现最大限度的增值。总而言之，在数字时代，电视节目形态不仅是形式产品，还是一种在时间上延伸和空间上跨越的媒介产品。不过说到跨媒介的节目经营或活动经济，那已是另一个话题了，笔者在“电视产业经营论”一章中再展开讨论。

---

① 徐立军，袁方．电视播出季——频道编播创新前沿．北京：中国传媒大学出版社，2007.3

第六章

电视对外传播论

Criticism and Construction—Focus on Chinese TV

随着中国国力的增强与和平崛起，电视承载着弘扬中华文化和传播国家形象的双重任务。再加上开始实施“走出去工程”，对外传播、国际传播和跨文化传播等研究也随之活跃起来，研究主要集中在传播理论构建和传播现象分析上，对传播效果缺少实证研究，同时缺少运营层面的分析。对此，笔者从传播效果入手，认为不仅要“走出去”，更要“走进去”，要以开放的思维和创新的精神，积极探索对外传播的新路径、新模式。为了便于考察，笔者把中国（内地）电视对外传播研究聚焦在港台地区。一方面关注两岸四地广播电视互动，研究跨文化传播的现实与趋势；另一方面通过对内地电视在香港传播展开实地调查和定量分析，以科学的方法研究我们的对外传播如何能真正做到“走进去”。

第一节　从“走出去”到“走进去”

当今世界，国际竞争日趋激烈。要在竞争中赢得主动，不仅需要强大的硬实力作基础，而且需要强大的软实力作保证。电视媒体作为信息发布、文化传播的重要载体，在提高国家文化软实力中发挥着越来越重要的作用。2001 年 12 月 24 日，国家广播电影电视总局开始实施广播影视“走出去工程”，大力推动影视文化企业和产品走出去。在短短的几年里，中央电视台、中国国际广播电台加强了全球覆盖，中国电视节目通过各种渠道进军海外市场，不少优秀作品频频在国际电影节获奖。然而，我们不得不正视这样的现实，当今国际传播仍然为西方媒体所主导，西方主流社会仍然很少能从我们的影像中了解今天的中国，这就需要我们实事求是地审视当下中国电视的对外传播。

一、现实解读：从对外宣传到对外传播

当今中国电视对外传播处于一种什么样的态势呢？早在 20 世纪 90 年代，中央电视台就开始与国外电视媒体开展各种业务合作，并开办了英语频道。目前，中央电视台有中文、英语、法语、西班牙语四个国际频道和一个长城平台，节目覆盖 136 个国家和地区，其中中文国际频道实现了在亚洲、欧洲、美洲的分版播出，在海外入户超过 1 500 万；英语国际频道在 42 个国家和地区的入户总数达 5 000 万。长城美国平台用户数 5.7 万，成为北美最大、成长性最好的中文平台。此外，一些地方电视台也陆续建立自己的对外窗口，如黄河台、神州台等先后在境外落地。同时，我国的影视产品也通过各种渠道销往海外市场。那么，整个传播效果如何呢？我们一直缺乏对我国电视对外传播效果的定量分析，暨南大学新闻与传播学院开展的研究项目“内地电视在香港传播研究”，率先采用问卷调查和定量分析的方法，对内地电视在境外传播进行了研究，调查的结果并不令人乐观，平均六个香港市民中仅有一人收看内地电

视，且收看的时间都不长。[1] 在其他国家和地区，我们的传播力更弱。对此，中央电视台赵化勇台长认为："这一现实，迫切需要我们创新对外宣传方式和方法，积极有效地影响国际舆论，变相对被动为相对主动。"[2] 如何变被动为主动呢？观念创新恐怕是最为关键的。

从传播学的角度来看，传者和受众是"走出去工程"的出发点和落脚点。我们先来看一下传者及其传播观，即对外宣传工作及指导思想。长期以来，对外宣传一直是我国广播影视工作、新闻报道和文化交流中的一项重要工作。然而，"宣传"在英语里是一个贬义词，外国人对宣传十分反感。BBC 中国及北亚区总监李文认为，中国对外宣传是报喜不报忧，甚至夸大拔高，这样一来就会有两种效果：要么觉得你是假的，因为没有哪一个国家好得没有任何问题；要么就是觉得中国实在是太强大了，如此就为"中国威胁论"提供了口实。这说明我们的对外宣传无论是传播观念还是表现方式都比较陈旧落后。美国杜克大学中国传媒研究中心主任刘康教授认为，中国的"外宣"模式是冷战与革命时代意识形态的产物。他的观点至少代表了部分海外学者的看法。在全球化背景下，国际传播和跨文化传播已成为一个国家"软实力"的重要体现。为此，我们应该变对外宣传为对外传播，引进现代传播理论来指导我国广播影视"走出去工程"。

那么，什么是对外传播呢？"对外传播是指一个国家或文化体系针对另一个国家或文化体系所开展的信息交流活动，其目标是要信息接受国了解信息输出国，培养其友善态度和合作愿望，并创造一个有利于信息输出国的国际环境，取得最高程度的国际支持和合作。"[3] 与西方国家相比，我国在对外传播中除了资金、技术、人才等方面存在明显的差距之外，还存在着一些障碍，主要在两方面：一是文化差异方面的障碍，对外传播实际上是一种跨文化传播，你认为好的节目，人家不一定喜欢看，甚至看不懂。有些节目在国内热播，在国外却反应冷淡。如中国纪录片《一个作家和一个城市》，国内评价很高并获大奖，但老外看不懂。所以，我们要学会用世界的语言来讲述中国的故事，这样才能让国外观众看得懂并喜欢它。二是意识形态方面的障碍，社会主义的中国在西方国家眼中是一个异类，尤其是美国主导的西方话语霸权给我们的国际传播设置了种种障碍，让我们遭遇文化贸易壁垒，这是一场政治与文化的博弈，要想赢就需要妥协、需要策略。如中央电视台与美国国家地理频道合作拍摄的纪录片《故宫》，中央电视台制作一个 12 集的国内播出版，同时美国国家地理频道剪辑成一个符合外国人观看习惯的上下两集的海外播出版。

"走出去"是从传者角度来说的，是指传播区域由内向外；"走进去"则是从受

① 谭天．内地电视在香港传播研究（广东省广播电影电视局 2007 年度重点课题）

② 赵化勇．充分发挥电视在提高国家文化软实力中的作用．人民日报，2008－03－26

③ 廖声武．全球化时代我国的对外传播策略．湖北大学学报，2005（4）

众角度来看的，是指传播的目标和到达的效果。中央电视台频道在海外落地，进入当地有线电视网，这叫“走出去”，但要人家选择你这个频道，并且能看懂它、喜欢看它，这才叫“走进去”。那么，中国电视对外传播的受众群是哪些人呢？我国对外传播的目标受众可分为三大人群：外国人、海外华人、港澳台同胞。目前，我国的影视节目在西方国家的影响还很小，像张艺谋、贾樟柯等人在国际获奖的影视作品还是凤毛麟角。现今中国电视节目大多只能进入海外华语电视台和港台地区，小部分进入到包括日本、韩国在内的亚洲国家。显然，中国电视走出国门后，能够走进去的只是目标国的少数族群——当地的华侨和华裔。目前，我国广播影视“走出去”的对象主要是海外华人（华侨、华裔）与港澳台同胞，据不完全统计，这个受众群超过 6 500 万人。但即使面对这样一个人群，在传播中还存在不少问题，一是力量分散，目前中国国内电视台和频道进入美国有线电视网络的有 30 多家，主要的传播对象都是人口不到 300 万的华人华裔人群。二是语言单一，我们面对的主要是深受中国文化影响的第一代移民，而对第二代、第三代华人（华裔）的影响则要小多了。融入所在国社会的华裔已成为不会说中文、不熟悉中国文化的“香蕉仔”（黄皮白心），而这些华裔在海外华人社会中将逐渐成为主体，他们将成为我们对外传播的主体。当然，更大的受众群还是多种语言、多元文化的世界各国人民，尤其是英语国家的民众，目前我们在这方面的影响力更弱。

诚然，中国电视要进军强势的英语世界和西方社会谈何容易，但是并非没有可能，半岛电视台已经为我们树立了榜样。世界需要多种声音，一个更加开放的媒体是进入国际传播的前提。中国电视经过半个世纪的发展和 30 年的改革开放，是否具备了进入全球传播的条件和契机呢？说到条件，我们应该清醒地看到：中国电视走出国门尚属起步，要实现全球传播和走进西方社会还有相当长的路要走。这需要我们从传播观念和传播机制上审视我们的对外传播，同时我们应该积极进行传播策略上的创新，探索中国电视对外传播的最佳路径和新的模式。

二、路径创新：从自建渠道到“借船出海”

研究对外传播，不仅仅是传播学范畴的问题，还需要解决媒介管理方面的问题。2006 年，中共中央办公厅、国务院办公厅发布《国家“十一五”时期文化发展规划纲要》，提出加快实施广播影视“走出去工程”。“走出去”工程概括起来有三大任务：增强广播影视有效覆盖、扩大广播影视产品发行和建立广播影视交流平台。那么，中国电视如何去完成这些任务呢？

目前，中国电视“走出去”的传播路径主要有两条：一是自建渠道，即通过中国电视频道在海外的落地或影视节目自办发行，直接掌控平台和收益。我国广播影视“走出去”工程自启动以来在这方面取得了一定的成绩。然而，正如支庭荣博士所说："世界是平的，传媒是凹的。"① 要越过对外传播的鸿沟，要突破传媒市场的壁垒，单凭本国自身的力量是不够的。二是"借船出海"，通过对外交流与合作传播本国文化，已经成为很多发达国家输出价值观和意识形态的重要手段。"借船出海"在媒体运作上可以从三个方面去拓展：

1. 业务合作与内容提供

我们通过与国外媒体的合作，积极向海外主流媒体供片，让我国的影视节目逐渐进入海外市场，其赢利模式主要是出售节目的海外播映权。目前，中央电视台与200多个媒体机构建立了合作关系，与美、法、德、日等20多家媒体机构签订了框架性的合作协议；建立了遍布亚洲、大洋洲、北美洲、南美洲、非洲的国际营销网络，每年向海外媒体机构销售近10 000部（集）电视剧、纪录片、专题片等各类节目。如中央电视台与美国国家地理频道合作的《故宫》，借用美国国家地理频道的品牌和渠道把这部中国纪录片销到世界140多个国家和地区。"借船出海"具有丰富的内涵，既可以借助国外的传播渠道和传播模式，也可以借助我们丰富的节目资源和市场换取国外的资金，还可以借鉴、学习和交流国际先进的制作和营销理念。我国电视对外交流合作机制还可以更加灵活、开放，还应更加积极与国外媒体开展多层次、多形式的节目合作，开展双边或多边新闻素材和节目交换，组织国际合作，互办电视节等。

2. 合资合营传媒和频道

我们与境外媒体合办公司和频道，把中国电视对外传播的运作机构插进目标国家和地区。广东电视台在这方面率先迈出了第一步。广东电视台的"走出去工程"包括两种模式：一方面广东电视台积极做好广东卫视、广东珠江频道在香港、澳门乃至美洲、欧洲、澳洲、东南亚等地的落地工作。另一方面广东电视台主动与海外投资机构合作开办境外电视台，组建海外兵团，探索广东乃至中国电视产业与境外资源优化和整合的联合发展、互利双赢的新的发展模式。目前，广东电视台已经组建了两个境外电视频道：马来西亚"家娱频道"和香港"点心卫视"。

家娱频道是总部设在马来西亚吉隆坡的中文卫星电视频道，是广东电视台于2005年6月与马来西亚一家电视制作机构合办的第一个境外电视频道。家娱频道目前主要是面向东南亚的华人，经过几年的发展，现在已经进入了马来西亚、印度尼西亚、菲律宾、越南、老挝等国家的一些有线电视网，并且进入了马来西亚的手机电视网。

经过充分调研论证，广东电视台利用自身所拥有的节目资源优势，支持、配合香港爱国爱港资本机构新开办一家粤语电视媒体，借此扩大电视对外宣传阵地，加大对粤港澳大珠江三角洲地区的宣传力度，扩大广东乃至中国内地对港澳地区的文化影响力及文化凝聚力。通过几年的前期谈判，2005年6月1日，经过与香港合作方的协

① 支庭荣．世界是平的，传媒是凹的——对传媒经济特性和规律的一种诠释．现代传播，2007（3）：93

商，双方签订了“合作框架协议”。2007 年 4 月，点心卫视通过亚太 6 号卫星发送上星，同时在香港 Now 宽带网播出。

3. 借助新媒体开拓新领域

“借船出海”中还有一艘重要的“船”就是新媒体。新媒体为传统电视和对外传播展现了一个更加广阔的空间。广东电视台把他们的“走出去战略”与“新媒体战略”组合成产业化发展的“蓝海战略”，他们进一步解放思想，在拓展境外市场的时候不失时机地抢占新媒体市场。在对外传播中，良好的平台通道是关键。因此，广电系统的新媒体布局最终必然要考虑如何与电信运营商合作，这才是新媒体战略能否真正实施的关键所在。新的媒介技术给电视带来更多的传播渠道，同时在内容供应上产生了巨大的需求，广东电视台瞅准这一机遇，利用多渠道、多方式在对外传播中寻找合作机会，探索新的合作模式。广东电视台在进军境外有线电视的同时还进入宽带网，大胆地引进风险投资，毅然收购香港 3G 手机，进军境外手机电视，开拓多媒体对外传播的空间。

在中国电视对外传播的策略选择上，“借船出海”无疑是最佳的路径，因为它有两大优势：一是节省运营资金，二是有利于本土化传播。问题是如何更好地实现本土化传播。这就需要对中国电视对外传播的组织模式进行创新。

三、模式创新：从“放水养鱼”到“市场导向”

中国广播电视拥有一个庞大的对外宣传体系，中央电视台及各省级电视台都设有司职“外宣”的海外中心或国际部，负责制作供海外播出的电视节目。我国电视对外宣传从邮寄磁带到卫星直传，从模拟电视到数字电视，从传统媒体到网络媒体，从单向传播到双向互动，在“硬件”方面发展较快；但在创作理念、内容生产和节目运营等“软件”方面变化不大，存在宣传味浓、形式呆板、运营不佳等问题。而市场拓展不足和产业功能欠缺则让中国电视对外传播方面陷入投入不足、资金捉襟见肘的窘境。如广东电视台珠江频道，每天都制作三个不同的播出版：一是在省内播出的版面，二是面向海外粤籍华人的珠江频道海外版，三是香港版，进入香港有线电视网播出。目前基本上还是赔钱赚吆喝，又叫“放水养鱼”，即用电视台其他项目经营的收入来补贴外宣节目的亏损，也就是重在培育观众，不求经济收益。长期以来，我国外宣节目由于重生产轻经营、重政治轻市场，采取的是“以内养外”的经营方针，即以国内经营收益贴补海外运营的亏损。节目出口只求社会效益不讲经济效益，这在短期不失为一种策略。但长此下去就会陷入节目制作资金短缺、自身造血功能不强的困境，节目更多的是为了获奖而不是为了受众需求，势必影响节目整体质量和对外传播的可持续发展。

从传播主体来看，目前我国的对外传播基本上由国家唱主角，以政府为主导，民间传媒和民营企业的比重还很低。如何让民营影视和资本市场在对外传播中扮演更加积极的角色，是我们必须认真研究的重要课题。近年来，中国民营影视产业有了一定的发展，尤其在北京和广东，前者地处国家政治文化中心，有着十分丰厚的人文资源和制作资源；后者地处改革开放前沿，经济发展领先全国，市场体系比较完善，民间资本实力雄厚。这些都为民营影视产业的发展提供了良好的环境和土壤。中国电视"走出去战略"应充分利用民营影视制作这股力量，为此，一方面我们要推进制播分离，充分利用社会力量办电视；另一方面整合中央与地方各种资源，组建进军海外市场的"联合舰队"。

海外很多观众，对中国的了解往往来自影视剧。文化的传播是通过作品的潜移默化来实现的。近些年，国产电视剧的海外销售在走下坡路，这是我们不得不面对的事实。笔者认为主要原因有二：一是由我国传统的影视生产体系所决定的，重创作轻市场、先生产后发行，而当今好莱坞电影公司都是发行公司，面向全球，以销定产；二是我国影视制作业总是认为国内市场很大，能在这块大蛋糕中切一点就可以了。在创作源头就没有考虑过海外市场，节目怎么可能卖得出去？那么，如何更好地了解和把握海外市场？与境外广播影视制作业同行展开更密切的合作是关键的一点。合作拍摄的着眼点，应该放在海外市场。中国电视剧制作中心副主任张子扬则明确地指出："两岸三地合作，现在是一个非常好的机会。大家应该强强联合，即整合各自最优秀的那部分资源，创作出能够传递'大中华文化'的作品，以此开拓亚洲市场，与日韩展开争夺。"① 促进大陆与港澳台电视媒体的合作，是实现华语电视全球传播的第一步。

面对全球传播的国际竞争，中国电视对外传播的内容还缺乏竞争力，这主要表现在：①题材单一，创新不足。目前，许多国内影视公司热衷于古装剧和历史题材的节目制作，其实当今世界更关注现在的中国，外国观众更希望了解现实的中国社会。当然，还有一个问题就是：这类影视节目由谁拍更好？外国人不了解中国的国情，中国人也不了解外国人的欣赏习惯。最好的办法就是联合制作、合作经营，如中央电视台与美国国家地理频道、英国的 BBC、日本的 NHK 及"Discovery 中国新锐导演计划"等都是跨国合作。为此，我们还要建立和完善各种合作机构和交易平台，如中央电视台国际电视总公司、中国（广州）国际纪录片大会等。②"走出去工程"既要有质量还要有数量，单凭一两个电视台自身的力量是无法生产出足够的优质产品的，各自为政的国内电视台和民营影视企业必须联合起来形成合力，中国电视的对外传播不仅需要内容生产商，更需要内容集成商和内容运营商。这里也有一个观念更新问题，就是我们不仅要把电视节目看成是宣传品和作品，更要看成是一种打入国际市场的内容产品和文化产品。我们希望出现更多从事中国电视产品国际贸易的专业公司、中介代理和媒介运营商，不管是民营的还是国外的。

当今对外传播是在市场经济的基础上实施的，因此，研究对外传播不能离开传媒

---

① 宋文娟.2007 年电视剧市场：引进来　走出去.中国广播影视，2007（3）

经济的范畴，不能离开全球经济一体化的现实背景。市场是检验产品的风向标和重要标准，只有受到国外观众的欢迎才能证明你的产品（节目）不仅“走出去”而且“走进去”了。中国电视只有取得海外市场的收益才能证明产品出口是成功的，中国电视媒体只有变“以内养外”为“以外养外”，即中国电视对外传播直接在海外市场运营中取得收益，只有这样才能说明中国电视拥有了广泛而忠实的海外受众，只有这样才能实现我国广播影视“走出去工程”的可持续发展。对外传播活动既是一种传播行为，也是一种经济行为，以市场为导向的对外传播还有很多种运营模式，如版权输出、版权合作、资本运营、海外上市等，通过这些新的模式，既可以建立利益共同体，又可以更好地实现本土化传播。至此，中国电视要创建对外传播新的运营模式，应该充分利用传媒市场的杠杆作用，以市场为导向推动电视节目运营产业化，政府积极引导和大力鼓励民营影视企业走出去，加强和扩大与国外媒体的合作，做到国有、民营和外资“三驾马车”并驾齐驱，实现“以外养外”的良性循环，同时不失时机地进入新媒体领域，建立一个跨国界、跨体制、跨行业的国际传媒产业。

“在注意力发挥作用的领域，经济学规律无处不在；在影响力发挥作用的领域，文化的、符号的力量举足轻重。”① 中国电视作为一种文化产品，真正做到“走出去”，不仅仅是指节目卖出去，而且指文化输出去。我们的文化为对方所接受，才能真正做到“走进去”，走进西方主流社会中。因此，我们要做的不仅仅是注意力经济，而且是影响力经济。“走进去”的关键是如何把文化资源转化为文化资本，令人遗憾的是一些优秀的中国传统文化没有为我所用，反而被他人占得先机，如美国人制作的《花木兰》和《功夫熊猫》。“如果中国文化创意不能借助市场力量，将自己的文化资源转化为文化资本，中国文化在全球的话语权将面临越来越大的威胁。”② 从落地到入户，从认知到认同，由局部进入全面渗透，由“走出去”到“走进去”，我们的目标越来越清晰：市场化的目标是实现中国电视“走出去工程”的可持续发展，本土化的目标是实现中国文化的全球化传播。

全球化传播要有国际视野，跨文化传播要有现代意识，这些都会体现在我们的电视节目制作、创作和创意上。影视剧和纪录片是两类最重要的文化产品，笔者主要研究后一类。

第二节　纪录片的跨文化传播

2008 年 10 月 10 日，笔者应邀参加广东省中山市举办的“拓展纪录——电视系

---

① 支庭荣．世界是平的，传媒是凹的——对传媒经济特性和规律的一种诠释．现代传播，2007（3）：95

② 尹鸿．《功夫熊猫》：我们只有文化却不能转化为文化资本．http：//blog. sina. com. cn/s/blog_482580270100axul. html

列纪录片《海外中山人》研讨会”。在伟人故乡的研讨会上，除了对具体作品的评析外，更引发了笔者对中国纪录片“走出去”的思考，就是从跨文化传播的角度来审视中国纪录片的发展。

一、本土化传播的成功

2004—2007年的三年多时间里，中山市侨务局和中山广播电视台联合派出摄制组走出国门，跨越南北和东西半球，寻访了旅居世界各地的200多位海外中山人，用摄像机记录下他们在异国他乡创业、奋斗、拼搏的真实故事，先后制作了《海外中山人》大洋洲篇、北美洲篇、亚洲篇累计109集节目。这些节目在中山电视台播出以后，引起了强烈的反响。中山台台长高巍巍告诉笔者：《海外中山人》栏目播出的平均收视率达到3个点，最高达到10个点。这对处于频道激烈竞争和大台挤压之下的地方电视台，实在是一个了不起的成绩。与会专家对《海外中山人》一致给予充分肯定和高度评价，归纳起来大致有三个方面：一是选题好，“真实记录中山人在异国他乡艰苦创业的足迹，生动反映中山人爱国爱乡的高尚情怀”；二是贴近性强，以真实感人的故事贴近百姓、打动观众；三是制作好，作为一个市级电视台，如此高水准的大制作实属罕见。那它算不算得上精品呢？能否获得大奖呢？说到这里，笔者联想到广东电视台拍摄的纪录片《百年留学》，它曾荣获中国广播影视大奖。然而，当笔者把这部作品拿到课堂给学生观看和评析时，没想到学生的反应是如此冷淡。后来笔者看到该片导演写的创作谈，论及该片的对象是关心中国留学的观众，由此可见该片的受众定位是相当狭窄的。有一位学生说香港版的《百年留学》要比广东版的好看多了，于是笔者对这两个版本进行对比，香港亚视的《百年留学》是在广东电视台提供的素材基础上重新制作的，它面向普通市民，深入浅出，且加上了主持人，或许它在思想性和艺术性方面不如广东版，但它更注重贴近性和可视性，因此它做得更好看就不足为奇了。这是一个叫好与叫座如何统一的问题。正如中国纪录片前辈陈汉元所说，好的纪录片就是既要有意义又要有意思。

综上所述，电视纪录片《海外中山人》算不算得上精品暂且不论，但它确实在当地电视台有较高的收视率并形成了一个品牌，可以肯定的是它的本土化传播十分成功。然而，正如广东省广播电视协会会长胡国华所说，接下来需要思考的是我们的纪录片如何从拍摄走出去到播出走出去，如何将本土品牌向广东、中国视野拓展，如何从内容产品向传播产品转变。这也与笔者对中国纪录片走向的一些长期思索产生了共鸣。

二、跨文化传播的拓展

研讨会取名“拓展纪录”，这个名称取得好！《海外中山人》的地域文化限制，该如何突破？该如何拓展它？试想，如果《海外中山人》拿到中山以外的地方播出，如果你不是一个中山人，你还会关注它、喜欢它吗？拓展就是一个跨文化传播的问题，中国纪录片的拓展就是要从内容生产层面上升到文化传播层面。笔者认为纪录片要有广泛的传播力和影响力，就必须跨越民族、地域和文化的障碍，更具普适性和深刻性。对此，笔者认为须从两方面作出努力：首先，要全息记录一个真实的立体的华人社会，而不只是从一个层面一个视角去简单记录，去讲述一个个重复的或相似的故事，真实的海外华人群体应该有成功也有失败，或许更多的是背井离乡的无奈和穷困潦倒的窘迫，广大观众更希望看到的是海外华人生活的真实图景，而不只是少数成功人士的赞歌。当今纪录片的跨文化传播就是要用世界的语言讲述中国的故事。什么是纪录片的世界语？那就是画面语言，用影像来讲故事。当然，会不会讲故事也很重要。《海外中山人》大多采用全知视角，平铺直叙，未来采用限知视角和悬念设置，充分调动观众的收视兴趣。

其次，要对纪录片题材进行再发掘和对纪录片素材库进行开发，笔者认为我国纪录片的后产品开发非常不够，《海外中山人》的素材或许比成片更有价值。如果他们能够跳出狭小的地域限制，完全可以开发出系列产品，如我们可以《海外中山人》的素材（或许补拍一些）制作成《海外留学生涯》、《海外谋生之道》、《新一代移民》等社教类或服务类节目，这类节目既可以发行也可以合作方式在省台和中央台播出，这样纪录片的发展空间就大多了，既可以实现跨区域传播也可以满足分众传播的需求。《海外中山人》现已投资两百万，作为一个市级电视台实属不易，难道这些节目只是在本台播出几轮就完事？从经营的角度来看，如何改变纪录片投入大、产出小一直是中国纪录片市场化所面临的一大课题，通过跨文化传播和纪录片素材开发是实现纪录片传播增效和产品增值的重要途径。

三、全球化传播的反思

《海外中山人》属于当代中国纪录片的一个种群——海外华人题材纪录片。自1997年香港亚视拍摄系列纪录片《寻找他乡的故事》以来，凤凰卫视拍摄了《唐人街》，中央电视台拍摄了《幼童》，广东电视台拍摄了《百年留学》，各地电视台也纷纷把镜头转向他们在海外的乡亲们，一时间海外华人题材纪录片成为中国纪录片界一道亮丽的风景线。然而，近年来此类题材纪录片似乎陷入题材雷同、手法单一、创新不足的低谷，不禁让人们担忧此类纪录片到底能够走多远？有没有可能取得新的突破？

要解构海外华人题材纪录片，我们不妨先进行类型分析。笔者认为此类纪录片可以有三种做法：第一种是做人物专题片，以故事性和贴近性取胜，前面已经说过它有一定的地域局限性，适合拍给当地人看；第二种是做历史纪录片，类似凤凰卫视的《口述历史》，受众定位高端人群，适合给文化人看；第三种是做人文纪录片或者人类学纪录片，以人类发展的共同命运和共同关心的问题为选题，显然，这样的选题既有高度又有广度，可以进行全球化传播。那么，什么是人类共同关注的选题呢？中日两国的《新丝绸之路》就反映了不同的理念和视角。中央电视台拍摄的《新丝绸之路》注重寻找湮没的文明，以弘扬中华民族伟大的古文明为己任；而日本 NHK 拍摄的《新丝绸之路》则关注丝绸之路上各民族的冲突与融合，以表现世界文明的碰撞和人类命运的变迁，让观众有更多的思考。厦门大学副教授阎立峰在研究我国对外传播时谈到了“中国的窗口”和“世界的镜子”的关系。“中国的窗口”的意思是面向全球华人报道中国事，“世界的镜子”就是指面向全球华人报道世界事。他认为，“世界的镜子”可包含逐步递进的三方面内容：第一，发出自己的声音；第二，为全球华人服务；第三，也是最高目标——“与世界各地的华语电视媒体共同携手，增强华语电视传媒在以西语为主导的世界舆论市场上的竞争力和影响力，加速华语信息市场的扩展”[①]。《海外中山人》只是为中山人提供一个窗口，是一个中国人窥视海外的小窗口。笔者认为，做“世界的镜子”应该是海外华人题材纪录片的拓展目标。

我国政府鼓励海外华人华侨融入居住国，融入当地社会，表彰他们对世界文明作出的贡献。研讨会上也有两位海外华人代表参加，其中一位给我们讲述了一个感人的故事。南美某国总统荣获诺贝尔和平奖，而当年为他奔走各国游说助选的是一位当地华人。总统的这位华人朋友后因飞机失事不幸遇难，该国为他立了一块牌匾，以纪念这位华人的杰出贡献。这不就是一个表现文化融合和和谐世界的极好选题吗？海外华人题材纪录片的创作与传播必须跳出狭窄的民族主义，以广阔的胸怀和开放的思维来反映海外华人与世界文明。“只有民族的才是世界的”，同理，“只有世界的才是优秀的”。唯有如此，中国纪录片才能走出国门，走向世界。

中国内地广播电视“走出去”的第一站当然还是港澳台地区，通过两岸四地广播电视互动来做大做强华语广播电视，进而进军海外，影响全球。

第三节　两岸四地广播电视互动

伴随着中国改革开放的是广播电视进入了高速发展时期。以国际化大都市香港的广电业发展为最早；台湾广播电视虽然起步较晚，但因其商业性质发展却很快；内地随着经济发展和对外开放，广播电视发展不仅进入“快车道”，而且后来居上；澳门广播电视由于地域所限，则更注重与内地的合作。近年来，合作正逐步成为两岸四地广播电视互动的主题。本节将探讨这一合作发展的前景。

一、现状考察：人才·业务·节目

由于社会制度不同、经济发展差异及相互之间关系等各种因素的影响，内地与港

① 阎立峰．对外华语电视节目的文本、受众和机构．现代传播，2007（2）：50～51

澳台地区广播电视的发展速度和模式不尽相同，但广播电视业界一直存在着广泛的接触、交流、竞争与合作。近10年来，在产业化、数字化“两个轮子”的驱动下，两岸四地广播电视的合作领域更加广阔，合作层次不断提高，同时合作的方式日趋多样化，主要体现在四个方面：

1. 节目互换播出

随着数字电视的迅速发展，广播电视的传播渠道大增。进入21世纪以来，香港电视节目供应出现了很大的缺口。丰富多彩的香港本土节目已不能满足观众需求，香港免费电视的自制节目只占34.2%，付费电视仅占17.6%，大量的电视节目依靠外购。如香港TVB购买了中央电视台的《大国崛起》，重新包装后配上粤语播出。台湾是当今世界电视频道最密集的地区之一，现有140多个电视频道，对节目的需求非常大，囿于台湾当局的限制，两岸之间的节目交流与合作还比较少。

2. 联合制作节目

近年来，两岸四地频繁的经贸文化往来吸引了港澳台众多传媒，从而激活了两岸四地广电节目制作的合作。中秋晚会《天涯共此时》、周播节目《互动星期天》、大型直播节目《海峡西岸行》、特别节目《千里走青藏》、“海峡两岸记者草原行联合采访活动”等聚集了两岸四地众多广播电视媒体，合作规模不断扩大、规格不断提高，范围从文娱节目拓展到新闻报道。20多年来，两岸合作拍摄电影、电视剧、专题类节目共有500多部。为了加强联系和便于合作，不少港台传媒陆续在大陆设立记者站、制作公司、办事处等常设机构，如凤凰卫视就把制作基地设在北京和深圳，香港电视制作公司干脆把制作基地设在广东电视台对面的亚洲国际大酒店。

3. 从业人员交往

两岸四地广播电视从业人员之间往来与合作日趋频繁，最为集中的是香港的凤凰卫视和澳门的澳亚卫视。受迫于岛内市场的萎缩，越来越多的台湾影视人也纷纷选择大陆市场。据国家广电总局统计，每年台湾主创人员参与大陆剧拍摄的有300至400人次。自1987年台湾摄制组来大陆拍摄专题片《八千里路云和月》至今，20多年来，台湾的广播影视导演、编剧、演员、摄影师等从业人员4 000多人次受邀参加大陆影视剧、综艺晚会和专题节目的制作演出，共同举办研讨会、座谈会、广播影视节（展）活动200多场次；台湾业内人员前来大陆参观访问、制作节目、洽谈业务达上万人次。①

4. 广电业务交流

近年来，两岸四地广播电视业务交流也十分密切，相互之间的互访、研讨会（论坛）、广播影视节（展）活动十分频繁。2005年9月，台湾“两岸科技交流访问

---

① 茆雷磊，张勇．广电总局负责人回顾两岸广播影视文化交流20年．中央政府门户网站（www.gov.cn），2007－11－07

团”抵达大陆，访问除了讨论两岸广播和电视的内容合作、市场开发问题外，还与大陆政府及科技界就两岸的数字电视、IPTV 等电信增值业务的发展，以及知识产权保护等问题交换意见，商讨合作发展计划。2006 年 9 月 19 日，海峡两岸广播事业交流研讨会在台北举行。2007 年 6 月，为呈现两岸四地及海外华语主持人的风采，团结全球华语主持人、推进华语节目走向世界，第十三届上海电视节推出特别活动“华语强音——新娱乐华语主持人盛典”。

目前，两岸四地广播电视的合作已拓展到节目互换播出、从业人员往来、广电业务交流和联合制作等各个领域，但要将合作推向更高的阶段，实现“资源共享、创新共荣”，还须各方本着“前瞻、全局、务实、互利”的原则，开辟合作新路径，创造合作新模式。

二、路径创新：从建立渠道到建构平台

两岸四地广播电视之间经过长期的接触和了解，逐步建立了各种合作渠道，从业务交流到节目合作，从相互渗透到合法落地，逐渐形成了“借船出海”的合作路径。“借船出海”主要有两种方式：一种是通过与对方媒体的合作，建立对方落地传播渠道；一种是各方通过合办公司和合办活动，搭建一个媒体运营和内容供应的合作平台。

1. 根据对方需求，建立传播渠道

十多年来，通过“请进来，走出去”，粤港广播电视形成了既有竞争又有合作的局面。目前，已有 9 个境外电视频道（包括香港无线、亚视四个频道，凤凰，华娱，星空，MTV 及澳亚卫视）在广东境内合法落地。进入 21 世纪，内地电视频道也逐步进入港澳地区的有线电视网、卫星直播电视和宽带网。目前，进入香港的内地电视频道大致可分为三类：一是中央电视台系列频道；二是部分省市电视频道；三是香港与内地合作打造的播出平台，如神州新闻台、点心卫视等。

针对台湾当局设置的障碍，大陆媒体采取灵活多样的对策，“化整为零、借船出海、分散入岛”，大力开展与岛内媒体的合作，实现间接落地。通过与境外媒体的合作，让内地广播电视节目或合办节目逐渐进入港澳台市场。海峡卫视与境外媒体的合作方式是以资源共享为核心来拓展合作的领域和范围，除了与 TVBS、凤凰卫视、香港亚洲电视台等华语媒体有合作关系外，还通过搭建合作平台与台湾东森在新闻资源、时间资源、节目资源、技术资源和人才优势等方面实行共享、优化和合理配置，从而增强了两岸媒体的竞争力，形成一种双赢的合作。

然而，这种通过建立传播渠道进入对方市场的做法，仍然面临政治、经济和文化诸方面的制约，客观上加剧了各方播出市场的竞争。当然，适度有序的竞争会促进合作。但是，由于意识形态和传媒规制的原因，这种方式容易遭受抗拒。笔者认为，现阶段在节目生产与流通方面搭建合作平台更加现实可行。

2. 实现优势互补，搭建制作平台

近些年，国产剧的海外销售在走下坡路，这是我们不得不面对的事实。原因前已述及，在此不赘述。如何更好地了解、把握和进军海外市场？与港台广播影视制作业展开更密切的合作是关键的一环。“合拍的着眼点，应该放在海外市场。”央视下属中国电视剧制作中心张子扬副主任明确地指出：“两岸三地合作，现在是一个非常好的机会。大家应该强强联合，即整合各自最优秀的那部分资源，创作出能够传递‘大中华文化’的作品，以此开拓亚洲市场，与日韩展开争夺。”①

2008 年 1 月 1 日起，国家广电总局又推出两项影视产业惠台政策：一是大陆与台湾合拍的电视剧经大陆主管部门核准后，可视为大陆生产的电视剧播出和发行；二是广电总局将有台湾演职人员参与的大陆电视剧完成片的核准工作交由省级广播电视行政部门负责。这些政策为两岸四地合拍影视节目和港台影视从业人员合作搭建了一个很大的平台，必将为做大做强中国影视制作业奠定基础。

3. 面向海外市场，构建交易平台

目前，这种合作仍然受制于各自分割的市场，因此我们的视野应该更开阔一些。对此，赵玉明教授指出：“中国（含港澳台）是世界华语广播电视的主体，加强海内外的华语广播电视的联系和交往对于让世界了解中国，中国了解世界有着重要的不可替代的作用。可以通过双边或多边的平等协商，本着求同存异、互惠互利的原则，继续积极筹组多种形式的华语广播电视研讨、交流、展播联播，以及联合制作广播电视节目等活动，推动全球华语广播电视的繁荣。”② 从这个角度来看，放眼华语广播电视和全球传媒市场，两岸四地需要共同建构一个更大的合作平台。

相对广播电视节目制作市场的开放和内容生产的合作，两岸四地更应该考虑加强华语广播电视节目流通和国际交流与合作。众所周知，中国（广州）进出口商品交易会（简称“广交会”）已逾百届，为中国经济贸易和对外开放作出了巨大的贡献。笔者认为应该“以全球市场为范围，构建一个常规性国际性的影视节目交易平台，打造一个中国影视产品进出口‘广交会’”③。广东曾举办过一个短暂的华语电视周，当今构建一个长期有效的华语广播影视交易平台已是大势所趋。

三、模式创新：从项目合作到产业开发

当今广播电视发展已进入全球化、产业化、数字化的转型期，两岸四地广播电视都面临着更大的挑战，如何通过创新在产业升级中完成漂亮的转身，加强区域性合作或许是一个好的机遇。近年来，两岸四地广播电视合作开始进入经营层面。具有台商

---

① 宋文娟．2007 年电视剧市场：引进来　走出去．中国广播影视，2007（3）

② 赵玉明．海外华语广播电视的现状与未来．中国广播电视学刊，2002（3）

③ 谭天，谭奋博．广东民营影视产业发展路径初探．岭南视听研究，2007（3）

背景的北京环球七福广告公司承包了中央人民广播电台第三套节目并改名为“音乐之声”，由环球七福对其进行整体包装和运作。在短短几年的时间里，“音乐之声”已发展为全国广播知名品牌。2006 年 12 月，江苏省广播电视总台（集团）与浙江广播电视集团共同投资成立“好易购家庭购物有限公司”，台湾东森媒体集团派驻精英管理团队倾力加盟，三大巨头携手领跑国内电视购物业。但这种合作模式基本上是以项目合作为主，如要做大做强广电产业，还需要变零敲碎打的项目合作为合资合营的产业开发。

国家广播电影电视总局副局长田进在回顾两岸广播影视文化交流历程时指出：“两岸广播影视文化交流合作中，要不断完善协作机制，共同遵循市场经济要求，充分采取商业运作机制，解放和发展文化生产力，繁荣发展文化市场，大力推动中华文化产业繁荣发展，不断增强中华文化的整体实力和国际竞争力。”[①] 如要真正采取商业运作机制，政府应适时适度开放传媒资本市场。广播电视业有五大投资板块，即政府投资板块、企业投资板块、播出机构投资板块、社会投资板块和外资投资板块。两岸四地企业合资合营就是为了增强广电产业的造血功能。问题是目前的传媒规制仍然是制约产业开发的主要“瓶颈”。“如果广播电视不加快变革传统行业管制方法，而是一味地人为割断产业链，长时间地把不同性质的资本分割在各个产业链条上，要做大做强电视内容产业，只能是一相情愿而已。”[②] 为了改善产业链形成的外部环境，内地广播电视要尝试经营播放平台的公司制改造，引入业外和境外资本，积极探索非公益性频道频率的公司制改造，组建若干混合所有制的频道频率运营公司。笔者认为，当下两岸四地广播电视可以携手合作的产业开发有三个取向：

1. 以数字内容产业为契机，进军新媒体领域

展望未来，数字化的广播电视内容产业必将成为广电产业集群中的核心产业。两岸四地广播电视要以前瞻性的眼光抓住这一重要发展机遇。当前有两个主攻方向：一是数字付费电视，一是新媒体。为了推动广播电视有线数字付费频道业务的开展，积极塑造市场主体，面向社会，适度开放，分工合作，建立完善的付费频道产业链，广电总局出台了鼓励引进民营资本的产业政策。对此，民营影视产业应该抓住机遇，进行产业升级和联合发展，把产业链延伸到境外。

新媒体包括网络电视、网络游戏、手机电视、手机电影、手机动画、车载移动电视等新技术催生的媒体。2007 年 4 月，“全球华语影视产业论坛——两岸三地广播电视经营模式及新媒体发展前瞻”高级研讨会在深圳、香港、澳门三地隆重举行。此举显示了两岸四地广播电视进军新媒体的决心，境内外广播电视不仅在内容

① 茆雷磊，张勇．广电总局负责人回顾两岸广播影视文化交流 20 年．中央政府门户网站（www.gov.cn），2007－11－07

② 谭天，谭奋博．电视内容产业链的解构与建构．中国广播电视学刊，2006（12）

生产方面，而且在内容集成方面和新媒体运营方面大有作为。对此，内地广播电视要紧紧抓住三网融合的契机，联合境内外企业进军数字内容产业，在新媒体领域将商机无限。

2. 以动漫产业为突破口，拉动广电产业集群

笔者认为，两岸四地广播电视产业合作开发的突破口应该选择动漫产业。因为动漫产业链具有拉动力大和竞争力强的特点，可以拉动广播电视产业集群及各相关产业的发展。目前，全球动漫网游产业每年以40%左右的速度增长，2005年全球动漫产业产值超过2 500亿美元，与动漫产业相关的衍生产业产值超过5 000亿美元。美国网络游戏业产值连续4年超过好莱坞电影业，成为全美最大的娱乐产业。

近年来，我国动漫网游产业呈现出强劲、快速发展的态势，每年保持在40%～50%的增长速度。据统计，目前我国动漫及相关产业年产值约500亿元人民币。广电总局相继出台一系列优惠政策和措施，促进国产动画片生产和动画产业发展。但是动画生产投入大，需要足够的市场宽度和多种赢利渠道才能保证其产出和收益。如果两岸四地能够携起手来，一方面利用内地的市场和人力，另一方面利用港台的资本和创意，实现资源整合和优势互补，共同开拓海内外市场，中国的动画就一定能够走向世界，与日美动画产业一决高低。

3. 以构建产业链为纽带，打造全球化3.0版本

当今世界创意产业风起云涌，前面所谈的内容产业、动画产业都是创意产业重要的构成部分。托马斯·弗里德曼将全球化分为三个版本：全球化1.0版本，贸易是主要的跨国经济活动方式；全球化2.0版本，跨国公司在各个国家设立相对独立的公司；全球化3.0版本，跨国公司将供应链的各个环节分配到最具比较竞争优势的国家和地区。华语广播影视产业首先要成为大中华3.0版本，然后迈向全球化3.0版本。目前，凤凰卫视、点心卫视等两地广电媒体正在构建这样的产业链，即总部在香港，制作在内地，覆盖面向两岸四地及全球华语区域延伸。展望未来，两岸四地广播电视理应加入全球创意产业体系，构建一个跨媒体、跨行业、跨区域的产业集群，形成合力才能做大做强华语广播电视产业。

做大做强华语广播电视不是一句空话，中国电视对外传播要脚踏实地。不仅要适时更新传播观念，而且要科学测评传播效果，了解传播的目标受众。我国对外传播的实证研究极少，对“走出去”的中国电视能否真正“走进去”也不甚了然。对此，我们率先对近在眼前的香港地区展开传播效果的调研。

第四节　内地电视在香港传播

对外传播是国际竞争中继政治、军事、经济之后的“第四战场”。在全球化背景下，对外传播已成为一个国家“软实力”的重要体现。改革开放三十年，中国的经济实现了腾飞，但它在成为经济大国和政治大国的同时，文化在世界上却没有得到与之相匹配的地位。因此在近十几年来，尤其是进入新世纪以来，我国政府日益重视并不断加大对外传播的力度。

与此相应的对外传播研究也是在引进西方传播理论的基础上迅速发展起来。段连城教授在1988年出版的《对外传播学初探》一书中首次提出了“对外传播学”这个概念。此后，国内学者相继出版了《对外传播的理论与实践》（沈苏儒）、《中国对外传播》（张桂珍）、《中国对外新闻传播史》（甘险峰）等专著。根据中国期刊网检索，1988年到2008年对外传播的论文有209篇，与之相关的国际传播和跨文化传播的论文分别为188篇和242篇。这些论著从多学科多视角探讨对外传播，在研究范围和研究深度两方面都有很大的发展，但是纵观上述文献不难发现，所涉研究运用思辨方法居多，基本是由问题、论证和结论三部分组成的通论式；多停留在概念、策略、问题、建议上的泛泛而谈，缺少实证性的定量分析研究，尤其是探讨中国对某一国家或地区的传播效果的研究基本上处于空白状态。传播效果是整个对外传播的归宿，但由于地理距离遥远及中国传媒机构发展尚未成熟等因素，受众效果调查的困难致使中国对外传播研究不能与时俱进。

电视媒体作为信息发布、文化传播的重要载体，在提高国家文化软实力中发挥着越来越重要的作用。2001年12月24日，国家广播电影电视总局开始实施广播影视“走出去工程”，大力推动影视文化企业和产品走出去。在短短的几年里，中央电视台、中国国际广播电台不断加强全球覆盖，中国电视节目通过各种渠道进军海外市场，不少优秀作品频频在国际电影节获奖。与此对应的电视对外宣传理论在积极地探索中，如厦门大学阎立峰的《对外华语电视节目的文本、受众和机构》和中央电视台张长明的《全面构筑电视外宣新格局》，分别从理论和实务两方面展开研究。然而，缺少定量分析和受众调查仍然是对外传播研究发展的“瓶颈”。

鉴于以上思考，本研究将对中国电视对外传播的重要“跳板”——香港作深入分析，运用定量与定性相结合的分析方法，结合当下香港社会和电视市场特点，探讨中国内地电视在香港的传播情况，希望以此作为突破点，从实证主义角度探讨内地电视对外传播策略与现实传播效果之间的差异。

借助于暨南大学特有的外招生资源优势，本次问卷调查主要由暨南大学新闻专业香港同学在香港实地开展。问卷共计514份，时间从2007年11月1日到2008年3月30日，调查对象是收看过内地电视的香港市民。问卷的具体内容设置主要包括三个方面：收看电视人群的数据、收看内地电视的现状及对内地电视的态度。鉴于调查地区和人群的特殊性，以及资金和人力资源等限制，本次调查未能对受众进行概率抽样，而是采用在公屋（租政府的屋）、居屋（分期买政府的屋）、私人楼（私人买下商家的楼，与政府无关）等差异化市民居住地附近进行访问的形式展开，力求覆盖全港不同阶层的人群。

内地电视在香港传播是一个复杂的系统，问卷无法调查到深层次的问题，因此深度访问同样重要。我们还对一些香港市民、学者及电视机构负责人进行访谈，深入了解传播现象背后存在的问题。

香港是重要的国际新闻信息中心，不仅吸纳国际信息，更可以积极地将中国文化向外传播。无论在对外传播层面还是在电视市场角度，香港都能为内地电视提供一个与国际竞争的平台。因此，对内地电视在香港的传播进行研究，不但可以了解中国电视对外传播的策略，还可以了解内地电视的传播效果和影响力，对中国对外传播发展及研究都具有现实意义和理论价值。

一、香港的电视传播

香港虽然是弹丸之地，但是作为一个国际大都会，独特的多元文化相互交融，无论是欧美文化还是日韩文化还是台湾文化等都可以通过传媒顺利进入香港。香港免费电视的四家持牌机构均为香港媒体，即香港“无线”（TVB）和“亚视”（ATV）两个台共四个频道。只有收费电视市场向香港本土以外媒体开放。截至2006年8月底，香港本地收费电视节目服务中，只有29.7%（71条频道）属于本地制作，另外70.3%（168条频道）则是购自香港以外地方，主要是美国29.3%（70条频道）、中国内地8.4%（20条频道）、台湾5.4%（13条频道）、日本5.4%（13条频道）、欧洲国家7.1%（17条频道）及其他国家和地区14.7%（35条频道）。由图6-1可见，在香港收费电视市场中形成两大收视集团，香港和美国为第一集团，各占近三分之一的市场份额，中国内地及其他国家和地区为第二集团，分割40%强的市场份额。

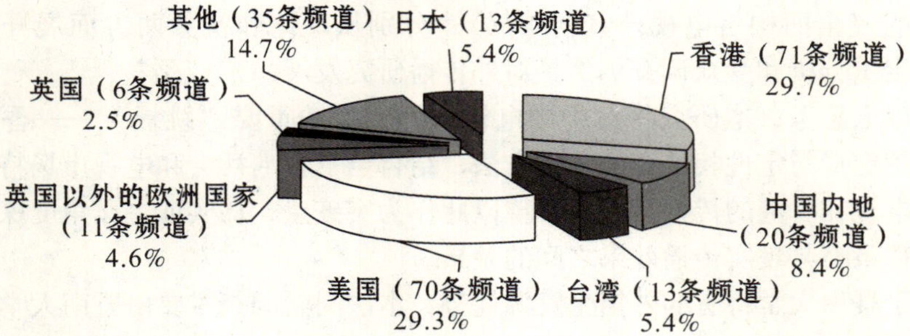

图6-1　香港本地收费电视节目服务的节目来源①

20世纪80年代，香港电视工业正和香港的经济一样处于黄金时期。两大商业电

① 广播事务管理局年报2006—2007. http：//sc. info. gov. hk/gb/www. hkba. hk/cn/annual2007/scene7. htm

视台“亚视”和“无线”为了提高收视率均各出法宝，而电视剧便成为争夺观众的最大砝码，也为内地电视剧打入香港提供了机会。内地电视开始通过购片方式进入香港，主要是深受观众喜爱的电视剧。此外，制作精良的记录片也逐渐获得香港人的青睐。

进入21世纪，特别是中国入世之后，随着内地电视制作水平不断提高，内地电视进入香港的方式呈现多样化、多形式、多层次等特点，两地媒体的互动也与时俱进。我国加入WTO之后，根据对等落地的原则，一方面是“请进来”，香港电视频道在珠三角地区合法落地，进入广东有线电视网；另一方面是“走出去”，内地电视频道通过直接落地和间接落地两种方式纷纷进入香港。CCTV－1、CCTV－4和CCTV－9部分节目通过香港两个免费电视台英文频道转播或直播，凭借主流媒体的知名度和影响力，让市民渐渐加大对内地电视直观认识。同时，中央电视台和部分省市电视台整频道进入香港有线电视网、宽频电视、卫星电视等平台，香港市民能更及时、更完整地收看内地的电视节目，全面了解内地资讯和风土人情。

目前，香港受众主要通过电视、网络和影视录像了解内地电视，其中通过电视（83.8%）收看内地节目的人最多，具体而言包括免费电视、卫星电视及收费电视等平台。由于网络的普及和应用，通过网络收看的人也占36.0%。新媒体特别是网络的应用在电视对外传播中的作用不容忽视。而购买影视录像等文化产品也成为市民收看内地电视节目的途径之一。

表6－1　收看内地电视节目的途径（多选）

途径	占调查总人数百分比（%）
电视	83.8
影视录像	13.6
网络	36.0
其他	0.7

各类电视节目在香港都拥有广泛而忠实的受众群。据相关调查显示，香港市民包括学童在内，平均每天花费2～4小时收看电视。而在我们调查的收看内地电视节目的香港受众中，平均每星期花1～2小时以内的有64.8%，花2～3小时以上收看的人只有35.2%，更有18%的受众一星期只收看内地节目15分钟。由此可以看出，内地电视在香港还没有形成一个收视定式。

表 6-2 平均每星期收看内地电视节目的时长

时长	百分比（%）	累计百分比（%）
15 分钟	18.0	18.0
30 分钟	17.1	35.1
1 小时	14.8	49.8
1~2 小时	15.0	64.8
2~3 小时	13.4	78.1
3~4 小时	6.1	84.2
4~5 小时	4.8	89.0
5~10 小时	5.7	94.6
11 小时以上	5.4	100.0
合计	100.0	—

多元共存的电视生态环境使得埠外媒体在香港的竞争越演越烈。因此，考察香港受众对收看内地电视频道的态度，有利于客观评价内地电视在香港的传播效果，为其提升在香港的社会影响力提供有针对性的科学依据。

二、香港受众对内地电视节目的态度

香港市民对内地电视节目的基本态度是怎么样的呢？调查结果显示，选择“喜欢”和“非常喜欢”内地电视节目的共有32.7%，表明虽然内地电视节目进入香港时间不长，但是已经取得了不俗的收视成绩；选择“一般”的有58.5%；而选择“不喜欢”和“非常不喜欢”的共有8.9%。可见，受众对内地电视节目持中立态度居多，而这些游离人群对于内地电视节目来说是十分重要的待开发受众资源。

表 6-3 对内地电视节目的态度

态度	百分比（%）	累计百分比（%）
非常不喜欢	2.6	2.6
不喜欢	6.3	8.9
一般	58.5	67.3
喜欢	30.3	97.6
非常喜欢	2.4	100.0

那么，香港受众最经常收看的内地电视节目有哪些类型呢？调查发现：新闻（52.6%）、电视剧（46.4%）、综艺娱乐（41.1%）位列前三位，收看体育、电影、资讯和纪录片的人也不少。这一收视特征与香港受众收看本地电视节目的情况有较大差别，据相关调查显示，香港市民包括学童在内，收看电视剧的比例远远超出其他电视节目。这一方面表明香港及境外的娱乐节目做得更好，另一方面也反映香港市民对内地资讯有很大的需求。

表6-4 最经常看的内地电视节目类型（多选）

节目类型	占调查总人数百分比（%）
新闻节目	52.6
财经节目	6.7
综艺娱乐节目	41.1
体育节目	25.8
资讯节目	23.6
电影	24.9
音乐节目	15.8
卡通节目	5.4
记录片	20.6
电视剧	46.4
其他	1.8

过去，中国在对外传播的定位上以文化艺术为主，但在当今这个资讯全球化时代，境外面对一个和平崛起的中国大陆必定有更多的资讯需求。“突出时效新闻应该成为现阶段对外华语电视的主攻方向和舆论引导的重点。具体实施上，对外华语新闻应致力于拓展资讯题材的范围，在信息的实用、准确、时效和趣味等方面下工夫，并注意使传播方式和节目形态适合海外观众的思维、语言习惯。”① 因此，内地电视在香港的传播内容须作调整，适度增加时效资讯的播出。

迄今内地电视在香港落地的电视频道多达20个，调查发现香港受众认知度比较高的内地电视频道依次有：CCTV-4、CCTV-9、CCTV-新闻、湖南卫视、广东电视台珠江频道、广东体育台、CCTV-5、上海东方卫视、广东卫视、北京电视等。

① 阎立峰．对外华语电视节目的文本、受众和机构．现代传播，2007（2）：50

表6-5　看过的内地电视频道（多选）

电视台名称	所占总人数百分比（%）
中国中央电视台中文国际频道（CCTV-4）	48.5
中国中央电视台英语国际频道（CCTV-9）	27.3
中国中央电视台戏曲频道（CCTV-11）	12.0
中国中央电视台新闻频道（CCTV-新闻）	27.0
上海东方卫视	13.5
广东电视台珠江频道	15.4
深圳电视台新闻综合频道	11.1
神州新闻台	4.1
南方电视台卫星频道	9.7
中国电影频道	8.7
云南卫视（华语频道）	4.1
陕西卫视	2.8
中国重庆电视台	1.7
新疆电视台	2.2
广东卫视	12.7
湖南卫视	21.5
北京电视台	12.2
福建卫视东南台	6.5
点心卫视	2.8
中国中央电视台中文体育频道（CCTV-5）	13.6
广东体育台	14.6
其他	10.0

虽然CCTV-4在2007年底才正式落地香港，可是由于部分节目在香港免费电视台播放，所以受众对CCTV-4的认知度比较高。此外，CCTV英语频道、CCTV新闻频道、湖南卫视、珠江频道等均以各自的特色占有特定的受众群，因此必须满足分众

传播的需求。

除了频道的选择之外，受众的节目偏好又如何呢？调查发现，促成香港受众收看内地电视节目的原因虽然多种多样，但是相对而言主要集中在“对某些节目的偏好”（46.9%）、“节目题材吸引人”（33.8%）、“热门话题”（24.9%）、“演员/主持人有魅力，吸引人”（24.2%）、“节目质素高，制作认真”（33.8%）等几个方面。而另一方面，对于那些不选择收看内地电视节目的市民来说，“题材不吸引人”（44.8%）、“频道选择多，不是首选频道”（42.3%）、“节目内容古板或不够深度”（21.3%）是他们放弃收看的关键因素。

表 6－6　收看内地电视节目的主要原因（多选）

收看原因	占调查总人数百分比（%）
报刊或电视台等媒体的节目预告	11.7
媒体点评过	7.2
大家都认为好	8.7
演员/主持人有魅力，吸引人	24.2
对某些节目的偏好，有兴趣	46.9
热门话题	24.9
节目题材吸引人	33.8
节目质素高，制作认真	14.5
其他	10.2

表 6－7　不选择收看内地电视节目的主要原因（多选）

原　因	占调查总人数百分比（%）
题材不吸引人，没兴趣	44.8
节目内容古板或不够深度	21.3
看不懂，主要是语言问题	13.2
看不懂，主要是文化问题	10.5
因为电视频道选择多，不是首选频道	42.3
安装费和月费贵	9.6
其他	3.8

两相对比不难发现，可谓“成也萧何，败也萧何”，节目题材成为能否吸引香港市民选择收看的关键之处。香港是一个高度繁荣的现代社会，生活于其中的香港市民普遍面临着生活节奏快、工作繁忙、压力大的困扰，电视节目可以帮助人们“逃避”现实生活的压力和负担，带来情绪上的放松舒缓。把看电视当作娱乐消遣已成为香港人强大的思维定式。正因如此，题材选择能否满足市民休闲娱乐的文化需求成为提高内地电视收视率的重要突破口。这也可以表明为什么多年来内地历史剧一直受到人们的热捧。脱离现实的情景容易让香港人产生遐想，追求未来梦想，相对降低现实带来的伤害、责任和压力等影响，让人身心愉悦。此外，随着中国在国际上的地位迅速上升，内地经济的发展、文化的魅力都能引起境外受众的好奇和兴趣。以《故宫》为代表的大型纪录片在香港获得很大的反响也是一个题材选择成功的范例。

三、问题讨论及对策

内地电视在香港的传播从无到有，经历了发展的起步阶段。但在实地调查过程中，笔者发现很多的香港人并没有收看过内地节目，大约六个人中只有一个人看过内地电视。在这一部分收看内地电视的观众中，收视时长等各方面指标也不甚理想。这说明目前内地电视在香港还是一个相对小众的传播。只有落地没有观众成为内地电视对外传播困境的突出表现。

尽管香港与内地同宗同文，但由于历史的原因，香港文化成岭南文化与外来文化的结合体，它与传统的中原文化还是有较大差异。香港回归已逾十年，仍有不少香港人因语言问题和文化问题看不懂内地电视。陈滔文教授更坦言道：内地电视在文化上脱离香港现实及审美标准。以电视剧为例，革命战争和现实生活的题材完全不符合香港人的口味，因此他们一般会选择内地历史剧或文学作品。香港浸会大学传理学院传播系主任马成龙特别提到了北方的一些电视节目，如马大帅和赵本山，香港人看不懂，甚至连讲话的幽默也理解不了，因此很难透过内地电视节目体会到其中内涵，从而产生精神的愉悦和文化的共鸣。目前，由于语言文化的不同，香港人收看内地电视节目的不多，主要为听得懂普通话的新旧移民。

“对外华语传播某些意义上是跨越多种生活方式、社会制度以及价值观的传播，因此报道方式、切入视角、观点阐述、语言风格等应符合海外华语受众的接受习惯。”[①] 不可否认，近年来确有一些内地优秀电视节目受到香港受众的好评，但从总体上来看，无论专家学者、业界人士还是普通香港市民，在深度访谈中几乎无一例外地谈到了内地电视节目内容针对性差这一缺点。解决这一症结需要我们在传播观念、传播路径和组织模式上均有所创新。

---

① 阎立峰．对外华语电视节目的文本、受众和机构．现代传播，2007（2）：51

1. **传播观念创新**

一直以来，中国电视的对外传播称为对外宣传。电视外宣“在内容上，20世纪90年代初比较侧重意识形态领域的宣传和斗争。到了中后期，外宣中逐渐弱化意识形态问题，而转向侧重在‘一国两制’、经济领域的成就宣传等等”①。然而，这是一种以传者为中心的外宣模式还是在很大程度上忽略了受众的体会与感受，因此造成虽然目前中央电视台覆盖136个国家和地区，但“从总体来看，我们在国际舆论角逐中的议程设置和话语权相对较弱，我国文化信息在各国媒体中传播量较小，国际影响力不够”②。

在全球化背景下，我们应该变对外宣传为对外传播，引进现代传播理论来指导中国广播影视“走出去工程”。同时，将中国电视对外传播从以文化艺术为主转向以时效资讯为主，从展示“传统中国”转向展示“时代中国”。在一个开放和平等的国际社会里，“一个真诚而又自信的时代中国形象才更有亲和力，更易吸引和说服海外的主流群体，以中国当代文化作为主要传播内容的电视节目也更具普适性和国际竞争力”③。

2. **传播路径创新**

“经过十几年来的电视外宣实践和探索，我国电视对外宣传的主要渠道和形式发展为四种：本土发射、‘借船出海’、借助外力和商业销售。”④ 内地电视也通过多种形式进入香港。以进入香港付费电视中的内地频道为例，大致可分为三类：一是中央电视台系列频道；二是部分省市电视频道；三是香港与内地合作打造的播出平台，如神州新闻台、点心卫视等。前两类是内地电视内容供应商（电视台）向香港运营商提供内容产品（频道），后一类则是内地电视媒体与香港传媒更紧密的合作，即合资合营媒体（频道），如广东电视台与香港传媒机构合办的“点心卫视”，只是目前这种合作还处于初级阶段。

随着电视全球化的发展，内地电视应优化传播渠道，创新传播路径，加快走向世界的步伐。除了加强在香港收费网络覆盖范围外，还应积极扩大与香港电视媒体间的合作，特别是与两个免费台的合作。借助香港电视台的知名度，完善传输网络和培育受众市场。

展望未来，数字内容产业必将成为广电产业集群中的核心产业。内地电视应以前瞻性的眼光抓住这一重要发展机遇，充分利用新媒体传播优势弥补自身的传播缺陷，扩大受众接触面。香港的网络电视发展迅速，而且拥有大量的年轻受众，内地电视应

---

① 刘习良．中国电视史．北京：中国广播电视出版社，2007．390

② 赵化勇．充分发挥电视在提高国家文化软实力中的作用．人民日报，2008-03-26

③ 阎立峰．对外华语电视节目的文本、受众和机构．现代传播，2007（2）：50

④ 刘习良．中国电视史．北京：中国广播电视出版社，2007．388

该积极争夺这一部分受众，因为他们是香港的未来。

3. **组织模式创新**

对外传播的路径虽然很多，但是如何进一步发挥效用，还取决于传播和运营的组织模式。中国对外电视机构基本沿袭着计划经济下的“大外宣”的组织模式，资金来源主要是政府和“以内养外”并举，以致中国对外传播在资金投入上一直面临捉襟见肘的窘境。广东电视台珠江频道海外版负责人坦陈：虽然我们已经落地香港，目前基本上还是赔钱，处于“放水养鱼”的阶段，没有资金支持则是死水一潭。

“市场是检验产品的风向标和重要标准，只有受到国外观众的欢迎才能证明你不仅‘走出去’而且‘走进去’了，只有取得海外市场的收益才能证明你的产品出口是成功的，中国广播影视企业和产品只有变‘以内养外’为‘以外养外’才能说它真正在海外市场站稳了脚跟，才能说它拥有广泛而忠实的国外消费群，才能实现我国广播影视‘走出去工程’的可持续发展。”① 以市场为导向的对外传播拥有多种运营模式，如版权输出、版权合作、资本运营、海外上市等。通过这些新的模式，既可以建立利益共同体，又可以更好地实现本土化传播。目前受政策和体制所限，内地传媒与外资合作有一定的难度，但完全可以把这种合资合营移到境外去办。只有进入传媒市场和实现资本运营，对外传播事业才能形成可持续发展的文化产业。

① 谭天．走出去，更要走进去——从广东电视台‘走出去’战略说起．青年记者，2008（4）：26

第七章

电视媒介融合论

Criticism and Construction—Focus on Chinese TV

自20世纪90年代开始，一个个新的竞争对手出现在传统电视面前，网络媒体、手机媒体、车载移动电视等，被人们统称为新媒体。在新媒体的冲击下，传统媒体该怎么办？笔者较早进入新媒体的研究，研究方向主要有三个：一是宏观战略层面，主要是新媒体发展趋势的前瞻性研究，如“因特网冲击下的传统媒体”、“网络媒体的奥运升级”，笔者认为新媒体发展既有裂变也有聚变，新媒体发展既是挑战也是机遇；二是微观实务层面的研发，着眼点是媒介融合和媒介产品，如“台网互动打造品牌”、“新媒体的内容产品设计”，笔者提出了新媒体内容定制的基本原则；三是传播理论层面的研究，即探讨新媒体的传播规律和传媒特性，如“现代视听传播与青少年”。这些研究对传统电视的转型不无贡献。

第一节　因特网冲击下的电视

1997年，笔者买了第一台电脑并用键盘敲出第一篇文章《电脑在改变我们的生活》。后来听说不少人看了报纸上这篇文章后，便去购买了自己的第一台个人电脑。

1999年，笔者开始上网并利用网络资源撰写了第一篇论文《试论因特网冲击下的传统媒体》，通过分析当时刚刚崛起的互联网，试图探究媒体发展的明天。下面将这一研究回放，以作一个对比和印证。

一、异军突起的网络媒体

进入20世纪90年代中期，在日益激烈的媒体竞争中有一新媒体异军突起，大有后来居上之势，那就是互联网。互联网被称为继报刊、广播、电视传统大众传媒之后新兴的第四媒体，这一概念在1998年5月联合国新闻委员会召开的年会上正式使用，后在国内得到广泛使用。那么在今日，传统媒体在强大的网络冲击下是一番什么样的景象呢？先让我们来扫描一下。

1999年4月14日，在北京举行的“第二届亚太地区报刊与科技和社会发展研讨会”上，中外专家提出，以因特网和信息高速公路为主体的“第四媒体”的影响力在10到20年内将可能超过报刊、广播和电视。中国科协主席周光召说，世纪之交全世界范围内新闻事业正经历着一场变革。继报刊、广播、电视之后的第四媒体已经诞生，这是人类献给21世纪的一份厚礼。

一时间，在我国新闻媒体上频频出现“第四媒体”、“新媒体”和Internet等时髦的中外名词。而在报刊上也出现了不少危言耸听的文章，如《新媒体的崛起与传统媒体的终结》、《“第四媒体”冲击传统媒体》、《第四媒体将“一统天下”》，业内人员不禁惊呼：“狼”来了！

“狼”真的来了吗？自从尼葛拉庞蒂的《数字化生存》问世以来，人们对网络有了更广泛的了解，尤其是事关切身利益的传统媒体自身。1999 年揭晓的中国网络状况调查显示，国内的网络用户数量已经达到400 万。首都信息发展公司总裁陆首群教授则大胆预言：2000 年底，国内的网络用户数量将达3 000 万至5 000 万，仅次于美国的1.75 亿，位居全球第二。按美国学者的看法，一种媒体使用的人数要达到全国人口总数的20%以上才能被称为大众传媒。以美国为例，我们可以了解互联网发展的速度。美国有2.6 亿人口，按受众达到5 000 万才算标准大众传媒的话，广播成为大众传媒用了38 年，电视用了13 年，有线电视用了10 年，而互联网仅仅用了短短的5 年。也许在我国这个时间要长一些，但也仅仅是一个时间问题。那么，现今互联网对传统媒体造成了什么样的影响呢?

我国自1997 年起，传统媒体在网络传播中取得了飞跃发展。仅两年时间，即到1999 年6 月，国内已有1/7 的报纸上网，有100 多家广播电视台和两家通讯社上网。传统媒体建立自己的网站的目的很明确，就是想利用长期形成的品牌效应加上先进的传播通道，取得1 +1 >2 的优势。那么，这一目的达到了没有呢? 事实上，除了《人民日报》、新华社和改版后的中央电视台等少数几个较为成功的网站外，当时大多新闻媒体的网站还处于实验和摸索阶段，还没有获得强大的交叉支持。与此同时，新闻网站也受到一些非新闻网站，如新浪网等实力雄厚的商业网站的夹击。不过令人鼓舞的是，在某些重大新闻报道中已显示出这种交叉支持的强大火力，况且新闻网站也在不断发展、改进和完善中。

二、媒体的明天

1. 明天的预言

当时，关于传统媒体的未来命运，国内外有许多种预测。这些论述大致可归纳为三种，姑且把它叫做亚当斯的“丧钟”论、默多克的改造论和尼尔森的统一论。

（1）亚当斯的“丧钟”论。

1998 年初，美合众国际社的杰姆·亚当斯在一系列会议上断言，互联网将在5 年内吞没传统媒体。他的讲话被广泛报道，由此引起了不小的震撼。然而，还是在1998 年，传统媒体无论是报业还是电视，都还处在蒸蒸日上的时代，而作为预言家的杰姆·亚当斯却率先退出了舞台。但是，传统媒体的挽歌仍在传唱。

据国外调查，因特网的发展对传统媒体冲击最大者当属电视。美国青少年在计算机前花费的时间也已超过在电视机前消磨的时间。正如比尔·盖茨所形容的那样，这是一场“眼球之争”。据说盖茨本人从不看电视，他坚信欲知天下事只需看电脑，电脑必将取代电视。

1999 年1 月9 日，在美国举行的“新闻业与互联网”专题研讨会上，牛气十足的斯蒂夫·凯茨开门见山地亮出了底牌：“如果你们观察一下‘美国在线’，你们会发现，我们没有记者，我们也没有消息来源，因此，我们并不是你们的新闻业同行。但是，每天从‘美国在线’获得他们感兴趣新闻的人，比全美国11家顶尖报纸的读者加起来的总数还多；在黄金时间，我们的读者和CNN或者MTV的观众一样多。”

（2）默多克的改造论。

在互联网的强大冲击下，新媒体成为一个热门的话题。1999年1月12日，媒体大王默多克在新加坡一次广播电视业会议上又一次撞着了这个问题。他的回答很经典。他说，互联网将摧毁的行业比它要创造的多得多。我们大家都不得不适应它、学习它。我们不得不通过种种实验来找寻如何利用它、发展它的途径。他补充说，互联网的潜力巨大，对传统媒体业构成了巨大的挑战。但他深信传统媒体将会承受住这一挑战。默多克不无英雄气概地申明：新媒体的崛起并不是传统媒体的丧钟！

（3）尼尔森的统一论。

SUN微电子公司的网上大师级人物杰可布·尼尔森在他的一篇专栏文章《传统媒体的终结》中说，未来的5到10年间，大多数现行的媒体样式将寿终正寝。它们将被以综合为特征的网络媒体所取代。尼尔森设问：为什么传统媒体的几种样式是各自独立的？为什么你必须在他们中间进行选择？如你只能在电视中看到新闻事件的活动图像；你只能在报纸上看到新闻的完整报道；你只能在杂志上看到重大事件的深度分析报道？为什么所有这些东西不能合而为一，成为统一的媒体？

中国新闻技术工作者联合会理事长、新华社总工程师孙宝传也预测，“九九归一，周而复始”，新闻媒体的发展将回归到300多年前那样，由一种媒体“一统天下”。

2. 生存还是毁灭

从现实和历史两个方面，我们来分析一下上述三种预言。首先，让我们对当前网络热进行一个冷分析，就会发现丧钟论者大多是网络业内人士和非新闻界人士，他们主要从网络技术强势的角度来审视传媒的发展。作为主导媒体，现在的网络自身仍存在不少缺陷：互联网有限的带宽使视频信号的传送无法实现，并且限制了图片、动画和其他可用的非文本形式素材的应用。另一方面，令人沮丧的响应速度，也降低了网络服务的深度与丰富性。而低像素的显示器使读者的阅读速度比正常速度要慢25%，因此，网页一般都尽可能少地使用文字。这是为什么报刊的网络版和电视节目的点播难以推广的主要原因。

当然，这些问题在未来的5至10年间将大大改观。科学家们预言用户的访问速度每年都会大幅提高。在5年内，高速接入的用户将在不到一秒时间内得到响应。在10年内，所有的用户都将有良好的接入带宽。同时，在10年内，将有可能通过互联网传送高质量的视频信息。而高质量的显示器（300dpi）的出现，将使显示器像纸一样为读者所接受。我们相信这些都会成为事实，但这并不等于传统媒体就会灭亡。

新闻学家认为，新媒体的诞生还不能完全取决于技术因素。因为迄今为止，虽然有不少传统媒体建立了自己的网站，却没有一个独立的新闻网站可与传统媒体匹敌。“时空网”的总经理张柯断定互联网不是“第四媒体”。他认为“第四媒体”只是互联网的重要功能之一，而不是全部。把互联网完全当做“第四媒体”来做的网络公司最终会走进死胡同。因为网络公司没有做新闻的特许权，也没有传统媒体的品牌效应，即便能做新闻也竞争不过根深蒂固的传统新闻媒体。

媒体发展的历史也说明，广播出现时，报纸曾被判过死刑；电视出现时，报纸与广播再次被判了死刑。可以肯定，互联网出现后，报纸、广播和电视仍将继续坚强地活下去。

在互联网的冲击下，媒体的未来可以用“嬗变”和“涅槃”这两个词来概括。

尼尔森预言的大同世界也许比较遥远，但却给予我们更多的灵感和梦想。实际上，电视出现报纸摘要，报刊“印”在荧屏上，都已是不争的事实。相互借鉴、相互渗透和相互补充正在成为媒体生存的一种重要方式，同时也是一种发展的趋势。郭沫若在他的《凤凰涅槃》中描述了凤凰在烈火中再生，传统媒体也一定会在网络的炼狱中得到再生和永生。

对传统媒体而言，最现实的似乎不在于揣摩自己的前途，而应该是改造自我、创造自己，运用信息技术参与新媒体建设，这样才有可能健康地活下去。如果说一个统一的新媒体出现是一个远期目标或终极目标的话，那么传统媒体的改造就是一个发展的中近期目标，是一个充满挑战性的嬗变过程。我们应该重点研究和探索这一过程。

三、明天的挑战

毋庸置疑，在互联网冲击下的传统媒体正在发生巨大而深刻的变化。我们先来看看新媒体与传统媒体相比正在发生哪些变化。

1. 传播空间全球化

互联网是没有国界的，媒体传播要跨入更加广阔的空间。媒体面对的受众将不仅仅是本地区的，也不限于国内的（尤其是在各种优良的互译软件问世后），而是面向全球上亿万人这一巨大的受众群体，从而在全球形成媒介自由争夺受众和跨文化传播的态势。

2. 传播时间异步性

传统媒体一般是传播与接收同步进行，特别是广播电视，你什么时候播什么节目，我才能在什么时候看（听）什么节目，这就是被动式接收。而网络媒体则可以做到你什么时候想看（听）什么节目就可以在什么时候调阅，变成主动接收。

3. 传播方式互动性

传统媒体是我传播什么你就接受什么，可谓“传（播）你没商量”。而新媒体是一个以受众为中心的双向交流的数字传播媒体，有自主选择、自动聚集、重新组织的

“智能”，向受众提供一个全新的“阅读”模式。这种变化使受众成为信息交汇中心。

4. 制作内容个性化

网络时代的媒体竞争使市场空间变得更加窄小，“广播”变为“窄播”，媒体只有将内容锁定在特定的受众群身上才能争得自己的生存空间。另一方面，个人也可以用互联网从全世界收集资讯、向全世界发布新闻，向媒体巨头叫板。德拉吉现象说明了这一点。

5. 经营方式联动性

在未来的媒体中，竞争和碰撞将造成相互渗透和整合，做到“你中有我、我中有你”，传统媒体的界限模糊了。这种“媒体嫁接”将有力地促进传统媒体之间的“联姻”，推动媒体的集团化、产业化进程。与此同时，媒体的内部经营机制也将随之发生变化。

基于以上这些巨大的变化，传统媒体将面临如下强有力的挑战：

（1）传播理论。

在新媒体的影响下，传播理论也将发生革命性变化，包括基础理论，甚至新闻的定义也有重新考虑的可能。令人欣慰的是，1997 年 10 月，中国报刊月报社、中国社会科学院新闻与传播研究所、央视调查咨询公司在北京联合主办了“全国电子报刊经营现状与发展趋势研讨会”；1999 年 7 月，中国记协在杭州主办了“99 中国新闻媒体网络传播研讨会”。在这两次大型研讨会上，媒体从业人员和新闻理论工作者积极寻求迎接新媒体挑战的理论支持。

（2）从业人员。

面对新媒体的咄咄逼人的挑战，传统媒体的从业人员都有一种强烈的危机感。尼尔森在《传统媒体的终结》一文中预言了传统媒体样式的终结，但他仍乐观地认为，在这些媒体中工作的绝大多数人仍将拥有辉煌的未来。这个世界将仍然需要作家、编辑、摄影师、摄像师、具有影视制作经验的专家及各种主持人、演员。事实上，如果交互内容在未来人们的日常生活中扮演更为重要的角色，对媒体专业人员的需求将进一步增长。交互的媒体比被动的媒体需要更多高素质的人才。

（3）传播策略。

在美国总统克林顿的绯闻事件中，传统媒体成了互联网的追随者。这一绝妙的讽刺向我们敲响了警钟，让我们反思现有的传播策略。当今的舆论导向已经不能被随意控制，只能对其进行影响。它促使主流媒体要进行自我改造、自我完善，以提高报道能力和服务水平来增强自身的影响力。因此，我们的传播策略也应从宣传主导型转为报道主导型或服务主导型。

（4）传播秩序。

高度自由开放的网络传播目前还处于十分无序的初始时期。一方面它摆脱了许多传统的束缚，另一方面也出现不少弊端。如何保护知识产权？如何制约网络污染？如何完善网络法治？如何遵循职业道德？如何形成良性竞争？对于新媒体的创立者和接受者来说，这些都是一个个新课题。

1999年2月26日，江泽民总书记在全国对外宣传工作会议上的讲话中强调，信息传播业正面临着一场深刻革命，以数字压缩技术和卫星通信技术为主要标志的信息技术的发展，互联网的应用，使信息达到的范围、传播的速度与效果都有显著增大和提高。世界各国争相运用现代化信息技术加强和改进对外传播手段。我们必须适应这一趋势，加强信息传播手段的更新和改造，积极掌握和运用现代传播手段。这是国家领导人在公开场合第一次对新闻媒体要积极利用网络传播作出重要指示。由此可见，新媒体的崛起不但受到了新闻界、学术界的高度重视，而且引起了决策者和领导者的极大关注。

互联网对于传统媒体是一个挑战，更是一个机遇。无论是挑战还是机遇，都将更充分地体现在我们的下一代身上。应团中央、中宣部、广电总局等单位联合主办"2004·媒体与未成年人发展论坛"的邀请，笔者作了如下研究。

第二节　新媒体视听与青少年

大众传播时代的到来，使各式各样的媒介成为青少年获取信息的主要渠道。原先的一些传统的家庭交流逐渐消失了，饭后人们不再聚在一起交流，父母睡觉前也不再给孩子们讲故事，人与人之间的沟通越来越少。喻国明教授认为，"在传统社会，青少年的社会学习和社会教育主要是由家庭和学校完成的，而现在，这样重大的任务却移交给了传播媒介。加上家庭和学校的教育通常是枯燥的、满载压力的，而传媒的教育却是生动的、充满趣味和快感的，这就更强化了青少年向传媒学习的心理倾向"。他还说："研究表明，目前青少年对社会的基本认识和对社会游戏规则的把握及其人生价值观的形成，90%以上的内容是通过传播媒介获得的，并且深受其影响。"① 而数字广播、数字电视、宽带网络、第三代手机、移动电视等新兴媒介的出现，这些以数字内容产业为标志的现代视听传播，对青少年的影响已远远超越了传统视听传播。胡锦涛总书记指出："进一步加强和改进未成年人思想道德建设，是中央从推进新世纪新阶段党和国家事业发展，实现党和国家长治久安出发作出的一项重大决策。"从这一战略高度来考虑，我们必须认真审视现代视听传播对未成年人发展的影响，重新审视我们的教育思想和传播理论。

① 喻国明．传媒影响力：传媒产业本质与竞争优势．广州：南方日报出版社，2003. 29

一、现代视听传播与青少年教育

我们先看一个例子：一天，中央一台正播出《今日说法》节目，荧屏上突然出现了一个施瓦辛格的半身蒙太奇：他面戴一副深色墨镜，神情冷酷，活像一个冷面杀手。这一形象将整个电视画面挤得满满的，不留一丝缝隙。这突然闯进的“冷面杀手”，阻断了观众的正常思维，一时间以为有什么黑客闯进了中央电视台的电脑网络系统。接着画面向远拉开，一个中国小孩仰视冷漠的施瓦辛格，崇拜地喊道：“哇，好酷啊!”而画面上的国际明星依然板着面孔，毫无表情，手持遥控器，盯着正前方，冷冰冰地说道：“让我们来看动作片吧。”接着就是步步高 DVD 家庭影院的启动与播放。这则电视广告至少告诉我们两点：一是现代传播具有强大的视听冲击力；二是现代视听传播的主要受众是青少年。那么，什么是现代视听传播？

1. 现代视听传播的特征

广播、电影、电视这些传统的视听传媒，在高新科技日新月异的今天，无论是传播手段还是传播方式都有了质的变化。任何一台电视机、电脑或手机都可以发展成为视听兼备的现代信息传播终端设备。这种运用现代技术手段和设备，通过形象的视听符号进行的多媒体信息传播，就是现代视听传播。它具有以下一些特点：

（1）传播方式定向交互。随着视听传播的分众化发展，广播已变成“窄播”，而以青少年为受众目标群体的节目、栏目甚至频道，也越来越多。而随着网络带宽的增加，带有视频和音频的网上聊天已变成更为自由的互动式“点播”。

（2）传播区域全球化。现代传播完全可以跨越国界、跨越文化背景、跨越意识形态。好莱坞早已实施全球化策略，把音像产品推到世界各地。萨达姆政权下的伊拉克人仍然可以租看好莱坞大片的 DVD，里面展示的美国军力把最精锐的国民卫队吓破了胆，以至于他们在美军入侵时不堪一击。

（3）传播技术数字化。高清晰度的视觉效果和高保真的听觉效果，吸引了追求时尚的青少年。以生产摩托车、电子琴而出名的日本雅玛哈公司开发的家庭影院，就以接近电视机的低价抢占中国市场。

（4）传播功能多元化，视听新产品层出不穷。无论是电视机还是电脑，都可以迅速发展成为能看、能听、能玩、能用的多功能视听传播终端设备。如果你看到一个女孩子戴着耳机摇头晃脑，你不要以为她只可能在听外语，可能她是用优盘在听音乐，而这种小巧的玩意儿不久前还只能储存电脑数据。

2. 现代视听媒介的影响

现代视听传播媒介的多样化，不仅使视听传播的渠道得到极大扩展，而且使视听媒介对受众尤其是未成年人产生了巨大的影响。根据北京市政协一项最新调查报告统计：我国中小学生上网比例高达 81.3%。从这个数据，我们可以认识到现代视听传播已经对青少年产生了深刻的影响。概括起来，这些影响主要表现在以下四个方面：

（1）高强度、高密度、持续性的感官刺激，而在这种形象化的强烈视听冲击下，未成年人长期处于一种非理性被动式的思维空间中，容易失去应有的独立的判断能力和思考能力。

（2）在以现代视听传播形成的虚拟世界里成长起来的青少年容易与现实社会产生一定的隔阂，易养成孤独、封闭、以自我为中心的性格，缺乏社会责任感。

（3）全球化的现代传播，一方面让青少年更多地接触外部世界，另一方面也会让他们丧失应有的本土文化价值认同。

（4）以品牌为核心竞争力的立体式视听传播，对目标群体进行更有针对性的"狂轰滥炸"和"精确打击"，让你锁定频道，让你爱它没商量。

面对现代视听传播的新格局，"我们必须清醒地意识到，我们是在'全球化+虚拟化+现代化+个性化'的背景下来从事青少年教育"①。

3. 青少年是视听传媒的主要目标群体

现代视听传播很大程度上把青少年锁定为自己的受众群体，它们不仅从形式上迎合当代青少年的心理，在某种程度上满足了青少年的心理需求，使他们在现实世界之外找到了一个平衡点，而且在内容的制作上也有意迎合青少年的心理，如好莱坞一些为青少年市场制作的影片，"总是把电脑、网络、录影带等各种最时兴的媒体文化相互杂糅，以手枪、大腿、追逐、飙车等各种商业元素来宣泄内心欲望，以男女间的性游戏、正反角色间的高智商对抗为叙述动力，以快速的画面剪辑和高分贝的音响刺激来不断制造视觉兴奋"②，以迎合广大青少年受众的口味。

同时，青少年群体自身的特点及其特有的消费观念、消费心理，使得现代视听传播的扩张与青少年的消费需求不谋而合。"他们中绝大部分正处于家庭和社会的双重管制之下，也是独立与依赖、顺从与反抗、自信与盲从、坚强与软弱、幻想与失落等各种两极性格纠缠不清和青春期最躁动不安的年龄，他们接受视听传播除了寻求和同龄人的认同、逃避家庭的束缚以外，更重要的是对内心各种欲望的宣泄，同时他们也是对未知世界充满好奇，对人生充满疑问且无从解答的人群，是最容易被视觉文化和社会时尚渗透的人群。"③ 因而，青少年自然而然成为各大视听传媒争夺的最大目标群体。以美国为例，好莱坞大制片公司就把重心放在青少年这个目标市场。"据资料统计，全美处于14~25岁年龄段的青少年约为3 800万，到2010年将增至4 200万，同时，他们具有巨大的消费能力，约有800多亿美元。"④

就目前来看，这场青少年争夺战是多方面的，既有不同文化背景的意识形态争

① 俞吾金．青少年教育中的"三个世界"．文汇报，2001－12－14（第十一版）

② 何建平．全球化背景下的好莱坞制片策略．当代电影，2002（6）：43

③ 何建平．全球化背景下的好莱坞制片策略．当代电影，2002（6）：43

④ 何建平．全球化背景下的好莱坞制片策略．当代电影，2002（6）：43

夺，也有不同传媒集团的商业利益争夺，还有不同视听产品的市场份额争夺。我国入世后，这种争夺更为激烈。以广东省为例，自 2001 年 10 月，中国政府先后批准 3 家跨国传媒集团的 4 个电视频道在广东落地，加上之前的香港 4 个电视频道，目前广东地区可以收看到的外资电视频道共有 8 个。这些频道无不把青少年作为最主要的受众目标群体。

4. 当代青少年的心理特征和教育错位

青少年是一个特殊的群体，他们年龄在 14 至 25 岁之间，这个时期是人的生理和心理成型的关键时期。而从心理上来看，青少年时期是一个人的人生观、价值观确立的时期。这个时期外界的影响是至关重要的。当代青少年的心理，已不像有些人想象的那么单纯，他们的好奇心、求知欲、想象力都趋于早熟，也就是人们所说的“小大人”。他们在吃、穿、用上都喜欢追赶时髦，随潮流。而现代视听传播常常把最新的生活时尚信息传达给他们，促使他们去效仿、去追逐，“面对广告、时尚和名牌意识的冲击，青少年最容易受到鲜活的图像和时髦简洁的用语的影响，所有充斥于电影电视、电台报刊中的商品广告图像和旁白，尤其是那些反复播放或刊登的名牌商品的广告和旁白，很快就成了他们的口头禅。他们不仅使这些时髦的口头禅在大街小巷到处流行，而且也在自己的实际生活中加以模仿和追求”①。

另一方面，心智还没有成熟的青少年，他们精力旺盛，模仿能力强，对新事物接受快。新兴媒体一经出现，他们便能很快掌握其操作技巧，从中获取信息。而成年人在这方面逊于青少年。实际上，作为教育对象的青少年对现代视听传播的接受与认同率远远地超过了他们的长辈，而传统教育理念和手段的落后与陈旧，也远远适应不了青少年教育的需要。我们必须重新审视我们的教育对象。

复旦大学俞吾金认为在青少年教育中存在着“三个世界”，他认为青少年不是生活在单一的世界中，而是同时生活在“理想世界”、“虚拟世界”和“现实世界”这三个不同的世界中。在“理想世界”中，因为家长、学校和社会通过某种不约而同的“共谋”把一个以“应试教育”为核心的理想世界灌输给青少年，使他们无法从自己的个性、兴趣和才能出发营造适合自己的理想世界，因此出现了教育的错位。在“虚拟世界”中，特别是在网络世界中，虽然青少年的想象力和创造力得到了一定的激励，但种种失范的现象也极易误导青少年的思想。在“现实世界”中，尽管市场经济的发展激发了青少年的生存意识、开放意识和竞争意识，但也极易导致他们对金钱的崇拜、对时尚的迷恋、对贫富落差的怨恨和对传统观念的反叛。俞吾金提出：只有把“三个世界”综合起来考察，青少年教育才能作出新的成绩。《国务院关于基础教育改革与发展的决定》要求我们实施素质教育，如果我们的教育思想和教育观念还停留在以往的认识水平上，那么，实施素质教育就只能是一句空话。

---

① 俞吾金．青少年教育中的“三个世界”．文汇报，2001－12－14（第十一版）

二、“转守为攻”

来势汹汹的现代视听传播发展大潮，对青少年教育来说既是机遇，又是挑战。一方面，新技术产品的开发与应用为我们的教育提供了更为广阔的平台；另一方面，未成年人教育的形势也更加严峻，我国教育工作者和大众传媒的任务也更加艰巨。在现代视听传播中，如何用先进文化来占领青少年教育这个阵地？过去我们一直强调“守土有责”，这是对的，问题是光是守，守得住吗？2004 年 3 月，中共中央、国务院颁布了《关于进一步加强和改进未成年人思想道德建设的若干意见》，给这场空前激烈的青少年争夺战吹响了转守为攻的冲锋号。对此，笔者提供两件“进攻性武器”：教育创新和内容建设。

1. 未成年人教育从成年人开始

著名的人类学家玛格丽特·米德曾说过，人类发展的历史将经历三种文化。第一种是前喻文化，即后代人必须向老年人学习才能生存。所以，在这种文化里，老年人的经验特别重要，老年人也特别有权威。第二种文化是并喻文化，即两代人互相学习才能生存和发展。第三种文化是后喻文化，老一代人需要向年青一代学习，社会才能进步。我们的祖父母在年轻时所学到的东西够用一辈子，我们的父母在年轻时所学到的东西可能够用半辈子，而我们这一代，年轻时所学到的东西只够用 1/4 或 1/3 辈子。所以，有些社会学家说我们正在进入并喻文化时代。我们所学习的一部分经验、知识已经没用了，而年青一代所创造的技术正在改变着世界。

四川省峨眉山市某中学在一次学生调查中发现，同学们打分最高的竟然是初一的政治课！枯燥无味的政治课何以深受孩子们欢迎？不少老师前去观摩。他们发现任课的陈老师有三个特点：①她采用鞠萍姐姐式的讲课方式，气氛活跃而亲切；②她从网上下载视听素材来制作课件，生动有趣；③这位青年教师还是一位“孩子王”，她说学生教会她许多网络知识，如如何使用 QQ，并用 QQ 和学生进行交流。陈老师的成功经验告诉我们：成年人和未成年人要在一个平等、双向的平台上进行交流，建立一种互动式的教育。我们的教育有一个误区：让不懂现代传播的成年人去教育未成年人，怎能不束手无策呢？因此，在一个现代视听传播社会中，我们要重构新的教育理念：未成年人教育要从成年人开始！

这种教育要分为两个方面进行：一方面是如何将家庭教育、学校教育、社会教育协调起来，因势利导，建立一个立体视听传播教育网。另一方面是如何促使视听传媒从业人员增强社会责任感，为青少年提供更多更好的精神食粮。数字内容产业全球化的今天，对我国视听界提出了更高的要求。

2. “内容为王”，营造绿色文化空间

作为我国视听传播主管部门的国家广电总局提出：广播影视要为未成年人营造绿色文化空间。为此，国家广电总局决定实施四项重点工程，即建设工程、净化工程、防护工程和督察工程。笔者认为在这四项工程里，建设工程是最重要的。

很多家长和老师不让孩子接触视听传播媒体，并非看不到媒体的教育作用，而是担心孩子受到负面影响。这种担心并非空穴来风，近年来，越来越多的暴力片、色情片充斥其间。而适合青少年并能为青少年乐于接受的视听节目在内容供应方面远远满足不了需求，国产优秀视听节目很少，西方视听节目充斥市场。《泰坦尼克号》驶进来了，《哈里·波特》让孩子们着迷，连迪斯尼打造的中国童话《花木兰》也来了！根据2004年第32周的“南方收视”统计：在广州地区，仅香港4个频道的收视率就达43.4%，广州本地的电视台、两家省级电视台和广州市电视台共20个频道的收视率总和为45.5%，大致与香港媒体持平。随着凤凰卫视的崛起，新闻集团的星空卫视、时代华纳集团的华娱电视等频道的强势登陆，国产视听节目愈加显得捉襟见肘。

如何应对？“围封堵截”不是根本的办法。笔者认为应在“强身健体”上下工夫：一是增强视听传播的本土化内容供应；二是加大青少年视听节目的研发力度；三是提高我国视听传媒的产业化程度，只有把我国视听内容产业做大做强，才能具有可持续性的核心竞争力。

且不说欧美，近年来，韩剧的兴起和流行就是很好的借鉴。“韩国影视、动画、卡通、漫画、音乐、游戏文化产品经由海外推介后，所带来的收益已经不仅仅是文化内容产业每年100亿美元（2001年）的市场规模，在经由韩国影视剧和流行音乐所肇始的‘韩流’背后，是‘哈韩族’的无所不在，以及韩国电子、服饰、饮食及其他传统企业品牌在国际市场上的攻城略地、大行其道。”①

反观我国，在深圳较早就形成了一个设备先进、颇具规模的动画制作群。但由于本土化和原创性跟不上，只好做“来料加工”，为境外动画片生产提供服务。被称为21世纪“朝阳产业”的动画业是对青少年影响最大的文化产业之一，在全球文化产业的迅速发展中，动画业扮演着越来越重要的角色。2005年5月24日，国家广电总局发出了《关于对国产动画实行题材规划管理的通知》，从三个方面有力地推进影视动画产业的发展：一是通过构建规模化的播映体系，拉动优秀国产动画片的创作和生产；二是大力扶持重要的动画产业基地，打造强势的动画企业集团；三是重塑动画市场主体，坚定不移地走产业化发展道路。与此同时，中央电视台少儿频道已开通。这些迹象表明，在这场青少年教育战中，我们要由战略防御转为战略进攻。

第三节　台网互动打造品牌

现代视听传播的一个重要特点就是可以通过某个平台，实现超媒体链接和数字信

① 王正伦．开放背景下的传媒产业．中华工商时报，2003-03-21（6）

号的转换。电视媒体与网络媒体对接和互动，是传统电视实现转型的第一步。2004年，笔者参与策划了一次台网互动的媒介融合实践。

湛江金视网（www. zjjs. net）是湛江电视台的下属网站，于2002年2月正式开播。但在相当长的一段时间里，湛江金视网也像其他电视台网站一样，只限于存放内部资料，或发发各种通知，相当于一个单位的内部橱窗。湛江金视网的真正对外运作始于2003年11月，在湛江电视台的全力支持和湛江金视网的努力奋斗下，湛江金视网的知名度和美誉度迅速得到提升。截至2004年5月31日，湛江金视网在全球5 000万网站中排名34 222名，比1月17日统计的前进了2. 8万名。湛江金视网在全国电视台网站排第15名，已超过不少省台网站的排名。湛江金视网何以在短时间里崛起？就在于他们以全新的策划理念来打造媒体网站品牌。

一、借船出海

湛江金视网依托湛江市电视台的传媒优势和湛江广电宽带数据网的资源优势，提供湛江电视在线（湛江电视台节目网上点播）、资讯频道、音乐频道、在线影院、电视频道、MTV频道、金融频道、聊天频道、游戏频道、软件频道、教育频道、商务频道等服务。其中品牌栏目如“湛江电视在线”、“音乐频道”、“在线影院”、“电视频道”、“MTV频道”等，采用最新的流媒体技术，实现了因特网与广播电视的融合，区别于传统网站以文字、图片为主的传播模式，深受用户的喜爱。

湛江金视网总共只有六名网站工作人员，人少力薄，创办初期其知名度和影响力都极低，因此只能依托其母体湛江电视台的优势，借助传统媒体的权威性和公信力，借助电视媒体强大的节目资源，实现“借船出海”。每年的湛江博览会是全市政治、经济、文化生活的大事，为此他们选择这一良机策划推出《湛江新闻》视频点播，在网上可以点击湛江工业博览会的相关资讯，成为工博会期间最大的亮点，湛江电视台及其他报刊媒体争相进行报道，一下子让全市人民知道湛江有了一个金视网。而后，他们相继把湛江电视台各名牌栏目和相关资讯挂上网，还与湛江电视台、湛江声屏报联合举办“2003湛江十大电视新闻评选活动”，实现了网络媒体与传统媒体的多媒体联动。

二、借鸡生蛋

湛江金视网除了借助其母体的媒体优势外，还独立策划和参与了一系列重大的有影响力的活动，通过“借鸡生蛋”达到“四两拨千斤”的效果。2004年，世界第三区（亚澳）滑水锦标赛暨亚洲滑水锦标赛在湛江举行。湛江金视网抓住这一机遇，争取成为大赛唯一指定官方网站（中、英文）。然后，网站工作人员与大赛组委会一起周密策划、严密组织全方位多角度地对大赛进行全程跟踪报道。通过CDMA无线上网传回图文信息，第一时间将最新赛况传回网站，成为这次大赛信息资料最全、信息发布最快的媒体。国际滑联官员盛赞湛江金视网报道快速、及时，信息量大，版面设计精美。国际滑联官方网站在最显眼位置转载和链接。据不完全统计，开赛以来，湛江金视网每天传回近500张照片、上万字的文字资料，日访问量已超过10万人次。滑水赛着着实实让湛江金视网“火”了一把。

湛江金视网还借助其他重大活动来进行捆绑式推介，如举办湛江有线数字电视试播暨央视网站《今日湛江》开通仪式，借助数字电视和央视网站的影响在全市进行一次炒作。尤其是与央视网站及其他主流网站的对接，湛江金视网在对外宣传方面首次超过了本地其他媒体，得到了当地市委和市政府的高度评价。

三、以民为本

“以民为本”、“三贴近”是新一届中央集体领导对媒体的要求，湛江金视网在策划定位中，强调社会责任感，强化网站服务功能，始终把为广大用户服务放在最重要的位置。一方面，为湛江经济、文化服务，策划开办特色栏目、原创品牌，如特色文化村、湛江民间民俗等，为湛江市欢乐节、美食节开辟主页，还利用自己的技术优势，为企业制作网站和提供相关服务。另一方面，为市民生活消费服务，策划开展群众乐于参与的活动，如湛江人服饰搭配比赛、欢乐家庭大赛、有奖竞猜等。群众利益无小事，针对当时由于劣质奶粉造成的“大头婴”事件，群众中形成的对奶粉品质的疑惑和恐惧心理，他们联合消费委员会、妇幼保健机构和商家，适时策划了“育儿全接触”系列活动，开辟了《育儿知识》、《奶粉介绍》等市民关注的栏目，受到了广大群众和有关部门的欢迎。

四、吸引眼球

湛江金视网是在竞争中发展的，敢于向本地久负盛名的网站（如电信部门主办的碧海银沙网站）挑战，为了吸引网民的眼球，他们想了不少点子，进行注意力策划。一是充分发挥网站图文并茂的优势，如在滑水赛期间举办摄影大赛、会徽和吉祥物评选等活动；在“育儿全接触”系列里的儿童摄影大赛中，他们策划把小孩与父母的合影上网，举行“最像父亲”和“最像母亲”评选，吸引了众多父母和家庭的关注；他们还利用视频点播的优势，举办“湛江电视台获奖节目展播”、“湛江十大电视新闻评选”等活动，让受众在网上从容地欣赏精品节目。二是策划组织或介入市民关注程度高的活动，如欢乐家庭大赛、湛江人自驾车“跨越青藏高原”活动等，并与湛江电视台一起策划组织湛江市传统的“美女秀”——第三届南珠小姐比赛。他们还将一些观众关注的电视栏目搬上网站，如《社会视点》、《缤纷周末》及《点击主持人》等。网站还经常策划一些有奖竞猜活动，以增强网民的参与性和互动性。湛江金视网坚持不以低俗、媚俗来吸引公众眼球，始终坚持正确的导向和健康的品位。在《今日湛江》中，他们配合创建文明城市，把“港城在变”摄影展放上网，让市民更真切地感受到港城湛江变绿了，变美了，变亮了。同时，他们还把“中国醒狮之乡”、东海人龙舞、雷州石狗等民间艺术瑰宝放上网，让世界了解湛江历史久远、绚丽多彩的红土文化。

由于湛江金视网的影响力与日俱增，也让它的母体湛江电视台对它刮目相看，台里各栏目和各部门纷纷要求上网，希望与媒体网站进行互动；社会上一些单位的网站也相继要求加盟，希望借助这个平台扩大自己的影响。湛江金视网以“传播湛江，视听全国”为理念，以“第四媒体，粤西第一”为目标，将2004年定为湛江金视网的“品牌创建年”，做到月月有策划、数月大策划，让网站的知名度和美誉度不断提升。他们深知，媒体网站只有通过树立自身品牌，提高知名度和美誉度，才能使网站的无形资产增值，才能为网站今后做大做强打下坚实的基础。

新媒体可以借助传统媒体的内容优势，那么，新媒体是否不需要自己的内容生产和内容定制呢？这需要我们进一步研究。

第四节　新媒体内容产品设计

“新媒体”已成为当今传媒业出现频率最高的名词之一。当然，还有“第四媒体”、“第五媒体”等说法，但都没有一个统一的界定。为了研究的方便，我们暂且把有别于传统的报刊、广播、电影、电视的互联网、网络电视、手机电视和移动电视等，统称为新媒体。这些新媒体之所以后来居上、咄咄逼人，就在于它凭借着先进的数字技术。数字技术创造了无限广阔的媒介内容空间，数字内容产业具有无限的市场潜力，它强大的吸引力使得全球传媒信息产业机构纷纷调整经营策略。而影响新媒体发展最重要的因素之一，就是它为市场和用户提供的内容产品。对此，我们先来看看新媒体的传播形态。

一、新媒体的特性

“媒介的传播形态，是指媒介在完成信息传播的过程中，所表现出的各种特性。”① 新媒体的特性首先体现在网络化、数字化上。网络最本质的特点是开放、兼容、共享，因此，它连通信息业、电信业、大众传媒业三大领域，不仅出现了以往业务的互相交叉及“三网融合”的新趋势，而且出现了跨领域企业间的并购与整合。在数字化技术和新媒体面前，往往会混淆传媒产业和信息产业的概念。在数字化技术使得所有信息都以同一种载体通过同一种渠道传输之后，传播活动可以是一群人面对大众、一个人面对一群人、一个人面对一个人，还可以是一群人面对一个人，等等，

---

① 熊澄宇，陈思宇．流媒体的传播学解读．新闻与传播，2005（6）

传者还可以同时是受众，受众也可以是传者……总而言之，就是传播活动的源头、终点、传播顺序、传播渠道及传播内容都有了无限种可能，再也没有了明显的区分。在这种情况下，很难说清楚究竟什么是传媒产业，什么是信息产业。而各种新传媒都被纳入了广义的信息传播的洪流。

新媒体的特性更具体地体现在传播方式上。传统意义上的大众媒体的传播方式是广播，它针对较大数量的、异质的和匿名的受众，消息是公开传播的，通常是同时到达大多数受众，而且其特征是稍纵即逝，传播者一般是复杂的组织，或在复杂的机构中运作，因而可能需要很大的开支。但是在新媒体的传播过程中，虽然大数量的、异质的和匿名的受众仍然存在，但是每个个体都有不同的需求，目前新技术的手段使得从前无法满足的需求现在可以得到满足，如互联网中以传送电子邮件的形式的电子杂志，可供手机用户订阅的短信服务可以定制新闻、天气预报的服务；网上“流”技术的不断提高，使用户可以随心所欲地搜索想要的信息；新媒体为用户的“量身定做”突破了以往的传播概念，使普通受众与传播者前所未有地接近，使受众更方便地表达自己的需要，这种方式也越来越符合人们的口味。

“大众传播”受众广大，消息公开，机构复杂，需要很大的开支。但在新媒体中，既包括大众传播（如网站发布新闻），也包括群体传播（如社区广播、QQ 群、聊天室、BBS）和人际传播（如手机短信、ICQ），传播时间的安排不以同时到达大多数受众为标准，传者可以随时发布并更新自己的消息，新媒体信息可能会根据不同个体的需要长久地保存下来，也可能过几天或是几个月就消失得无影无踪，但绝对不是稍纵即逝的。就传播者而言，传者可能是组织，也可能是个人，传播仅仅需要上网或者发一条短信的成本（有时也可能包括采集信息的成本）。

新媒体的传播方式有同步传播和异步传播两大类。同步和异步这两个概念来源于计算机网络的通信过程，我们可以这样理解，同步传播是传播的参与者同时处在传播的情境中，传者发出的信息几乎在同一时间就到达了受众，最典型的同步传播模式为现实生活中的面谈及电话交谈，新媒体的同步传播有网络聊天室闲谈与在线即时寻呼等。异步传播则是指在传播过程中，传者发出的信息需要经过一定的延时才能到达受众，异步传播有电子邮件、新闻组及 BBS 讨论区和手机短信等。与传统电视的线性传播相比，网络电视的非线性传播更方便、灵活，更有利于提高传播的效果。

窄播和点播，群体传播和人际传播，同步传播和异步传播，线性传播与非线性传播，新的传播方式、新的传播渠道让新媒体的内容产品层出不穷。例如，难登大众传媒之堂的 DV 影像，完全可以在宽频网络中建立以群体传播和人际传播为主的实现互动点播模式的专业频道区，从而大大地推动 DV 的创作繁荣。新的传播方式催生全新的内容供应，这是新媒体的特性使然。

二、新市场的开发

我们除了认识新媒体的特性之外，更要了解新媒体的受众状况与需求。新媒体的运营首先要解决两个问题：一是要制定统一的技术标准，建立独立的知识产权，解决制约新媒体发展的技术“瓶颈”问题；二是要搞清楚它的受众群体，找准它的市场定位，才能确定它的受众需求与发展空间。据了解，我国3G手机早已完成了实验室阶段的研发，但市场运营推进缓慢，原因很多，未能提供必需的内容产品和找到适合的运营模式，应该是其中一个重要的原因。

新媒体无疑是新的经济增长点，在传统媒体广告这块大蛋糕之外，还可以另做一个更大的蛋糕吗？仅以宽带电视为例，宽带电视（IPTV）是一项专为网络用户提供数字视频节目的广播和点播服务及其他增值服务的业务。到2010年，宽带电视潜在的市场规模将超过2 000亿元。内容供应哪怕只占1/10，也是一块数以百亿计的大蛋糕。美国手机电视开发商戴维·波斯特满怀期待地说：“这个世界上只有两种东西最流行：电视和手机，这两者的结合将创造巨大的价值。”

从我国目前的情况来看，大部分传统媒体的赢利方式主要是通过广告实现的（目前也出现了手机短信参与节目的赢利方式），在这种营销方式下，媒体并不直接与受众接触（间接销售），一旦广告市场趋于饱和，这种相对单一的赢利方式便会受到严重的冲击。新媒体的出现打破了单一的营销方式，一方面抢占广告市场，网站有在线广告，移动电视有广告；另一方面，其他的直接销售方式成为收入的新来源。随着手机电视的推广，相关节目源将越来越多，手机电视收费正在成为电信公司最新的收入来源。联通集团市场部高层人士说：“联通将采取‘在线时间+流量+观看节目时间’的捆绑方式收费。”互联网也有个人交易平台服务（C2C）模式、短信铃声等移动运营服务、网上零售（B2C模式）、特殊信息收费、软件下载、网络游戏等多元化赢利方式，直接与受众交易。这种复合的营销方式的好处在于不依赖一种收入来源，使营销方式健康地发展。新媒体多元化的赢利模式，间接销售与直接销售相结合，使传媒业形成新的价值链。

日新月异的数字技术进步使“分众”“小众”，甚至使一对一的交互传播成为可能，彻底改变了受众在传播中的被动地位，个性化特征越来越显著，新媒体有朝一日有可能成为“我的媒体”。由于受众需求有个性化和综合化趋势，传媒要获得受众，必须分割市场，发展针对不同用户群的多样化服务，即以不同方式来满足不同消费群体的不同需求，而不是以同一种产品来满足所有人的需求。当前传媒内容同质化现象严重，普遍缺乏特色品牌。新媒体必须坚持“突出特色”与“分众传播”的经营理念，通过为特定受众（群）提供量身定制的产品和服务来赢得并保持受众，提高受众的忠诚度。新媒体分割市场可以有效地消除传统媒体的内容同质化现象。

“面对眼下时断时续的网络电视，巴掌大小的手机电视或者嘈杂声中的车载移动电视，一些传统电视从业者也许会露出不屑一顾的神情，但是，心中的失落和对未来的忧虑却是难以掩饰的。因为谁都知道，电视台目前在市场竞争中的强势地位主要是靠对频道资源的垄断得到和维持的，垄断一旦被打破，市场就要重新洗牌。”① 而信息技术进步的神速往往超乎人们的想象，关键是人们的观念和意识须及时更新。

与传统媒体相比，新媒体的受众市场更为细分，付费用户对媒体的要求会更为苛刻，内容供应的理念也要更新。“相比较‘受众’、‘观众’，‘用户’与‘消费者’拥有着更大的权利，含义也主动得多。透过这些词汇上的变化，我们看到的是作为信息传播终端的收看电视的人地位上的变化，他们从信息传播的‘靶子’成为信息服务的‘顾客’，他们可以按自己的意愿挑拣自己喜欢的信息产品及其数量、时限、来源。”②

相关数据显示，未来 5 年内全球手机电视用户将达到 1.25 亿，而中国将成为世界最大的手机电视用户市场。2004 年底信息产业部公布，中国手机用户数量超过 3.2 亿人，预计 2010 年将超过 4.5 亿人。其中 20% 左右是数据服务用户，使用 SMS/WAP/MMS 等业务。这些数据服务用户需要什么样的内容产品呢？这要求新媒体更加认真地研究它的用户需求。

三、新产品的设计

数字时代，内容仍是新媒体的核心价值，传媒竞争主要集中在如何能够提供更多更好的内容。目前，新媒体传播方式日益增多，世界将会进入渠道过剩的时代，传媒作为载体的优势渐渐失去，而作为内容生产者的比较优势是其他市场参与者无法替代的。由于内容服务与传播形式逐渐分离，内容供应渐趋独立，传媒选择做全方位内容服务商是发展趋势。那么，新媒体需要什么样的内容产品呢？综上所述，我们试图找出部分新媒体内容产品设计的一些依据，如表 7－1 所示：

表 7－1

	传统媒体	网络电视	手机电视	移动电视
媒体特性	大众传播	分众传播	小众传播	分众传播
传播方式	线性广播	非线点播	高端窄播	移动广播
受众行为	单向被动	双向互动	双向互动	单向被动
经营模式	间接销售	直接销售	直接销售	间接销售
服务范围	区域性为主	全球性	区域性	区域性

① 陆地．2005：中国电视产业大解码．南方电视学刊，2005（1）

② 吕正标，王嘉．电视新闻节目理念、形态与实务．北京：中国广播电视出版社，2004

根据这些特征，新媒体的内容供应和产品设计应遵循如下原则：

1. **分众化的市场定位**

在高新科技日新月异的今天，无论是传播手段还是传播方式都有了质的变化。任何一台电视机、电脑或手机都可以发展成为视听兼备的现代信息传播终端设备。这种运用现代技术手段和设备，通过形象的视听符号进行的数字化信息传播，就是现代视听传播。而随着网络带宽的增加，带有视频和音频的网上聊天已变成更为自由的互动式的“对播”。视听兼备、双向互动，以及高清晰度、高保真音效都是新媒体内容产品的品质追求。

当今传媒市场呈现越来越细分的走向。“对动辄声称拥有数以万计甚至数以亿计观众的传统电视台来说，最要命的还不是观众被分流了多少，而是被分流的这部分观众是最‘值钱’的一部分。”① 以网络电视、手机电视为例，它面向的是高收入、高消费的高端用户群体，人称“白骨精”，即白领、单位骨干和社会精英。对于这些高端用户，除了定位准确外，还要提供更为优质、更为便捷的服务。这种服务不仅仅要体现出个性化的差异，而且要体现出更为人性化。

2. **人性化的内容服务**

当通常 90 分钟长度的电影走上荧屏后，它就缩短为每集时长为 45 分钟的电视剧（长剧），甚至是每集时长仅 20 分钟的短剧。而当它以手机为载体时又会变成什么样呢？上海移动通信股份有限公司与上海文广集团于 2005 年 2 月 4 日联手推出中国第一部手机电视短剧《新年星事》，每集 3 分钟，共 13 集。为了庆祝中国电影 100 周年，由中博传媒公司拍摄的系列电影短片《聚焦这一刻》（由 8 部独立的影片组成，每部影片长 3 分钟，以胶片制作）通过手机及网络下载在全国公映。2006 年 10 月 15 日，在首届手机电影年度盛典上，与会者发表了《西安宣言》，标志着中国传统电影业开始正式接纳手机电影。宣言规定：凡为手机载体而作，时长在 10 分钟内的电影作品，都可以称为手机电影。

在美国，不管是家庭主妇还是公司白领，闲暇时掏出手机看一集电视剧已经成为很多人的休闲方式。因为在手机上看电视既不浪费时间，又能让精神得到放松。正是预见到了这样的前景，卡通网络公司才决定开始制作手机动画片《鸭嘴兽》。该公司发言人信心十足地表示：“鸭嘴兽将成为‘手机明星’，人气一定会超过电视上的‘前辈’唐老鸭。”

再看移动电视，在嘈杂的公交车上你能像在家里那样安静地收看电视节目吗？它跟广播一样都具有伴随性，的士司机可以一边开车一边听广播，公交车上的乘客也是一样，只不过他们是以视觉接收为主。传统的电视节目照搬上去一定不行，移动电视的节目或许更短，更侧重视觉传播。由此可见，内容产品的设计是根据用户的消费需

① 陆地 . 2005：中国电视产业大解码 . 南方电视学刊，2005（1）

求和接受行为而定的，更加人性化的设计是新媒体产品的服务宗旨。因此，新媒体的内容建设更具原创性。

3. 打造产品价值链

麦克卢汉说过："媒介的影响之所以非常强烈，恰恰是另一种媒介变成了它的'内容'。"① 内容产品通常由三个层面构成：一是独立的内容产品元素，主要包括文字、声音和图像，这些元素构成内容产品的创作素材；二是内容产品的逻辑关系，主要构成是"创意"，它是内容产品的核心价值所在；三是内容产品的集成。围绕内容产品的核心价值，可以生产一系列内容产品，形成一个产品价值链或者产业链。

建立在全球化与数字化背景下的新媒体，已经不是在做单一的内容产品，而是要做数据库，做衍生产品，做产业链。只有形成了完整的产业链，才能使内容产品不断地增值。美国传媒咨询专家米切尔·J. 沃尔夫认为："业界领先企业意识到，规模至关重要，必须进入很多业务领域，以便满足消费者的需求……如果它们是电视广播公司，那它们再也不能只做电视了。它们必须有个网站，可能还需要有份平面杂志，或者要有个 DVD 战略；如果它们是报纸，那就不能只在报摊上出现，或被扔在家家户户的门口。只要客户需要，它们就必须随时随地出现，不管是以小报而非大张报纸的形式出现，还是在便携式电脑或无线设备上出现。"②

新媒体也是一种跨媒体，在同一个内容产品链中，或许上游产品在新媒体，而下游产品在传统媒体；或者上游产品在传统媒体，下游产品在新媒体。如此必将激活强大的内容制作业，培育出成千上万的内容创造者，鼓励发展专业内容供应商也是新媒体发展的必要手段之一。目前，无论是广电业还是电信业都在进军新媒体，都把目光锁定在市场拓展和技术手段上，但如果不抓紧研究和开发内容产品的话，那么就一定会阻碍前进的步伐。

新媒体发展不仅需要做好内容定制，而且除了内容产品之外，还需要各个方面的设计与创新。北京奥运会就给新媒体设计提供了一个广阔的空间。

第五节　网络媒体的奥运升级

2008 年 7 月 24 日，中国互联网络信息中心（CNNIC）发布了《第 22 次中国互联网络发展状况统计报告》。报告显示，截至 2008 年 6 月底，我国网民数量达到了 2.53 亿人，首次大幅度超过美国，跃居世界第一位。那么，网络媒体的发展是否会

① ［加］马歇尔·麦克卢汉．理解媒介——论人的延伸．何道宽译．北京：商务印书馆，2000

② ［美］米切尔·J. 沃尔夫．娱乐经济：传媒力量优化生活．黄光伟，邓盛华译．北京：光明日报出版社；香港：科文（香港）出版有限公司，2001

出现一个跃升的拐点呢？就在这个时候，北京奥运会来了，它给网络媒体提供了一个大展拳脚的舞台。其间，网络媒体是否实现了全面升级？我们不妨分析一下。

一、网络媒体入主北京奥运

由于传统媒体强大的势力，网络媒体与奥运会的结缘并非一帆风顺。1996 年，亚特兰大奥运会首次设立官方网站，对奥运会新闻和信息进行网络传播。时隔 4 年，由于互联网的快速发展，2000 年悉尼奥运会，网络文字、图片报道已形成巨大影响力。然而，由于美国全国广播公司（NBC）已购得 2008 年奥运会之前各届夏、冬季奥运会电视转播权，为了保护电视媒体的权利，经过多方争论，国际奥委会最后决定将网络媒体基本拒于悉尼奥运会大门之外，只有赞助商 NBC、IBM 等相关网站能够进行视频报道。2004 年雅典奥运会上大量采用了新技术，通过广播电视网、电信网、互联网，形成了功能强大的信息传输和传播网络，保证了奥运新闻和信息的实时传递。希腊电信运营商还推出了 3G 服务。然而，对网络视频的传播依旧受到严格限制。

2008 年，网络媒体终于迎来了在奥运传播中的转机。随着网络媒体强大的传播功能的进一步发展，以及“地球村”受众信息消费形式的转变，北京奥运会的传播理念走出了传统的线性传播模式，转移到多媒体共融的新传播模式。随着搜狐获得奥运会历史上第一个互联网内容服务赞助商资格，随着第一视频成为北京奥运会国际新闻中心（BIMC）新媒体合作伙伴，随着国际奥委会首次向互联网、手机等新媒体出售转播权，允许运动员和官员在大赛期间写博客，随着搜狐、新浪等网络媒体获得采访证，北京奥运会成为真正意义上的“网络奥运会”、“移动奥运会”。正如国务院新闻办公室副主任蔡名照所指出的那样：“北京奥运会是在全球互联网快速发展、中国加快推进信息化进程中举办的世界性体育盛会，互联网广泛参与将令人瞩目，并以鲜明的信息化特征载入奥林匹克历史。”① 至此，网络媒体正式与传统媒体一起列入奥运会的转播体系，网络媒体积累了十年的传播威力终于集中爆发了。中国互联网络信息中心联合万瑞数据所发布的《2008 年中国网民奥运媒体消费行为研究报告》显示，互联网是网民获取奥运信息的第一渠道（79.8%），高于电视（69.3%）和报纸（40.5%），而且大约有 13% 的网民，即一个接近 2 700 万人的群体，完全靠互联网获取奥运信息。

由此可见，网络媒体不仅在北京奥运转播中登堂入室，而且在各个方面呈现明显的升级特征。接下来，我们逐一扫描。

---

① 冯晓芳，周丹丹．互联网参与将使北京奥运令人瞩目．新华网（http：//news. xinhuanet. com/newmedia/2008 -04/28/content_ 8071433. htm），2008 -04 -28

二、信息资源升级——从“二道贩子”到内容原创

传媒大亨、维亚康姆董事长雷石东曾反复强调：“任何传媒企业的基石必须，而且绝对必须是内容。内容就是一切，内容为王!”对于网民来说，最具吸引力的内容当然是原创的内容。然而，网络媒体自诞生以来，虽然经历过从“新闻二传手”到组建自己的记者队伍的发展，但是网络媒体自身的采访力量还相当薄弱，况且以往的奥运会中网络媒体的采访权、转播权还没有放开。即使与传统媒体同台竞技，如果只是报道赛事本身，网络媒体与电视媒体相比并没有太大的优势。网络媒体最大的优势在于互动性，随着 Web2. 0 时代的到来，原来的自上而下的由少数资源控制者集中控制主导的互联网体系转变为自下而上的由广大用户集体智慧和力量主导的互联网体系，极大地解放了个人的创作和贡献的潜能，网络媒体的繁荣昌盛越来越倚重于网民的积极参与。因此，全面调动网民的积极性，成为网络媒体获得原创内容、争夺信息资源，与传统媒体开展差异化竞争的关键。

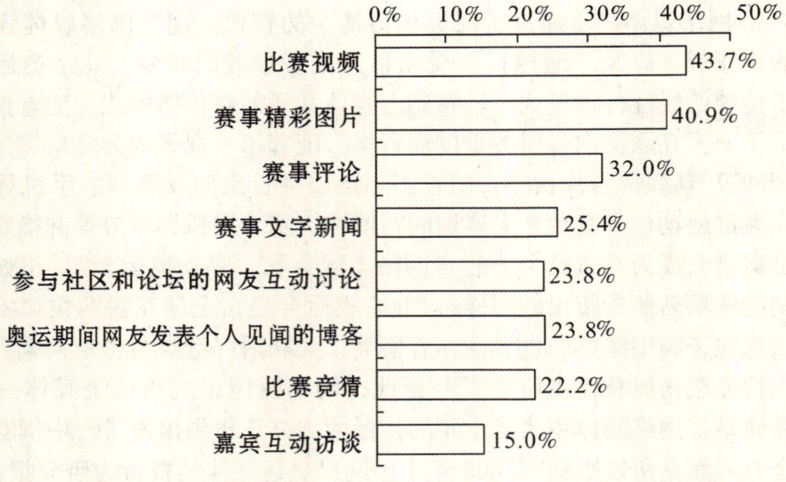

图 7－1　网民关注的奥运信息形式①

奥运会是一场融合了体育、娱乐、经济、文化、历史等丰富内容的盛宴，能够充分激发网民的情感和表达欲望。而 2. 5 亿的网民所创作的作品，涵盖了原创视频、音频、相片、图片、博客、言论，以及跟帖所产生的言论等“微内容”。《2008 年中国网民奥运媒体消费行为研究报告》显示，在网民关注的奥运信息形式中，赛事评论、赛事文字新闻、互动讨论、博客继比赛视频和赛事精彩图片之后，依次位居第三、

① www. cnnic. cn.

四、五、六位，关注率分别为32.0%、25.4%、23.8%和23.8%。

在新浪精心策划的翻唱《北京欢迎你》活动中，诞生于新浪播客的菏泽老年版《北京欢迎你》风靡互联网，成为众多版本中最著名的一个，吸引了44万人投票和8万条评论，并被全国30多家媒体报道。在新浪打造的高端赛事点评、草根评论、博客等舆论广场中，受新浪邀请的独家专栏作者发表文章400多篇，其中黄健翔、李承鹏、高峰等撰写的文章单篇点击量超过百万，专家文章同时引起网友热议，董路的文章“刘翔应该走完110米”，网友评论近15 000条。黄健翔、米卢、张路、马德兴、董路、李承鹏、韩寒、潘石屹、郑渊洁、高晓松等名嘴名人在奥运期间都撰写了大量的精彩博文，吸引了众多网友的关注和喝彩；此外，由包含易建联、杨威、邹凯、仲满等奥运明星在内的近400位运动员组成的体育明星报道团队也在奥运期间发布了一系列精彩的点评。这些博客资源带动新浪博客的流量在奥运期间大幅提升。

与新浪的系出名门和拥有名人资源相比，网易则更重视发挥平民百姓的力量，“不可能完成的任务”、“你最关注谁”奥运猜星、“我长得像奥运冠军”奥运明星脸征集、“我的大片”奥运电影海报设计大赛等活动也得到广大网民的喜爱和参与。从交互性看，Web1.0以网站对用户为主；Web2.0以P2P为主。北京奥运让网络媒体成为真正的2.0版本。

三、内容产品升级——从网络图文到网络视频

在这个网民掌握了话语权的Web2.0时代，在一个越来越注重真实和体验的信息环境里，在奥运会这样一场融汇了体育和艺术并由真人出演的盛事中，抽象的文字远远不能满足需求，凝聚瞬间的照片让人意犹未尽，最有效的内容还是网络视频！只有视频才能充分展示开幕式的流动美，比赛过程中的力量、悬念、惊喜足以唤起网民的视听需求。因此，网络媒体不约而同地把视频资源作为最重要的内容产品和战略资源，想尽一切办法拓展获得视频资源的渠道。网络媒体上的视频既能完整呈现赛事内容，又能补充赛事之外的故事，最重要的是，网络视频不像电视节目一样有特定的播放时间和次数，而是可以根据网民的需要进行点播和重播，充分实现了网民观赏奥运会的自主权和方便性。实践证明，对信息资源特别是视频资源的整合，极大地满足了网民的需要，《2008年中国网民奥运媒体消费行为研究报告》显示，赛事的视频和图片是网民最为关注的奥运会报道形式，关注率分别达到43.7%和40.9%。

搜狐凭借奥运会互联网内容服务赞助商的身份，率先与奥运会官方互联网、移动平台转播机构央视网（www.cctv.com.cn）签约，获得3 800小时奥运会赛事活动的视频转播权，开辟了“搜狐北京播报”、“搜狐体育播报”、“央视奥运直播”等视频王牌节目，10多路视频流汇聚，24小时不间断地播报奥运相关消息。新浪、腾讯、网易等网站迅速结成“奥运报道联盟”，并与央视国际达成协议，分享后者购得的3 800小时新媒体赛事视频版权，与搜狐形成抗衡。

新浪凭借多年耕耘所树立起来的品牌和所积累的网友资源，大打“互动”牌、“原创”牌，推出“走进奥运英雄家”视频栏目，200多位拍客奔赴全国各地，为网民带回了包括郭文珺、谭雪、佟文、刘子歌等10多位奥运冠军，以及姚明、易建联等著名运动员家乡的逾40段独家内容和近500段原创视频；同时推出“我为奥运狂——拍客大赛、原创大赛”，组织30多家视频制作机构制作了300多段奥运视频，以独特角度讲述赛场之外的精彩故事，为奥运赛事报道锦上添花。

有数据宣称，通过授权收费、广告等手段对奥运资源的营销，央视网实现了6亿左右的收入。这对目前的国内视频行业来说，是一个近似神话的数字。与此同时，AC尼尔森调查数据显示，央视网流量也实现了超过8倍的增长。网络视频在北京奥运营销上的成功，使国内视频网站找到了一种切实可行的赢利模式。这一成功也显示出一直让人无可奈何的网络侵权现象得到了全面遏制，而这在很大程度上得益于互联网监管和版权管理部门工作力度的空前加强。《互联网视听节目服务管理规定》等相关政策的出台也推动了我国的“三网融合”和网络视频的健康发展，北京奥运，网络媒体是借势而上；“三网融合”，网络视频是借力而行。

四、媒介技术升级——从传输提速到服务提升

北京奥运会的三大理念之一是“科技奥运”，其重要的组成部分是数字奥运和网络奥运。为了让尽量多的网民可以畅通无阻地在网络上观看奥运，为了让广大新闻记者可以随心所欲地发布新闻信息，奥运网络运营商、通信运营商无不加快网络科技的研发，推动网络传输的升级。在网络方面，以前网通在北京提供的ADSL带宽仅512K和1M，为迎接奥运会开始推广2M，广告称“零距离观看奥运”，实际上到奥运开幕前其已可提供4M和8M的带宽服务。网通同时为各国新闻记者提供“即插即用”奥运宽带卡这一新服务项目。在通信方面，中国移动本次统一建设的WLAN网络，在奥运历史上也属首创，基于WLAN网络创新性地推出了无线INFO、即拍即传、无线视频同传等新业务，帮助全球媒体刷新了奥运精彩图片、新闻报道的传播速度。在提升技术实力方面，各网站全力投入保证奥运视频传输的稳定、清晰、流畅，如央视国际已具有供800万人同时在线观看、10万人同时点播观看的能力。

网络媒体的技术进步不仅仅表现在传输速度和视频画质上，更多地表现在为网民提供各项优质服务上。INFO2008是北京奥运会的一个内部信息系统，相当于赛事官方信息发布系统，提供中文、英文、法文三种语言版本，运动员的相关信息都记录在上，比赛成绩也实时显现出来。以往这一系统生成的数据只在奥运会内部的有限范围内使用，如供主新闻中心的各国记者查询写稿采用，从未以某种方式第一时间向公众发布。而在北京奥运会，搜狐凭借赞助商及官方网站的地位，将其奥运赛事信息系统独家接入奥运会官方信息系统（INFO）和比赛评论员系统（CIS），历经网站人员10个月的研发，开发出将INFO2008系统中的数据转化为在页面上即时呈现的网友最关

注的赛事赛程、比分直播、奖牌榜、快讯、资料库五大核心产品，网友在页面上看到的比赛数据与赛场完全同步，从而实现了赛场新闻刊发最新、最快、最全。这是网络媒体首次完美地对接INFO系统，成为奥运报道的一大创新。[①] 把数据产品由后台推向前台是技术产品向服务产品的升级。

为了在第一时间向网民传递奥运信息，网络媒体纷纷整合旗下所有数据产品为赛事报道服务，以期利用覆盖网民在线生活的各个方面的信息产品形成全天候的资讯服务。搜狐自主研发了“福娃报奥运”产品，只要网友进入或停留在搜狐奥运页面，可爱的福娃就会第一时间弹出，播报最新奥运信息。与“福娃报奥运”同步弹出的还有“奥运快讯”，即使用户没有打开浏览器，只要是搜狗拼音输入法的用户，就可以第一时间收到搜狐的“奥运快讯”。网易则整合了邮箱、相册、博客、游戏、贺卡、社区、网站、泡泡、播吧九大产品和频道，无论网民是在收发邮件、聊天、灌水、玩网络游戏还是在看新闻，都能第一时间接收奥运资讯。腾讯则借助“门户+IM”这种全新的传播模式，通过QQ将奥运报道和夺金新闻第一时间通过弹出消息推送到用户桌面，并利用个人空间、QQ群、QQ直播、QQ电台等打造立体式的传播模式。新浪则通过与手机媒体的合作，开通手机新浪网，以争取让奥运信息在第一时间到达开通手机新浪网的网友。

五、媒体运营升级——从各自为战到战略结盟

长期以来，网络媒体是八仙过海、各显神通，在传媒市场上处于单打独斗、各自为战的松散状态，因此难以形成强大的传媒力量。然而，北京奥运会改变了这一切，在这百年一遇的传播盛事中，巨大的经济利益和社会效益迫使各大媒体摈弃门户之见，广结战略联盟。

首先，网络媒体之间结盟。为了在激烈的奥运大战中取得主动，同时也打破某些媒体的资源垄断（如搜狐获得奥运内容赞助商身份和赛事活动的互联网转播权），2007年7月19日，以新浪、网易、腾讯为首的“奥运报道联盟”在北京发布《奥运报道联合宣言》，宣布三方正式结为战略合作伙伴关系。这是三大门户网站首次结盟，也是中国互联网有史以来最大的一次战略合作，通过将三大门户网站的资源叠加在一起，不仅使用户的渗透率达到90%以上，也为网民提供了更多的服务内容，当然也更容易受到广告主的青睐。随后，TOM在线、凤凰网等知名网站及20多家主流地方新闻网站也加入了这一联盟。

其次，网络媒体与传统媒体结盟。搜狐凭借官方报道资格，与央视和新华社达成战略合作，还与全国12家卫视、35家主流平媒、80家电台等媒体构建成奥运媒体联

---

① 闵大洪．网络媒体北京奥运会报道的六个新特点．新华网（http：//news. xinhuanet. com/zgjx/2008－08/27/content_ 9725580. htm），2008－08－27

盟。新浪与40余家网络媒体、16家省级权威平面媒体、9家电视台结成奥运报道联盟，并与《足球报》、《体坛周报》及国际三大通讯社建立了战略联盟合作关系，分享奥运报道内容资源。网易与美联社、法新社、路透社及Getty Images达成合作，组成跨媒体矩阵。腾讯与世界头号体育日报法国《队报》中文网开展联合报道，与国内10多家在各地发行量排第一的都市报组建奥运媒体联盟。战略结盟透露出浓浓的竞争火药味，各家网络媒体对纵横策略的运用也达到令人眼花缭乱的地步，动作之大、范围之广，前所未有。

再次，新媒体之间战略合作。随着移动通信技术的迅速发展，与手机媒体合作，开通手机网，占领移动网民的市场份额，成为网络媒体的又一拓展。手机新浪网为手机用户提供24小时不间断信息服务，内容包括奥运直播间、百事通、爱问、江湖社区等板块，还特别推出了所有WAP奥运站中唯一的奥运英文网站，方便入境的海外友人访问。手机新浪网执行主编陈丽娜表示，北京奥运会期间，手机新浪网直播的很多赛事都创下了百万网友同时在线的纪录，中西男篮逆转战那天，最高峰时创纪录达到185万人同时在线。[①] 手机新浪网成了新浪PC网的绝佳补充。

奥运媒体的连横合纵，不仅体现了网络媒体运营水平的提升，而且有可能成为我国媒介融合和产业发展的一个重要契机。

六、后奥运时代的网络媒体

综观北京奥运，网络媒体在信息资源、内容产品、媒介技术和媒体运营等各方面呈现明显的升级特征，对于后奥运时代将产生深远的影响。那么，是否真正实现了网络媒体的全面升级？现在下此判断为时尚早，奥运传播或许只是一个特例。吴海民认为传媒业的生态可以用两个词来概括：一是变局，二是重构。如果说奥运传播是一个变局的话，那么，后奥运时代就是重构的开始。

后奥运时代的网络媒体，随着互联网用户的快速增加、应用领域的不断扩大，网络的影响力将持续增强。网络不再只是一个获取信息的平台，而会成为信息社会的思维方式和生活方式。AC尼尔森最新调查数据显示，尽管电视依然占据主导地位，但互联网的成长速度惊人，北京奥运会首枚金牌决出时，有近一半的公众是通过互联网渠道得知的。后奥运时代将是一个真正的网络时代。

后奥运时代的传媒市场，两大趋势将更加明显：一是网络时代的到来使平面媒体的致命弱点——时效性差和单一性更加凸显，传统印刷报刊市场将进一步萎缩；二是网络媒体的崛起对电视的巨大挑战是不言而喻的。不仅在内容的多样性方面，而且网络音（视）频的点播、滚播改变了传统广播电视播出收看的同步性，随着新媒体多

---

① 手机新浪网奥运直播同时在线人数创新纪录．新浪网（http：//tech. sina. com. cn/i/2008－08－13/20582389952. shtml），2008－08－13

种终端的普及，随时、随地、随意、随身收听收看的局面将会形成，继续对传统广播电视的市场份额进行毫不留情的蚕食。[①] 传统电视仍是当今受众了解奥运的首选媒体。然而，正如《长尾理论》的作者克里斯·安德森所说："广播电视有一个了不起的地方，它可以用无可匹敌的效率将一个节目传送到数百万人面前，但是，相反的事情它却做不到——将数百万节目传送到同一个人面前。而这一点正是互联网的强项。"[②] 由此，我们可以大胆预测：传统媒体如不加快媒介融合和改革创新的步伐，那么，2012 年的伦敦奥运会，网络媒体不仅会与传统媒体并驾齐驱，甚至会后来居上。

后奥运时代的中国网络媒体，北京奥运传播是否意味着一个"全新的开放式的社会传播新时代"开始？在我国，新闻政策和新闻管制决定网络媒体的开放，而网络媒体的开放又决定网络能量的释放。那么，能否乘奥运东风重整中国网络传播新秩序？如解决网络内容同质化问题、媒介公信力问题、网络盗版侵权问题，让网络媒体尽快步入良性循环的发展轨道。此外，网民素质的提高也是使中国这一网络大国成为网络强国的关键。吴海民把重构的方向和过程用三个词来概括：一是转型，二是裂变，三是融合。"裂变是就网络媒体而言，由门户而社区，由聚众而分众，由固定而移动，由存储而搜索，由博客而播客、维客，由 Web1.0 而 2.0、3.0、x.0。这样的裂变正在发生，同样的裂变还将继续，裂变的周期将越来越短，裂变的结果将使内容越来越个人化，渠道越来越多样化，载体越来越人性化。"[③] 笔者认为，网络媒体发展既有裂变也有聚变，其结果才是网络媒体的全面升级。

---

① 闵大洪．网络媒体北京奥运会报道的六个新特点．新华网，2008－08－27

② ［美］克里斯·安德森．长尾理论．乔江涛译．北京：中信出版社，2006

③ 吴海民．传媒业的变局与重构．传媒，2008（7）

第八章

电视产业经营论

随着我国电视产业化进程，产业经营的地位和作用日显重要，然而，相关的研究却十分滞后。笔者是国内较早进入这一研究领域的，1995 年就撰写了传媒经济论文《试论我国电视市场化若干问题》。最近几年，笔者逐步将研究重点放到这一领域，一方面承担了“广东电视内容产业建设与发展研究”（见附录）、“广东民营影视发展研究”、“澳亚卫视发展战略与频道定位研究”等多项研究课题。另一方面进行基础理论和应用理论的研究，首先从经济学视角，对迅速发展的传媒经济、新媒体进行理论探讨，理清一些基本概念，匡正一些认识误区；其次针对电视产业中遇到的现实问题进行应用性研究，如创意产业研究、节目经营研究，提出创意产业的发展思路和影响力经济的运行机理。

第一节　传媒经济研究的范式与进路

近年来，“传媒经济”是新闻传播界出现频率很高的一个词。目前，我国传媒经济研究正处于百家争鸣的初级阶段。《现代传播》2006 年第 1 期刊载了周鸿铎教授的文章《传媒经济不是经济学科——我的传媒经济理论形成过程》。这一犹如“白马非马”的说法大大出乎我们的意料。周鸿铎教授是我国研究传媒经济最早且著述最多的学者之一，他的观点或许不无道理。但是，如果说传媒经济不是经济学科，那它应该属于什么学科领域呢？是传播学，管理学，还是其他学科？该如何研究传媒经济？笔者认为这是目前我国传媒经济研究首先要解决的重大问题。

一、传媒经济研究现状与取向

2006 年 5 月 15 至 19 日，第七届世界传媒经济学术会议在北京隆重召开。这是该会议第一次在亚洲举行，第一次在发展中国家举行。中国人民大学郑保卫教授在会上对我国传媒经济研究现状作了介绍：“在中国，传媒经济学是国家社会科学基金资助的重点研究方向之一，也是教育部人文社会科学规划中重点发展的学科之一。仅‘十五’科研规划中，国家社会科学基金委员会发布的新闻传播学 18 个重点课题中，就有 7 个直接或间接地属于传媒经济学方向。而在教育部发布的全国高校人文社会科学‘十五’科研规划重大项目中，第 4 个方向就是‘世界经济一体化态势下的中国媒介经济’，其中所列举的重点课题有 10 个。”[①]

与此同时，在新闻院校和新闻媒体组建了一批专门的研究机构，一些新闻院校设立了传媒经济学专业，开设了专门的传媒经济学课程。不少新闻院校招收传媒经济学专业方向的硕士研究生，中国人民大学新闻学院和中国传媒大学还设立了传媒经济学

① 郑保卫．中国传媒经济学术研究应走向世界．第七届世界传媒经济学术年会，2006

博士专业方向，招收博士生。

学界和业界纷纷召开了各种各样的学术研讨会，有的甚至还把它开到国外去。学界发表和出版了一大批传媒经济学方面的研究论文和专著。据不完全统计，论文达到1 000余篇，专著超过200部。进入21世纪，就有《广播电视经济学》（周鸿铎，2000年）、《报业经济学》（金碚，2002年）、《传媒经济导论》（周鸿铎，2003年）、《大众传媒经济学》（吴飞，2003年）、《媒介经济学——一个急速变革行业的原理和实践》（赵曙光、史宇鹏，2003年）、《电视媒介经济学》（吴克宇，2004年）等著作问世。但对于整个中国的传媒经济学研究尚处于起步阶段，著名传媒经济学家罗伯特·G. 皮卡特（Robert G. Picard）教授认为不足主要有两个方面：一是传媒经济研究的理论性不够，对经济学、管理学、统计学、社会学等学科的融合不够深入，哲学思辨不够；二是现状描述性研究较多，问题性研究、定量研究较少。①

如何解决这些问题呢？笔者认为我国传媒经济研究首先要解决其路向问题。所谓路向，从字面上理解就是研究的进路与方向。我们先来看看研究的方向，即所选取的学科领域方向。当今，我国对传媒经济的研究大致可分为四种取向：

1. 经济学取向

该取向以经济学为主导，即媒介经济学。赵曙光、史宇鹏在《媒介经济学——一个急速变革行业的原理和实践》一书中写道："媒介经济学旨在研究形形色色的媒介经营者，如何在各种资源稀缺的情况下，作出最优的选择，实现利润最大化的目标。"② 经济学派认为传媒经济学是经济学下属的应用学科，如中国社会科学院工业经济研究所金碚教授在《报业经济学》中提到，"报业经济学是微观经济学和产业经济学在报业领域的延伸"。

2. 管理学取向

管理学派把传媒经济列入管理学的范畴，如喻国明、张小争编著的《传媒竞争力——产业价值链案例与模式》，邵培仁、陈兵的《媒介战略管理》都是在宏观战略层面上探讨传媒经济现象和传媒运作，更多是运用迈克尔·波特的价值链理论和竞争战略理论对传媒进行案例分析。而支庭荣的《媒介管理》则从媒介经营管理这一实操层面来探讨。

3. 传播学取向

这一取向以传播学为主导。周鸿铎在《传媒经济不是经济学科》一文中指出："传媒经济"这一学科的本质是应用传播学中的一门新兴学科，只有从应用传播学的角度去分析传媒现象，才能保证传媒经济的科学性，才能科学地回答或解决媒介活动

---

① 詹新慧．与世界传媒经济大师对话——访世界传媒经济学术会议创始人罗伯特·G. 皮卡特．传媒，2005（7）：39

② 赵曙光，史宇鹏．媒介经济学——一个急速变革行业的原理和实践．长沙：湖南人民出版社，2003. 3

中出现的各种现象和各类问题。[①] 周教授干脆把传媒经济置于经济学大门之外，而把它列入传播学下面的一个分支学科。这种取向虽然有其道理，但也是值得商榷的。

4. 交叉取向

不少学者主张一种多学科的交叉，如赵化勇在《电视媒介经济学》序言中提到，"电视媒介经营管理研究属于新闻传播学与经济学交叉的产物"。但这种交叉也没有很好地融合，"事实上，目前很多传媒经济研究者往往是同时应用新闻传播学、经济学再加上常识来论述传媒经济学。这给人的感觉是，传媒经济学是个史无前例的大杂烩"[②]。

以上可谓众说纷纭、各说各的，难以展开对话与讨论，就是因为大家并没在同一学术话语体系里进行探讨。从学术规范来看，一个学科的研究路向包括两个方面：范式与进路。托马斯·库恩在他的《科学革命的结构》一书中提出了科学发展过程中的范式理论。他认为科学发展的模式是由一个常规科学传统转变到另一个常规科学传统，两个传统之间的变化即是范式（paradigm）的转换。不同范式之间具有不可通约性（incommensurable），即"两个典范之间找不到共同的基础来理性地比较其高下"[③]。这里的典范即范式，是指特定的"科学共同体"，是从事某一类科学活动所必须遵循的公认的"模型"。它包括共有的世界观、基本理论、价值取向、方法与工具等与科学研究有关的所有东西。传媒经济研究只有在同一范式里才能展开，才可能形成实质性的对话与传承，才能对科学探索产生较大的意义。

二、传媒经济研究的范式

第七届世界传媒经济学术会议筹备委员会执行主任兼秘书长陈中原把世界传媒经济学近百年的发展历程，划分为三个阶段：

第一个阶段是在20世纪70年代之前，为传媒经济学各个部门独立发展的阶段。广播经济学、广告经济学、电信经济学、电视经济学、报业经济学等先后出现。这一阶段基本上为经济学界主导，研究视角多从经济学角度出发，因此不少研究成果极大地丰富了经济学，尤其是1991年诺贝尔经济学奖得主科斯（Ronald H. Coase）教授对于广播电视波段分配制度的研究，极大地丰富了人类对于价格机制的认识。

第二个阶段是从20世纪70年代到80年代，为传媒经济学走向综合的时期。这一阶段有两个特点：一是从政治学或政治经济学角度考察传媒经济现象；二是新闻学界主导学科的建设与发展。

第三个阶段，陈中原如此描述这个时期："传媒经济学在20世纪90年代以后面

---

① 周鸿铎．传媒经济不是经济学科——我的传媒经济理论形成过程．现代传播，2006（1）：97

② 潘力剑．传媒经济学的研究范式——传媒经济研究的一个基础问题．新闻记者，2004（7）：59

③ 王巍．科学哲学问题研究．北京：清华大学出版社，2004.115

临一个新的历史机遇和挑战。网络帮助媒体冲破了时空的限制，传统意义的区域市场不复存在，所有媒体基本上都能面向同一个市场——全球市场，而且都能提供多种媒体产品服务。在传媒技术革命的推动下，传媒经济学即将爆发理论革命。”①

从世界传媒经济学发展的百年历史来看，可以归纳出两个显著的特点：一是逐步为新闻学界主导，因为它是直接为新闻传媒业服务的，同时新闻传媒业的复杂性和特殊性令经济学家望而却步；二是坚持以经济学理论为支撑，研究经济问题必须在经济学的范式内展开。

对此，杭敏和罗伯特·G. 皮卡特作出了更系统的归纳：“综观西方传媒经济学的发展，其主要研究范例有三种：理论型范例、应用型范例和批评型范例。理论型和应用型范例在研究中常常相互胞生，但批评型范例却往往与其他两个独立开来。这些范例基于不同的学术基础，关注着不同的研究议题和研究重心。”②

以范式为主导，杭敏和罗伯特·G. 皮卡特将传媒经济研究划分为三个领域。这个区分总体上来看还是比较科学的，但也比较粗略。这里需要强调指出的是，传媒经济与传媒经济学不是一个概念。前者更宽泛一些，它界定的是研究范畴；后者更严谨一些，它界定的是学科范畴，或者说它界定了传媒经济学的学科研究范式。那么，如何界定呢？下面我们对这三个领域作进一步的分析。笔者认为可以把传媒经济研究划分为三个领域：

1. 传媒产业经济学

它以经济学为主导，以产业经济学和系统经济学为理论支持，并辅以传播学。传媒产业经济学可以借助一般产业经济学的基本理论，但也有其特有的规律，因为提供信息产品的传媒产业具有其他产业所没有的特殊性。传媒产业经济学的研究对象为整个传媒业及其相关的产业政策和总体经济。

这里有一点要特别提出，“传统经济学是无法对传媒经济进行准确描述和深入研究的”③。因为在传统经济学里有一个很重要的边际效用递减规律，但对传媒经济却不适用，如对信息产品的消费是不符合这一规律的，它可以反复使用且边际效用往往是递增的。况且，传媒产业经济学的研究对象是传媒经济系统，而传媒经济系统的构成是以传播过程为载体相伴发生的一些经济过程或者经济增值活动。所以我们只能运用系统经济学理论来研究它。系统论中的老三论（信息论、系统论和控制论）和新三论（突变论、协同论和耗散结构论）都可以在传媒经济研究中大展拳脚。它还可细分为报业经济学、电视经济学、广播经济学、网络经济学等多个分支学科。目前，这些学科的研究还处于起步阶段。

---

① 陈中原．传媒经济学研究的简要回顾．新闻大学，2005（春季号）：9

② 杭敏，［瑞典］罗伯特·G. 皮卡特．传媒经济学研究的历史、方法与范例．现代传播，2005（4）：29

③ 昝廷全．论传媒经济学与系统经济学之间的关系．现代传播，2006（2）：92

2. 传媒管理经济学

它以管理学为主导，以管理学和微观经济学为理论支持，并辅以传播学，研究对象为媒介实体及消费者。管理经济学是应用经济学的一个分支，是经济学理论与企业管理决策的桥梁。传媒管理经济学是媒介经营管理研究的经济学基础，常常被包含在媒介经营管理中。由于经济管理一词的使用频率非常高，所以许多人误以为经济学和管理学大同小异。事实上，经济学和管理学是有很大区别的两门学科。它们在行为主体的基本倾向、行为主体的关系的界定方面都有很大的区别。经济学理论的系统性、科学性、统一性较强；管理学的权变性、艺术性、多样性较强。认识两者的区别有助于两门学科的相互借鉴和各自完善，也有助于两门学科的交叉或边缘学科的研究。

现在我国许多新闻院校都开设了这门课程，但名称五花八门，有些叫媒介经营，有些叫媒介管理，有些叫媒介经营管理。笔者认为媒介经营管理较合适，而且这门课在新闻学本科开设较为适宜，传媒产业经济学则应设为研究生课程。媒介经营管理实际上是企业管理的翻版，在西方，传媒就是企业，可以直接移植企业管理这一套较为成熟的理论。当然，在我国则不一样，"事业单位企业管理"的中国传媒必然面临更复杂的问题。

3. 传播政治经济学

它以传播学为主导，融合新闻传播、文化批判、政治经济等多学科理论，研究对象为传媒制度、文化影响和政府政策等。这一学科有更多的意识形态属性，经济学成分并不多，更多的是对前面两个学科理论的批判与修正。这里有两个概念需要澄清，传媒经济中的"传媒"两字包括三层含义：作为"产品"的"传媒"、作为"企业"的"传媒"和作为"产业"的"传媒"。而"产品"、"企业"和"产业"都是经济问题，因此，传媒经济本质上也是一个经济问题。如果把"传媒"作为"产品"、"企业"和"产业"，新闻传播学解决的是传媒的意识形态问题，而经济学解决的是传媒的经济问题，两者分工明确，泾渭分明。因此，传媒经济学不是一门交叉科学。若说传媒经济学是一门交叉学科，实际上是混淆了"传媒"和"传播"这两个不同的概念，把具有经济属性的"传媒"理解成"传播"，从而把"传媒经济学"当成了"传播经济学"。

综上所述，以经济学为主导的传媒经济学研究范畴实际上仅限于传媒产业经济学和传媒管理经济学这两个学科。传播政治经济学，从严格的意义来说，它不能算是传媒经济学，它只是传媒经济学研究的一个"校正器"。这里让我们再回到周鸿铎教授的观点"传媒经济不是经济学科"，他理解的传媒经济实际上是以传播学为主导的传播政治经济学。尽管周鸿铎教授是我国较早提出传媒经济理论的学者，但我们认为：无论是谁创立了所谓的传媒经济学科，无论一个研究者愿意用什么样的视角和方法来从事研究工作，都不影响别人借鉴主流经济学的理论和方法来分析传媒经济现象。至此，我们可以把杭敏和罗伯特·G. 皮卡特的划分作进一步的推演和完善，把传媒经济学的研究范式限定在传媒产业经济学和媒介经营管理学这两个学科上，如表 8－1 所示。

表 8－1　传媒经济学的研究范式表

分支学科	传媒产业经济学	媒介经营管理	传播政治经济学
主导学科	经济学	管理学	传播学
辅助学科	传播学	传播学	政治经济、历史文化等
基本理论	产业经济学和系统经济学	企业管理和微观经济学	政治经济学、社会学等
研究对象	传媒业、产业制度、政府政策	媒介实体与消费者	传媒制度、文化影响和政府政策
主要议题	媒介生产、经营什么信息产品，如何生产、经营信息产品	谁来做决策，依据什么决策	媒介为谁生产信息产品，社会需要什么信息产品

笔者的划分是：传媒经济研究范畴涵盖传媒产业经济学、媒介经营管理及传播政治经济学，而传媒经济学的研究范畴只限于前两个学科。传媒产业经济学和媒介经营管理是传媒经济学研究的两个主要范式。

或许有不少人会问，在经济学范式里你能解决所有的传媒经济问题吗？确实，在现实中往往没有纯粹的经济现象和经济问题，尤其在当今的中国传媒业，有太多的非经济因素。潘力剑认为在传媒经济学里"研究对象是传媒产业的经济现象；研究方法就是经济学的方法；而研究目的则是对传媒业作出经济解释"①。我们把传媒发展中存在的问题分为三大类：第一类是纯经济性质的问题，如传媒产品生产的成本核算；第二类是与经济关联度较大的问题，如传媒产品经营的价格问题；第三类是非经济性质的问题，或者说与经济关联度较低的问题，如传媒产品的外部性。传媒经济学主要研究前两类问题。在此，我们必须消除一个误区：对于传媒经济的发展，传媒经济学研究并不能包打天下。运用传媒学经济的范式并不能研究所有复杂的传媒经济问题，它只能研究那些能够剥离出来的或者能够化为抽象经济的问题。

三、传媒经济研究的进路

在明确传媒经济研究的范式之后，我们还必须选择研究的进路。那么，该如何选择有力推进传媒经济研究和学科发展的最佳进路呢？

---

① 潘力剑．传媒经济学的研究范式——传媒经济研究的一个基础问题．新闻记者，2004（7）：59

目前，我国传媒经济学研究的路向五花八门，主要的大致有如下几种：

(1) 致力传媒经济学学科体系的建构，如吴克宇的《电视媒介经济学》、金碚的《报业经济学》等，其中以周鸿铎编著的传媒经济系列、媒介经营与管理系列丛书（共20部）最为庞大。这些系统性的研究尽管还稍显粗糙，但其开拓性是值得称道的。

(2) 将新经济理论如注意力经济、竞争力经济引入传媒经济研究中，提出传媒竞争力、传媒影响力等概念，如喻国明的《传媒竞争力》、《传媒影响力》等。这些研究往往从国外经典案例出发，有很大的借鉴和启示作用。

(3) 通过对传媒产业的数字化定量描述，试图作出对传媒产业走势的判断。近年来，数百种传媒市场实证调查研究报告相继问世。中国传媒大学黄升民、清华大学崔保国、中央电视台张海潮等人的定量分析，为我国传媒产业研究提供了有力的数据支持。

(4) 对我国传媒经济发展热点问题的关注与研究，如“报业拐点”、“超女现象”等。

(5) 对跨国传媒与国外传媒经济的介绍和研究。主要是对国外传媒经济个案研究和国外传媒经济学专著的翻译。

这些研究充分说明了我国传媒经济研究仍处于“春秋战国”时代：一方面不同学术专业、不同学科背景的研究者纷纷转到这个新兴领域里来；另一方面大多数学者的经济学基础明显不足，因此也不难理解如皮卡特所说的理论性不足。从学科建设与发展的角度来看，除了研究的范式外，我们还要解决研究的路径，即进路问题。

赵曙光、史宇鹏在的《媒介经济学——一个急速变革行业的原理和实践》里选择了一个很好的进路。他们首先讨论了四个基本问题：一是媒介生产、传播什么信息产品？生产、传播多少信息产品？二是媒介如何生产、传播信息产品？三是媒介为谁生产、传播信息？四是谁作决策？依据什么决策？该书选取媒介产品作为研究对象，这是一个正确的方向。传媒经济研究的进路就是我们如何认识媒介产品，并由此把握它在生产与流通中的规律。遗憾的是，该书对什么是媒介产品没有展开充分的论述。而且有一个明显的错误，传播的应该是信息，不是信息产品。正如郭庆光教授在该书序言中所说：“部分阐述没有体现出媒介产业的特殊性所在，学科交叉部分的融合还没有达到有机统一、水乳交融的程度。”[①]

目前，我国对媒介产品是商品、媒介业是产业、媒介是企业已逐渐形成共识，但对于新闻商品属性的认识还不尽一致。新闻无疑是最重要的媒介产品，它既是精神产品，又是物质产品；既是信息产品，又是服务产品。但它是商品吗？如果不是，那么

① 赵曙光，史宇鹏．媒介经济学——一个急速变革行业的原理和实践．长沙：湖南人民出版社，2003. 21 ~23

又如何经营它呢？周鸿铎教授对此进行这样的推论："在社会主义国家里，新闻不是商品，这是由无产阶级新闻性质决定的。……从经济学的角度讲，任何一种新闻的使用价值都是为了满足'生产'这种新闻的阶级的自身需要，并不是为了他人。马克思主义的商品理论告诉人们，任何一个商品生产者所生产的使用价值都是为别人而生产的，自己希望得到的只是商品的价值。这就是说，为了满足生产者自身需要的劳动产品不是商品。"[①] 由此，他推断新闻节目是不可以直接赢利的，它只能是其他节目经营的基础、前提和保证，只能间接地经营。按照这一论断又如何解释央视新闻"神六直播"狂赚5个多亿的广告呢？又如何解释我国购买BBC、CNN的电视新闻节目呢？

讨论同一研究对象必须把它置于在同一学科话语框架内才有意义。周鸿铎教授把作为传播行为的新闻报道和作为信息产品的新闻节目混为一谈，实质上是在新闻学和经济学两个范式内推理同一样东西。过去，我们一说到新闻是商品，马上就会想到它的意识形态属性，其实这只是它的一个方面，通过广告置换和媒介之间的购买是实现新闻商品价值十分重要的另一个方面。新闻作为产品，既是精神产品又是物质产品，它有两重属性：一是政治属性（或意识形态属性），二是商业属性。如中央电视台购买BBC的电视新闻（信息产品），可以用其画面（包括部分声音）这一信息载体作为新闻素材，体现它的商品属性；然后用我们的观点重新撰稿配音，体现它的意识形态属性。传媒经济研究主要讨论它的商品属性及运行规律，当然也要考虑其他属性对它的影响。因此，从经济学角度来看，我们可以旗帜鲜明地说新闻就是商品，但同时我们也要指出它是一种特殊的商品。这种特殊性就是新闻这一媒介产品的意识形态属性，它不会掩盖它的商品属性，但可以影响它的商业运行。

作为信息产品的媒介产品与其他传统产业的产品也有很大的区别，如新技术对媒介产品的影响日益显著。说到新媒介产品，它与许多新经济学概念如信息经济、网络经济、虚拟经济、知识经济等是紧密相连的。再如手机电视，早在10年前已经完成了它的技术准备，却迟迟未能投入大规模的商业运营。为什么？根本问题就在于我们对这一新媒介产品的经济属性及其市场运行规律认识还不够，手机电视能给消费者提供怎样的信息产品？用户需要什么样的服务产品呢？不研究这些基本问题，我们就不能很好地找到它的运行规律和赢利模式。同时我们也看到，舍本求末的进路会使传媒经济研究显得急功近利、华而不实，不能真正解决传媒经济运行中的实际问题，也不利于传媒经济的学科建构。

马克思在他举世闻名的《资本论》里，从剖析商品入手，进而研究其价值、剩余价值等一系列问题，最终建立起马克思主义政治经济学的整个理论体系。在传媒经济学研究的范式内，通过对媒介产品属性与功能的学理性分析，进而对产品投资、研

① 周鸿铎等．广播电视经营与管理模式．北京：经济管理出版社，2005. 112

发、生产、流通及衍生产品开发等整个产品价值链进行考察，可以带动我们对传媒资本、传媒产业、传媒市场、媒介管理、传媒制度及新媒介经济等各个领域的研究，最终形成传媒经济学的整个学科体系。这就是传媒经济研究的最佳进路。然而，由于经济学理论准备不足、范式运用不够严谨和进路选择不当等因素，我们也不难理解为什么有些学者甚至是资深学者也会作出错误的判断和论述。

综上所述，我国传媒经济学研究的当务之急，就是要运用其范式研究传媒经济中最基本的问题，也是最迫切需要解决的问题。当然，最佳进路不等于唯一进路，我们也不排斥其他进路，多样化的研究必将促进传媒经济学的发展与繁荣。

在传统的新闻传播里，经济学的理论支撑严重不足，这一弱点在新媒体的研究中暴露无遗，也影响人们的一些基本判断并由此陷入某些认识的误区。

第二节　走出新媒体产业的误区

当今新闻传播界，新媒体成为一个最热门的领域。然而，在这熙熙攘攘之中，我们对新媒体的传播规律、媒介形态、运营模式等到底了解多少呢？学界能为新媒体发展提供什么样的理论支持呢？2006 年，笔者撰文从产业经济学角度来审视新媒体，探讨新媒体产业的构成与形成，力图为新媒体产业化发展提供一种思路。

一、新媒体的经济学观照

2006 年 10 月 24 日，信息产业部的最新统计显示，到 9 月底，全国手机用户超过 4.43 亿户，平均约每 3 人拥有 1 部手机。我国手机拥有量位居世界第一。2006 年 7 月，中国互联网络信息中心发布的数据表明，目前中国网民总人数为 12 300 万人，位居世界第二。由此可见，中国拥有新媒体发展的巨大的潜在市场。

先拿网络来说吧，在经历了前些年的网络泡沫之后，在 2005 年，网络媒体似乎又掀起了新一轮的风险投资热：

2005 年 8 月 5 日，百度公司在美国纳斯达克挂牌上市，并创下 2000 年互联网泡沫以来五年间纳斯达克 IPO 首发上市日涨幅最高的纪录。

2005 年 8 月 11 日，雅虎宣布以 10 亿美元及雅虎中国的全部资产换取阿里巴巴 40% 的股份及 35% 的投票权，开创了国际互联网巨头的中国业务交由中国本地公司主导经营的先例。

2005 年 11 月 7 日，北京奥组委宣布，搜狐成为北京 2008 年奥运会互联网内容服务赞助商。这是奥运会历史上第一次设立互联网内容赞助类别。

然而，中国互联网的赢利情况其实并不喜人，我们不禁担心这些新媒体是否为“虚火”上升。从国内外 Web2.0 网站的发展来看，美国是技术驱动最明显的市场之一，但许多最成型网站的结局都是被互联网巨头和大财团收购。因此，有人不客气地指出："Web2.0并不是一块肥沃的土地，太多人耕耘就成了沙漠。Web2.0创业的浪潮太高就会有泡沫，破灭恐怕也是迟早的事情。"①笔者认为，新媒体的"钱途"取决于其赢利空间和商业模式，而这又是建立在人们对新媒体的清醒认识和基本判断之上。

新媒体概念的提出可以追溯到40多年前。1967年，美国CBS技术研究所所长发表了一份开发EVR（电视录像）商品的计划，第一次提到了"新媒体"这个词语。1969年，美国传播政策总统特别委员会主席罗斯托在向尼克松提交的报告中，也多处使用"新媒体"，从此，"新媒体"开始在美国社会流行并扩展到全世界。与传统媒体不同的是，"新媒体"极具弹性，随着数字技术的急速发展，几乎每隔几天就会出现一个新的媒介产品，并在没有经过精确确定之前被归结到"新媒体"中间。例如，联合国教科文组织曾定义：新媒体是网络媒体。直到今天，人们对新媒体的定义仍是五花八门：

"新媒体是音/视频技术与因特网的结合。"②

"新媒体，是新兴的数字媒体、网络媒体，它是建立在计算机信息处理技术和互联网基础之上的各种媒介的总和。"③

"所谓新媒体是一个相对的概念，'新'相对'旧'而言。这里有两个概念，一个是出现，是指以前没有出现的；一个是影响，所谓影响就是受计算机信息技术影响而产生变化的，这两种媒体形态就是我们现在所说的新媒体。"④

"新媒体是一种既超越了电视媒体的广度，又超越了印刷媒体的深度的媒体，而且由于其高度的互动性、个人性和感知方式的多样性，它具备了以前任何媒体都不具备的高度。新媒体是互动式数字化复合媒体。"⑤

"新媒体的内涵是：20世纪后期，在世界科学技术发生巨大进步的背景下，在社会信息传播领域出现的建立在数字技术基础上的能使传播信息大大扩展、传播速度大大加快、传播方式大大丰富，与传统媒体迥然相异的新型媒体。新媒体的外延是：光缆电信通信网、都市型双向传播有线电视网、图文电视、电子计算机通信网、大型电脑数据库通信系统、通信卫星和卫星直播电视系统、高清晰度电视、互联网—手机短信—多媒体的互动平台、多媒体技术及利用数字技术播放的广播网等。"⑥

---

① 朱泉峰．Web2.0生死劫：Blog东方洗礼　视频同门相残．计算机世界，2006-10-25

② ［美］J. R. Dominick等．电子媒介导论．上海：复旦大学出版社，2006. 123

③ 王克曼等．后媒体时代的传媒竞合．广州：新世纪出版社，2006. 136

④ 熊澄宇．新媒体与文化产业（上）．中国新闻传播学评论（CJR），http：//cjr. zjol. com. cn/05cjr/system/2005/02/04/004265729. shtml

⑤ 吴征．媒体业发展趋势与新媒体的文化使命．http：//tech. sina. com. cn/it/t/66496. shtml

⑥ 蒋宏，徐剑．新媒体导论．上海：上海交通大学出版社，2006. 14

从这些新媒体概念中，我们看到更多的是从媒介技术的层面上来定义，从传播学的视角来审视。从经济学的角度来看，我们对新媒体还存在着认识上的误区和盲点。笔者认为新媒体的成长须经历三个阶段：新的媒介技术—新的媒介形态—新的传媒产业。媒介和媒体是有区别的。媒介首先是指传播的介质，它带有更多的技术特征，如印刷媒介用的技术手段是纸、印刷机器等，而电子媒介用的技术手段是无线电波、有线电缆等。而媒体是一个经济学的概念。产业经济学意义上的媒体，是指可以进行产业经营的传媒经济实体。在这个视域里，我们对新媒体的不少认识是模糊的。

误区之一：传播渠道等于传播媒体。新的媒介技术可以给我们提供一种新的传播渠道，但如果没有内容，那它就不能成为新的传播媒体。例如，数字技术用于电视，它在电视传播中把模拟信号变成了数字信号，从而推出数字电视。但如果它只是让传播的图像更清晰，并没有增加新的传播功能，那它也不能算是新的传播媒体。这也是导致当前的数字电视整体转换不顺的原因之一。

误区之二：媒介产品等于传播媒体。新的媒介产品可以形成一种新的媒介形态，如博客，这种网络个人日记已成为一种新的传播载体，但它能否成为真正的传媒呢？其实，博客在欧美并不盛行，外国人不喜欢通过写网络日志来表达自己的思想感情和政治抱负，所以近10年来博客一直处于互联网的边缘地带。或许中国人表达自己思想的途径太闭塞，以至于在互联网上也热衷于去访问量最大的新浪开博客。自2005年博客网获得千万美元风险投资之后，国内一下子涌现出19家博客服务提供商（简称BSP），但2006年数百万博客人群分拨站队，新浪名人博客、搜狐IT博客、和讯财经博客及MSN日志各就其位。“写的写，看的看，广告商却并不认可。”网友的一句调侃正中中国博客网站的“七寸”。

近年来，以博客为代表的Web2.0概念推动了中国互联网的发展。Web2.0概念的出现标志着互联网新媒体发展进入新阶段。在其被广泛使用的同时，也催生出了一系列新的媒介形态事物，如Blog，RSS，WIKI，SNS交友网络等。对于这些新出现的媒介产品或媒介形态，能否成为新媒体的“明日之星”？我们可以放在产业经济学视域下进行扫描，从而作出新媒体产业现状的基本判断。下面我们先来认识一下媒体产业。

二、新媒体的产业构成

人们通常认为媒体有两大构成：渠道（管道）和内容。其实作为一个产业，还应加上媒体运营的商业模式，没有这个媒体是无法在市场经济中存活的，更谈不上产业发展了。对于媒体产业，渠道、内容和商业模式三者缺一不可，那么这三者关系又是怎样的呢？

传播渠道是由媒介技术所支撑的。麦克卢汉认为，媒体可以指任何一种能加强人的能力的技术。这种技术决定论至今仍然让媒介技术的发明者们兴奋不已。如数字电视，如果只是视频图像清晰度的提高和传输节目套数的增加，那么它就只是一种新的媒介技术而已。如果基于数字技术这一平台，开发出互动电视、手机电视等，那就是不同于传统电视的一种新的媒介形态和传播载体了。“只要媒体构成的基本要素有别于传统媒体，才能称得上是新媒体。否则，最多也就是在原来的基础上的变形或改进提高。”① 目前所推出的数字电视和数字广播还只是模拟广播电视的升级换代产品而已。

传播渠道与传播媒体的界限有时是比较模糊的。“分众传媒” 开创了新的传播渠道——楼宇电视，一下子吸引了众多广告商的目光，似乎创造了一个新媒体的“分众神话”。江南春也携此赴美国纳斯达克成功上市。但是，“如果仅仅是依靠注意力空缺时间的强制性来为其提供存在的合理性，那么它所提供的资讯将有可能沦为污染环境的‘噪音’，成为人们躲不开的媒体”。② 在这个渠道相对过剩、内容相对稀缺的时代，没有内容的媒介仅仅是一个传播载体而已。因此，诸如设置在商务楼宇、飞机列车、医院学校里的液晶电视播放屏等缺乏自身内容的大小“分众”的发展必然会很快碰壁。内容是划分传播渠道与传播载体的重要标志。

新的媒介技术决定新的媒介形态，而新的媒介形态又决定新的传播内容。如车载移动电视，它播出的节目乍一看与传统电视节目差不多，都是一种视听传播。其实不然，我们仔细分析一下，在公交汽车上嘈杂的环境里，谁又能听清楚电视荧屏里的声音呢？视听传播其实已变成了视觉传播，因此它的内容定制也应有所改变。新的媒介形态必定对应新的受众群体、新的接收行为和新的媒介环境。

目前，许多传统媒体纷纷开设了自己的网站，进军新媒体领域。但是，这些新媒体网站大多是依托传统媒体的内容供应，看起来是节省了运营成本，但由于没有根据新媒体特性开发的内容产品，没有形成新的受众市场需求，增值空间也就十分有限。例如，时下谈论最多的手机电视、手机电影和手机报纸，都是一种基于 3G（第三代移动通信技术）技术基础上开发的移动媒体。

仓促上阵的新媒体投资者和运营者往往忽略了影响新媒体发展的最重要的一环，就是它能够为市场和用户提供什么样的内容产品。换句话说，就是什么样的媒介产品是市场和用户所需要的？这就要从媒体特性、传播方式、接收方式、赢利模式等各方面来综合考察，遗憾的是人们大多还是沿用传统媒体的思路：手机 + 电视 = 新的传播渠道 + 传统电视节目，那么谁愿意在窄小的手机屏幕上观赏一集 45 分钟的电视剧或一部 90 分钟的电影呢？对此，上海移动通信股份有限公司与上海文广集团 2005 年 2 月 4 日联手推出中国第一部手机电视短剧《新年星事》，每集 3 分钟，共 13 集。为了庆祝中国电影 100 周年，由中博传媒公司拍摄的系列电影短片《聚焦这一刻》，由 8

---

① 周进．新媒体之我见．广播电视研究，2005（3～4）

② 苏东．“分众模仿秀”：创意的盛宴，还是概念泡沫．新营销，2006（10）：50

部独立的影片组成，每部影片长 3 分钟。然而，这些内容仍然是由传统媒体从业人员制作的。新媒体的内容制作完全不同于传统媒体。例如，手机的短信和彩铃，相对传统媒体就是一种全新的文本。故此，它们的创作者基本上不是传统新闻媒体从业人员。

2005 年 4 月底，上海文广新闻传媒集团下属的上海电视台正式获国家广电总局批准开办以电视机、手持设备为接收终端的视听节目传播业务。这是广电总局在国内发放的首张 IPTV 业务经营牌照。国家广电总局也已颁布了自主研发的手机电视标准（CMMB）。国家发改委高新技术产业司表示：一定要按照对国际奥委会的承诺，在举办 2008 年奥运会的城市提供 3G 服务。新媒体不仅需要新的技术和新的渠道，更需要新的内容和新的商业模式。

南方广播影视传媒集团副总裁张惠建认为在不久的将来，他们的新媒体付费收入将超过广告收入。清华大学陆地教授对此并不认同，他认为："只要是传统电视众多公共频道的运营模式不变，不管是什么视频，除非有突出的差异化内容，否则，新媒体视频会被迫走广播运营模式的路子。也就是说，必须依靠广告来维生。"①

媒体有大众媒体和个人媒体、新闻媒体和娱乐媒体之分。按照过去美国的标准，受众人口达到总人口的 1/4 才能算是大众传媒。在传媒高度分众化的今天，这样的标准显然已不现实。现在有人把手机、博客称为个人媒体，但如果没有一定数量的受众，从经济学角度来看就是没有足够的市场宽度，那就很难形成规模效益，成为具有商业开发价值的媒体产业。2005 年，我国网络广告达到 31 亿元，仍不及被视为弱势媒体的广播广告市场（34 亿元）。在网络出版中，网络游戏占一半以上，2004 年是 36 亿元，2006 年达 65. 4 亿元人民币。虽说手机电视和手机报纸的资费具有巨大的市场潜力，但目前还没有成为事实。因此，目前以网络、手机为代表的新媒体，与 3 000多亿的中国传媒产业相比，所占市场份额还很小，还没有形成与传统媒体抗衡的新媒体产业。那么，新媒体产业成长的路径在哪里呢？

三、开创新媒体的"蓝海"

在市场经济中，一个媒体就是一个企业，传媒业就是一个产业。按照美国著名战略管理学家迈克·波特的理论，产业是由相关的产业集群所组成的，而这些产业集群形成一个链式结构，我们把它叫做产业链。"无论是何种形态的产业链，还是哪个层面的产业链，其本质是以价值为纽带将能够决定和影响节点产业产品主要价值部分连接所构成的链。"② 因此，产业链就是价值链。新媒体能否形成产业，关键看它的产业价值链有没有形成，或者说有没有打造出新媒体的产业价值链。

---

① 郭春．"粤家军"潜入新媒体．中国广播影视，2006（9 月下）：31

② 周新生．产业链与产业链打造．广东社会科学，2006（4）：30

如何打造产业链？周新生教授认为，“产业链打造最主要的内容是产业链伸展的方向和范围，即考虑是横向同业伸展，还是向上下游纵向伸展，还是按相关业务作延伸”[①]。这是一种传统产业经济学理论。目前，我国新媒体产业链的打造基本上是按此思路，它的内容供应和商业模式大多还是建立在传统媒体产业价值链的延伸上。例如，网络媒体的商业模式，目前还是以传统媒体的广告赢利模式为主。其实，网络媒体的广告效果并不明显，据中国互联网络信息中心调查：网民最反感的，第一位是网络病毒（29.2%），第二位是网络广告（20.9%）。对于网络广告，网民们可使用拦截工具来对付。由此可见，经营广告并不一定是网络媒体最好的赢利手段和商业模式。那么，它的商业模式又有什么呢？许多网络媒体都在不断地探索。过去几年，新浪在旅游、网络游戏、即时通讯和搜索等方面进行了很多尝试，但大多失败了。新浪CEO曹国伟无奈地表示，除了内容和广告，新浪不擅长别的。难道新媒体找不到新的商业模式吗？

喻国明教授认为：“所谓产业价值链指的是以某项核心价值或技术为基础，以提供能满足消费者某种需要的效用系统为目的、具有相互衔接关系的资源优化配置与组合。”[②] 就是说新媒体产业的构建或者说其产业价值链的形成，是由其核心价值决定的。目前，许多新媒体在传统媒体产业链上延伸，也就是说这些新媒体还是建立在传统媒体的核心价值上。如许多传统媒体的网站和增值业务是作为传统媒体的衍生产品，这种附属关系必然制约了它的发展。

有什么办法摆脱传统产业的桎梏呢？这是一个产业发展的战略问题。金教授和莫博涅教授为此写了一部颠覆传统的战略思维新著《蓝海战略》，他们把已知产业称为“红海”，把未知产业称为“蓝海”，并就如何开创蓝海提出了一整套系统方法。蓝海战略给我们开创新媒体产业以启示。

“蓝海”是怎样开创出来的呢？两位教授指出，价值创新是蓝海战略的基石。论及传媒业，就是说决定新媒体产业的商业模式不是建立在传统媒体的核心价值上，而是建立在自己的核心价值上，从而形成属于自己的价值链。那么，如何做到价值创新呢？蓝海战略有两个重要的原则：重建市场边界，超越现有需求是实现价值创新的关键一步。“要做到这一点，企业需要挑战两种常规战略做法：一种是只关注现有顾客；另一种是追求市场细分，满足顾客间的细微差异。”[③] 对于媒体，受众就是顾客。目前，无论是楼宇电视还是移动电视，都是在原有受众市场细分上做文章，也就是说在原有的传媒广告市场蛋糕里切下一小块。这样做的话，一来竞争加剧成本提高，二来细分的市场份额也不会很大。江南春宣称开创了“蓝海”，分众传媒只做广告，不

---

① 周新生. 产业链与产业链打造. 广东社会科学，2006（4）：31

② 支英琨. 新传媒帝国——竞争格局下的品牌、资本和产业化. 北京：中国水利水电出版社，2005

③ ［韩］W. 钱·金，［美］勒妮·莫博涅. 蓝海战略. 吉宓译. 北京：商务印书馆，2005. 115

做内容。其实他们开创的只是广告业的蓝海，而不是传媒业的蓝海。

新媒体要摆脱与传统媒体的竞争，开创属于自己的全新市场，就要寻找新的受众并满足他们的需求。因此，对于新媒体，“它们不应只把视线集中在顾客身上，还需要关注非顾客；它们不应着眼于顾客的差别，而应基于顾客强烈关注的共同点来建立自己的业务项目”①。如对于传统媒体，不看新闻只玩游戏的年轻人是非受众，但在网络媒体里，他们却可以成为受众，成为新媒体市场的宠儿。

还是说回手机电视的内容供应。不论是乐视传媒拍摄的手机电视剧《约定》，还是中博拍摄的电影短片集《聚焦这一刻》，都采用胶片拍摄的方式。其中乐视还租用了拍摄美国大片的设备，制作成本达到300万。电影人由此乐观地认为，电影短片市场的出路就在新媒体。这一价值的实现还是基于传者的单向传播，核心价值还是建立在传统媒体之上。实际上，价格不菲的胶片拍摄效果在手机屏幕上根本无法得到体现。无论是《聚焦这一刻》，还是“未来移动影像发展计划”，都还局限于专业电影人在手机媒体上的表达。传者与受众的分立是传统媒体的价值观。新媒体的商业模式可以有很多种，但都应建立在与传统媒体迥然不同的核心价值之上。

全民参与、互动效应才是新媒体发展的最大驱动力。WSFF是由洛杉矶一家移动技术公司发起的手机电影节，全世界每年有数以万计的手机用户自己拍摄手机电影参加这一比赛。由于WSFF的巨大成功，这家公司专门建立了频道用于播放手机电影。WSFF的目标是像戛纳电影节一样，成为最大的手机视频节目交易市场。喻国明教授认为，网络媒体第三代赢利模式是基于网络全新的内容生产DIY（Do It Yourself），就是自己动手制作，没有专业资质的限制，想做就做，每个人都可以作出一份表达自我的产品来。DIY就是全民出版，全民传播。被誉为“数字时代的麦克卢汉”的保罗·莱文森提出两个观点：一个是媒介的使用者是内容，另一个是“处处皆中心，无处是边缘”②。受众同时是内容的创造者，传播的双向互动成为自我价值的实现，也就成为新媒体超越现有需求的核心价值。

当然，新媒体产业的发展还受政治历史、人文环境和传媒制度等诸多非市场因素的影响。新闻集团在进军中国传统媒体市场受阻之后转身进军新媒体。2006年9月，默多克将其在凤凰卫视19.9%的股权出售给中国移动。同时，新闻集团与中国移动签订战略合作协议，准备推出无线原创音乐平台。2006年10月，默多克宣布他的中国妻子邓文迪正在帮助他将旗下的社交网站My Space带入中国。My Space是默多克耗资5.8亿美元收购的美国著名交友网站。这个被形容为“一场豪赌”的事件，能否就此开创出新媒体产业的蓝海呢？我们拭目以待。

---

① ［韩］W. 钱·金，［美］勒妮·莫博涅. 蓝海战略. 吉宓译. 北京：商务印书馆，2005. 116

② ［美］保罗·莱文森. 数字麦克卢汉——信息化新纪元指南. 何道宽译. 北京：社会科学文献出版社，2001. 117

但是，“蓝海战略”中有一点是要质疑的，就是是否存在泾渭分明的“红海”和“蓝海”。“新媒体和传统媒体在‘时空’、‘差异化内容’、‘服务模式’三个方面都应形成互补，以形成‘跨平台（cross media）’传播。”① “三网合一”、新旧媒体的融合，使得新旧产业之间的界线逐渐模糊，这对于新媒体产业核心价值的重构到底意义何在？这是需要我们考虑的。

第三节　影视：创意产业的突破口

继新媒体和数字化浪潮之后，创意产业和全球化的理论也由国外引入我国，在许多经济发达省份掀起了创意产业发展的新浪潮。2007 年，笔者应广东省广播电影电视局约请，对广东创意产业发展作了一个战略研究和策略思考。

纵观当今世界，各发达国家和不少新兴工业化国家的创意产业，以其各自独特的取向、领域和方式迅速发展，展现了一幅创意产业全球蜂起的热烈景象。目前，世界的创意经济每天创造 220 亿美元的产值，每年以 5% 左右的速度递增，在一些发达国家增长速度更快，美国每年增长达 14%、英国达 12%。在我国，创意经济或创意产业，无论是在理论上还是在实践中，仍是一个崭新课题。广东目前正处于经济转轨、社会转型的关键时期，预示着广东将进入一个必须更加注重自主创新、更加注重经济社会协调发展、更加注重人与自然和谐发展的新阶段。

一、创意产业与传媒产业

20 世纪 90 年代中后期，被誉为“世界创意产业之父”的英国著名经济学家约翰·霍金斯出版了世界第一部《创意经济》专著，正式提出了创意经济、创意产业的概念。1998 年，英国出台《英国创意产业路径文件》，首次把创意产业定义为：“源于个人创造力、技能与才华，通过知识产权的生成和运用，具有创造财富和就业潜力的产业。”英国将创意产业细化为 13 个行业：广告、建筑、艺术和文物交易、工艺品、设计、时装、电影、互动休闲软件、音乐、表演艺术、出版、软件、电视广播。另一个与创意产业关联度很大的产业是传媒产业。2006 年，清华大学崔保国教授把传媒产业划分为：报纸产业、期刊产业、图书出版产业、电视产业、广播产业、电影产业、新媒体产业、广告与公关产业、海外传媒产业等。由此可见，创意产业与传媒产业有很大的关联度和相似性，广播影视与出版是这两个产业的交集部分。

传媒产业有三大构成要素：内容、渠道和商业模式。出于意识形态和文化安全的考虑，在许多国家，对传媒的传播渠道管制较严，但对传媒的内容生产管制相对较

---

① 曹慎慎．新与旧的竞合之道．中国广播影视，2006（9 月下）：38

宽。随着传媒产业的发展，内容产业逐渐从传媒产业中剥离出来。“媒介的汇流和产业的融合，造成了内容同媒体的分离，媒介出现了对于内容的强大需求，这就为内容独立出来并形成具备规模的内容产业奠定了市场基础。另一方面，内容在信息技术和数字技术的推动下，形成了更加庞大的规模生产能力，而技术则提供了内容产业形成的规模化保障。”① 那么，内容产业的定义是什么呢？“内容产业是依托内容产品数据库，自由利用各种数字化渠道的软件和硬件，通过多种数字化终端，向消费者提供多层次的、多类型的内容产品的企业群。”② 美国的电影、日本的动画、韩国的电视剧纷纷走出国门，扬威海外，对内拉动本国创意产业和文化产业，对外输出本国文化经济，实现跨文化传播，甚至于传播国家形象，说明内容产业具有影响力大、拉动力强的特点。

二、核心环节与拉动效应

广东创意产业的突破口应选在哪里呢？笔者认为：应该选择最具竞争力和最具拉动力的影视产业发展作为突破口和核心环节。影视产业是包括电影、电视、动画及上下游产品的漫画、网络游戏在内的生产销售、经营开发、配套服务等整个产业集群。影视产业还具有产业价值链长、拉动力强的特点，影视产业链可以拉动创意产业集群中各相关产业发展。“产业链打造最主要的内容是产业链伸展的方向和范围，即考虑是横向同业伸展，还是向上下游纵向伸展，或是按相关业务作延伸。”③ 以动画产业链为例，横向同业延伸有：漫画图书、网络游戏、玩具、服装、文具等；纵向产品延伸有：电影动画、网络视频、电视广告、DVD 与录像带等；相关业务延伸有：文学编剧、硬件生产、软件生产、主题公园、卡通形象特许经营等。

目前，全球动漫网游产业每年以 40% 左右的速度增长，2005 年全球动漫产业产值超过 2 500 亿美元，与动漫产业相关的衍生产业产值超过 5 000 亿美元。美国网络游戏业产值连续 4 年超过好莱坞电影业，成为全美最大的娱乐产业。近年来，我国动漫网游产业呈现出强劲、快速发展的态势，每年保持在 40% ~50% 的增长速度。据统计，目前我国动漫及相关产业年产值约 500 亿元人民币。由此可见，动漫网游是影视产业中新的经济增长点，广东如把其定为创意产业的中心和重点是有先天优势的。广东不仅拥有南方影视传媒集团、深圳广播影视传媒集团等大型国有影视传媒，截至 2006 年底已有民营影视节目制作经营机构 468 个，占全国总量的 1/4，仅 2005—2006 年就制作出电视动画片 55 部 1 695 集，占全国总产量的 30%。广州市的漫画期刊和图书出版发行，占全国 30% 的市场份额。与影视产业关联度较高的文化产业和产业

① 赵子忠．内容产业论——数字新媒体的核心．北京：中国传媒大学出版社，2005. 32

② 赵子忠．内容产业论——数字新媒体的核心．北京：中国传媒大学出版社，2005. 15

③ 周新生．产业链与产业链打造．广东社会科学，2006（4）：31

服务，无论是设计、研究开发、软件、咨询、会展策划、印刷包装等产业服务，还是信息、文化艺术、时尚消费和娱乐等文化产业，在国内来说，广东比较发达。广东是中国乃至世界的重要生产基地；音像制作业规模和效益都在全国占先，生产能力占全国一半以上；玩具生产企业有4 000多家，产值和出口量均居全国第一位。

三、产业发展的瓶颈与突破

选择影视动漫为突破口，对于广东创意产业发展来说，既是机遇更是挑战。当前制约广东影视产业发展的瓶颈，主要来自外部环境与自身问题两大方面。外部环境包括产业政策、市场开放和法制环境。广州动漫制作经营机构虽然不少，但基本上处于分散经营、各自为战的状态，发展很不平衡，缺少具有雄厚实力和广泛影响的龙头企业。对此，政府部门尚缺乏强有力的政策引导与扶持。另一个障碍就是播出终端的垄断，使得影视产品交易不平等，播出市场开放程度很低。由于目前我国对知识产权和创意产品缺乏保护，影视产品的版权开发受到很大限制。广东影视产业自身也存在不少问题，如企业法人治理结构不健全，内部管理不规范，管理模式落后，缺乏长远规划，经营运作水平较低等。根据我们对广东影视产业的考察，可得出如下结论：第一，目前广东影视产业处在购播环节垄断行为下的半市场化状态，整个产业链尚不完整，甚至出现断裂的情况。产业资源没有充分共享，影响了产业的整体效益。价值链各环节之间缺乏紧密联系，不能高效运行，产业发展缓慢。第二，广东民营影视产业发展的生态环境尚不理想，内容供应商、运营商及配套服务商紧密联系的市场体系尚未建成，各种生产要素的整合基本上处于自发状态。

为加快广东创意产业的迅速发展，我们提出以下建议。

1. 政府推动，政策扶持

广东影视产业在新一轮的竞争中能否取得主动，除了根据国家和省发展文化产业的扶持政策，通过财政供给、行业内调剂等方式促进民营影视产业发展之外，当务之急是设立广东省促进民营影视产业发展专项资金，对基础较好、确有前景、资金困难的项目，进行贷款贴息等多种形式的资金补贴。另一方面，可以利用政府的影响力，引导资本流向，吸引更多民间资本注入影视骨干企业。此外，还可以利用这一专项资金对优先购买、播出粤产影视机构作品的播出机构予以补贴，扩大广东影视产品的市场份额。

随着政府职能的转变，行业协会的地位和作用显得越来越重要。目前，我国的动漫产业基地布局分属广电总局、文化部和新闻出版总署三个政府主管部门。而且动漫产业链的上下游产品涉及玩具业、服装业、游戏业等多个产业。因此我们认为，影视协会应该是一个跨行业、跨区域、跨所有制的综合性产业协会。对此，我们建议成立广东省影视与动漫产业协会，接受广东省广电局、省文化厅、省新闻出版局等多个政府职能部门的指导，以协调全省影视与动漫产业的发展。“从20世纪末开始，媒介如何融合成为世界媒介产业发展的趋势，大型媒介集团要求本国政府开放媒介所有权的呼声越来越高，各国似乎都在经历一场媒介规制上的变革。”① 由此可见，影视产业的融合与发展取决于媒介管理的规制变革。

2. 重塑产业新主体

为了促进产业的迅速发展，必须塑造新的产业主体，国有、民营和外资“三驾马车”并驾齐驱。目前，广播电视对系统外资金，特别是民营资本参股产业相关性较高的播放平台仍采取严格的限制政策。建议充分利用文化体制改革试点省份的有利条件，结合广东广电市场国际竞争激烈的实际，利用毗邻港澳的区域优势，广东影视产业应充分运用民营资本和外资优势，在影视制作业上大有作为。

3. 创新核心竞争力

当今的内容产业就是数字内容产业，它是建立在数字技术和网络基础上的新产业形态，其业务模式不同于传统的传媒产品生产和传输方式，而是依托内容产品的数据库，自由利用各种数字化的软件和硬件，自由利用数字化终端，双向互动地向消费者数据库提供多层次、多类型的内容产品。展望未来，新媒体为创意产业发展提供了良好的契机，数字内容产业必将成为影视动漫产业的核心。

4. 对接全球产业链

“创意产业是全球化条件下，以消费时代人们的精神文化娱乐需求为基础，以高科技技术手段为支撑，以网络等新传播方式为主导，以文化艺术与经济的全面结合为自身特征的跨国、跨行业、跨部门、跨领域重组或创建的新型产业集群。”② 托马斯·弗里德曼将全球化分为三个版本：全球化1.0版本，贸易是主要的跨国经济活动方式；全球化2.0版本，跨国公司在各个国家设立相对独立的公司；全球化3.0版本，跨国公司将供应链的各个环节分配到最具比较竞争优势的国家。广东影视产业首先要成为全国性3.0版本，然后迈向全球化3.0版本。作为对外开放窗口的广东，对中外文化精华有很强的吸收整合能力，理应加入全球创意产业体系。

5. 打造广州动漫城

目前，广州市从事网络游戏、动画、漫画的企业超过120家，从业人员15 000人左右，已形成动画业、漫画业、网游业、电玩业及动漫广告业、动漫衍生业等门类齐全，研发、生产、销售“一条龙”服务的新兴产业集群。在原创漫画领域，广州占据全国漫画书刊市场30%的份额。在动画制作方面，广州占全国动画片时间和部数总量的25%左右。在网络游戏领域，网易公司已超越上海盛大网络公司成为国内第一大网游企业。在动画播出方面，全国第4家专业动画频道——广东嘉佳卡通频道

---

① 蔡雯，黄金. 规制变革：媒介融合发展的必要前提——对世界多国媒介管理现状的比较与思考. 新华文摘，2007（13）：154

② 金元浦. 当代世界创意产业的概念及其特征. 电影艺术，2006（3）：10

于2006年3月正式开播。在新媒体领域，众多动漫门户网站和手机动漫运营商及服务提供商也在构筑动漫传播平台。在会展活动方面，金龙奖原创动画漫画艺术大赛落户广州，广州动漫企业整体亮相第三届中国（杭州）国际动漫节，得到各大媒体的高度关注和大力宣传。为此，我们提出广东省应把广州打造成一座集原创、生产、销售、版权开发、科研服务、教育培训于一体的国际知名动漫城，为国内外的内容集成商、运营商和服务商搭建一个交易平台，形成一个汇集创意流、人才流、技术流、资金流的产业洼地。

传媒经济的理论和产业经营的实践不只体现在某一传媒和某个区域，还体现在媒介产品的经营上，当今内容生产已与节目经营紧密挂钩，问题是电视内容产品的经营要比其他普通产品复杂得多，如真人秀节目和电视选秀活动。

第四节　选秀：打造影响力经济

近年来，我国电视选秀由盛渐衰，在批评声和严格制约下艰难前行。这是否意味着电视选秀从衰败走向没落，终将从荧屏上消失呢？结论不能草率得出，需要我们从其来龙去脉中，由表及里来深入剖析。本节拟从节目形态、传媒经济再到媒介影响力等多个维度切入，从我国电视选秀的传播规律和价值取向中，探索电视策划和媒体运营的若干走向。

一、电视选秀的节目理念

我们先从电视传播和节目理念层面来剖析电视选秀节目。

2005年《超级女声》的火爆，带动了中国内地选秀节目的兴起；2006年以来，选秀节目遍地开花，包括央视的《梦想中国》，东方卫视的《舞林大会》、《加油！好男儿》，北京卫视的《红楼梦中人》，江苏卫视的《绝对唱响》，浙江卫视的《梦想奥运真男孩》，山东卫视的《联盟歌会》，江西卫视的《红歌会英雄汇》等，各种选秀节目不下数百个。《加油！好男儿》2006年8月26日决赛时创下收视纪录：尼尔森数据显示，仅上海地区收视率就为10.6%，全国为3.29%；《舞林大会》2006年上半年平均收视率达到9.9%。

然而，大量的电视选秀节目在致力于吸引观众眼球的同时，却往往忽视了媒体的社会责任和节目的品格，产生了无序竞争与过度娱乐等问题。娱乐选秀的同质化、媚俗化现象，不但受到学界的批评和社会的指责，更受到宣传主管部门的严加监管。重庆卫视《第一次心动》就因其“比赛环节设计丑陋粗糙，评委言行举止失态，内容格调低下，演唱曲目低俗”而被国家广电总局禁播。

由此可见，电视选秀节目有两个特征：一是易叫座，难叫好；二是电视台不是将它视为宣传品和作品，而将其视为注重受众市场的内容产品。

其实，电视选秀的雏形早已有之，从早期的各种电视大赛、知识竞赛到各类电视评选活动、颁奖晚会等，都具有电视选秀的某些特征。如央视的《感动中国》、《CCTV 青年歌手电视大奖赛》等。自 21 世纪以来，随着国外“真人秀”节目的引进和国内经济的发展，电视选秀日趋平民化，涌现出众多的“超女”“快男”。在林林总总、形态各异的电视选秀节目中，若按其节目理念来划分，可分为“为选而秀”和“为秀而选”两大类型。

“为选而秀”主要是指荧屏上出现的各类评选活动和颁奖晚会。按主办单位的不同又可分为三种：一是电视台主办，如央视的《感动中国年度人物评选》、《CCTV 年度经济人物评选》，广东卫视的《广东经济风云人物年度评选》等；二是政府和社会团体主办，如中国金鹰电视节、上海电视节、四川电视节等；三是行业与电视台联办的各类评选活动，在此类电视选秀中，“秀”的成分不大，往往只是在荧屏上呈现一台晚会，这里“选”是目的，“秀”是手段，强调的是电视选秀的专业化和权威性，主要依托电视媒体的公信力做文章。此类电视选秀做得中规中矩，比较传统，往往严肃有余、活泼不足，在吸引眼球上远不如“为秀而选”的节目。

“为秀而选”的电视节目有一大批，像《超级女声》、《快乐男声》（湖南卫视），《加油！好男儿》、《我型我秀》、《舞林大会》（东方卫视），《非常 6 +1》、《梦想中国》、《星光大道》（中央电视台），《绝对唱响》（江苏卫视）等。此类电视选秀，“秀”是目的，“选”是手段，强调的是娱乐化和草根性，主要目的在于吸引观众的注意力。有的为了“秀”出轰动效应，主持人和评委如小丑般上蹿下跳，不惜挑战社会道德底线，不择手段地吸引观众眼球。

也有一些电视选秀介于这两者之间，如《CCTV 青年歌手电视大奖赛》、《谁将主持北京奥运》、《绝对挑战》（中央电视台），以及台湾的《超级星光大道》等。这些选秀节目大多属于娱乐选秀，但我们不能单纯用节目的概念来审视它。因为电视选秀已经不是传统意义上的电视节目，而是一种媒介行为、一种活动经济、一种新的电视产品。

二、活动经济的电视选秀

当下，我们应该从另一个层面来审视电视选秀。

中国科普研究所 2006 年 12 月 5 日发布的调查报告表明，目前，在我国公众接触媒体频率最高的依然是电视。在公众每天接触的媒体中，选择电视的公众比例高达 76.2%，其次是报纸杂志，占 18.7%。然而，随着网络和手机等新媒体的出现，社会进入了注意力高度分散的时代，依靠单一媒体、单一频道已不能吸引足够的眼球。于是，电视人的创作理念从制作节目发展到经营节目，又从经营节目发展到经营观众。如果我们把节目视为第一代电视产品的话，那么，活动就是第二代电视产品。

电视选秀不仅仅是一个传统节目的概念，更是一个依托电视频道策划组织的大型活动，是活动经济。作为活动经济的电视选秀具有两大特征：从内容生产来看，它是一种能够占有更多节目资源的节目形态；从内容传播角度来看，它搭建了一个比电视频道更宽阔的平台，并由此形成多渠道、跨媒介的整合营销传播，达到受众市场最大化之目的；从传媒经济来看，电视选秀把节目活动化，把活动过程化，非常有利于打造产品价值链。电视选秀是基于双重价值链上的活动经济，一条基于节目资源，另一条基于受众资源。

先来看看基于节目资源的价值链，选秀节目活动化是一个开发、利用节目资源的过程。电视媒体通过“海选”，把传播中的受众变为传者。“为选而秀”的节目之所以不如“为秀而选”的节目火爆，就是因为其“评”的成分多、“选”的成分少。“评”是专家行为，“选”是大众参与行为，前者是基于精英文化的价值取向，后者是基于大众文化的价值取向。当然，如能把二者结合起来，就达到了雅俗共赏的大众传播的最高境界。

再来看看基于受众资源的价值链。当今世界，传媒受众已经有了很大的变化，单一媒介、单一渠道已不能吸引足够的受众，网络媒体和移动媒体分流了大量的电视观众，尤其是年轻人。显然，收视率已不是评价电视影响力（主要还是注意力）的唯一标准。由中国广播电视学会等三家机构组成的联合调查小组提出了“网络影响力”这一新的评价指标，打破了原来拿收视率当标准的陈规。网络影响力主要包括知名度、关注度和网络收视度指标，三大指标的平均之和为最终的媒体网络影响力指标。

传统电视的价值链为：电视节目—观众—注意力（收视率）—电视广告。

新型电视的价值链为：电视选秀—受众（观众、读者、网民、手机用户）—影响力（收视率、知名度、美誉度等）—收益（各类媒体广告、手机短信、商业演出及各种衍生产品）。

“超女”就是一条典型的双重产业价值链，尤其是它对受众资源的全方位开发。但是，传媒人也应清醒地看到它可能带来的负面效应。电视娱乐选秀这些赢利模式都是建立在注意力经济基础上的，其核心价值就是通过吸引眼球的娱乐旋风来进行追逐利润的营销传播。“浓浓的商味已让选秀开始走味。选秀节目已经不是单纯的电视节目，正越来越成为商业化运作之下的一场商业营销。”① 当炒作成为吸引眼球的灵丹妙药，短信成为新的利润增长点时，在巨大利益的诱惑下，不少电视台对电视选秀趋之若鹜，甚至置公众舆论和社会责任于不顾。显然，这样的电视选秀根本走不远。

三、电视选秀基于公信力

难道电视选秀只是一种单纯的眼球经济吗？为什么许多活动经济不约而同地选择

---

① 程前，曾振华．电视选秀类节目应践行社会责任．现代视听，2007（8）：74

电视，而不是其他媒体呢？这是因为电视媒体还有一笔巨大的财富，那就是媒介公信力。“媒介公信力就是公众与媒介的相互作用关系中，媒介赢得公众信任的能力。”[①] 当今中国，各种媒介公信力如何？喻国明教授主持的《中国广播电视公信力评测报告》中有这样一项调查：在城市居民中，如果国内新闻媒介对同一事件报道不一样时相信哪种媒介？[②] 测评结果如图 8－1 所示：

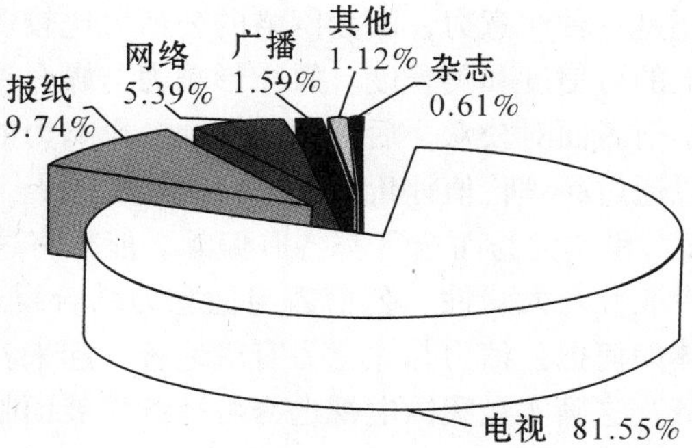

图 8－1

从图 8－1 可知，电视媒体的公信力远高于其他媒体。在我国，作为媒介接触率最高的大众传播和主流媒体的电视台，积极扮演“把关人”的重要角色。虽然曾有“纸馅包子”之类假新闻的出现，但总的来看，“眼见为实”有利于真实性的客观传播。真实、客观、公正等成为媒介公信力的构成要素。

诚然，公信力是不能简单地转换为经济效益的。从传媒经济角度来看，公信力主要体现为一种无形资产，它包括社会责任、道德规范、文化认同、人文价值和媒体品牌等，公信力是大众传媒赖以生存和可持续发展的基石。中央电视台借助国家电视台的权威性和公信力承办了不少选秀节目，尤以体现和谐社会的中国优秀文化传统和伦理道德规范的《感动中国》为佼佼者。这个朴实无华的选秀节目之所以打动了成千上万的观众，不是因为它调动了吸引眼球的娱乐元素，而是它借助国家大台的公信力为广大观众树立了一种道德典范，通过一种道德的力量来传播精神文明和媒介影响。

近年来，注意力经济似乎成了实现我国传媒产业经营和提高电视媒体经济效益的唯一途径，其实这是一个极大的误区。说到底，传媒业赖以生存和发展的根本还是它的影响力。媒体影响力是由公信力和注意力构成的，注意力是影响力的基础和前提，公信力是影响力的核心和根本，媒体做的应该是影响力经济。“以活动带动频道，把大型活动作为整合频道人力资源、时间资源、品牌资源和社会资源的有效形式，目的

① 张洪忠．大众媒介公信力理论研究．北京：人民出版社，2006. 37

② 喻国明，张洪忠．中国广播电视公信力评测报告．民主与科学，2006（4）：15

是为频道带来更多的社会效益和经济效益。"① 显然，作为活动经济的电视选秀聚合了公信力和注意力，是电视频道有形资产和无形资产的有机组合。电视选秀对于电视媒体的收益贡献至少有三个方面：一是电视媒体的直接收益，主要是电视广告；二是电视媒体的间接收益，包括电视节目衍生产品的经营开发，如手机短信、音像制品、商业演出等；三是电视媒体的无形收益，主要是品牌、影响力等频道的无形资产增值。

网络影响力其实还是一种注意力，因为网络的公信力比较弱。媒介影响力还应包括建立在公信力基础上的可信度和美誉度。媒介影响力与媒介注意力的最大不同就体现在它的价值取向上，前者面对公众，后者服务受众。影响力的传播效果不太好直接进行定量测评，但可以通过品牌价值评价体系进行间接检测。

显然，"为选而秀"和"为秀而选"都各有偏颇。能否将这两类电视选秀融为一体？完全有可能，把专业性与大众性、公信力与注意力结合得最成功的就是2008年北京奥运会。电视媒体如何把公信力与注意力有机地统一起来？电视媒体在实际操作中如何打造影响力经济？这确实是我国电视选秀可持续发展面临的一个重要课题。

四、如何打造影响力经济

电视不仅是新闻媒体，也是娱乐媒体，于是有人进行了简单的分工：让娱乐节目做注意力，让新闻节目做公信力（但有些民生新闻也大做注意力经济）。在这种思维定式及收视率的驱动下，电视选秀陷入了残酷的拼杀中。为了追求更高的收视率和市场份额，不少电视选秀不惜置社会责任于不顾，甚至挑战道德底线。于是，有了《第一次心动》中杨二车娜姆的低俗恶搞，《美丽有约》中整形手术的恐怖惊悚。对此，我们不禁要问这些媒体：你们得到的是什么？失去的又是什么？笔者曾经看到一档收视率不错的民生新闻栏目，却发现这档节目中插播了大量的医疗广告，此类"卖药广告"与广播的"坐台节目"无异，有位台长说得好，这不是在出卖广告时段，而是在出卖公信力！笔者认为，以出卖公信力为代价来换取传媒收益，无疑是一种"杀鸡取卵"的短期行为。

那么，如何处理公信力与注意力的对立统一呢？电视媒介的注意力可以用收视率来测量，而媒介公信力和影响力往往是用品牌价值来衡量的。电视选秀的成长与发展，面临一个品牌塑造、积累和管理的过程。一般来讲，品牌的导入期、成长期较短，而成熟期和衰退期则比较长。有生命力的媒介品牌光靠注意力是难以维持的，那种"赚一把就死"的急功近利不可取！在当今这个心浮气躁的社会环境下，媒体必须有一种定力，这种定力源自其公信力。在实际操作中，电视选秀的影响力经济是这样形成的：电视媒体凭借公信力构筑一个巨大的传播平台——选秀活动；选秀活动在

---

① 刘斌．大型电视活动：资源整合与品牌操作．广告大观（综合版），2005（12）：195

吸纳更多注意力的同时成为活动经济，这种活动经济实质上是由公信力和注意力构成的影响力经济。这里，媒体面对的不是单纯的观众，而是作为社会主体的公众和作为市场主体的受众，如图 8－2 所示：

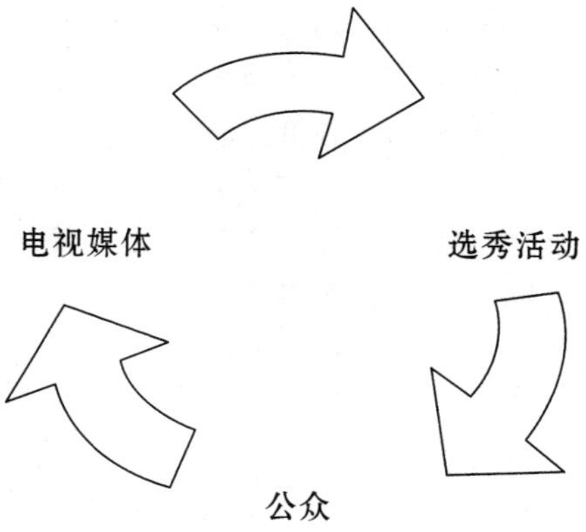

图 8－2

我们再结合具体实例来分析电视选秀的影响力经济营造，以演唱类的《CCTV 青年歌手电视大奖赛》、《超级女声》和台湾的《超级星光大道》为例。历经 13 届的央视“青歌赛”牌子最老，平台也最大，按说影响力也应该是最大的。但尽管这档节目做得十分精良，观众反响却远不如后两个节目。究其原因，恐怕是其公信力有余而注意力不够。作为一种大众娱乐，观众希望享受的是轻松愉悦的音乐之旅，而不是余秋雨老师的文化考试。移植《美国偶像》的《超级女声》却以一种崭新的节目形态和营销方式给中国观众带来耳目一新之感，然而，很快它就进入了一个发展的瓶颈，无法超越 2005 年的顶峰。究其原因，表面上看是这种美式娱乐方式在中国水土不服，实际上是公信力的缺失。在电视选秀中，注意力主要体现在收视方式和受众行为的过程化上，而公信力则主要是通过评选活动的客观公正、专业权威来体现，同时不能偏离社会的道德规范。同样移植《美国偶像》的台湾的《超级星光大道》却没有全盘西化，它摈弃了《超级女声》全民狂欢的迷乱，在被称为“媒体乱象”的台湾坚守专业主义精神。一方面，《超级星光大道》继承了台湾成熟的娱乐节目制作手法，节目设计严谨，环节丝丝入扣，让歌手、观众甚至评委都陶醉在音乐的享受之中，收视率由此节节攀升；另一方面，它的评委专业、点评到位，整个竞赛过程始终围绕歌曲演唱做文章，虽然没有观众的短信参与，却让观众经受了一场音乐之美的洗礼，使得整个歌手评选活动颇具专业性和权威性，有利于节目美誉度和观众忠诚度的提升，有利于电视选秀的品牌形成和可持续发展。

由此，我们可以看出，活动经济之所以选择电视，不只是因为它的注意力，而是因为它的权威性和公信力；但是这种公信力必须通过注意力才能产生更大的影响力，形成媒体与公众双赢的影响力经济。影响力经济要求创新电视节目理念：从经营角度来看，要变经营节目为经营观众；从品牌角度来看，要改做注意力为做影响力；从创新角度来看，要从形态创新变为价值创新。近年来，中国电视产生了一种“节目形态崇拜症”，认为只要找到新的节目形态，节目就能创新就能发展，其实万变不离其宗。任何电视产品的成功都源自它的核心价值和价值体系。那么，电视选秀的核心价值是什么呢？笔者认为，电视选秀的核心价值就是它的公信力，其价值体系就是基于公信力与注意力紧密结合的媒介影响力，它构成电视可持续发展的影响力经济。

中国的电视选秀要健康、持续地发展，必须从做注意力经济转为做影响力经济，在这一发展过程中，既需要创新，更需要坚守。

附　录

Criticism and Construction—Focus on Chinese TV

广东电视内容产业建设与发展研究①

中国电视在经历了二十多年的高速发展后，已初步形成了相当规模的产业集群(约有3 000个频道，年节目播出量约1 000万小时)。进入新世纪，中国电视面临两大挑战：一是电视进入数字时代，在注意力高度分散的今天，争夺眼球的除了内容还是内容，内容建设已成为当今电视媒体的核心竞争力；二是在我国加入WTO之后，西方传媒业凭借其强大的经济实力，直逼中国这个世界上最大的待开发市场。无论是从意识形态交锋还是从发展文化产业的角度来看，内容建设都具有重大的政治意义和文化、经济等多重价值。为应对挑战，“内容为王”成为当今中国电视业的共同呼声；为抓住机遇，加快内容建设成为广东电视振兴之路。如何加快电视内容建设步伐？电视内容产业的建构与发展是关键。而此时，电视内容建设也逐步从电视传媒业中剥离出来，形成了一个相对独立的电视内容产业。相比之下，我国的电视产业发展由于受到种种限制，在内容产品的生产和开发上显得十分薄弱。因此，如何推进电视内容产业化进程？如何促进电视内容产业链的形成，进而实现广东电视产业的可持续发展？这些就是本课题所要研究的。

我们先来沿着中国广播电视产业化的广东广播电视产业化和进程，对广东电视内容建设发展的路径，作一个回顾性的探讨和把脉。

---

① 本文为广东省哲学社会科学“十五”规划2004年度项目成果。

第一章　历史的审视

广东电视内容建设是沿着中国及广东广播电视产业化进程前行的。中国广播电视学会赵德全研究员把中国广播电视产业经营历程划分为三个阶段。① 我们以此分阶段来回顾广东电视内容建设的发展历程，并寻觅其产业化线索。

第一节　广东电视内容建设的起步阶段

1978—1991 年为我国广播电视产业经营发展的第一阶段。这一阶段的主要特征有：市场因素逐步显现，产业经营初露端倪，属于摸索发展时期。1979 年 1 月 28 日，上海电视台播出中国第一条商业电视广告——参桂补酒。同年 11 月，中共中央宣传部发出了《关于报刊、广播、电视刊登和播放外国商品广告的通知》。这些都是标志中国广播电视产业发端的事件和文件，为广播电视产业经营开辟了道路。但从整体上看，我国广播电视产业经营尚处于起步阶段。根据广电总局的统计，截至 1991 年年底，全国广播电视系统开展多种经营，实现各种预算外收入共 16.39 亿元，占总经费的 43.26%，经营收入尚未超过政府拨款（21.32 亿元）。

发轫于 1959 年的广东电视虽然是当时中国为数不多的电视事业之一，但囿于时代局限一直没有多大的作为。改革开放之后，地处对外开放前沿的广东比全国其他省市较早地完成了广播电视产业经营的起步阶段，这一阶段是从 1979 年至 1983 年。在这个阶段，从理论上初步明确了广播电视既有喉舌功能又有产业功能，恢复了媒体广告播出，广播电视产品开始逐步走向市场。这个时期的广播电视，实行计划经济管理体制，经费的 75% 依赖财政拨款，传输手段和制作能力都比较落后。

1983 年至 1995 年，广东广电率先进入快速发展阶段。这一阶段国家产业政策发生了重大调整，1983 年“四级办广播电视”政策的提出，充分调动了国家、省、市、县开办广播电视的积极性。广东倚仗改革前沿的雄厚财力，10 年间全省广播电视台站从原来的 7 座增加到 154 座；自办节目套数从 11 套增加到 173 套；经营收入从原来的 1 100 万元增长到 11 亿元，增长了 100 倍，经费自给率从原来的 25% 增长到 75%。在此期间，全省加大了基础设施建设；首创珠江经济频道，深化节目运营改革；创办全国第一家影音公司，影视产品从单一经营开始向产品多元化发展。

根据广东的实际情况，我们仍然把 1978—1991 年划分为广东电视内容建设的起步阶段，因为这一阶段的广东电视在全国可谓“一马当先，迅猛发展”。1981 年，广东电视在全国电视领域中首开新闻改革之风：更新观念，开辟新的信息源，扩大新闻报道面；增加专栏及消息播出和滚动次数；还开辟批评性专栏和言论性节目，大胆针

① 赵德全．产业经营的改革实践及演进过程．中国广播电视学刊，2004（12）：20～21

砭时弊，积极追踪社会热点和难点问题。以新闻改革为契机，广东电视对自办节目进行了一系列创新，为新中国电视史留下了不少全国第一：最早自办大型综艺栏目；最早创办杂志性栏目；最早使用文艺节目主持人形式。1981 年创办的综艺栏目《万紫千红》是全国首个由地方台自办的大型综艺性节目。1981 年 1 月广东电视台创办的《国际纵横》成为全国内地电视台中最早开办的国际新闻专栏；该台 1987 年元旦开播的《早晨》节目是全国内地电视台中最早开办的综合性早晨节目；广东电视二台（珠江台前身）是当时全国内地播出时间最长的电视台；90 年代初，广东电视台自办 50 多个栏目，是当时全国开设栏目最多的省级电视台。

不仅如此，广东电视还最早进入生产通俗电视剧的行列。早在 20 世纪 80 年代，香港电视已经通过“边境渗透”的方法进入广东境内。当时，在广东珠三角地区的深圳、珠海、广州、佛山等 9 市 17 县以上，直接覆盖人口逾 1 700 万。居民只要拥有全频道电视接收机和定向接收天线（俗称“鱼骨天线”），在天气晴朗没有城市高大建筑物阻碍的条件下，就能清晰地收看到香港无线和亚视的 4 个频道。毗邻港澳的特殊地理位置使得广东电视不得不面对与港澳电视特别是香港电视竞争这一现实，而电视剧恰恰是香港电视的特色与强项。为赢得观众，竞争的主战场最终要落在电视剧上。

为此，广东电视采取了两条腿走路的对策：一是对外引进优秀电视剧，二是自己生产制作。早在 1983 年，中宣部和广播电视部就曾先后发出文件和通知（中宣发函〔1983〕3 号和中宣发函 12 号通知、广播电视部广发视字〔1983〕626 号文件），要求全国各地向广东提供优秀电视节目以丰富荧屏，加强其与境外电视的竞争能力，打一场在南粤大地上空与境外电视进行的意识形态争夺战。电视剧自然也包括在受援的项目当中，大量内地优秀电视剧被源源不断地输入。不仅如此，国家还在引进境外电视剧方面给予广东特殊的倾斜政策，受此优惠，广东电视台成为国内最早引进境外电视连续剧的电视台之一，如当时风靡全国的日本电视连续剧《血疑》、《排球女将》等均系广东电视台引进的。但对外引进电视剧毕竟还存在一个水土适应的问题。为此，广东电视迅速组建了自己的电视剧制作队伍，并以一批本土化内容的系列短剧作为突破口，如《朝见口晚见面》、《乐叔与虾球》、《万花筒》等市井系列和农村系列等。这批短剧承袭了岭南文化诸元素，充满了“广味”，因而受到本地观众的喜爱。

这期间，广东电视的内容建设主要立足本地，借鉴香港，调准口味，适应大众，以“新、快、活”和丰富多彩而创出鲜明的岭南特色。当时在广东境内大部分地区，观众在可接收的几套节目里首选广东电视频道。这一阶段广东电视内容建设之所以走在全国前列，原因有三：一是改革开放给广东经济带来的高速增长，为电视内容建设带来雄厚的资金；二是四级办广播电视调动了各级办电视的积极性，但同时也为今后整合资源形成合力带来了隐患；三是毗邻香港，广东电视学习了境外电视先进的节目制作理念，并开始与境外电视媒体合作。然而，这种合作很快就被下一阶段的激烈竞争所冲淡。

这一阶段的广东电视内容建设处于起步、探索和学习阶段，节目生产追求数量，节目流通以交换为主，没有形成产业。

第二节 广东电视内容建设的发展阶段

1992—2001年是我国广播电视产业发展的第二阶段。这一阶段的主要特征有：广播电视媒体的主体地位初步确定，产业经营框架基本搭起，市场在配置广播电视传媒资源中的基础性作用日益明显。但仍存在阻碍广电产业发展的思想障碍和体制障碍，深层次矛盾日益显露。1992年6月，中共中央、国务院《关于加快发展第三产业的决定》，要求包括广播电视在内的第三产业“以产业为方向，建立充满活力的第三产业自我发展机制，大部分福利型、公益型和事业型第三产业要逐步向经营型转变，实行企业化管理”。1993年，党的十四届三中全会《关于建立社会主义市场经济体制若干问题的决定》，不仅勾画出社会主义市场经济体制的基本框架，而且为广播电视产业经营进一步发展明确了方向。

这时的广东广播电视产业进入了一个全面发展阶段，也是一个与境外媒体较量的非常时期。这一阶段的特点主要有两个：一是网络技术直接冲击传统运营模式。1994年成立有线电视台，有线电视技术替代无线接收技术成为中心城市的主要收看方式，由此形成广播电视的第二大收入——有线电视收入，拓宽了经营空间。到90年代中期，全省铺设了有线电视光纤网，使用户可以接收数十个（套）节目，内容供应的巨大需求让境外电视乘虚而入。二是从垄断经营过渡到适度放开经营。90年代初，广东电视内容建设在全国处于领先地位。广东电视剧生产进入了快速成长期，到1994年年产量高达150集，并形成了以广东台、广州台和深圳电视艺术中心为代表的三个电视剧生产基地，并由此形成了电视的“京、沪、穗三足鼎立”局面。可以说，此时广东已具备发展电视内容产业的能力和条件。然而，香港电视的入侵却大大地遏制了广东电视内容产业的构建。香港电视由“边境渗透”到事实落地，广东在全国率先形成适度开放的广电竞争格局。

经过十多年的高速发展，到90年代中、后期，广东电视原本大踏步前进的步伐逐渐迟滞起来，这期间虽也有广东卫视上星、广东珠江台改版等试图力挽狂澜之举，并先后推出《和平年代》、《英雄无悔》等优秀电视剧，但与80年代的意气风发、一枝独秀不可同日而语。即使与近邻——朝气蓬勃的湖南湘军相比，广东电视也相形见绌。何以至此？这有主客观两方面的原因：

一、客观方面：境外电视的强势挤压和境内电视的迅速成长

1994年6月1日，广东有线广播电台正式成立，在所属省有线光纤网中开始传输经过滤的香港无线、亚视的4套节目，香港电视由“边境渗透”变成事实落地。境外电视媒体裹挟雄厚的资金实力和先进的节目理念迅速虏获了珠三角大半收视份额。澳门大学副教授陈怀林于1997—1999年在广州进行了大规模的受众调查，发现

香港电视已经在广州地区形成了很大的优势（见表1）。

表1　广州地区境内外电视台收视调查（1997—1999年）

		总计收视率（%）			平均收视时间（分钟）			收视市场占有率（%）		
		1997	1998	1999	1997	1998	1999	1997	1998	1999
内地台	广东卫视	9.3	10.1	4.6	39.4	40.9	32.9	2.8	2.8	
	珠江台	16.5	18.3	14.8	45.1	40.2	38.9	5.7	5.3	
	广州台	14.9	21.2	19.6	39.3	35.9	37.2	4.5	5.3	
	广东经济台	3.6	3.3	2.7	46.1	35.4	33.1	1.3	0.8	
	内地有线台	1.0	9.9	5.7	65.7	45.1	74.4	0.5	2.2	
香港台	无线翡翠台	62.3	82.5	84.3	87.3	90.2	95.6	40.8	47.6	52.1
	亚视本港台	57.2	63.3	71.5	69.0	60.1	51.2	30.3	24.8	23.6
	无线明珠台	14.7	14.8	12.2	68.8	61.8	60.7	7.4	6.4	4.7
	亚视国际台	4.8	5.7	3.4	58.7	53.6	43.5	1.3	1.3	0.9
	凤凰卫视台			5.7			44.1			0.6

这对于广东电视媒体的收视市场，几乎是一个摧毁性的打击。香港电视4个频道在广州的收视份额高达80%~83%，而国内的几十个频道分享剩下不足两成的市场。1997—1999年，香港电视台与内地电视台在广州地区的市场占有率之比基本稳定在4:1。然而，广东电视的“好日子”仍在延续，非法入境的香港电视成了很好的广告载体。众多地方电视台依靠在香港电视中插播广告而大发其财，这是一种典型的“寄生”现象，而且寄生的对象竟然是自己的竞争对手。然而“天下没有免费的午餐”，如此“寄生”带来直接的恶果便是进取心的丧失，在内容建设上无心投入，节目制作呈现大面积萎缩，而这又反过来导致本土电视的收视低迷。在某些地市，由于本地频道收视率太低，以至于出现不得不把本地新闻节目也插到香港电视频道中播出的怪事。

“窗棂之下，易感风霜。”毗邻港澳，与港澳相同的方言和文化背景，使得广东电视长期以来既能开阔眼界，享受“免费学艺”的好处，却又不得不承受境外电视特别是香港电视强力辐射的灼伤。

另一方面，境内电视的快速成长、步步“蚕食”也不容忽视。90年代，各省级电视台纷纷上星，中国电视开始步入“卫视时代”。“卫视时代”的表象是每户家庭可接收的频道增多了，但其深层的意义却远不止此：它打破了电视的地域樊篱，使“闭关自守”、“自得其乐”的幸福时光一去不返，电视开始步入真正意义上的竞争时代。尽管起跑时其他内地电视一度落后于广东，但经过十多年的探索和积累，90年代后它们逐渐羽翼丰满、蓄势待发，与广东电视间的差距越来越小，有的甚至已经赶超。湖南卫视做得风生水起的电视娱乐节目，如果我们仔细考证的话就会发现，其实它们大多来自对境外电视节目的“克隆”，而这正是过去广东电视的制胜法宝。换言之，广东电视充当港澳与内地电视间“二传手”的优势已不复存在。

90年代的中央电视台确定建立国际大台的目标和实施精品战略，加大改革创新力度，创办《东方时空》和《焦点访谈》等有影响力的栏目，充分利用其覆盖资源开设系列频道，抢占各省电视市场。不过在这一阶段里，内地电视在广东的整体市场份额仍不是很大，主要是因为粤语构成了一道天然的“方言屏障”。但随着广东与内地交流的增多及内地节目质量的进一步提高，这道“方言屏障”还能抵挡多久呢？

二、主观方面：缺乏真正的市场意识和存在小富即安的心态

如果说境外电视的强势挤压和境内电视的快速成长尚属客观原因的话，那么从主观方面来讲，广东电视存在的主要问题则是做节目缺乏真正的市场意识和存在小富即安的心态。与客观原因相比，主观因素更为致命。

广东虽是市场经济发育较早并较为成熟的一个省份，但电视的市场化程度并不比其他地方高，这是由国家对电视行业的特殊政策所致。尽管在1992年电视就已经被定位于第三产业，国家明确要求电视台必须“事业单位，企业经营”，并逐年减少对电视台的财政拨款，但考虑到对意识形态的控制问题，电视台依然被高度国有化并在条块分割的状态下实行垄断经营，外资与民资被绝对禁止进入。而在广东，由于其毗邻港澳的特殊地理位置，对意识形态的争夺更加激烈，电视反而因此要比内地受到更严格的控制。此外，小富即安的心态也是妨碍广东电视进一步发展的另一个重要主观因素。如前所述，雄厚的地域经济实力在80年代乃至90年代初对广东电视的迅速崛起起过相当重要的作用。但“成也萧何，败也萧何”，由于市场竞争激烈，不少企业是排着队到电视台等着上广告，这与内地电视台四处出击拉广告形成鲜明对比。换句话说，广东电视在内容建设上用不着花费更大力气就能赚到不菲的广告收入，小日子过得有滋有味。不思进取的惰性心理由此滋生，节目创新的能力大不如前。

这个时期的广东电视，从整体来看，以广告经营为主的收入仍然保持强劲增长。2003年广东电视省台广告收入达到10亿元，位列全国第四，超过被誉为“电视湘军”的湖南电广集团（6.6亿元）。但同时也遮盖了内容供应的贫乏及体制改革相对滞后等深层次矛盾。

这一阶段的广东电视内容建设，节目不但数量可观而且出现了不少精品，节目流通日趋活跃且交易方式多样化，显露出内容产业的雏形。

第三节 广东电视内容建设的转型阶段

2001年起至今为我国广播电视产业经营发展的第三阶段。这一阶段的主要特征有：广播电视产业观念进一步明确，产业结构进一步优化，产业政策相继出台，广播电视产业经营平台基本搭建起来，但仍需进一步完善。2001年8月，中共中央办公厅、国务院办公厅转发了《中共中央宣传部、国家广电总局、新闻出版总署关于深化新闻出版广播影视业改革的若干意见》（17号文件）。2003年12月30日，国家广电总局下发的《关于促进广播影视产业发展的意见》等。以上这些均为广播电视产业发展的指导性文件。

根据中国加入世贸，与境外电视对等落地的承诺，“广东成为全国率先对外开放天空，并且唯一有境外电视频道公开落地的省份和电视传媒开放试验特区”①。2000年以后，境外电视频道突破了仅仅能在中国内地三星级或国家标准二星级以上的涉外宾馆落地入网的局限，先后被国家广电总局批准在广东有线电视网络中面向公众播出。2001年2月，香港凤凰卫视被正式批准在广东播出，自始陆续有8个频道在广东境内合法落地（见表2）。

表2 广东境内落地的境外电视频道

序号	境外电视台名称	合法落地时间	归属	语言
1	华娱电视台	2001年9月	美国时代华纳集团	普通话
2	凤凰卫视中文台	2001年10月19日	美国新闻集团控股37.6%	普通话
3	星空卫视	2002年3月28日	美国新闻集团	普通话
4	香港亚视本港台	2002年7月	香港亚洲电视公司	粤语
	香港亚视国际台			英语
5	音乐电视亚洲频道（MTV）	2003年4月26日	美国维亚康姆公司	普通话
6	香港翡翠台	2004年8月27日	香港无线电视	粤语
	香港明珠台			英语

面对更加激烈的境内外传媒竞争，广东电视积极应对，进行产业结构调整。2000年，广东实行“台网分离”，并组建了南方电视台，打破了长期以来电视广告收入徘

① 区念中，余瑞金等．境外电视落地后对广东电视传媒生态环境的影响与启示．岭南视听研究，2005（2）

徊不前的局面。2001 年，积极推进市县播出机构职能转换，努力增强各级广播电视播出机构的整体赢利能力。1996 年至 2004 年的 8 年里，全省经营收入增长 7.6 倍（较 1983 年增长 83 倍），资产总量增长 11 倍，市场份额提高了 110%，初步扭转了本土媒体在市场竞争中的弱势局面。2004 年以后，广东广电开始步入产业发展转型期；根据国家推动文化产业体制改革及省委、省政府提出建设文化大省的决定，全省广电行业开始深化体制改革。2004 年 1 月，组建全国第一个全省性的广电集团——南方广播影视传媒集团；同年 7 月，实行省广电局与集团管办分离；2005 年 3 月，地级市文、广、新三局合并。通过深化体制改革，优化资源配置，培育市场主体，逐步建立起符合市场经济规律的公共服务体系、市场运行体系和政府监管体系。新一轮的体制改革，正推动广东广电产业发展进入一个新阶段，综合实力跃上新水平。

面对传媒市场的内外挤压，不甘沉沦的广东电视逐步意识到内容建设方面的重要性，开始开展收复失地的绝地反击。在 2000 年前后，以广州电视台 34 频道《广州电视新闻》等为代表的本土新闻和以广东电视台珠江频道《外来媳妇本地郎》为代表的情景系列短剧等娱乐节目为重点，实施部分突围。它们的成功鼓舞了广东电视人做好内容建设的信心和士气，并带动一批广东电视节目乘胜突围。有数据显示，在广东电视的奋起直追下，境外电视份额呈逐年下降趋势。2004 年，境外电视总体市场份额已跌至 50.6%，比 1999 年减少了 21.9%；而包括广东电视在内的境内电视总体市场份额上升到 49.4%（2005 年 2 月进一步上升到 54.2%），其中南方电视台增加了 9.6%（达到 11.6%），广州电视台增加了 4.5%（达到 16.1%），广东电视台增加了 4.5%（达到 9.3%）。在广东各地有线电视网中，省内电视（包括广东电视台、南方电视台及地市级电视台）、香港电视（无线和亚视）和中央及省外电视（包括中央电视台及各卫星电视）形成了三足鼎立之势。（如图 1 所示）

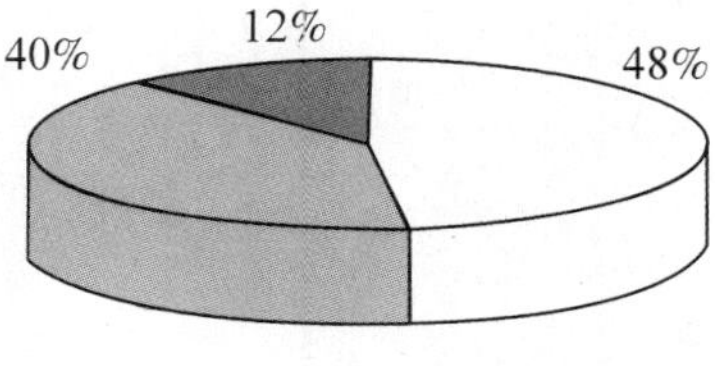

图 1[①]

这一阶段的广东电视内容建设在激烈的市场竞争中，节目生产由追求数量转向追求质量，进入由以播出为需求转向以市场为需求的转型期，产业化程度不断提高。

附录

① 数据来源：AC 尼尔森广州地区（2004 年 9 月至 2005 年 3 月）

然而，与发达国家相比，我们的情况并不乐观。由于各种因素，我国广播电视的产业结构和布局都很不合理，基本上是依靠广告作为主要的收入来源，目前广告收入所占比重高达80%以上。与国外同行比较，我国电视产业结构过于单一，风险集中。在发达国家的广电收入结构中，广告只占整体收入的40%～50%，其他还有诸如节目营销、有线、后产品营销等的收入，占总收入的50%～60%。

近年来，“内容为王”成为中国电视业的共同呼声，加强内容建设也被提上广东电视发展的重要议事日程。那么，目前我国特别是广东电视内容建设及产业化程度是一个什么样的状况呢？2004年年底，笔者提出的“电视内容产业建设与发展研究”先后被列入国家社科基金项目和广东省哲学社会科学规划项目的研究课题，电视内容产业研究也随之成为中国电视理论界的一个重要研究领域。要研究广东电视内容产业，首先要获取相关理论的支持，下面是课题组的探索。

第二章　理论的探索

“中国电视要真正做大做强，实现可持续发展，首先必须做内容产业，因为节目是电视业的核心和灵魂，节目产业的发展必将带动电视行业的结构调整，引导电视资源的合理配置，成为电视业深化改革、治散治滥的关键。”① 而要做到这一点，首先就要构建电视内容产业理论。

第一节　电视内容产业基本概念

要研究电视内容产业，首先要弄清几个基本概念，即什么叫电视内容产品？什么叫电视内容产业？

一、电视内容产品

电视内容产品是指包括电视节目及其衍生产品在内的一种内容产品。电视节目是最主要的电视内容产品，但电视内容产品不等于电视节目，它还包括由电视节目生产经营开发出来的其他衍生产品，如音像制品、书刊出版、包装宣传及相关配套的服务产品等。

电视内容产品具有二重属性：一方面它是一种精神产品，一种文化产品，具有意识形态方面的属性；另一方面它是一种信息产品，具有产业功能的属性。因此，电视内容产品具有特殊性，它既是一种精神产品，也是一种物质产品。承载它的电视媒体也具有双重功能，即喉舌功能和产业功能。

中国传媒大学胡智锋教授把我国电视节目分为三个交错重叠的发展阶段：宣传品——作品——产品。它分别凸显电视媒体的若干功能：教育功能、审美功能、娱乐功能和产业功能。我们认为在电视产业日益突显的今天，电视节目不仅可以成为以播出需求而生产的内容产品，如广东电视台的频道剧《外来媳妇本地郎》，它实现的主要是产品的使用价值（当然也包括广告置换所产生的交换价值）；电视节目还可以成为以市场为需求而生产的内容产品，如北京光线公司的娱乐资讯节目《中国娱乐报道》，它实质上变成了实现交换价值的文化商品。

但是电视内容产品是一种特殊的商品。电视内容产品属于一种服务产品，是不同于实物产品的一种精神产品。它的社会属性除了具有交换价值这一物质性外，还应具有它的非物质性和文化价值。一个电视节目即使制作十分精美，收视率也不低，但如果它违背党性原则和社会道德准则，甚至污染社会风气，那么它仍然是一个不合格的内容产品，更不能进入市场实现它的社会价值、社会效益和经济效益。电视作为精神产品和具有文化价值这一基本属性也就成为电视这一特殊商品的特殊性。有一部分电

① 冯智敏，蒋宁平．打造产业链　做强电视内容产业．电视研究，2006（2）

视节目，如新闻、政治性和公益性节目就更为特殊。由于它关系到国家和公众利益而由国家控制和“专营”。尽管它也具有商品属性，它的交换方式更为特别，只能是一种公共产品。

电视产品是一种公共产品，具有非占有性和非排他性两个基本特征，市场机制不能直接对它进行正确定价。但它不是一种纯公共产品，而是一种准公共产品，是一种与规模经济有关系的公共产品，具有自然垄断性质。同时，电视产品又是精神产品，具有明显的外部性。在这种外部性的影响和作用下，市场机制不能完全对各种公共资源和公共产品发挥优化配置的作用，造成市场失灵。如何解决市场失灵这个问题呢？吴克宇指出：“在市场经济条件下，由于存在着市场失灵现象，所以，正在市场化的中国电视媒介必然进行‘两极分离’，一极是建立在市场基础上的商业电视媒介，另一极是建立在政府基础上的公共电视媒介。‘两极分离’是计划经济向市场经济转轨的必然趋势，而‘两极并存’也是市场经济建立与完善的客观要求。”①

二、产业定义

产业经济学涉及的首要概念就是“产业”。其实，对其可有多种理解，不同的理解或不同的产业分类具有不同的用途。三次产业分类是新西兰经济学家费希尔首先提出的产业分类方法。该分类方法将国民经济全部活动划分为第一产业（Primary Industry）、第二产业（Secondary Industry）和第三产业（Tertiary Industry）。虽然世界各国对三次产业的划分并不完全一致，但一般来说，第一产业对应的是广义的农业，包括种植业、林业、畜牧业和渔业；第二产业对应的是广义的工业（包括采掘业、制造业、供水、电力等）和建筑业；第三产业则对应着广义的服务业，即第一和第二产业以外的行业。各国大多有自己的标准产业分类，联合国综合各国经验，于1971年颁布了《全部经济活动的国际标准产业分类索引》。联合国的国际标准产业分类（ISIC）把全部经济活动分为十个大项，每个大项下分成若干中项，每个中项下又分成若干小项，每个小项再分成若干细项，各大、中、小、细项都有统一规定的统计编码。标准产业划分比三次产业划分要细致得多，但二者间存在对应关系，可以相互转换。

概略地说，一个产业是一定区域内（如一国或一个地区）生产同类或同一产品（包括服务）的所有企业的集合。这主要是从供给的角度入手的。如果从需求的角度看，结果则不一定与其完全一致。比如，两家企业的产品（性能、式样等）基本相同，甚至完全相同，但由于两个企业的营销战略不同，相同的产品成了“差异化产品”，这样供求双方就会出现不一致。“差异化”达到一定程度后，两家企业的相同产品甚至可能属于不同产业（或市场）。另一方面，定义产业（或市场）必然要涉及产品或生产要素的替代性，而产品的替代性是从需求角度考虑的，生产要素的替代性

① 吴克宇．电视媒介经济学．北京：华夏出版社，2004

则是从供给角度考虑的。问题是这两个方面的替代性可能会出现大的差别。①

从产业政策的角度看，在现实中具体定义产业（或市场）经常是非常困难的。例如，美国著名的IBM、AT&T及微软垄断案中，争议的焦点并不在于是否形成垄断，而首先在于产业（或市场）的定义，因为定义的不同会直接导致不同的判决。一般意义上的产业指的是这样一种现象，即生产同一产品（或服务）的企业在同一市场中销售。正是从这个意义上说，产业经济学中所指的“产业”、“行业”或“市场”均为同义词。②

至此的基本结论是，不仅三次产业分类意义下的“产业”，就是标准产业分类意义下的“产业”，也往往不是产业经济学意义下的“产业”。

三、电视内容产业

要了解电视内容产业，先要知道什么叫内容产业。内容产业又分为传统内容产业和数字内容产业。传统内容产业如图书、情报、报刊、影视节目等，其生产体系被各类媒介分割，成为各类媒介的附属；而传统的内容提供商则分散在各个行业和各种媒介形态中。随着数字技术的发展，内容产品融合并逐渐规模化，内容逐渐摆脱了媒介的附属关系，成为一个相对独立的产业。内容产业是依托内容产品数据库，自由利用各种数字化渠道的软件和硬件，通过多种数字化终端，向消费者提供多层次的、多类型的内容产品的企业群。③

欧盟对内容产业作了这样的定义：“20世纪90年代中期，出现了内容产业(content industry)概念。欧盟‘info2000’计划中将内容产业的主体定位为‘那些制造、开发、包装和销售信息产品及其服务的企业’。内容产业的范围包括各种媒介上的印刷品、音像电子出版物、音像传播及用于消费的游戏。”美国没有“内容产业”这个概念，但其“信息业”和“娱乐产业”与内容产业十分接近。在发达国家，影视、出版等内容产业被视为知识经济的引导者和推动者，其产值及其连带增加值已占到GDP的50%左右。作为文化产业头号强国的美国，其内容产业是同军事工业一起主导经济发展的两大产业之一，约占美国总出口额的13%。过去10年，美国媒体娱乐产业年增长率超过6%，而同期美国经济增长率平均仅3.5%。

传媒业和数字技术的发展催生了中国的内容产业。“媒介的汇流和产业的融合，造成了内容同媒体的分离，媒介出现了对于内容的强大需求，这就为内容独立出来并形成具备规模的内容产业奠定了市场基础。另一方面，内容在信息技术和数字技术的推动下，形成了更加庞大的规模生产能力，而技术则提供了内容产业形成的规模化保

---

① 常举的例子是消费者为了娱乐可把音乐会与钓鱼视为替代物，但从供给方看却不可能替代。另一个例子是生产男鞋和女鞋，需求方不能替代，但供给方却可以替代。

② 汉语中有“产业”与“行业”的区分，在英语中只有一个词“industry”，而且常与“market”混用。

③ 赵子忠. 内容产业论. 北京：中国传媒大学出版社，2005

障。"①（如图2所示）

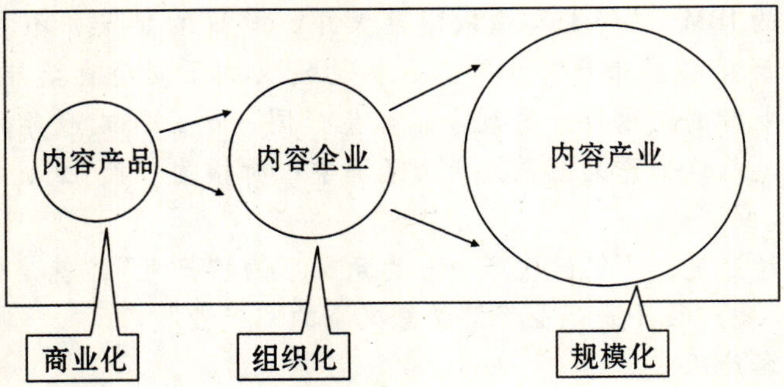

图2

内容产业作为一个新的产业，其产业形态刚刚形成，那么能否给其一个科学的界定呢？从产业经济学角度来看，衡量产业有两个核心因素，即规模化和标准化（专业化）。

第一，规模化是产业的标志。因为产业是规模化的结果，产业的基础是由市场规模决定的，是同一性质企业组成的群体。围绕电视内容产品的研发、生产、销售及相关服务可以形成一个企业集群，而这个企业集群形成一定规模后，就会建构起一个新的产业——电视内容产业。电视内容产业是指以电视受众为服务对象的内容，以及与电视相关的内容产品、内容服务的市场化运作。其中既包括电视节目，也包括电视节目的衍生产品，还包括跨媒体提供的各种文本、符号和数据信号等。

第二，专业化和标准化是电视内容产业的另一个标志。目前，电视内容产业包括三大部分：传统电视产业、数字化内容产业（如数字媒体的视听内容）、电视业的数字化内容。专业分工是形成企业集群和提高规模效益的前提。传统内容产品生产体系分属不同的媒介，形成统一标准。数字技术推动了媒介融合，为电视内容产品提供了大规模交易的技术基础，而标准化是内容产品规模化、数字化生产的前提。

第二节　产业价值链

一、商业化、市场化、企业化和产业化

在我国，电视这样一个为人民群众提供精神食粮的行业（事业）能否成为一个产业呢？长期以来，存在着许多认识上的模糊和思想上的混乱。

第一个基本认识问题是：商业化、市场化、企业化、产业化是不是同一个概念？暨南大学的支庭荣教授作了很好的解释，"按照国际上通行的说法，一切有投入有产

① 赵子忠．内容产业论．北京：中国传媒大学出版社，2005

出、按照企业运行规划进行经营活动的事业都可以称之为‘产业’，都可以推入市场。所以，产业化问题是就资源的配置与运转而言的；从微观的角度看，是‘企业化’的问题、‘市场化’的问题，或者说是商业运营体制的采用问题；从宏观的角度看，是整体运作规模的扩大问题，是一个产业群体的出现和壮大的问题”①。目前，在我国和我省，作为事业单位企业管理的电视媒体，正在逐步把事业性质部分与企业性质部分进行剥离，以求把包括电视内容生产在内的电视产业做强做大。因为运作企业化和经营市场化无疑是电视产业化的两大“助推器”。然而，在实际操作中难度极大。

二、产业链、产品链与价值链

产业链包括了“原料供应—生产—包装—技术支持—运输（物流配送）—销售—售后服务”等生产经营的各个环节。广播影视产业链的主要环节大致为“节目投资—节目制作—节目销售—播放平台/有线网络—广告销售/有线订户—后产品开发”。当围绕电视内容产品研发、生产、销售及中介服务组织起来的企业达到一定规模时，便形成了一条完整的电视内容产业链。而围绕电视内容产品开发的上游产品、中游产品和下游产品也可以形成一条产品链。当这一产业链或产品链在市场经济中高速运转时就会不断地实现它的增值，就会变成一条价值链。

价值链是企业为客户等利益集团创造价值所进行的一系列经济活动的总称。美国哈佛大学商学院教授迈克尔·波特1985年在其名著《竞争优势》中首次提出这个概念。他认为，每一个企业都是设计、生产、营销、交货等过程及对产品起辅助作用的各种相互分离的活动的集合。所有这些活动都可以用价值链表现出来。② 产业价值链是企业内部和企业之间为满足用户特定需求或进行特定产品生产（及提供服务）所经历的原材料采购、生产、销售、服务等一系列价值增值活动。从电视内容产业的产业链来看，一条完整的电视内容产业链包括电视内容产品的投资、研发、生产、销售、服务等多个环节，不同环节上有不同的传媒企业参与，发挥着不同的作用，并获得相应的利益。

目前，电视内容产品的生产加工和销售渠道仍然是主要的利润区。传统电视产业的价值链主要体现在渠道，通路（播出终端）控制着价值链。而在数字内容产业中，通路控制将被打破，利润区逐渐由渠道转向内容创造。

支庭荣把产业化程度分为两个阶段：在起步阶段是经营范围的扩张，在较高级阶段是产业价值链和产业集群的形成。我们还可以把后一阶段细分为产业价值链形成的初级阶段和产业价值链高速运转的高级阶段。目前，除了新闻节目之外，广东电视内容产品都可以进入经营的范围，问题是能否围绕这些产品形成产业价值链和产业集

---

① 支庭荣．媒介管理．广州：暨南大学出版社，2004

② ［美］迈克尔·波特．竞争优势．北京：华夏出版社，1997. 36

群，下面就让我们来考察一番。

第三节　与相关产业的关系

电视内容产业作为一个新兴产业，它与信息产业、文化产业、娱乐产业和各种传媒产业有着密切的联系。

一、电视内容产业与信息产业

1977年，美国学者马克·波拉特博士出版了《信息经济论》[①]。基于科林·克拉克学派的第一、第二、第三产业的三分法，他提出了农业、工业、服务业和信息业四大产业的概念，同时还将国民经济中的信息部分划分为“第一次信息部门”和“第二次信息部门”。第一次信息部门包括向市场提供信息产品和信息服务的企业，第二次信息部门包括政府和非信息企业进行的供内部消费用的一切信息服务。内容产业涉及的内容就是第一次信息部门所研究的内容。美国学者的研究进一步提出，内容产业是信息技术产业发展的高级阶段，即内容产业将会是信息产业发展下一阶段的主体产业。

问题是电视内容产业能否也成为信息产业的主体产业，就是说电视内容生产商能否成为电信运营商的主要内容提供商，这是一个关系其发展命运的大问题。

二、电视内容产业与文化产业

文化是一个大概念。从最宽泛的意义上讲，文化是指人类物质和精神活动及其成果的总和，反映了社会的总体文明。从广义上讲，文化是指人类物质活动以外所有活动及其成果的总和，包括政治法律和各种精神活动及其成果，反映了经济基础之上的所有上层建筑现象；从狭义上讲，文化是指思想意识形态领域的各种活动和成果。我们建设文化大省所指的文化，主要指一般意义上的文化。

文化产业的核心价值来源于文化产品，文化产品的核心价值就是内容创造力，电视内容产业就是文化产业中内容创造和生产环节规模化后形成的新产业。经过数字化、影像化的文化产品，成为电视内容产业的主要产品。

广播电视和新闻出版是我国文化产业的两大主导产业，也是未来数字内容产业的核心力量。在广东，一方面，由于文化环境等方面的原因，新闻出版业的改革与发展走在广播影视业前面，其收入规模等超过了广播影视业，但这也正好说明了广东省广播影视业经过深化改革，会有较大的发展空间；另一方面，广东是跨国媒体公司进入中国的三大市场之一，是文化产业的兵家必争之地，能否守住广东的舆论阵地，对于广东省的社会安定和我国的文化安全，关系十分重大。此外，随着各种新媒体（如互联网、手机电视、移动电视、网络电视等）的出现和发展，对影视内容丰富性、多样性的要求已越来越迫切。

---

① ［美］马克·波拉特．信息经济论．长沙：湖南人民出版社，1987. 21

三、电视内容产业与传媒产业

内容与媒介有着紧密的关系，媒介的定义就是能够传播信息的载体、承载内容的渠道。在整个电视产业集群中，电视内容产品是它的核心产品，电视内容产业是它的一个支柱产业。同时，它也可以成为其他传媒产业的内容提供商。但电视内容产业要从其母体电视传媒业中剥离出来，成为包括新媒体在内的各种传媒产业的内容提供者，必须实行制播分离。制播分离是实行专业分工、提高电视内容生产产业化程度的重要途径。作为一个面向各种传媒的相对独立的内容供应者，电视传媒只是电视内容产业的一个产品购买者和使用者。

传播学大师麦克卢汉曾说："媒介的影响之所以非常强烈，恰恰是另一种媒介变成了它的'内容'。"① 我们还可以把他的话延伸一下，文化产业是内容产业的"内容"，而内容产业又是信息产业和传媒产业的"内容"。

四、"超女"的产业价值链

根据迈克尔·波特的观点："每一个企业都是用来进行设计、生产、营销、交货等过程及对产品起辅助作用的各种相互分离的活动的集合。"也就是说，任何企业的价值链都是由一系列相互联系的创造价值的活动构成的。这个价值链不是存在于单一产业之中的，如2005年大红大紫的《超级女声》就是多个产业交集形成的产业价值链。(如图3所示)

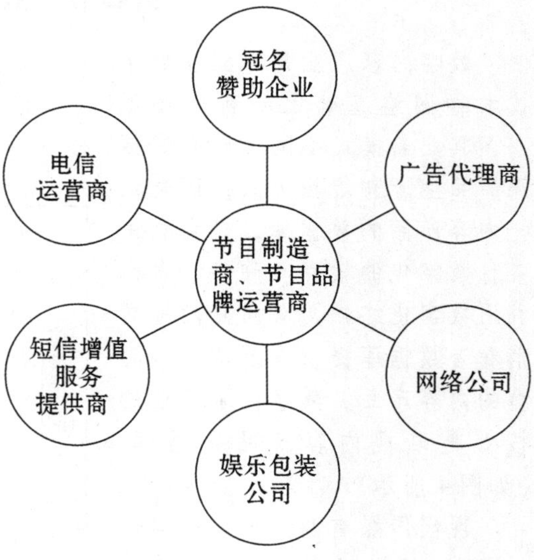

图3

根据《超级女声》的制作商、运营商或合作商在接受媒体采访时提供的数字或媒体公开发表的数字进行估算（发布媒体包括湖南卫视网站、2005超女全国巡演TOM官方网站、人民网、新华网、大洋网、《21世纪经济报道》、《新京报》等)，除赞助企业——蒙牛乳业（2 000万冠名费 + 8 000万后期宣传费）之外，各相关产业收益如下：

电视内容产业：

（一）节目制作商——湖南卫视：6 800万元：①冠名赞助收入：2 000万元；②广告：1 800万元；③手机短信：3 000万元

信息产业：

---

① ［加］马歇尔·麦克卢汉．理解媒介——论人的延伸．北京：商务印书馆，2000

（二）电信运营商：900 万元

（三）短信增值服务提供商——TOM 无线和掌上灵通：2 100 万元

（四）网络公司：间接收益

文化产业：

（五）娱乐包装公司：7 800 万元

传媒产业：

（六）节目品牌运营商——上海天娱：2 750 万元

（七）广告代理商——湖南电广传媒：1 200 万元

这些相关产业围绕《超级女声》形成了一条产业价值链。由此可见，电视内容产业价值链形成于一个开放的系统之中，它的增值产生于相关产业的链接、互动与联动之间。

第四节 数字内容产业

数字内容产业是建立在数字技术和网络基础上的新产业形态，其业务模式不同于原有的传媒产品生产和传输方式，而是依托内容产品的数据库，自由利用各种数字化的软件和硬件，自由利用数字化终端，双向互动地向消费者数据库提供多层次、多类型的内容产品。数字内容产业的核心是电视内容产品数据库。（如图 4 所示）

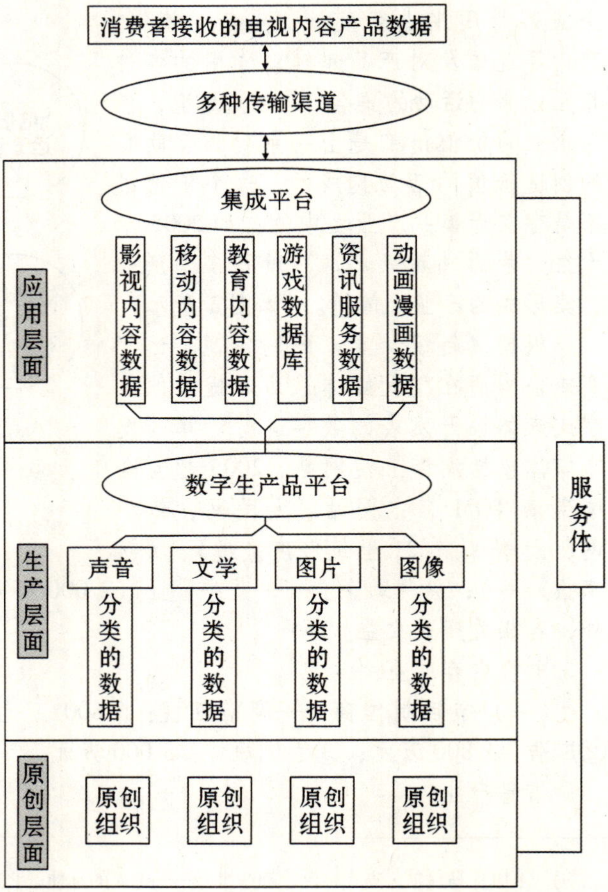

图 4

现代传媒有两大构成：渠道和内容。数字化后的电视内容产业，正呈现日益独立于各种传输渠道而发展的态势，并使电视内容产业越来越强势，其发展将成为推动社会进步的核心资源和支柱力量。因此，我们在电视内容建设中，在制订产业发展规划时，一定要有开放的心态，并保持对技术、经济、社会发展趋势的良好预见性，对代表新媒体发展趋势、正处于发育期的“数字内容产业”予以高度重视。展望未来，数字化的电视内容产业必将成为电视产业集群中的核心产业。上海东方明珠认为，以广告为赢利模式的传统媒体出现发展缓慢、竞争加剧的态势，而互联网、移动电视、手机电视等新媒体的赢利增长迅猛，不断侵蚀着传统媒体的市场份额，以内容收费为赢利模式的数字新媒体迅速崛起。“新媒体产业将是东方明珠下一步的核心产业之一。”

在我们对电视内容产业的基本概念和基本理论作了一番阐述后，可以运用这些理论对广东电视内容建设的现状进行全面的了解，考察它的产业化情况。

第三章　产业链考察

据广东省广电局统计，至2004年，全省共有电台22座、电视台24座；1 000瓦中波、调频、电视发射和转播台125座；从业人员37 161人；广播电视节目经营制作经营单位300多个；全省广播电视综合人口覆盖率分别为96.1%和96.36%；有线电视传输实现了全省光纤联网，用户超过1 000万户；全省广播电视行业资产总额183亿元，经营创收76亿元，经济总量约占全国广电行业的1/10。

2005年7月至12月，课题组对广东省全境的电视机构进行了较为全面深入的调研。考察主要采用深度访问和参与观察，辅以问卷调查和文献资料分析等几种研究方法。课题组访问了全省数十位业界人士，包括省广电局和广电集团的领导，各级广播电视台的台长或电视中心主任，节目生产部门和播出管理部门的负责人。还运用了座谈会、电话访问等形式，与省广电局、省广电协会和南方广播电视传媒集团高层进行对话。课题组还以问卷方式抽样调查了全省12家广播电视机构，取样为有一定电视节目制作能力的省市电视台和个别县级电视台（如深圳宝安电视台），遍及珠三角地区及粤东、粤西和粤北。由于我省广播电视系统正在机构调整时期，给问卷调查带来了极大的困难，但在省广电协会和部分电视台的积极协助下还是取得了较全面的调查数据。

下面就让我们沿着节目投资——节目研发——节目生产——节目销售——衍生产品开发及配套服务这一电视内容产业链来考察。

第一节　节目投资

据清华大学陆地教授的调研：中国电视传媒91%是自有资金，7%是政府拨款，2%是社会募集，说明这是一个自闭的系统。调查问卷佐证了这一点：

表3　电视台自办节目最大的困难及所占比例（多项选择）

自办节目的困难	没有足够的资金	没有太大的经济收益	没有好的人才及机制	没有好的创意
所占比例	50%	40%	10%	10%

目前，我国自办电视节目的资金来源主要有三个渠道：第一个渠道是电视台自己的投资。不管是自制节目还是购买节目，以最少的投资获取最大的回报是任何企业的指导思想。但从另一方面来说，没有投入就没有产出。目前我省不少自办节目经济收益并不大，所以有些台领导的指导思想是想减少这笔开支，因此影响了节目的投资。第二个渠道是政府的投资，包括某些行业和社会团体的投资。这类节目主要是一些为宣传服务或公益性的节目，这部分投资很少。第三个渠道是社会的投资，主要是民间

或外资电视机构投资制作的节目。目前外资因政策原因所阻，而民营节目公司的投资在广东还没有形成气候。

由于处于自产自销的自然经济运营模式，广东省电视节目生产普遍存在制作经费不足的情况，而某些市级电视台的自办栏目甚至没有制作经费。由于缺少资金，并因此缺少人才、创意和设备，节目越做越差，严重影响了电视内容的建设。此外，广东省不少电视台的节目生产还存在重复建设、盲目投资、不讲效益、资源浪费等问题。因此，“实行跨行业融资，通过投资主体多元化、整合民营资本和境外资本是电视内容产业进一步发展的基础”①。

由此可见，电视内容产品的投资以媒体自有资金为主，投资渠道单一和资金不足是目前广东省电视内容建设的现状。同时存在的重复建设、盲目投资和资源浪费也造成了投资效用低下，从而影响了决策者的投资信心。

第二节　节目研发

电视节目的研发是整个产业链中至关重要的一环，是内容产品核心竞争力的体现。然而，有人断言：中国电视没有自己的研发系统。情况到底如何？我们先来看看广东的情况，调查显示：

表4　对本台电视节目创作与研发现状的评价

对本台电视节目创作与研发的现状满意吗？	不满意	还可以	满意
所占比例	38.9%	61.1%	0%

小部分电视台对本台的节目研发现状不满意，大部分电视台认为还可以，但这只是他们对自己业绩的认定，受众和用户或许对他们的产品并不满意。那么，在节目研发中究竟存在什么问题呢？

表5　节目研发中欠缺的因素（多项选择）

节目研发欠缺的因素	人才	机制	资金
所占百分比	85%	75%	60%

调查表明：在节目研发中，人才、机制和资金都有欠缺。据了解，许多电视台没有专门的研发机构，上一个新栏目或者创作一个新节目，往往是凭着少数几个有经验

① 冯智敏，蒋宁平．打造产业链　做强电视内容产业．电视研究，2006（2）

的电视人拍拍脑袋想出来，由于缺少科学的分析和理论的支持，不少节目的成功颇有“撞大运”的偶然因素。当然可以借用“外脑”，但擅长节目研发的策划机构和咨询公司在广东省很少，而选择新闻院校和社会精英参与节目研发虽然早已有之，但缺少长期的稳定的紧密型合作，往往开几个节目研讨会泛泛而谈了事，效果并不显著。当然，这与各电视台对节目研发的认识和投入有关，由此导致电视内容产品研发体系和创新机制的缺失。

由此可见，节目研发是广东电视内容建设中最为薄弱的一环。由于不少电视台管理者缺少对节目研发的高度重视和科学认识，因此电视台和节目生产部门没有形成健全的节目研发体系和有效的节目创新机制。

第三节　节目制作

专家预测2008年我国电视广告收入至少有500亿元，① 以电视广告收入的1/3作为内容生产的投入计算，那么用于节目的费用大约就有166亿元。新涌现的付费电视、网络电视、手机电视、高清晰电视、直播卫星电视的节目生产费用无法准确计算，但20～30亿元的市场潜力应该不算是过高的测算。因此，可以得出结论，在未来若干年内，我国电视节目制作领域会有全年200亿元左右的市场潜力。

一、自办节目的构成

2003年，中国电视全年的节目播出总量为1 001万小时，自办节目播出总量为745万小时，就是说有74.43%的节目是各级电视台“自办”的。这里说的“自办”节目指的是各台自己制作的节目和购买或交换的节目，而许多电视台说的“自办”节目是指自己制作或加工的节目，两者有很大的差别。那么，广东省电视台自制的节目主要有哪些呢？

表6　电视台自制节目的类型及比例（多项选择）

自办节目类型	新闻节目	服务性节目	社教节目	娱乐性节目
所占比例	80%	75%	65%	50%

如果条件许可，各级电视台最想自办哪些节目呢？

表7的调查数据显示，电视台最想自办的节目主要有三类：谈话类节目（50%）、新闻节目（45%）、娱乐节目（40%）。这与目前电视台自己制作的主要节目还是有一些出入的，而与全国的情况基本相同。《中国广播电视年鉴·2004年》的统计显示：新闻和电视剧节目供不应求。这与市场的需求是吻合的，在对各台收视率

① 张海潮．眼球为王——中国电视的数字化、产业化生存．北京：华夏出版社，2005

前三位的节目的调查统计中，我们发现新闻、电视剧是最主要的节目类型，新闻以自制为主，电视剧以引进为主。

表 7　电视台最想自办的节目类型及比例（多项选择）

最想自办节目类型	新闻节目	谈话类节目	娱乐节目	纪录片	少儿节目	其他			
						服务性财经节目	体育节目	文艺专题	读报节目
所占比例	45%	50%	40%	11%	5%	5%	5%	5%	5%

近年来，随着民生新闻和方言新闻的兴起，新闻节目成为地方台争夺节目市场的法宝，如在广州地区，省、市电视台自办的民生新闻栏目多达 5 个，汕头电视台的方言新闻栏目开办仅 3 个月就取得 20% 的收视率。而受凤凰卫视谈话节目和湖南卫视娱乐节目的影响和启发，较低成本制作的谈话节目和较少受政府管制的娱乐节目也是各台争相自办的节目。

表 8　电视台收视率前三位节目类型及来源

节目类型	新闻	56.0%
	电视剧	24.0%
	电影	6.0%
	其他	14.0%
来源	自办	67.3%
	引进	32.7%
来源地	本台	68.0%
	省内、国内	30.0%
	港台	2.0%
	国外	0

自制节目的一个最重要的依据是收视率。在对各台收视率前三位的电视节目的统计汇总中，我们发现，新闻节目是最主要的节目类型（占 56.0%），其次是电视剧节目（占 24.0%）。收视前三甲的节目中，67.3% 的节目都是自办的，其中 95% 是新闻类节目，只有 5% 是电视剧类节目（广东电视台的《外来媳妇本地郎》是唯一进入三甲的自制电视剧）；另有 32.7% 的节目是引进的（绝大部分是从省内

或国内引进）。

这与全国的情况基本相同，目前80%的节目和栏目是由电视台自己生产的。另有数据显示，电视剧是各台最主要的播出节目，电视剧的全天平均播放时间占全天播出时间的44.5%。这说明播出量最大的电视剧基本实现社会化制作——由电视台以外的机构生产。

二、节目生产存在的问题

广东省电视内容产品的生产主要面临以下方面的问题：

一是节目生产控制体系方面。目前除了少数大台外，许多台的节目都是由几个人组成的小组用作坊方式生产出来的，生产过程简单粗放，节目质量自然很难保持稳定。因此，建立一整套完善而科学的工业化节目生产流程显得尤为重要。央视大型益智节目《开心辞典》按节目的生产流程设立了118道工序。著名谈话节目《对话》也有一套系统的100多道流程的节目生产控制体系。长期以来，广东省电视台对节目生产的控制停留在定期的领导检查和偶尔的专家评选上，追求少数精品的创优，忽视大量常态播出节目的质量。近年来，各台普遍注重收视率，但如何提供进一步的内容分析和建立完善的节目生产控制体系仍然是一个亟待解决的课题。

二是节目成本质量管理体系方面。就目前的情况来看，大多数电视台都没有现代的管理体系，甚至缺乏成本意识。在质量方面，电视台实施制播分离制后，播出机构与制作机构之间的电视节目交换是通过市场机制的作用实现的。这样，要保证电视节目的质量就需要建立一套科学的节目评估体系，否则，就无法确定电视节目的价格。管理上的落后也构成了实施制播分离的一大障碍。

三是节目生产基地建设方面。绝大部分的受访者（93.8%）认为，广东省有必要规划并建立若干节目生产基地。广东既缺乏像湖南电视台那样的以播出平台为依托的娱乐节目生产基地，也缺乏像横店影视城那样的以制作平台为支撑的影视节目生产基地。如何改变节目生产小而全的分散局面，还有待于广东省广播电视的机构改革和政府的政策扶持。

三、节目生产经营

但是广东省电视内容产品建设面临最大的问题是有生产没经营，缺乏节目生产市场。生产市场是电视内容产业链的核心环节，它的兴衰直接决定了它下游市场的兴衰。电视内容产品的经营包括直接销售和间接销售两个部分。电视剧主要是直接对市场进行销售的，而电视新闻及许多电视栏目主要是通过广告置换间接实现销售的。

过去有一种错误的观点，即认为新闻节目只有投入没有经济收益。但我们从2005年中央电视台“神六直播”狂赚5个亿的广告收入中，可看出新闻节目不仅是能够赚钱的，而且是能够赚大钱的。凤凰卫视的新闻节目对广告的吸纳能力也是很强的。广州电视台34频道、广东台珠江频道的方言新闻都已取得不俗的收视率和广告收益。

令人遗憾的是，在广东省许多电视台里，节目的生产和经营是截然分开的，甚至是有生产没经营。不少节目从投资、策划到制作、播出都缺少市场意识，电视台的经营部门（主要是广告部）也不介入节目生产，节目做好做坏对节目生产者影响不大。以从国外引进的“真人秀”为例，广东电视台的《生存大挑战》是我国最早的“真人秀”，也曾有较大的影响，如今却没有多大动静了。而湖南卫视的《超级女声》却越办越火爆，两者的差距不在于生产而在于经营，在于节目生产中的市场意识和经营能力。

由此可见，广东电视节目生产以新闻节目与各类栏目为主，电视剧产量很低，基本上以满足播出需求的生产为主。为单一种甚至单一个媒体生产的内容产品属于传统内容产业的生产模式，它是粗放型和分散式的，因而在各个生产环节上存在许多问题。

第四节　节目销售

如前所述，电视内容产业价值链的主要利润区在生产和销售上。电视内容产品销售分为三次：通过销售节目内容来实现电视内容产业的第一次销售；通过广告实现电视内容产业的第二次销售；将同一内容符号在不同载体间转移，实现内容的第三次销售。但长期以来，中国电视业形成了“以广告为支柱，节目自产自销的经营模式”。电视内容产品未能进入广阔的流通领域，不能继续实现价值链的增值，因此形成投入大产出少的局面。据2003年统计，我国电视剧交易总额为30多亿，占全国节目交易总量的90%，其中80%由民营制片机构生产；节目和栏目的生产和交易：80%由电视台自己生产，只占全国节目交易总量的10%。现在，我们来看看广东的情况。

一、电视节目的销售

调查中，当问及所在电视台的节目是否曾被其他电视机构购买时，33.3%的受访台表示有过，而66.7%的受访台则表示没有。

表9　外销节目的电视台比例

本台节目是否曾被其他电视机构购买?	有	没有
所占比例	33.3%	66.7%

这说明广东省电视台生产的大部分节目并没有对外销售，即使有外销的电视台，其外销的节目也不多。而各电视台都会大量地向外购买节目，各级电视台购买的电视节目类型如下：

表 10　各电视台购买的节目类型及比例（多项选择）

购买的节目类型	电视剧	综艺节目	少儿节目	纪录片	新闻节目	体育节目	生活类节目	财经节目	谈话类节目
所占比例	90%	35%	15%	15%	5%	5%	5%	5%	0

这与电视台最想购买的电视节目大致相似：

表 11　电视台最想购买的节目类型及比例（多项选择）

最想购买的节目类型	电视剧	综艺节目	纪录片	少儿节目	其他	新闻节目	谈话类节目
所占比例	80%	55%	35%	20%	16.8%	5%	0

数据显示，电视剧和综艺节目是电视台需求量最大的，这说明这类电视内容产品制作投入大，需要通过节目市场销售来收回投资。此外，纪录片和少儿节目等社会效益较大的电视内容产品，需求量也比较大。总体上来看，广东省还是一个电视节目输入大省，以电视剧购买为主。

二、电视节目的市场

那么，大量的节目是如何引进的呢？过去主要采用节目交换的方式，如城市台节目交换网。但现在更多的是采用节目交易的形式，交易的方式主要有两种，即货币购买和贴片广告。调查结果显示，货币购买是各台引进电视节目的最主要方式（占 80%），其次是贴片广告（占 50%）。

表 12　电视台引进电视节目的方式及比例（多项选择）

引进节目方式	货币购买	贴片广告	无偿提供
所占比例	80%	50%	0

不少电视台同时采用两种方式，货币购买体现节目市场的成熟和规范，必将成为今后的发展趋势。购买的节目有相当一部分不是由电视台制作的，88.2% 的受访台表示购买了除电视台外其他节目生产商的节目，11.8% 的受访台表示没有。这体现了节目制作社会化，从节目来源和交易方式的改变，我们看到了制播分离的发展趋势。我们也看到，不少台从经济效益考虑，认为做节目不如买节目，贴片广告说明有些台甚至连买节目的钱都不想花，如此能有好的内容供应吗？其实，电视台在购买节目中仍

然有很大的困难。

表 13　电视台购买节目的困难及比例

购买节目的困难	没有足够资金	没有合适的节目	没有完善的中介服务	体制不规范和信息不公开
所占比例	75%	30%	15%	5%

数据显示，电视台购买电视节目最大的困难是资金问题（占 75%），其次是没有合适的节目（占 30%）和没有完善的中介服务（占 15%），此外有电视台认为，体制不规范和信息不公开也是困难之一（占 5%）。不少电视台对我国电视节目的流通制度也表示出不满，如表 14 所示。

表 14　电视台对我国电视节目的流通制度的评价

	不完善	一般	完善
我国电视节目的流通制度如何？	57.9%	36.8%	5.3%

当前，我国仍然实行电视播出终端的控制和垄断，播放平台一直是政府管制的重点，是否改革也经常成为争论焦点。因此，我们对系统外的资金，特别是民营资本参股产业相关性较高的播放平台仍采取严格的限制政策。由于播放平台体制不顺、机制不活，实际上无论国营体制（如广电集团自己投资设立的）还是民营体制的内容生产企业，都无法真正经营好，要大发展就更为不易。这是因为，如果作为产业链重要环节之一的播放平台处于垄断地位，且是事业体制，而节目公司是市场化运作的商业组织，二者之间是无法真正按价值规律进行交易的。最极端的是动画片交易，电视台的购买价经常不到其制作成本的一个零头。原国家广电部副部长刘习良曾说过："什么时候制作机构和播出机构能够在平等的基础上进行交易，这个市场才算是成熟了。"①

制播分离是电视内容产业化的一个重要标志，目前我国电视制播分离面临的难题是：①对节目质量与供应的疑虑，实施制播分营后，电视运营商担心的关键问题可能不是电视节目的成本，而是电视节目的质量和能否买到理想的电视节目；②对喉舌功能降低的担心，电视台的经营管理者十分担心市场经济进入电视产业系统会影响电视喉舌功能的发挥，社会上制作的节目内容是否会与我们的舆论导向背道而驰；③电视

① 蓝澜，王永亮．"热运行"当"冷思考"——访原中国广播电视学会常务副会长刘习良同志．山东视听，2005（6）：39

成本质量管理体系问题，这是解决节目公平交易的前提；④常设性、独立经营的规范的节目交易平台还未建立，节目没有流通成本。

下面我们再从广东省电视剧产销入手来考察制播分离。

三、电视剧的产销

我国电视剧年产量约500部10 000集，电视剧交易额为30多亿元，占全国电视节目交易总量的90%。电视剧是市场化程度最高的电视内容产品，80%左右的电视剧生产是由民营制片机构完成的。

从1984年起，广东电视剧生产进入快速成长期，以每年生产8集、15集、30集、80集……的速度增长，到1994年年产量高达150集，并形成了以广东台、广州台和深圳电视艺术中心为代表的三个电视剧生产基地。它们先后推出《公关小姐》、《情满珠江》、《和平时代》、《英雄无悔》等一批现实题材的在全国都具有影响力的电视连续剧，并由此形成了电视的"京、沪、穗三足鼎立"局面。这些屡获"五个一工程奖"的优秀电视剧在节目市场开发上并没有走得更远，据说当年全国热播的《公关小姐》卖给中央电视台只收了一万多元。令人遗憾的是，20世纪末广东电视剧未能续写辉煌。进入新世纪后，一个类似"万花筒"的轻喜剧——《外来媳妇本地郎》异军突起。开播后，收视率从8个百分点上升到12个百分点，目前直接广告1亿元/年，占全台的1/6，还不算重播和软广告。然而，广东电视台电视制作中心目前还只是广东台的一个生产车间，并没有实行面对市场的公司运作。

目前，我国电视剧生产经营基本上有三种类型：一是弘扬主旋律的精品剧，为获奖而生产，强调社会效果，此类靠政府扶持和台里拨款的电视剧生产已日益减少；二是面向市场的长剧，采取市场直接销售的方式，注重经济效益，但投入较大，一般由民营公司投资并参与运作，此类节目生产经营方式已成为我国电视剧产销的主体；三是面向频道的短剧，采取广告转换的经营方式，采取低成本的频道运作，但此类节目的运营成功要建立在覆盖资源的占有上。仅仅依赖于频道剧热播的广东电视剧是独脚前行，市场空间和发展前景有限。目前，广东有几十家公司搞电视剧，但大多规模较小，只有两三家较大。面对国内众多有相当规模的影视剧制作公司，有着优良制作传统和雄厚经济实力的广东电视业对电视剧这一广阔市场岂能拱手相让？

由此可见，广东省电视节目购大于销，是一个电视内容产品的进口大省。广东电视剧及各种节目的生产经营仍以本省频道播出需求为主，满足于本地市场的占有，缺乏对国内外节目市场的拓展和开发。这一方面说明节目市场的不规范和不完善，广东省节目外销能力不足；另一方面也反映出节目投资、节目研发和节目生产这几个环节的薄弱。

第五节 衍生产品开发

电视节目的衍生产品开发又分为两种情形，一种是传统电视节目的立体开发，一种是基于数字内容产业基础上的新型电视内容产品开发。

一、传统电视节目的立体开发

由于广东省电视内容产业化程度不高，且缺少品牌产品，因此下游产品开发很少。目前，仅有广东电视台的《外来媳妇本地郎》等少数节目开发了一些衍生产品，如湖南经视购买该剧的剧本后，摄制湖南方言剧《一家老少向前冲》，创下当地收视率第一。这说明好的内容是可以增加附加值的。电视节目的后产品开发还与文化产业的成长密切相关，并拥有广阔的市场，如音像出版、演出市场、动画产业、拍摄基地和主题公园、平面出版等都有待开发。但令人遗憾的是，由于广东省电视内容建设规模较小，后产品的开发意识不强，有些电视台甚至连相关的部门和功能都没有。曾经辉煌的太平洋影音公司，依托电视台母体的影视报刊和媒体网站也没有很好的发展途径和赢利空间。

与电视节目的下游产品开发不足相比，上游产品开发相对较活跃，广东省电视媒体的各类大型活动接连不断，广州就有省市三台被誉为“美丽事业”的传统赛事，去年深圳几乎每个频道都举办大型活动。大型活动也是内容产业的一个组成部分，搞得好也可以形成新的产业价值链，但广东省大型活动仍存在着题材雷同、创新不足等问题。

二、新型电视内容产品开发

新型电视媒体包括付费电视、网络电视、手机电视、车载移动电视等多种新的数字化、网络化技术催生的节目传播形态。这些新媒体对节目的需求主要有三个方面：一是总的需求海量，但有一个市场培育期；二是新媒体由于其传播特点和受众定位有别于传统电视，因此，节目要“度身定做”；三是充分开发传统电视内容产品的价值。对于这一潜力巨大的市场，广东省尚未真正开发。

由此可见，广东省电视节目的后产品开发能力很弱，一方面传统电视节目的衍生产品开发未形成气候，另一方面基于数字内容产业的新型电视内容产品尚未起步。

第六节　配套服务

如果说后产品开发是电视内容产业链延伸的话，那么，为电视内容产业提供的相关配套服务就是使这一产业链高速运转的润滑剂。随着电视内容产业化程度的提高和规模的扩大，我们期待这些相关服务能够迅速配套。香港，乃一弹丸之地，由于影视产业化程度较高，就有不少专业公司为其提供配套服务，如有专门为影视摄制提供群众演员的公司。由于广东省电视内容产业化程度较低，在此项调查中，不少电视台对此竟一脸茫然。

要使整个电视内容产业链保持高速稳定的运转，还需要提供与之相关的各种中介代理服务和配套服务。这些服务大多由社会提供。那么，电视台对于社会提供的这些相关服务是否感到满意呢？调查显示，大部分电视台不满意。

表 15 电视台对国内电视节目中介服务的评价

目前国内电视节目的中介服务如何?	不完善	一般	完善
所占比例	66.7%	27.8%	5.6%

那么，目前我们缺乏哪些中介服务呢？如表 16 所示：

表 16 国内电视内容产业缺乏的中介服务（多项选择）

国内电视内容产业缺乏的中介服务	信息情报	内容分析	版权保护	销售代理
所占比例	75%	60%	25%	15%

由此可见，用于电视内容产品开发的信息和研究是最为欠缺的，这也从另一个侧面说明节目研发的薄弱；同时由于名牌产品的缺少和流通的薄弱，相关的版权保护和销售代理需求不大。其实，电视内容产业的配套服务是很多的，几乎涉及产业链的每一个环节。那么，广东省电视台需要哪些中介服务呢？如表 17 所示：

表 17 电视台需要的节目中介服务（多项选择）

本台需要的节目中介服务	节目开发	节目流通	节目生产	节目研究
所占比例	55%	40%	35%	35%

这些配套服务包括节目投资的融资、节目研发的咨询、节目生产的各种配套服务等。随着中国电视的对外开放和节目制作的社会化，国有电视机构和主管部门需要统一的对外服务窗口，前国家广电部孙家正部长曾提出“一个窗口，多个后台”。例如，成立广播影视咨询公司，为电视内容产业的运作社会化、经营市场化、合作国际化提供各种咨询服务。

由此可见，由于广东省电视内容产业化程度较低，相关配套服务尚处于萌芽状态。可以说，配套服务兴起之日就是内容产业成熟之时，但反过来说，它的发展也会促进内容产业的形成。

第七节 考察结论

我们最后一项调查是了解各电视台对内容建设的满意程度，如表 18 所示：

表 18 对本台内容供应及建设的满意程度

对本台的内容供应及建设的满意程度	不满意	还可以	满意
所占比例	26.7%	66.7%	6.7%

这项调查结果看起来并不坏，不满意的不算多。但我们细心分析就会发现，填写调查表的大多是被访电视台的有关负责人，他们一般不愿意否认自己的工作成果。综合上面对电视内容产业链各个环节的考察，我们可以作一个较为全面系统的归纳和整理，如表 19 所示：

表 19 广东电视内容产业各环节现状

	产业化程度	基本状况	主要存在问题
节目投资	较低	以媒体自有资金为主	投资不足，渠道单一
节目研发	很低	没有形成完整的体系	缺乏创新机制和人力、财力投入
节目生产	一般	以满足播出需求为主	自产自销，缺少社会化制作
节目销售	一般	购大于销，流通不畅	缺少品牌，营销能力不强
衍生产品	较低	上游产品强于下游产品	后产品及新媒体开发不足
配套服务	很低	尚未形成体系	缺乏各类相关服务

由此我们可以得出以下结论：广东电视内容产业的整个产业链尚未形成，在电视内容产品生产与销售这两个主要利润区增值并不大。由此，电视内容产业生产力受限，电视内容产业发展缓慢，对相关产业的拉动和互动更无从谈起。毫无疑问，这样的现状令人遗憾，怎么办？办法只有一个，就是找出问题并解决问题。我们将在下面对广东电视内容建设作进一步解构，分析影响电视内容建设和产业形成的深层次原因，在此基础上再进一步探讨如何建构广东电视内容产业及其价值链。

第四章　解构与建构

要解构电视内容产业及产业链，就要把它放在躁动的时代背景下和复杂的社会环境中，研究它所处的生态环境与产业政策、体制改革与机制创新，还有新媒体的内容供应、竞争态势与合作前景。

第一节　生态环境与产业政策

电视内容产业的生态环境包括影响其生存和发展的外部因素，这些主要因素包括政治、经济和文化。我们先来考察一下对其影响最大的政治环境。在国际传媒界，长期以来，竞争、垄断、管制、多样化四大问题彼此制约，难解难分。在西方，美国的内容产业是高度商业化的，以市场为主导；而在欧洲则相反，以政府管制为主导。然而，在美国文化霸权和内容产品的强势入侵下，西欧国家也有所改变。“随着市场经济的发展，西欧各国在确保社会目标的前提下，在广播电视业中允许有条件有能力非公共机构或非国有资本的进入。其公共机构本身也在逐步企业化，直至成为真正的企业。相应地，政府对传播产业的管制明显区分出产业政策和内容政策，在产业政策上逐步走向了开放竞争之路。”[①] 虽然放松管制的新传媒政策既得到当代传媒经济发展大势的一定佐证，又有其垄断竞争经济学理上的依据，而且当代制度经济学派也在不少方面给予支持，但是出于文化安全的考虑，欧洲国家在内容产业政策方面还是有所保留，即使在欧盟各国签署的WTO文件中都有对本国文化产业保护的条款。但是“从一定意义上讲，竞争性权力体系是保证多元、开放、民主参与及其适度性的基础”[②]。

根据纳什的均衡理论，在政府和产业博弈之间需要寻求一种均衡，这种均衡是不断变化、不断被打破和不断发展的均衡。产业政策就是一国政府根据本国国情、经济发展的历史阶段及产业发展规律的要求，以实现社会资源最优配置的政策体系。现代市场经济既离不开市场调节，也离不开政府作用，而产业政策正是按照成本最小化的原理，将市场机制与政府调控进行优化组合，使市场力量与国家作用在一种新的条件下实现平衡，并成为致力于发挥二者有机组合功效的成功途径。让我们看看进入新世纪后我国的有关产业政策。

2001年8月，中共中央办公厅、国务院办公厅转发了《中共中央宣传部、国家广电总局、新闻出版总署关于深化新闻出版广播影视业改革的若干意见》（17号文件），第一次允许资本进入传媒行业的有关规定，具有标志性意义。此通知还为内容

① 支庭荣．西方媒介产业化历史研究．广州：广东人民出版社，2004

② 金冠军，郑涵，孙绍谊．制度转型与政策冲突：当前国际传媒发展的基本点．新华文摘，2005（22）

生产与流通、频道网络平台经营和广告销售业务这三个产业环节制定了不同的融资政策，进一步强化了这一产业链的形成趋势。

2004 年 2 月，国家广电总局相继出台了《关于促进广播影视产业发展的意见》等政策规定，首次对中国广播影视行业的产业化进行全面的阐述。意见提出，广播电视可以把经营性资产从事业体制中剥离出来，面向市场成立公司，与事业部分分别管理、分别运营。同时，也为各类资本进入进一步消除了政策的障碍。

国家广电总局和商务部于2004 年10 月底联合发布了《中外合资、合作广播电视节目制作经营企业管理规定》（广电总局、商务部44 号令），进一步明确了外资可以通过合资、合作成立广播影视节目制作公司，合营企业可以制作除时政新闻和同类专题、专栏节目以外的专题、专栏、综艺、动画片等广播电视节目。随后，国家发改委于2004 年12 月公布了新的《外商投资产业指导目录》，放宽了外资准入的范围，广播电视制作、发行和电影制作首次被列入该目录。

国家广电总局发展改革研究中心研究员李岚认为："广电传媒政策已完成向广电系统内部开放——向广电系统外部开放——向民营资本和社会资本开放——向外资开放的四大步。"① 资本为中国电视业带来的，不仅是电视业发展急需的资金，更有电视传媒企业化运作所需要的成熟的商业资源与全新的商业经营理念，有利于电视传媒企业通过资本运作发展内容产业进一步打造内容产业价值链。然而，改革从来不是一帆风顺的，中国的广播电视改革从来就是摸着石头过河的。

2005 年 8 月，《关于文化领域引进外资的若干意见》（以下简称《意见》）和《国务院关于非公有资本进入文化产业的若干决定》（以下简称《决定》）相继发布，明确界定了外资和非公有制资本进入我国文化产业的范围，震动了整个业界。特别是在广电领域，由于前些年投融资领域对外放开的步伐和节奏较快，有些已经突破了我国加入世贸组织的承诺和有关规定，文件的发布会带来相当程度上的调整和规范。专家认为，这些规定成为电视内容产业体制、机制改革，产业、事业剥离的操作底线。

首先，《意见》中取消了外资的节目制作权。这显然是出于国家文化安全和意识形态方面的考虑，政府对内容制作从严从紧控制。其次，实行"内外有别"的管理方针。《意见》禁止外商投资设立和经营广播电视节目制作公司，并严格要求外商"不得通过变相进入频道、频率、版面、编辑和出版等宣传业务领域"。同时，《决定》允许非公有资本可以投资参股广播电台和电视台的音乐、科技、体育、娱乐方面的节目制作。此外，非公有制文化企业在项目审批、资质认定、融资等方面与国有文化企业享受同等待遇。2008 年 11 月 19 日，国家发改委文化传媒产业中心主任齐勇峰透露，国家近期将出台相关措施，进一步鼓励民营资本进入传媒业。

---

① 李岚．当前政策背景下的电视产业价值链构建（在电视学研委会高峰论坛上的发言，2005 年 7 月 1 日）．http：//www. cctv. com

为什么面对同样的政策，邻省湖南电视娱乐内容产业搞得有声有色，而作为经济大省的广东却没有成为电视内容产业大省呢？最根本的原因还是思想不够解放，不能简单地把电视内容建设的滞后归咎于与境外媒体的政策不对称。对于电视内容产业来说，最大的障碍是管制思路人为地割裂产业链。以播放平台的改制、融资政策为例，播放平台一直是政府管治的重点，是否改革也经常成为争论焦点。目前，我们对系统外资金，特别是民营资本参股产业相关性较高的播放平台仍采取严格的限制政策。由于播放平台体制不顺、机制不活，实际上无论是国有还是民营体制的内容生产企业，都无法真正经营好，要大发展就更为不易。如果我们不加快变革传统行业管制方法，而是一味地人为割断产业链，长时间地把不同性质的资本分割在各条产业链上，要做大做强电视内容产业，只能是一相情愿而已。

第二节　产业发展阻力与动力

高度决定影响力，思想决定行动力。要打造强大的内容生产力，首先要解放思想，转变观念。我们必须深刻领会“十六大”报告的精髓“解放思想，实事求是，与时俱进”，把思想认识从那些不合时宜的观念、做法和体制束缚中解放出来，从对马克思主义的错误的、教条式的理解中解放出来，从主观主义和形而上学的桎梏中解放出来。用发展着的马克思主义指导新的实践，大胆探索，勇于实践，开拓创新，为电视内容产业的大发展创造良好的外部环境。

一、产业发展的阻力

当前广东省发展电视内容产业的困难和阻力还很大。主要是认识上的误区：一是只看到电视内容建设的意识形态性质，二是只看到电视内容建设的产业经济性质。“内容产业是广电产业的重点、核心和龙头，是广播电视综合竞争力的主要标志，也是我省各级广播电视机构与国内外强势媒体的差距所在。”① 因此我省广电行业急需新一轮的思想大解放，构建现代商业组织，作为发展文化广电产业的基础性平台。我国改革开放以来，商品交换和市场经济的观念逐步深入人心，但由于广播影视、新闻出版等行业具有很强的意识形态属性和宣传教育功能，我们一直对这些领域采取十分严格的管制政策，排斥其商品和产业属性，排斥法律管制和经济管制手段。到目前为止，主流管制思路仍坚持认为，即使是国有绝对控股的商业组织，也无法保证媒体的正确舆论导向；而只有采取事业体制，广电的舆论导向功能才不会被削弱。由于管制思路和手段的落后，广电产业的发展越来越跟不上社会主义市场经济发展的步伐，使得广电对国民经济增长的贡献率远低于西方发达国家，甚至低于某些发展中国家。产业发展缓慢反过来制约了广电宣传、教育功能的有效发挥。因此，当务之急是把意识形态相关性高的事业板块和产业相关性高的企业板块彻底分开，分别运营。除新闻节

① 王克曼．深化改革，联合发展，增强广东广电的整体实力与竞争力．岭南视听研究，2004（1）

目外，所有的内容产品生产都可以列入企业板块。

另一错误认识就是把电视内容建设看成单纯的产业经济，认为发展电视内容产业就是为了赚钱。这就产生了急功近利和地方保护的行为，不愿意为了长远的利益和共同的目标携起手来，争取社会效益与经济效益的双赢，争取合作各方利益的共赢。

二、产业发展的动力

中国社科院文化研究中心副主任张晓明在《2006年：中国文化产业发展报告》中预测了未来五年中国文化产业发展形势。他认为从宏观经济形势的发展特点出发，由于国家宏观经济调控的政策倾向越来越向鼓励内需，启动国内的消费市场向这个方向发展，文化产业发展就有一个比较好的发展前景。而从目前的文化体制改革试点总结出来的推向全国的新的原则来看，统一的市场将逐步形成，存量和增量领域体制上的障碍将逐步打破，文化产业的发展应该说在“十一五”期间将会融入整个国民经济的大市场。同时，技术的进步对于文化产业的推动作用，对于打通不同管理部门的体制界限、体制性的障碍方面所起的作用将会越来越明显。此外，东部地区由于整个经济社会发展水平比较高，所以文化产业可能是以外向型的产业为特点，进一步融入国际市场。

进入新世纪后，广东省委省政府充分认识到文化产业的重要性，并提出建设文化大省的战略构想。中共中央政治局委员、广东省委书记张德江在全省文化大省建设工作会议上指出：“随着经济全球化进程的加快，文化作为一种‘软实力’，日益成为参与国际化的一个重要条件，成为增强国际竞争力、地区竞争力的一个重要因素，成为一个国家和地区综合实力的重要方面。”①

有一种观点认为，广东远离中原传统文化的岭南文化，缺少文化积淀，因此电视内容产业难以做大做强。这种看法是错误的，曾经风靡中国的广东影视剧充分证明了贯通东西、交汇中外的岭南拥有丰富的文化底蕴，而毗邻港澳的广东又是改革开放的一片热土，理应抓住这一大好机遇加快发展文化产业，构建电视内容产业。张德江书记对此激励道：“改革经营性文化领域的投资体制，一要放胆，二要放手。放胆，就是对文化领域，能放开的就放开；对文化资源，能利用的就利用；对文化产业，能发展多大就发展多大。放手，就是要让生产经营主体在国家宏观调控和市场机制作用下独立自主地发展文化产业，让各种所有制形式在公平的政策环境中发展文化产业。”②

对于影响产业发展的诸多因素，我们要有正确的认识，面对困难要鼓舞信心和勇气，面对机遇要保持决心和冷静。

---

① 张德江．加快文化大省建设　促进广东经济社会全面协调发展——在全省文化大省建设工作会议上的讲话．2003－09－23

② 张德江．加快文化大省建设　促进广东经济社会全面协调发展——在全省文化大省建设工作会议上的讲话．2003－09－23

第三节 体制改革与机制创新

一、体制改革

进入新世纪，我国广播电视体制改革经历了几个阶段：①2000 年底台网分离，节目生产与传输分开。②2001 年有线无线两台合并，各省只保留一个台，仅上海、福建和广东保留两个省台。③2002 年市县转变职能，压缩市县两级频道，市台只能有一个自办节目频道，县台不能有自办节目频道，省台开办公共频道，有三个转变：完整转播中央、省台节目；扩大覆盖，提供服务；增加用户，开发功能。要求各地落地中央、省台节目，县只能做新闻、部分的专题、地方文艺和插广告，不允许播电视剧。后允许市也能办公共频道。④2003 年集团化改革，至今仍是中心内容，但举步维艰。2004 年总局批了 19 个集团，挂牌 14 个，五花八门，没有成熟的模式。广东成立的南方广播影视传媒集团是全国唯一一个全省性集团。⑤集团成立后实现管办分离；2004 年市县两级三局合并，管办分离，19 个地级市，文化、广电、新闻出版局合并为文广新局。

体制改革不仅仅是简单地把政事、事企分开，而且要通过对政府机构进行撤并，分解并重新配置原有的政府资源。为了加快广播电视这一特殊产业的发展，适应数字技术革命的大趋势，我们应遵循产业发展规律，积极探索党管意识形态、党管媒体的新内涵、新形式、新手段，真正体现科学发展观，使我们的管理模式能够与社会主义市场经济的发展相衔接，与信息技术的发展相匹配，与产业融合的趋势相适应。我们建议：

一要进一步完善省委与省政府各文化管理部门之间的协调机制，尽快设立“广东省文化产业管理委员会”。全国各省市文化广播电视产业发展相对滞后的一个重要原因，就是没有建立与社会主义市场经济相适应的文化管理体制和运行机制，没有形成适应文化生产力发展的生产关系。“省文委”成立后，将致力于建立电视内容产业发展的公共服务体系和政府监管体系，制定产业发展政策，实现党和政府的政策导向，创造适合产业发展的内外部条件，促使我省电视内容产业健康发展。广播影视的行业管理可以借鉴欧洲模式，组建多层次的管理架构，分别管理公益性电视内容和经营性电视内容。

二要积极研究和制定既符合产业融合趋势又能够有效维护国家文化安全的管理新体制。技术融合必将导致业务、产业的融合。数字技术和网络技术的进步，正在促进语音、数据和图像传输业务的融合。因此，我们在调整管理体制时，要对电话、数据、传媒分开管理的传统体制进行重新研究，打破各种限制“大文化产业”发展的樊篱。建议成立一个由省政府直接领导的机构，由广播影视、新闻出版、电信、移动等管理部门组成，专门研究、制定和协调涉及业务融合（跨媒体发展）的政策问题。

三要塑造新的产业主体，国有、民营、外资“三驾马车”齐头并进。长期以来，我国广电体制属于典型的行政事业体制，不适应电视内容产业的运营，因此要对内容生产实施“体外循环”，大力推行电视节目制作社会化，大力推动民营电视制作业的发展。广东是国内民营影视制作业启动最早、发展最快的地区之一。2003年，广东成立了全国第一家省级影视节目制作行业协会。目前，广东省在主管部门领取许可证的民营影视制作机构超过300家，但这些民营电视内容提供商实力还不够强大，发展也缺乏足够的支持。

二、机制创新

相对体制改革的举步维艰，恐怕难以一步到位，机制创新可一试身手，重点应在电视内容产品的研发、生产和流通等环节。

（一）研发机制

电视内容产业的机制创新必定贯穿在节目研发、节目生产和节目销售等各个环节中。张海潮认为：目前我国的节目投产缺乏有效的科学论证，节目样式雷同，节目形态落后，电视手段使用不到位。我国电视节目的生产改革更多地是在微观层面、战术层面，如包装和改版，缺乏节目生产改革的宏观思路和战略设计。①

广东省目前的节目研发模式大多数是自下而上的。这种方式是台里节目改版一声令下，采编人员自发地构思，写出节目方案；领导同意后，再按方案制作节目样片；样片出来后，经过层层审看，通过者便可以从台里获得制作经费和播出时间。于是，台级决策者成了经费和频道时段的“批发商”。这种节目研发模式极易产生频道缺乏整体设计，节目重复生产，人力、设备、资金、时段等资源低效率利用等问题，甚至造成浪费，使全台节目生产陷入盲目投产、频繁改版的恶性循环中。显然，自上而下的、经过充分论证的节目生产组织程序才是科学、合理的。为此，台总编室、频道总监、经营部门在节目投产、频道调整中的主导作用必须被强化。只有这样，才能使台里整体资源配置合理，达到投入产出的最佳效果。

其实，对电视内容产品的研发，目前有不少值得推介的做法。

中央电视台有较好的研发机制，在总编室设有研究处，承担台里的课题研究、业务研究、频道设计、栏目改版等大量研发工作，他们不但充分发挥台内专家的作用，更最大限度地发挥了社会精英的作用，借用外脑，聘请客座研究员、高校专家和电视策划人。如谈话节目《实话实说》的成功，表面上看是主持人崔永元的个人魅力，实质上他背后有一个强大的节目研发班子支持着，聚集了一批专家学者为栏目出谋划策。

凤凰卫视的节目研发是结合市场进行规范的商业运作。他们先把策划出来的节目方案拿到市场去招标，与赞助企业签订利益共享风险分担的合同，协议规定节目

---

① 张海潮．眼球为王——中国电视的数字化、产业化生存．北京：华夏出版社，2005

运作一段时间后，达到预期收视份额企业才投资。他们是栏目未做就先上市，卖的不是现货而是期货。把现代商业运作理念引入节目研发，是打造内容生产力的有效途径。

电视内容产业不仅仅要有一个有效的研发机制，更重要的是要有一个良好的创新机制。我们来看看湖南电视台，他们的《超级女声》显示了创新的强大威力。不过湖南电视的掌舵人魏文彬却以很强的危机意识对湖南广电中层说道："你们现在一定要想到几年以后。如果不创新，现在有多风光，那时就有多悲惨！成功也意味着失败，因为你已走到了一个顶点上，必须有新的创新。"

2005年6月举行的湖南广电集团年度创新研讨会，也是历届中规模最为空前的一次。魏文彬将创新推到了决定生死的重要位置上，他面对数百名中高层人士分析道：在未来5到10年，只会有三到四家真正具有影响力的全国大型传媒集团，"除占有各类资源的绝对优势的中央电视台和占有地利之便的北京、上海电视台外，谁将成为第四个？广东、浙江、江苏、山东、重庆、湖南都有可能。我们只有品牌优势，我们的品牌还不是顶级的，还脆弱得很。只有通过不断地创新才能建立起强大的品牌"。在魏文彬的要求下，不仅集团总部，就是各个部门内部，都要成立创新研究部门。他还表示："创新是有成本的，我将会向这些部门提供一定的经费。"魏对创新的狂热追求迅即得到了集团内部的强烈反响。创新研讨会开过后不足一个月，就收到数百个创新方案。而与之相对应的是一批如《快乐大本营》这样的老牌节目被暂停，按内部的解释，这是"休耕疗法"，而非"休克疗法"。创新，也应该是广东电视内容产品研发的核心和电视内容产业的灵魂。

（二）制播机制

制播分离是内容产业成熟的一个标志。2000年，我们在对英、德、法三国的电视制播体制进行考察时发现，他们的制播分离有两个层次：第一层次是把一些节目委托给社会上的独立制作公司或者直接购买节目，第二层次是在台内部把节目制作与播出机构相对分立，在成本核算的基础上模拟市场运作。前者称为外部市场，后者称为内部市场。内部市场与外部市场可以同时并存，相互促进。

昆明电视台在内部实行的收购制正是在台内创造了一个内部市场，并由此推动了电视台人事、财务、设备管理的全面改革。具体操作为：成立由台领导、节目管理负责人、技术部分负责人、播音主持负责人、资深编导组成的节目评审小组，对送审的节目在思想性与政治要求、策划水平、内容效果、技术水准等环节进行等级评分的同时，配合对节目涉及的主持人专业程度、摄像、灯光、舞美、化妆等细节的考核评分，以总体评分对应的收购价格向节目制作部门或栏目组支付费用，最终实行节目收购（如图5所示）。

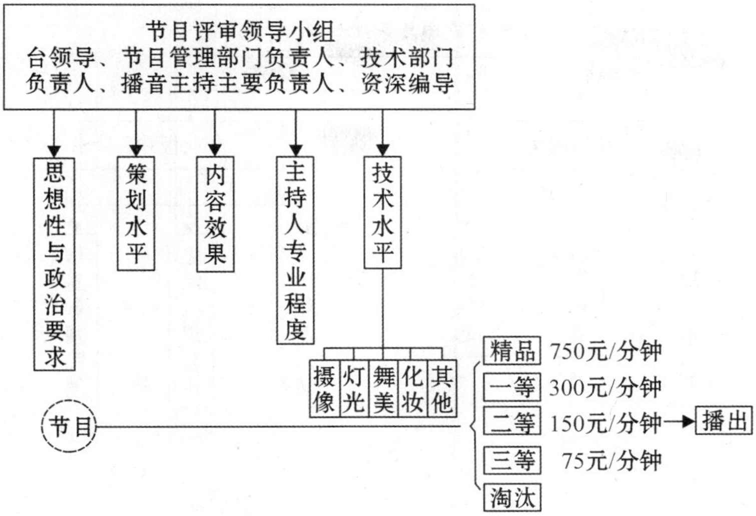

图5

南京广电集团节目生产的组织架构是“一个主体，两个板块”（如图6所示），主体是南京广播电视集团，两个板块分别是事业板块（南京广播电视台）和产业板块（南京广播电视集团有限责任公司）。他们选择文体、生活和信息三个亏损的频道分别成立具有法人资格的公司，南京广电集团授权以频道的经营权。之后，三个公司分别与相关的社会资本谈判，进行股份制改造，保证在南京广电集团绝对控股的情况下出让一部分股权。结果，他们以三年经营权和剥离的部分固定资产作为投入，分别组建了独资或合资的传媒公司。接下来，频道公司采用租赁制方式与不同的节目公司合作。合作内容为节目公司不光提供节目，还经营频道的整时段广告。就这样，频道从原来一个无所不做，但是又没有办法对整个频道节目质量负责的事业性部门，变成了电视产业链上的播出环节和电视内容运营商。如今，这三个频道公司已扭亏为盈。

另一种观点认为新闻节目是不可能实现制播分离的，因此电视新闻节目难以市场化和社会化生产。但我们也看到广州电视台为打破条块分割的新闻管制，率先成立全国城市台节目交换网，以解决新闻资源和节目制作的不足。城市台节目交换网现已拥有80个成员台，目前广州台的《中国城市报道》栏目就是依托这个网办起来的，这是一种类似国外通讯社的做法，实际上已是一定程度的制播分离。制播分离本质上就是变以播出为需求的节目生产为以市场为需求的节目生产。一家电视台制作的新闻提供给若干个电视台使用，这实际上是一种国有体系内的制播分离！它在某种程度上改变了新闻节目自产自销和投入大、产出小的传统生产经营方式。

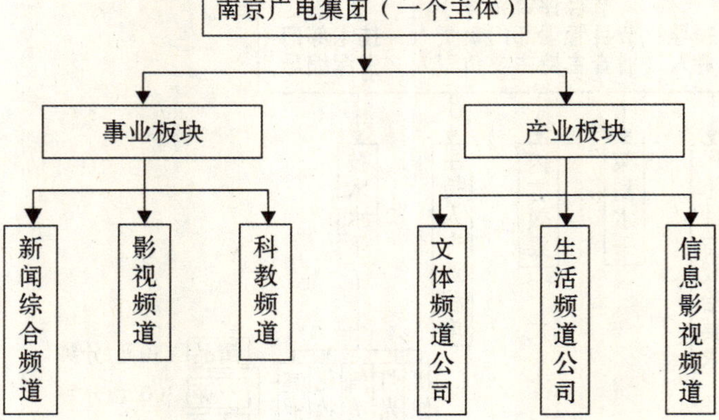

图6

（三）流通机制

前面说到广东省大部分电视台生产的节目没有被其他电视台购买过，换言之，就是这些台生产的内容产品都是卖不出去的，不能进入节目市场。这一方面说明广东省的电视内容产品生产缺少优质品牌产品，另一方面也说明我们的市场化程度不高，特别是许多电视台没有设立为节目经营和市场开发服务的专门部门。这方面我们要向中央电视台学习。

隶属于中央电视台的中国国际电视总公司的运营模式值得我们参考。该公司的前身是中央电视台的一个节目销售部门，成立于1984年。经过20年的发展，它已拥有60多家分公司，业务遍及海内外，涵盖节目制作、节目发行、音像出版、网络电视、资本运营等方面，是中国目前规模最大、赢利能力最强的影视产业集团公司。2004年，公司总营业额达到23个亿。中央电视台摄制的大型纪录片《故宫》不但取得很好的收视率和广告效益，负责播放权和音像制品销售的中国国际电视总公司与美国国家地理频道合作，将《故宫》的播放权卖到140多个国家的电视台。广东省电视媒体也应该建立起负责节目营销的部门或公司。

广州是我国对外贸易的一个重要窗口，在电视内容产品流通方面，广州市也办起了电视内容产品的“广交会”——广州国际纪录片大会，虽然广东并非中国纪录片的主要产区，但并不妨碍广州电视台利用这个对外开放窗口，搭建一个国际纪录片交易的平台。2004年的广州国际纪录片大会，首创纪录片交易平台，引入与国际接轨的纪录片“DOCUMART”交易形式，让制片人和买家面对面直销。2005年，大会共收到14个国家的106部纪录片和拍摄方案报名参加交易，同时大会赞助了50名中国导演和制作人。有26个纪录片买家报名参加本次大会，其中21个买家来自国外，包括美国国家地理频道、探索频道、日本广播协会（NHK）、英国广播公司（BBC）、澳大利亚广播公司（ABC）、美国公共广播服务公司（PBS）等国际大媒体。广州国际纪录片大会正在形成我国纪录片交易的集散地，并与国际市场接轨。

综上所述，在逐步改善的电视传媒生态环境，充分用好产业政策，解放思想，克服困难，在体制改革上迈开大步，在机制创新上屡有建树，我们就一定会走出一条电视内容产业化大路来。下面我们将进一步解决路向和路径问题。

第五章　战略与策略

在对广东电视内容建设进行多层面、全方位的审视之后，能否描绘一下它的产业化发展之路呢？这是很不容易的，因为这不是一个纯产业经济学的问题，之中存在着太多不确定的因素。但笔者还是试图从竞争态势、战略规划与产业博弈等方面作一些探讨和前瞻。

第一节　竞争态势

在开放的天空下，广东电视业不仅面临着强大的广东报业，仅就视听传播领域而论，竞争形势仍不容乐观。迈克尔·波特在他的《竞争战略》一书中提出了著名的"迈克尔·波特五力竞争模型"，下面我们就用这一模型来分析当前广东省电视这一竞争态势（如图7所示）。相应的竞争各方我们置换为：

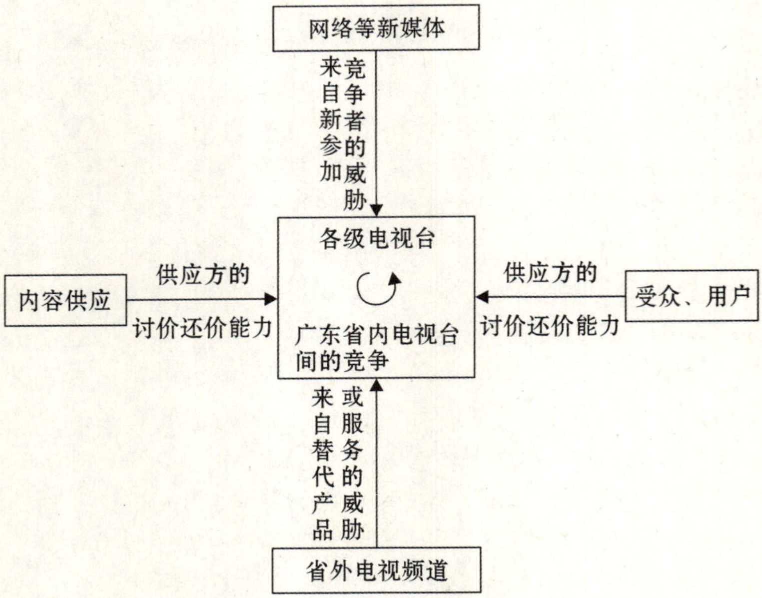

图7

1. 行业竞争者——广东省各级电视台
2. 供应商——内容供应（节目部门和节目公司）
3. 替代产品——省外电视频道
4. 潜在的参加竞争者——网络等新媒体
5. 买方——受众和用户

一、最主要的竞争者

在广东境内，广东电视与众多省外电视频道可谓各占半壁江山。仅以AC尼尔森提供的广州地区数据（2004年9月至2005年3月）来看，广东电视（收视率为48%）面对着三大竞争对手：香港电视（35%），中央电视台（7%），凤凰、湖南及境内外其他卫视（10%）。（如图8所示）

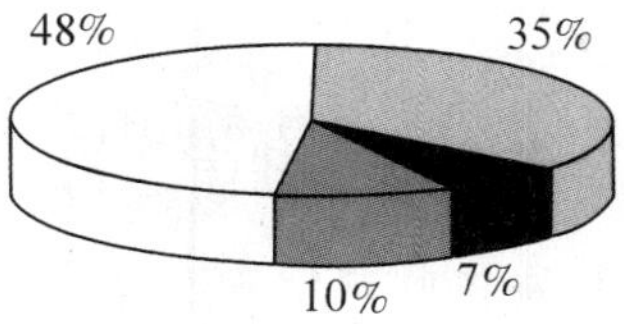

图8　收视状况比较

1. 竞争对手之一：香港电视粤语频道

由于语言的趋同，广东电视最大的竞争对手可以说是香港电视的两个中文频道：无线的翡翠台和亚视的本港台。近年来，随着内地电视业的发展，香港电视节目竞争力有所下降，尤其是香港亚视的本港频道，在广州地区，其频道占有率近5年下降幅度达68.3%，从而使过去多年翡翠、本港两强格局变成现在翡翠一家独大。尽管如此，亚视本港频道的电影、新闻、电视剧等节目比内地频道仍有一定优势。在粤语频道区，香港两台与广东珠江频道和广州电视台的竞争日趋白热化。尽管经过10多年的抗争，境内电视与境外电视已形成各据半壁江山的格局。但从单一频道来看，广东电视仍处于下风，省台（广东电视台和南方电视台）共11个频道所占收视份额加起来大致等于一个香港翡翠台（中文频道）。撇开实力雄厚的香港无线不说，就是实力稍逊的香港亚视也剑指“大中华”，目标是打造大中华电视圈。香港亚洲电视戏剧总监蒋晓玲表示：“结合香港、内地的电视优势，我们将走一条符合两岸四地华人观赏习惯的电视剧制作的新路子：大中华路线。”香港娱乐电视发达，喜欢轻松和搞笑的影视作品，这是香港的先天优势；而内地文化积淀深厚，影视作品注重文化品位，将二者进行完美结合是亚视发展电视剧的长远目标。“亚视希望走一条‘雅俗共赏’的电视剧之路，它既有香港电视剧的娱乐气息，又有内地深厚的文化传统。”

2. 竞争对手之二：中央电视台系列频道

由于文化与地缘等因素，以广州为中心的珠江三角洲受香港电视媒体的冲击较大，收视惯性也较大。相较而言，地域文化差异较大的央视在本地收视份额的优势就不明显。在2003年伊拉克战争期间，央视在南方等地的收视率已得到了提升。根据央视·索福瑞媒介研究的资料，中国三大城市中，CCTV-1的整体收视率上升了2～

4倍，而CCTV-4的收视率在广州上升了10倍。

2004年，央视研究处课题组启动了“央视品牌建设现状与问题分析”和“央视制片人管理优化方案”等10个课题，为央视“频道品牌化”改革奠定了良好的理论基础。在这个理论指导下，央视综合频道、经济频道、综艺频道、电视剧频道进行了全面改版，全台整体实力增强，这也反映在南方市场的收视份额变化上。2005年，央视在广东地区的市场份额由2004年的15.5%上升到2005年上半年的17.1%。

2005年，当酝酿了两年的《中央电视台频道制改革方案》及与之配套的《中央电视台频道考察评估方案》开始实施时，中央电视台已经很有底气。按照央视的统计，2005年1月至6月，CCTV整体收视份额在2004年同期的高基数上大幅攀升，达到34.48%。央视认为，这一成绩与2005年央视的“品牌化”改革密不可分。根据国际惯例，国际电视频道品牌发展大致经历四个阶段：内容泛专业频道化；内容专业细分化、市场全国（或国际）化；频道已有垄断性内容资源，形成频道品牌；品牌资源经营系列化。目前，央视正迈向国际品牌之路的第三个阶段，而广东省电视台尚处于第二个阶段，有些市级台甚至仍在第一个阶段。

2006年，中央电视台在节目方面将有更大的举措，将从机制、创新、直播、独家等四个方面，加强节目制作能力。珠三角地区和长三角地区是中国广告最重要的市场，为了占据南方市场，央视在电视剧的选择上将重视南方观众喜欢的口味，将增加优秀古装剧、民间武侠剧等南方观众喜爱的电视剧种，而减少《刘老根》等北方观众喜欢的电视剧，借此使电视剧对央视收视份额的贡献将从原先的不足20%上升到平均30%。

3. 竞争对手之三：凤凰、湖南等境内外卫视频道

频道数量最大的其他卫视，虽然从单一频道来说收视份额不算大，但是它们提供的各类差异性产品仍然可以俘获特定的受众群。如凤凰卫视对知识分子和白领阶层的影响，可以说影响了有影响力的受众。湖南卫视的“超女”在广东虽然不如内地那么火爆，但它和星空、华娱和MTV的娱乐节目一样还是对青少年有一定的影响，它们将与广东电视争夺未来的受众群。

事实上，国内各地电视媒体均在不断改革升级。湖南卫视“娱乐立台”；海南卫视向旅游专业台成功转型；安徽卫视打出“电视剧牌”；贵州卫视打出“西部牌”；上海东方卫视两年前改版后打着“激荡传媒风云，改变电视格局”的口号卷土重来，发起了一场由地方台向全国台升级，并向中央台老大地位挑战的冲击波；2003年，国家广电总局又批准凤凰卫视资讯台、彭博财经、星空卫视、欧亚体育等媒体在三星以上涉外宾馆和涉外小区落地，同时，网络、平面等其他媒体也在吸引着电视节目受众的“眼球”。

展望未来，广东电视既有众多的竞争对手，也有不少的合作机会和合作伙伴，可

以说竞争与合作并存。中国加入WTO之后，西方传媒业凭借其强大的经济实力，直逼中国这个世界上最大的待开发市场。境外电视媒体纷纷在香港设立总部，如美国星空、MTV、香港凤凰、华娱等境外电视频道的目标不只在广东一地，而是把它作为进军中国大陆的跳板。而广东电视媒体也可以借力发展，2005年年底，在位于美国纽约繁华都市中心的维亚康姆公司和新闻集团两大传媒的总部，南方广播影视传媒集团总裁王克曼分别与维亚康姆公司董事长兼首席执行官雷石东先生、新闻集团董事长兼首席执行官默多克先生签署了战略合作框架协议书和备忘录。在美国迈阿密州，南方广播影视传媒集团的“开心旅游频道”与美国加勒比海皇家游轮公司合作开发的广东游轮旅游节目也举行了签署仪式。

“由于语言以及文化和风俗习惯等的差异和限制，香港两台未来在内地的战略重点仍然是广东尤其是广州及珠江三角洲地区。但是，随着CEPA的签署和泛珠三角区域经济合作的发展，也不排除其将来以各种方式通过泛珠三角地区再向内地渗透的可能性。”① 据亚视高层人士透露，本港台在主要考虑港人需要的同时，也会兼顾内地观众的需要；至于亚视在国内的长远发展规划，这位人士透露，拟通过与广东方面的合作携手向外，携手北上。目前，香港亚视也获准在内地包括广东设立记者站。广东电视已进入香港有线网，遗憾的是广东电视台计划在香港设立海外频道却未获通过。

与粤语频道的激烈竞争相比，在普通话频道中，作为粤港本土媒体，无论是广东卫视、深圳卫视，还是香港的无线和亚视，与中央电视台、湖南卫视等卫星频道相比，实力都显得不够，可以也应该加强联合。实际上这种合作已有传统。20世纪80年代是粤港广电传媒合作的蜜月期，特别是两地电视媒体频繁地展开多方面、多层次的交流与合作。省港两地电视媒体联手合拍各类电视节目和联合举办大型文体活动现场直播，繁荣了广东流行音乐创作和影视节目创作。长期以来，对于粤港文化交流与传媒合作，广东省委省政府始终采取积极支持的态度，并把它看作建设文化大省的重要举措。中共中央政治局委员、广东省委书记张德江认为：“发挥广东省毗邻港澳、对外经济联系紧密的优势，积极借鉴国外发展文化产业的先进经验，提高广东省文化产业的科技应用能力和经营管理水平。积极发展外向型文化产业，使广东省成为我国文化产品‘走出去’的重要窗口。”②

2003年6月29日，内地与香港更紧密经贸关系安排（CEPA）在香港签署，CEPA包括视听服务在内的18个服务行业的合作。随着CEPA的实施步入正轨，以及

① 陈欢乡．境外电视媒体在广东的市场表现及其在中国内地的发展趋势探析．岭南视听研究，2005（4）

② 张德江．加快文化大省建设　促进广东经济社会全面协调发展——在全省文化大省建设工作会议上的讲话．2003－09－23

泛珠三角区域的合作与发展的启动，粤港两地的交流在经贸、文化、教育等领域全方位铺展开来，粤港两地电视领域的竞争与合作也不断向纵深领域迈进。2005年3月，电视系列片《泛珠三角演义》首播，这是广东电视台和香港电台电视部首次采取“资源共享，独立编辑”的原则联合制作的第一部电视片，也是粤港电视媒体的再度合作。2006年，广东卫视将联合国际一流“真人秀”节目制作公司，重金聘请世界顶级策划大师和制作团队，携手打造五类特色鲜明、风格各异的“真人秀”节目：选秀类、励志类、文化类、益智类和娱乐类。在今后相当长的一段时期里，境内外电视媒体还将呈现“你中有我，我中有你”的开放与竞争态势，并充分体现在电视内容产业上。

二、其他竞争因素

（一）最大的竞争者是我们自己

虽然面临境内外电视频道的挤压，但广东电视最大的竞争其实来自自己。尽管广东电视已占有48%的市场份额，但省市县甚至镇各级电视台各自为政，上百个频道重复投资，彼此内耗，浪费资源。如省台就有两个，南方电视台的影视频道和广东电视台的公共频道实际上都是电视剧频道，而且同属于南方广播影视传媒集团。我省是全国文化体制改革的综合试点，广东省规划成立南方、广州和深圳三大广电集团。目前，这些广电集团仍在组建和整合之中，但整合的优势尚未显示出来。值得一提的倒是正在实施跨媒体、跨区域整合的佛山传媒集团，我们期待着这一整合能促进电视内容产业的做强做大。

（二）潜在的竞争者是新媒体

2005年，网络广告达到31亿元，逼近34亿元的广播广告。中国电视潜在的竞争对手不仅有中国电信和中国移动，不仅有IPTV和手机电视，还有车载电视、地铁电视、楼宇电视等众多新媒体。在现代视听传播领域，在数字内容产业集群中，电视内容产业能否成为主导者，是所有电视从业者需要认真考虑和努力的。

（三）经营节目就是经营观众

在注意力经济时代，受众成为一种稀缺资源，传输管道过剩，优质内容短缺，受众和用户成为买方市场。电视内容产品的命运掌握在受众和用户手里，看什么节目？购买什么样的内容产品？决定权一是掌握在观众手中的遥控器上，二是掌握在有线电视网络的控制者手上。因此，电视内容产品的质量、品牌和服务至关重要，经营节目就是经营观众。研究受众需求、满足受众需要成为电视内容产业的首要任务。

（四）内容建设是竞争的根本

前面已经说到电视内容供应，广东是一个电视内容产品进口大省，而不是出口大省，我们在电视内容供应上是受制于人的。如何做大做强电视内容产业，关系到广东电视的可持续性发展，关系到广东电视核心竞争力的提升。我们在下面再详谈。

这里需要补充的是，在传媒现代化、多元化、全球化的今天，竞争已变为竞合，是竞争与合作的高度统一。

第二节　战略规划

内容产业，文化为本。近十多年来，不少国家政府把文化产业作为国家战略予以推进。如日本政府一直把发展文化产业作为一项基本国策，1995年制定了《新文化立国：关于振兴文化的几个重要策略》，提出了21世纪“文化立国”的战略方针，通过“产、官、学”（即企业、政府与科研机构）相结合的路子大力发展文化产业，使日本的卡通、游戏及电影、电视、音乐、出版、主题公园等文化产业得以迅速发展，成为国民经济中仅次于制造业的第二大产业。韩国于1997年设立了“文化产业基金”，1999年国会通过了《文化产业振兴法》，2001年又成立了“文化产业振兴院”，政府不遗余力地推动文化产业的发展，使“韩流”风靡亚洲，韩国成为公认的文化出口新兴国家。韩日两国给我们的启示是：一要把文化产业列入基本国策；二要制订文化产业发展规划。

广播电视和新闻出版是我国文化产业的两大主导产业，也是未来数字内容产业的核心力量。在广东，一方面，由于生态环境等方面的原因，新闻出版业的改革与发展走在广播影视业前面，其收入规模等超过了广播影视业，但这也正好说明了广东省广播影视业经过深化改革，将会有较大的发展空间；另一方面，广东是跨国媒体公司进入中国的三大市场之一，是文化产业的兵家必争之地，能否守住广东的舆论阵地，对于我省的社会安定和我国的文化安全，关系十分重大。此外，随着各种新媒体的出现和发展，对影视内容丰富性、多样性的要求已越来越迫切。基于这些原因，我们认为必须把电视内容产业置于广东经济社会发展的战略高度上来考虑，把广播影视产业作为广东省“十一五”期间的重点产业加以扶持，并制定相应的产业政策和战略规划，为此我们建议如下：

一、建立多种所有制形式的节目公司，鼓励内容制造商

影视制作业最大的特点是高创意性、高竞争性和高风险性。采用民营机制，可以有效地促进影视内容创造力的大规模商业化。近年来，我国既叫好又叫座的影视作品，80%以上由民营影视机构出品，这充分说明了文化创意产业对体制机制的内在要求。没有民营机制，就不会产生大量的有效益的好内容，就无法从根本上扭转目前广东省文化产品“战略性短缺”的严峻形势。因此，建议主管部门在进一步鼓励社会资本投资影视制作公司的同时，应该积极考虑放宽融资政策，允许各国有广电集团积极探索节目制作公司的产权改革，鼓励它们采取更加灵活的所有制形式，并且积极探索人力资源资本化的长效激励机制，以加快内容创意产业的发展。同时，内容产业由于其高风险性，特别适合风险投资活动。建议政府部门对国内外风险投资公司参股影视节目公司，采取相应的优惠政策加以鼓励（风险投资一般不要求控股，但对项目公司的管理和业务模式要求非常严格，正好符合现阶段的国家政策）。

二、尝试经营播放平台的公司制改造，引入业内外资本

广电系统将可经营的影视、财经、体育、音乐等频道频率进行整体转制。为加快我省广播影视产业的发展步伐，建议充分利用文化体制改革试点省份的有利条件，结合广东广电市场国际竞争激烈的实际，积极探索非公益性频道频率的公司制改造，通过规范改制，按照业务类别，组建若干混合所有制的频道频率运营公司（如影视频道股份有限公司、体育频道股份有限公司、音乐频率股份有限公司等），以解放内容生产力，尽快形成公平竞争、开放有序的市场环境。

三、加大财政及税收政策的支持力度

建议设立“广东省影视产业发展专项基金”，专门从事对广播影视业的政策性投资，通过参股等方式，重点扶持影视内容的企业及其项目公司、锐意改革创新的频道频率运营公司、有发展前景的新媒体企业，以及探索跨媒体运营的股份制企业等。同时，通过投资带动整个广播影视产业经营管理和市场运作水平的提高。

四、设立专门机构研究政策与制订规划

设立专门的电视内容产业研究机构，加强战略、政策、法律法规的研究，做好电视内容产业发展的环境建设。广东建设文化大省，应该把电视内容产业研究作为重要一环。通过产（产业界、企业界）、政（政府部门）、学（科研院所）的密切合作，塑造有利于电视内容产业快速发展、电视内容提供商迅速成长的经济社会环境。为了加快发展电视内容产业，我们需要提供配套的政策、法规，制定各项产业战略及相关的配套措施；同时制订广东省电视内容产业战略发展规划，如同韩国那样制订具体的文化产业振兴计划。为此，我们提出“广东电视内容产业发展五年计划”的初步设想。

广东省发展电视内容产业的战略方向是：发掘优秀民族文化，瞄准海内外传媒市场，进军数字内容产业，加快电视内容产业建设步伐。基本目标如下：

（1）电视内容产业成为广东社会经济发展和文化产业集群中的支柱产业；全省电视内容建设形成较为完整的产业链和建立完善的市场体系，塑造新的投资主体并实现投资渠道的多元化。

（2）电视内容产品产销达到两个50%：电视内容生产占电视广告收入的50%，打造出集投资、研发和产销于一体的中国电视内容产业的“金三角”；节目销售量占节目产量的50%，其中海外销售占国内销售的10%以上，广东省由电视内容进口大省变为出口大省。

（3）建立南方、广州、深圳及粤西和粤东五大区域性生产基地，建立1 000家公司和10 000个内容创造者，实现社会化生产；扶持10个明星民营电视企业；扶持10个数字媒体内容供应商。

（4）搭建两大节目交易平台——全球华语电视周和广州国际纪录片节；建立全球性电视内容产品交易网络及配套服务体系；在广州形成中国最大的电视节目交易的

集散地，建立中国最大的电视节目对外贸易中心和最大的节目包装、推广和译制中心。

(5) 利用毗邻港澳的地理文化优势，借助境外的先进理念和电视资源，建立我国南方最大的节目研发机构和影视专业人才培训基地。提高广东电视内容原创力，并使其创新领先于全国电视。

当然，这只是我们初步的不成熟的想法，要制订广东电视内容产业中远期的战略发展规划，需要海内外专家和学者的集思广益，进行多学科、多领域、多层面的严格论证，提出更科学的决策依据。

第三节　产业博弈

中国媒介的改革是一种在“一元制度，二元运作”的体制模式下进行的渐进式变迁。一元制度是指媒介为国家所有，亦即党管媒体不能变；二元运作既要坚持现行政治机构的意识形态化的宣传任务，又要通过市场经营来维持媒体的经济再生产。① 允许经营性产业逐步从现有体制中分离出去，将所有权与经营权分离、自主经营、自负盈亏，但频道频率这类稀缺性资源仍为国家所有，节目的播出权、终审权仍牢牢地控制在国有电台、电视台手中，在产权不明晰的情况下，如何按照现代企业制度要求进行企业化的运营呢？诸如此类带有中国式的规制矛盾往往让业界感到困惑，不时地出现实施失效的现象。时至今日，中国媒介的改革尚处于业务调整及政策与规制变迁的层面，对于具有根本性意义的媒介制度及其意识形态基础却从未触及。也就是说，媒介规制的变迁有赖于媒介制度的变革，在诸如产权制度、宪法等正式制度与意识形态、行为规范等非正式制度不变的情况下，只是在规制上修修补补必然会产生上面所说的悖论，同时也会使政策制定的目的与实际效果存在着很大的差距。

然而，我们不能以此为借口而无所作为，而应采取求真务实和灵活多变的态度，以开放、创新和融合的策略来运筹这一产业博弈。为此，在广东电视内容产业化的进程中要处理好以下十大关系：

1. 放开经营与加强监管的关系

对于电视内容产业，政府管理部门要改进管制思路，做到“退够进足”。所谓退够，就是把属于集团办的事全部交给集团去办；而所谓进足，就是要把该管的事全部管起来，而且要管住、管好。政府管制说具体一点就是要“管两头，放中间”，前头抓市场准入管理，后头抓播出终端监管，至于中间——电视内容产业运营怎么办？把它交给广电集团、民营公司及其他电视机构去办！

目前，广东省管制思路是人为地割裂产业链。以播放平台的改制、融资政策为

① 胡正荣．后WTO时代我国媒介产业重组及其资本化结果——对我国媒介发展的政治经济学分析．新闻大学，2003（秋）

例，播放平台一直是政府管治的重点，是否改革也经常成为争论焦点。目前，我们对系统外资金，特别是民营资本参股产业相关性较高的播放平台仍采取严格的限制政策。由于播放平台体制不顺、机制不活，实际上无论国有（如广电集团自己投资设立的）还是民营体制的内容生产企业，都无法真正经营好，要大发展就更为不易。这是因为，如果我们不加快变革传统行业管制方法，而是一味地人为割断产业链，长时间地把不同性质的资本分割在各条产业链上，则做大做强广电产业，只能是一相情愿而已。

2. 资本运营与行政整合的关系

过去，广电业资源整合多靠行政手段，虽然这样做较为简单快捷，可以很快把产业做大但却不容易做强。目前，广电系统的上市公司有湖南电广传媒、北京歌华有线、中央电视台中视传媒、陕西广电网络、上海东方明珠5家，初步形成了资本市场的“广电板块”。广电业引进外资和民营的大门已打开，遗憾的是目前广东还未能充分利用政策大力发展电视内容产业，外资的影视制作公司无论是规模还是数量都很小。粤港两地同在经济发达的珠三角地区，理应充分运用资本运营和外企优势，在电视内容制作业上大有作为。粤港如能优势互补，聚集人才，整合资源，完全可以合力打造一个中国影视制作业的“金三角”。

3. 近期效益与品牌战略的关系

电视内容产品在经营策略上，要长短结合，既要有“短、平、快”的产品，更要有长远目标和品牌打造。前美国公共广播网主席格罗斯曼曾说：“我接待过不少来自中国的电视工作者，他们每次都不厌其烦地问一个问题：怎样进行广告创收？为什么他们老问这个问题？广告创收非常简单，你把节目的品牌经营好了，广告就上去了。”维亚康姆的品牌战略值得借鉴，雷石东采取的步骤被称为建设国际传媒企业的三部曲：

（1）A—Acquire，就是购买，指购买和开发最好的内容；

（2）B—Brand，就是内容，指对内容进行品牌建设；

（3）C—Copywrite，指为自己创建品牌的内容进行严格的版权保护。

然而，由于广东电视内容产品缺少品牌产品和品牌效应，由此造成其核心竞争力不强。广东卫视目前处于全国卫视中游水平，其覆盖资源未能充分发挥；近年成立的南方电视台，虽然充分利用其省内覆盖资源较好地实施了制播分离，作为电视运营商取得了不俗的成效，但存在着隐患，即内容供应仍受制于人。

4. 行业垄断与市场竞争的关系

广播电视作为特殊的行业，可以称为垄断行业。在我国，广播电视是独家经营的，节目播出是垄断的。由于政府政策上的垄断保护，内容赢利能力有充分的保证，掌握着垄断性的行业资源，电视网络成了广电安身立命的根本。但随着我国加入WTO，随着国外传媒的“入侵”，广东省广播电视要做大做强就必须积极应对竞争。

垄断是相对的、暂时的，竞争是绝对的、永远的。

AC尼尔森数据显示，央视播出的电视剧《亮剑》，平均收视率达13点以上，创下央视收视新高。而湖南卫视的《大长今》也以横扫全国之势与《亮剑》双峰并峙。前者得益于央视自身强大的内容生产力，后者也是间接得益于《超级女声》的内容影响力。在这样的情况下，一向垄断各地收视率制高点的地方频道，一夜之间就被PK出局。而《亮剑》与《大长今》恰恰都是独家垄断性质的播出方式，将那些还在“千台播一剧”的卫星频道彻底甩在了后面。难怪有人惊呼：电视“寡头时代”来了！

5. 社会效益与经济效益的关系

电视内容产业化与企业化、市场化是紧密相连的，既然是企业就要自负盈亏，以实现经济利益的最大值为目标。电视内容生产企业会不会把社会效益撇在一边呢？这个担心不是完全没有道理的。电视节目公司属于文化企业，它需要正确处理社会效益和经济效益的关系。邓小平指出，思想文化部门“都要以社会效益为一切活动的唯一准则，它们所属的企业也要以社会效益为最高准则”。但“最高准则”不等于“唯一准则”。我们在建设和发展电视内容产业的时候，要牢牢记住电视产品是一种特殊的商品，中国特色的电视市场是社会主义性质的，这样才能始终把社会效益放在首位，同时注重经济效益，才能生产出更多既叫好又叫座的电视内容产品。

我们还可以从另一个层面来讨论，美国娱乐产品的内容产品全球领先，欧洲文化产业的态度也逐渐转变，两者的差别是“高雅艺术”与“大众艺术”之分，过去我们将这两种认识视为艺术创作的分野。实际上，这种认识上的差别影响着电视内容产业的发展。前者强调电视内容生产的专业化，是一种精英文化，面对的是小众市场或高端市场；后者强调电视内容生产的普及化，是一种大众文化，以至于成千上万各种类型的内容创造者都可以进入产业领域。多样化的文化消费需求对内容创造力形成了强大的市场拉动。

6. 本土化与全球化的关系

我们知道，依托岭南文化和语言屏障，广东电视内容建设也作出了一番成就，如广东电视台的电视剧《外来媳妇本地郎》。但对于电视内容产业来讲，还面临着一个重要的发展趋势，就是国际化。电视内容产业要求的是全球化的市场和国际化的产品。从全球来看，80%的文化产品来自美国和西方跨国传媒集团。因此，无论是从意识形态争夺的高度，还是从维护国家文化安全振兴中华民族文化的高度来看，中国电视内容产业都负有历史重任。

早在1993年8月，在广州就举办过首届华语电视周，有14个国家和地区的400多名代表参加了这次盛会，还有境内外57家电视台、影视公司携片参加节目展销。由广州电视台承办的“广州国际纪录片大会”还把这种交流与合作拓展到世界各国。香港是一个国际大都会和亚太经济贸易中心，而广东也有着悠久的对外贸易历史，古代的海上丝绸之路和现代的“广交会”为我国的对外开放作出了巨大的贡献。在

CEPA和泛珠三角经济区域合作（9+2）的推动下，粤港合作理应从经贸拓展到文化，拓展到广电。粤港可以合作建立类似“广交会”那样定期举办的有影响、有规模的广播电视内容产品进出口交易会，建立一个连接内地与全球的华语广播电视节目国际交易中心。在粤语节目的海外输出方面，还应充分利用香港这个窗口，共同为海外华语频道提供更丰富的内容产品。

7. 电视内容与传输渠道的关系

由于电视媒介的稀缺特性，内容与传输渠道处于博弈的关系当中，博弈的结果是要达到一种均衡。从美国的发展模式来看，内容同传输渠道处于一种平衡状态，内容提供商和传输渠道运营商分别处于产业的两个环节，都具有强大的实力，从而形成了均衡的关系。这种均衡关系的支点是整体的商业化模式和广泛的竞争。从中国的发展模式来看，媒介的稀缺性是政府控制的结果。这种控制从产业角度来看，加强了媒介稀缺的特点。相对于内容而言，处于垄断地位的媒介在谈判中占有绝对的优势。内容的整体商业价值远远小于传输渠道的整体商业价值。但是情况不会总是这样的，渠道先行一方面导致多元渠道发展甚至过剩，另一方面也导致内容的稀缺，为电视内容产业的发展提供了动力和保障：

（1）多元渠道推动了电视内容产品多样化；

（2）多元渠道提升了电视内容产业的价值；

（3）多元渠道扩大了电视内容产业的市场规模；

（4）多元渠道改变了消费者的内容需求结构。

这些动力推动了电视内容产业的不断壮大，反过来又推动渠道，在互动中推动整个电视产业的发展。（见图9）

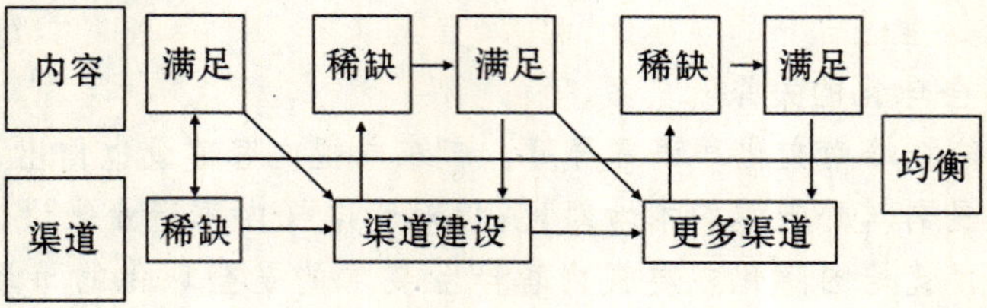

图9

8. 人才积聚与人才流动的关系

目前，国有电视媒体属于事业单位，人事制度改革滞后不利于人才流动。作为理应“汇天下之精华，扬百家之优势”的电视业，一方面要积聚各种人才，另一方面要有利于人才的正常流动。境内外传媒人才的争夺战由来已久，香港内容产业之强势源于它会聚了内地最优秀的传媒人才。“随着境外电视渗入内地步伐的加快，这种人才争夺战将愈演愈烈。”① 传媒的竞争就在于人才的竞争，内容产业更离不开人才。我们在调查中了解到，不少电视台负责人对人力资源管理现状深感忧虑，如不改变这种局面，电视内容产业将丧失人才优势。

9. 内容原创与内容集成的关系

内容原创指内容产品中创造性的因素。原创作为电视内容产品的核心价值，内容创造力是将内容和信息区分的一个重要标准，也是电视内容产品实现商业价值的关键。然而，过去由于缺乏知识产权保护而造成投入大、产出少，从而严重地影响其大规模开发。现在情况有所改变：一方面，由于原先的知识产权不保护创意和思维，而是保护表达形式，因此内容原创难以得到尊重和保护，从而影响内容原创的开发。但从发展趋势来看，数字内容中的创造性思维也开始受到重视和保护，因此内容原创有可能会成为一种内容产品。另一方面，数字内容产业与传统内容产业最大的不同就是内容原创组织化，也就是说原创作品从原先个人的、独立的创作活动，逐渐纳入了产业组织形态；从原先零散的、孤立的创作活动，逐渐形成了网络化的生产形态。

电视内容产品生产的组织形态就是进行大规模的视听内容创作。电视内容产业的产品系统将素材及原创进行数字化，建立强大的视听内容产品数据库。电视内容产业的一个重要手段就是数字化的视听内容集成，将相关内容形成多种多样的内容产品。因此，我们要正确处理内容原创与内容集成的关系：一方面我们要充分尊重内容原创者的个人劳动和知识产权，另一方面我们又要充分发挥集体智慧的能量，进行大规模的原创活动和内容集成。为此，我们要做到：数字化的创作形态，网络化的生产形态，多元化的经营形态。

10. 规模经营与优化配置的关系

这实际上是做大与做强的关系问题。从产业角度来看，内容产品形成内容产业的一个重要方向就是推进自身的规模化，所以要做强首先要做大。南方广播影视传媒集团作为我国第一个全省性的广电集团，就是要扩大内容产业规模经营。有规模经营才谈得上规模效益，但规模经营不好也谈不上规模效益，所以做大还要做强，这就要优化电视内容产业的各生产要素，对各种电视资源实行优化配置。如为了改变我省电视内容生产小而散的落后状况，就要进行联合生产、共同经营。然而，由于某种众所周知的原因，目前无法实行垂直管理和真正合并。但我们可以成立若干电视内容生产的联合体，或者组建生产基地和节目公司，或者采取项目合作的方式，充分发挥省市两级、国有民营、境内境外各种积极因素。

以往我们在发展上注重量的扩张而忽视质的提高，尤其在内部用人机制、激励机制、分配机制及权力制约机制等方面需要新的探索。这些都严重影响了电视内容产业的发展。

---

① 陈欢乡．境外电视媒体在广东的市场表现及其在中国内地的发展趋势探析．岭南视听研究，2005（4）

结束语

广东电视要有大发展，就要给观众更好的内容。回顾广东电视内容建设的发展历史，让我们不得不面对这样严峻的问题：如何才能提供给广大人民群众更丰富的精神产品？如何才能把广东电视做强做大做持续？为此，课题组从理论与现实两个方面来展开研究：一是提出了有适合中国国情的电视内容产业理论，为下一步研究寻求理论支持；二是实地调查广东电视内容产业，对其产业链进行了全面考察。在此基础上，我们又分析了电视内容产业发展的外部因素——生态环境和产业政策。最后，我们建言建策，提出了推动广东电视内容产业大发展的思路与对策，在此概述如下：

课题组在分析广东电视内容产业发展的生态环境和我国电视发展的产业政策，及广东电视内容产业发展的阻力和动力之后，提出了加快广东电视内容产业建设与发展的建设性意见，主要有三个方面：

认识方面：要力求解放思想，转变观念，面对困难要鼓舞信心和勇气，面对机遇要保持决心和冷静。

体制方面：课题组建议，一要进一步完善省委与省政府各文化管理部门之间的协调机制，尽快设立“广东省文化产业管理委员会”；二要积极研究和建立既符合产业融合趋势又能够有效维护国家文化安全的管理新体制；三要塑造新的产业主体，国有、民营、外资“三驾马车”齐头并进。

机制方面：借鉴各地的成功经验，指出广东在电视内容产品的研发机制、制播机制和流通机制上要有更多的创新，要有更大的突破。

课题组运用迈克尔·波特的五力竞争模型，在全面分析广东电视的竞争态势后，进一步提出了广东电视内容产业的发展战略和策略。我们认为，必须把电视内容产业置于广东经济社会发展的战略高度上来考虑，把广播影视产业作为我省“十一五”期间的重点产业加以扶持，并制订相应的产业政策和战略规划。为此建议：建立多种所有制形式的节目公司，鼓励内容制造商；尝试经营播放平台的公司制改造，引入业内外资本；加大财政及税收政策的支持力度；设立专门机构研究政策与制订规划。

课题组进而提出了“广东电视内容产业发展五年计划”的初步设想。

广东省发展电视内容产业的战略方向是：发掘优秀民族文化，瞄准海内外传媒市场，进军数字内容产业，加快电视内容产业建设步伐。具体目标如下：

(1) 电视内容产业成为广东社会经济发展和文化产业集群中的支柱产业；全省电视内容建设形成较为完整的产业链和建立完善的市场体系，塑造了新的投资主体并实现投资渠道的多元化。

(2) 电视内容产品产销达到两个50%：电视内容生产占电视广告收入的50%，打造出集投资、研发和产销于一体的中国电视内容产业的“金三角”；节目销售量占节目产量的50%，其中海外销售占国内销售的10%以上，广东省由电视内容进口大省变为出口大省。

(3) 建立南方、广州、深圳及粤西和粤东五大区域性生产基地，建立1 000家公司和10 000个内容创造者，实现社会化生产；扶持10个明星民营电视企业；扶持10个数字媒体内容供应商。

(4) 搭建两大节目交易平台——全球华语电视周和广州国际纪录片节；建立全球性电视内容产品交易网络及配套服务体系；在广州形成中国最大的电视节目交易的集散地，建立中国最大的电视节目对外贸易中心和最大的节目包装、推广和译制中心。

(5) 利用毗邻港澳的地理文化优势，借助境外的先进理念和电视资源，建立我国南方最大的节目研发机构和影视专业人才培训基地。提高广东电视内容原创力并使其创新领先于全国电视。

课题组认为中国媒介的改革是一种在“一元制度，二元运作”的体制模式下进行的渐进式变迁，前景是光明的，道路是曲折的，我们应采取求真务实和灵活多变的态度，以开放、创新和融合的策略来运筹这一产业博弈。为此，课题组认为，在广东电视内容建设的产业化进程中要处理好十大关系：放开经营与加强监管、资本运营与行政整合、近期效益与品牌战略、行业垄断与市场竞争、社会效益与经济效益、本土化与全球化、电视内容与传输渠道、人才积聚与人才流动、内容原创与内容集成、规模经营与优化配置。

最后我们要说，大力发展广东电视内容产业，是广东文化产业发展与文化大省建设的必然选择，是广东经济社会进步和中国电视产业壮大的时代呼唤。但愿我们的研究能为此摇旗呐喊、鸣锣开道。

参考文献

1. 赵子忠．内容产业论．北京：中国传媒大学出版社，2005

2. 张海潮．眼球为王——中国电视的数字化、产业化生存．北京：华夏出版社，2005

3. 支庭荣．西方媒介产业化历史研究．广州：广东人民出版社，2004

4. ［加］柯林·霍斯金斯，斯图亚特·麦克法蒂耶，亚当·费恩．媒介经济学——经济学在新媒介与传统媒介中的应用．支庭荣，吴非译．广州：暨南大学出版社，2005

5. 崔保国．2004—2005 年：中国传媒产业发展报告．北京：社会科学文献出版社，2005

6. 吴克宇．电视媒介经济学．北京：华夏出版社，2004

7. 彭晓华．电视产业经营学．成都：四川大学出版社，2005

8. 周笑．中国电视媒介增值力通论——电视娱乐内容产品多元价值体系的增值管理．长沙：湖南大学出版社，2004

后 记

我的电视研究经历了摸索、提高和学术三个阶段。我真正的研究始于 1995 年，那年我在电视台总编办一口气写了两篇论文《平中见奇　小中见大——谈谈电视纪录片如何表现普通人》、《试论我国电视市场化的若干问题》，翌年先后发表在《电视研究》和《岭南视听探索》上。此后研究兴趣大增，不断地对电视实务中遇到的问题加以研究并撰写论文，此为研究的摸索阶段。第二阶段是研究的提高阶段，是在世纪之交。1999 年，我的论文《中国电视呼唤名记者——兼论电视新闻记者角色定位》荣获首届全国优秀电视论文一等奖。2001 年，专著《电视策划学》出版。非科班出身的我曾在一次研讨会上说，新闻传媒是我的大学，学术刊物是我的研究生院。2004 年，我调入高校，专职从事新闻传播教学和科研工作，研究上升到学术阶段，不仅逐渐做到学术规范，而且研究水平迅速提高、研究领域不断扩大。本书是我致力于新闻传播和电视研究十多年的成果，也是我百余篇论文、十多个课题和三部专著的结晶。

在我的科研工作中，我要衷心感谢各位领导、专家和朋友。我要感谢暨南大学新闻与传播学院的蔡铭泽教授、吴文虎教授、董天策教授、曾建雄教授、薛国林教授、申启武教授等专家的指导；我要感谢原国家广播电影电视部副部长、博士生导师刘习良老师，原中央电视台副台长兼总编辑洪民生老师，中国纪录片学会副会长、中央电视台高级编辑臧树清老师，暨南大学副校长、博士生导师林如鹏教授，暨南大学新闻与传播学院院长、博士生导师范以锦教授等领导的鼓励；我要感谢中央电视台高级编辑王甫博士，广东省广播电视协会秘书长、高级编辑谭奋博，暨南大学新闻与传播学院青年教师杨洸、张蕾、陈强、张潇潇等同事的合作；我要感谢中国传媒大学博士生导师胡智锋教授，四川大学博士生导师欧阳宏生教授，《中国电视》高级编辑陈芳老师，《中国广播电视学刊》高级编辑陈富清博士，《现代传播》高级编辑李立老师，《电视研究》编辑朱元亮、汪平等朋友的帮助；我要感谢暨南大学广播电视系谢毅、张印平、邱一江、陈林侠、彭伟步、曾凡斌等老师，以及新闻系、广告系各位同事的帮助；我还要赞赏参与我的研究工作的研究生陈秀文、杨晓娟、刘海霞、郑爽、肖思思、刘丽、于爽、黎亮、叶芳、项盈、周雅莎、张晓莺、朱烨、易钟林、杨书兰、辛桂娟等。

我特别要感谢支庭荣教授和申启武教授。原暨南大学新闻系主任支庭荣博士以他良好的学术素养给我无私、悉心和及时的帮助；暨南大学广播电视系申启武教授不仅经常和我进行学术交流，而且对本书的写作提出许多很好的意见和建议。我还要感谢对本书出版付出心力的暨南大学出版社编辑杜小陆先生。我还要感谢其他支持和帮助我的领导和专家、学界和业界的朋友们，难以一一列举，就此一并致谢。

我虽然有较丰富的传媒工作经验，但在科学研究上起步较晚，书中的错漏和谬误在所难免。学术研究离不开争鸣，理论建构离不开批评，欢迎读者对本书的批评指正，你们可以通过我的邮箱和博客来一起讨论。

谭天邮箱：tt1717@ jnu. edu. cn

谭天论道：http：//tianten2007. bokee. com/

http：//blog. sina. com. cn/tianten2007